KATHERINE MANSFIELD

Sämtliche Erzählungen in 2 Bänden

KATHERINE MANSFIELD

Sämtliche Erzählungen in 2 Bänden

Band 2

Die Blume Sicherheit

Herausgegeben, ins Deutsche übertragen und mit einem
biographischen Essay von Elisabeth Schnack

Büchergilde Gutenberg
Frankfurt am Main Wien Zürich

Deutsche Erstausgabe der ›Collected Stories of Katherine Mansfield‹. Alle Rechte vorbehalten.
© 1980 Büchergilde Gutenberg Frankfurt am Main.
Diese Ausgabe folgt bis auf zwei Ausnahmen dem von John Middleton Murray im Verlag Constable 1945 herausgegebenen Band ›The Collected Stories of Katherine Mansfield‹: die frühen, unter dem Titel ›In einer deutschen Pension‹ (In a German Pension) zusammengefaßten Erzählungen wurden an den Anfang dieser Ausgabe gestellt; die letzte vollständige Erzählung ›Mutige Liebe‹ (Brave Love), die 1974 erstmals veröffentlicht wurde, schließt den zweiten Band unserer Ausgabe ab

Gesamtausstattung Juergen Seuss, Niddatal bei Frankfurt am Main. Satz und Druck Color- und Werkoffsetdruckerei Richard Wenzel, Goldbach bei Aschaffenburg. Schrift Korpus Janson (Linotype). Bindearbeiten R. Oldenbourg, München-Monheim. Printed in Germany 1983
ISBN 3-7632-2367-3

Katherine Mansfield

Inhaltsverzeichnis

IV. Das Taubennest *The Doves' Nest*

Das Puppenhaus *The Doll's House* 11
Flitterwochen *Honeymoon* 20
Eine Tasse Tee *A Cup of Tea* 27
Den Schleier nehmen *Taking the Veil* 37
Die Fliege *The Fly* 43
Der Kanarienvogel *The Canary* 50

[Unvollendete Erzählungen]

Geschichte eines verheirateten Mannes *A Married Man's Story* 55
Das Taubennest *The Doves' Nest* 72
Sechs Jahre danach *Six Years After* 92
Daphne *Daphne* 98
Vater und die Mädchen *Father and the Girls* 105
Alles heiter! *All Serene!* 112
Ein schlimmer Einfall *A Bad Idea* 118
Ein Mann und sein Hund *A Man and His Dog* 122
Eine so reizende alte Dame *Such a Sweet Old Lady* 126
Ehrlichkeit *Honesty* 129
Susannah *Susannah* 134
Zweite Geige *Second Violin* 137
Mr. und Mrs. Williams *Mr. and Mrs. Williams* 141
Ein schwaches Herz *Weak Heart* 146
Verwitwet *Widowed* 151

V. Etwas Kindliches, aber sehr Natürliches
   Something Childish

Rosabels Müdigkeit *The Tiredness of Rosabel* 159
Wie Pearl Button gekidnappt wurde *How e Pearl Button was Kidnapped* 166
Die Reise nach Brügge *The Journey to Bruges* 171
Ein wahres Abenteuer *A Truthful Adventure* 178
Neue Kleider *New Dresses* 186
Die Frau im Kaufladen *The Woman at the Store* 201
Ole Underwood *Ole Underwood* 214
Das kleine Töchterchen *The Little Girl* 219
Millie *Millie* 224
Pension Séguin *Pension Séguin* 231
Violet *Violet* 238
Bains Turcs *Bains Turcs* 246
Etwas Kindliches, aber sehr Natürliches *Something Childish but very Natural* 252
Eine unbesonnene Reise *An Indiscreet Journey* 275
Frühlingsbilder *Spring Pictures* 293
Spät abends *Late at Night* 297
Im Autobus *Two Tuppenny Ones, Please* 300
Die schwarze Mütze *The Black Cap* 304
Ein Vorstadtmärchen *A Suburban Fairy Tale* 311
Nelke *Carnation* 316
Wipp-wapp *See-Saw* 320
Die Blume Sicherheit *This Flower* 325
Das falsche Haus *The Wrong House* 329
Sixpence *Sixpence* 333
Gift *Poison* 341
Mutige Liebe *Brave Love* 348

Nachwort von Elisabeth Schnack
Katherine Mansfield — Eine biographische Skizze 387

IV. DAS TAUBENNEST

Das Puppenhaus
————————————

Als die liebe alte Mrs. Hay nach ihrem Aufenthalt bei den Burnells in die Stadt zurückkehrte, schickte sie den Kindern ein Puppenhaus. Es war so groß, daß der Fuhrmann und Pat es in den Hof trugen, und dort blieb es stehen, abgestellt auf zwei Holzkisten neben der Tür zur Futterkammer. Dort konnte es keinen Schaden nehmen, denn es war Sommer. Und vielleicht würde sich der Geruch verloren haben, wenn die Zeit kam, es hereinzuholen. Denn wirklich, der Geruch nach Farbe, der von diesem Puppenhaus ausströmte (›Reizend von der alten Mrs. Hay natürlich, ganz reizend und großzügig‹), aber der Geruch nach Farbe war nach Tante Beryls Ansicht genug, um jedermann ernstlich krank zu machen. Schon bevor die Sackleinwand heruntergenommen war. Und erst, als sie ab war . . .
Da stand das Puppenhaus, ein dunkles, öliges Spinatgrün, hellgelb abgesetzt. Seine beiden massiven, aufs Dach geklebten kleinen Schornsteine waren rot und weiß bemalt, und die Tür, glänzend gelb lackiert, glich einem Stück Karamel. Vier Fenster, richtige Fenster, wurden durch breite grüne Streifen in Scheiben unterteilt. Eine winzige Veranda war auch da, tatsächlich, gelb gestrichen, mit großen, eingetrockneten Farbtropfen, die über den Rand hingen.
Trotzdem: ein makelloses kleines Haus! Wer könnte sich wohl an dem Geruch stören? Er war ein Teil der Freude, ein Teil des Neuen!
»Schnell, mach's noch mal einer auf!«
Der Haken an der Seite war verklemmt. Pat stemmte ihn mit seinem Taschenmesser auf, und die ganze Hausfront klappte auf und – da stand man nun und schaute in ein und demselben Augenblick in den Salon und ins Eßzimmer, in die Küche und in die beiden Schlafzimmer. So sollte sich jedes Haus öffnen! Warum öffneten sich nicht alle Häuser ebenso? Wieviel aufregender, als durch einen Türspalt auf einen armseligen kleinen Flur mit Hutständer und zwei Schirmen zu spähen! Das ist es, was man gern über ein Haus wissen

möchte, nicht wahr, wenn man die Hand auf den Türklopfer legt? Vielleicht ist das die Art und Weise, wie Gott mitten in der Nacht die Häuser öffnet, wenn ER mit einem Engel einen ruhigen Rundgang unternimmt ...
»Oh-oh!« Es klang, als wären Burnells Kinder verzweifelt. Es war zu wunderbar, es war zuviel für sie. Nie im Leben hatten sie etwas dergleichen gesehen. Alle Zimmer waren tapeziert. Bilder waren an den Wänden, auf die Tapete gemalte, komplett mit Goldrahmen. Ein roter Teppich bedeckte alle Böden mit Ausnahme der Küche; rote Plüschsessel im Salon, grüne im Eßzimmer; Tische, Betten mit richtigem Bettzeug, eine Wiege, ein Ofen, eine Anrichte mit winzigen Tellern und einem großen Krug. Was Kezia jedoch am meisten gefiel, was sie mehr als alles andre liebte, das war die Lampe. Sie stand mitten auf dem Eßzimmertisch, eine kostbare, kleine bernsteingelbe Lampe mit einer weißen Glocke. Sie war sogar gefüllt, fixfertig zum Anzünden, obwohl man sie natürlich nicht anzünden konnte. Aber innen war etwas, das wie Petroleum aussah und sich bewegte, wenn man es schüttelte.
Puppenvater und Puppenmutter streckten sich im Salon so steif aus, als wären sie ohnmächtig geworden, und ihre beiden kleinen Kinder, die im oberen Stockwerk schliefen, waren eigentlich zu groß für das Puppenhaus. Sie sahen nicht so aus, als gehörten sie dazu. Doch die Lampe war einwandfrei. Sie schien Kezia anzulächeln und zu sagen: ›Ich wohne hier.‹ Die Lampe war echt.

Am nächsten Morgen konnten Burnells Kinder kaum schnell genug in die Schule gehen. Sie brannten darauf, es jedem zu erzählen, zu beschreiben und, hm, mit ihrem Puppenhaus zu prahlen, ehe die Schulglocke läutete.
»Ich erzähl's«, sagte Isabel, »weil ich die Älteste bin. Ihr zwei könnt später mitreden. Aber ich will es zuerst erzählen!«
Darauf ließ sich nichts erwidern. Isabel war herrschsüchtig, aber sie hatte immer recht, und Lottie und Kezia kannten zu gut die Vorrechte, die damit verbunden waren, wenn man die Älteste war.

Sie streiften durch die dichten Butterblumen am Straßenrand und sagten nichts.
»Und ich darf auch aussuchen, wer zuerst kommt und es anschaut! Mutter hat gesagt, ich darf!«
Denn es war abgemacht worden, daß sie, solange das Puppenhaus auf dem Hof stand, die Mädchen in der Schule auffordern durften, zum Anschauen zu kommen, immer zwei auf einmal. Natürlich nicht, um zum Tee zu bleiben oder durchs Haus zu trampeln, sondern um ruhig im Hof zu stehen, während Isabel auf die Schönheiten aufmerksam machte und Lottie und Kezia zufrieden aussahen...
Aber wie sehr sie sich auch beeilten — als sie den geteerten Zaun am Spielplatz der Knaben erreicht hatten, begann die Glocke zu schrillen. Sie hatten gerade noch Zeit, ihre Hüte herunterzureißen und sich in Reih und Glied zu stellen, ehe die Namen aufgerufen wurden. Einerlei! Isabel versuchte es auszugleichen, indem sie sehr überlegen und geheimnisvoll dreinsah und den Mädchen neben sich hinter der vorgehaltenen Hand zuflüsterte: »Muß euch in der Pause was erzählen!«
Die Pause kam, und Isabel wurde umringt. Die Mädchen aus ihrer Klasse rauften sich beinah darum, den Arm um sie zu legen und mit ihr wegzugehen, schmeichelnd zu lächeln und ihre beste Freundin zu sein. Sie hielt förmlich Hof unter den hohen Kiefern am Rande des Spielplatzes. Die kleinen Mädchen drängten sich nah heran, stießen einander an und kicherten. Und die einzigen beiden, die außerhalb des Kreises standen, waren die zwei, die immer außerhalb standen: die kleinen Kelveys. Sie hüteten sich, den Burnells zu nahe zu kommen.
Es verhielt sich nämlich so, daß die Schule, die Burnells Kinder besuchten, durchaus nicht die Art Schule war, die ihre Eltern ausgesucht haben würden, hätten sie die Wahl gehabt. Aber sie hatten keine Wahl. Es war die einzige Schule auf Meilen in der Runde. Und die Folge war, daß alle Kinder der Nachbarschaft, die kleinen Mädchen des Richters, die Töchter des Doktors und die Kinder des Kaufmanns und des Milchmanns zwangsläufig miteinander Umgang hatten.

Gar nicht davon zu reden, daß eine gleichgroße Anzahl derber, grober kleiner Jungen dabei war. Doch irgendwo mußte ein Strich gezogen werden. Er wurde bei den Kelveys gezogen. Viele Kinder einschließlich der Burnells durften nicht einmal mit ihnen sprechen. Sie gingen mit erhobenem Kopf an den Kelveys vorüber, und da sie in allem, was das Benehmen betraf, den Ton angaben, wurden die Kelveys von allen gemieden. Sogar die Lehrerin hatte einen besonderen Tonfall für sie und ein besonderes Lächeln für die andern Kinder, wenn Lil Kelvey mit einem Strauß furchtbar gewöhnlich aussehender Blumen zu ihr ans Pult trat.
Die kleinen Kelveys waren die Kinder einer munteren, schwer arbeitenden kleinen Waschfrau, die im Tagelohn von Haus zu Haus ging. Das war übel genug. Wo aber war Mr. Kelvey? Niemand wußte etwas Genaues. Doch es hieß, er sei im Gefängnis. Sie waren also die Töchter einer Waschfrau und eines Zuchthäuslers. Sehr netter Umgang für andrer Leute Kinder! Und sie sahen auch so aus. Weshalb Mrs. Kelvey sie so auffällig anzog, war schwer zu verstehen. Die Wahrheit war, daß sie in ›Abgelegtes‹ gekleidet waren, das ihr die Leute geschenkt hatten, für die sie arbeitete. Lil zum Beispiel, ein stämmiges, reizloses Kind mit großen Sommersprossen, kam in einem Kleid in die Schule, das aus einer grünen Kunststoffdecke der Familie Burnell und roten Plüschärmeln aus den Vorhängen der Familie Logan bestand. Ihr Hut, der oben über ihrer hohen Stirn thronte, war ein Hut für Erwachsene—einst das Eigentum der Postbeamtin, Miss Lecky. Er war hinten hochgeschlagen und mit einer großen, scharlachroten Feder verziert. Wie eine kleine Vogelscheuche sah sie aus! Es war unmöglich, nicht über sie zu lachen. Und ihre kleine Schwester, ›unsre Else‹, trug ein langes weißes Kleid, fast wie ein Nachthemd, und ein Paar Jungenstiefel. Aber was auch immer unsre Else trug, sie würde stets seltsam aussehen. Sie war ein winziges, engbrüstiges Kind mit kurzgeschorenem Haar und riesengroßen, ernsten Augen — eine kleine weiße Eule. Niemand hatte sie je lachen sehen; sie sprach kaum jemals. Sie ging durchs Leben, indem sie sich an Lil festhielt, einen Zipfel von Lils Rock in der

Hand zusammenknüllend. Wohin Lil ging, folgte ihr unsre Else. Auf dem Spielplatz und auf der Straße zur und von der Schule marschierte Lil vorneweg, und unsre Else hielt sich hintendran. Nur wenn unsre Else etwas wollte oder außer Atem war, zog oder zupfte sie an Lils Rock, und Lil blieb stehen und drehte sich um. Die Kelveys hielten zusammen!
Jetzt lungerten sie am Außenrand herum; man konnte nicht verhindern, daß sie zuhörten. Als die kleinen Mädchen sich umdrehten und spöttisch lachten, setzte Lil, wie üblich, ihr albernes, verschämtes Lachen auf, unsre Else aber starrte nur.
Und Isabels Stimme fuhr sehr stolz zu erzählen fort. Der Teppich machte großen Eindruck, aber auch die Betten mit dem richtigen Bettzeug und der Herd mit der Tür an der Bratröhre.
Als sie fertig war, platzte Kezia los: »Du hast die Lampe vergessen, Isabel!«
»Oh ja«, sagte Isabel. »Und eine winzig kleine Lampe ist da, ganz aus gelbem Glas gemacht; mit einer weißen Glasglocke steht sie auf dem Eßzimmertisch. Man kann sie nicht von einer richtigen unterscheiden!«
»Die Lampe ist das schönste von allem!« rief Kezia. Sie fand, daß Isabel bei weitem nicht genug von der Lampe hermachte. Doch niemand achtete auf sie. Isabel wählte zwei Mädchen aus, die am Nachmittag mit ihnen kommen und das Puppenhaus anschauen sollten. Sie wählte Emmie Cole und Lena Logan. Und als die übrigen erfuhren, daß sie alle an die Reihe kommen sollten, konnten sie gar nicht nett genug zu Isabel sein. Eine nach der andern umarmte Isabel und zog sie mit sich fort. Sie mußten ihr etwas zuflüstern, ein Geheimnis. »Isabel ist meine Freundin!«
Nur die kleinen Kelveys gingen unbeachtet weg; für sie gab es nichts mehr zu hören.

Die Tage vergingen, und als immer mehr Kinder das Puppenhaus sahen, verbreitete sich sein Ruhm. Es wurde zum einzigen Gesprächsstoff, es war ›der letzte Schrei‹. Nur die

eine Frage gab es: ›Hast du Burnells Puppenhaus gesehen? Oh, ist es nicht süß?‹ — ›Was, du hast es noch nicht gesehen? Also hör mal!‹
Sogar die Mittagspause benutzten sie, um darüber zu sprechen. Die kleinen Mädchen saßen unter den Kiefern und aßen ihre dick mit Hammelfleisch belegten Sandwiches und große, mit Butter bestrichene Scheiben Weißbrot, und immer saßen, so nah sie nur konnten, die Kelveys da, unsre Else sich an Lil festhaltend, und hörten ebenfalls zu, während sie ihr Marmeladenbrot aus einem Stück Zeitungspapier aßen, das von großen roten Klecksen aufgeweicht war.
»Mutter«, fragte Kezia, »kann ich die Kelveys auffordern, nur dies eine Mal?«
»Bestimmt nicht, Kezia!«
»Aber warum nicht?«
»Geh, Kezia; du weißt ganz gut, warum nicht.«

Schließlich hatten es alle gesehen, ausgenommen die beiden Kelveys. An jenem Tag erlahmte der Gesprächsstoff etwas. Es war während der Mittagspause. Die Kinder standen in einer Gruppe unter den Kiefern, und plötzlich, als sie die Kelveys erblickten, die, wie immer abseits saßen und aus ihrem Zeitungspapier aßen, beschlossen sie, ekelhaft zu ihnen zu sein. Emmie Cole begann mit dem Getuschel.
»Lil Kelvey wird mal ein Dienstbolzen, wenn sie erwachsen ist!«
»Oh — oh! Wie furchtbar!« sagte Isabel Burnell und zwinkerte Emmie zu.
Emmie schluckte sehr bedeutungsvoll und nickte zu Isabel hinüber, wie sie es bei ähnlichen Gelegenheiten an ihrer Mutter beobachtet hatte.
»Es ist wahr — es ist wahr — es ist wahr«, sagte sie.
Dann zwinkerte Lena Logan mit ihren kleinen Augen. »Soll ich sie fragen?« flüsterte sie.
»Wetten, daß du's nicht tust?« sagte Jessie May.
»Pah, ich habe keine Angst«, sagte Lena. Plötzlich quietschte sie und tanzte vor den andern Mädchen herum. »Gebt acht! Gebt auf mich acht!« rief Lena. Und schurrend und schlit-

ternd und einen Fuß nach sich ziehend kicherte Lena hinter der vorgehaltenen Hand und ging zu den Kelveys.
Lil sah von ihrem Essen hoch. Schnell stopfte sie den Rest weg. Unsre Else hörte auf zu kauen. Was würde jetzt geschehen?
»Ist es wahr, daß du ein Dienstbolzen wirst, wenn du erwachsen bist, Lil Kelvey?« fragte Lena schrill.
Totenstille. Statt einer Antwort sah Lil sie nur mit ihrem albernen, verschämten Lächeln an. Sie schien die Frage überhaupt nicht übelzunehmen. Was für ein Reinfall für Lena! Die Mädchen begannen zu kichern.
Das konnte Lena nicht ertragen. Sie stemmte die Hände in die Seite und schoß vor: »Ätsch, dein Vater ist im Gefängnis«, zischte sie boshaft.
Es war so großartig, so etwas gesagt zu haben, daß die kleinen Mädchen allesamt furchtbar aufgeregt und ganz wild vor Freude davonstoben. Jemand fand einen langen Strick, und sie spielten Seilspringen. Und noch nie waren sie so hoch gesprungen, noch nie waren sie so schnell drunter durchgelaufen, und nie hatten sie so wagemutige Dinge unternommen wie an jenem Morgen.
Am Nachmittag holte Pat die Burnell-Kinder mit dem Buggy ab, und sie fuhren nach Hause. Es waren Gäste da. Isabel und Lottie liebten es, wenn Gäste da waren, und sie gingen hinauf, um die Schürzen zu wechseln. Aber Kezia stahl sich zur Küchentür hinaus. Niemand war zu sehen. Sie begann, auf dem großen weißen Hoftor hin- und herzupendeln. Als sie die Straße entlangschaute, sah sie zwei Pünktchen. Sie wurden größer, sie kamen auf sie zu. Jetzt konnte sie sehen, daß eins vorneweg und das andre dicht dahinterging. Jetzt konnte sie sehen, daß es die Kelveys waren. Kezia hörte auf zu pendeln. Sie glitt vom Tor herunter, als wollte sie fortlaufen. Dann zögerte sie. Die Kelveys kamen näher, und neben ihnen ging — in die Länge gezogen — ihr Schatten und reichte quer über die Straße, so daß ihre Köpfe über die Butterblumen hüpften.
»Hallo!« rief sie den vorübergehenden Kelveys zu.
Sie waren so verdutzt, daß sie stehenblieben.

Lil setzte ihr albernes Lächeln auf.
Unsre Else starrte.
»Ihr könnt kommen und euch unser Puppenhaus ansehen, wenn ihr wollt«, sagte Kezia und schleifte einen Zeh über den Boden. Doch da wurde Lil rot und schüttelte entschieden den Kopf.
»Warum nicht?« fragte Kezia.
Lil schnaufte, dann sagte sie: »Deine Ma hat zu unsrer Ma gesagt, ihr sollt nicht mit uns sprechen.«
»Ach so«, sagte Kezia. Sie wußte nicht, was sie erwidern sollte. »Es macht nichts. Ihr könnt trotzdem kommen und unser Puppenhaus ansehen. Los! Niemand sieht's!«
Aber Lil schüttelte den Kopf noch heftiger.
»Möchtet ihr nicht?« fragte Kezia.
Plötzlich zupfte und zerrte es an Lils Rock. Sie drehte sich um. Unsre Else sah sie mit großen, flehenden Augen an; sie hatte die Stirn kraus gezogen und wollte hineingehen. Einen Augenblick sah Lil unsre Else sehr unsicher an. Doch da zupfte unsre Else sie wieder am Rock. Sie machte ein paar Schritte. Kezia ging voran. Wie zwei kleine streunende Katzen folgten sie ihr über den Hof dorthin, wo das Puppenhaus stand.
»Da ist es!« sagte Kezia.
Eine Pause entstand. Lil atmete laut, sie schnarchte fast; unsre Else war stumm wie ein Stein.
»Ich werde es für euch öffnen«, sagte Kezia freundlich. Sie machte den Haken auf, und sie schauten hinein.
»Hier ist der Salon, und hier ist das Eßzimmer, und das hier ist die . . .«
»Kezia!«
Oh, wie sie zusammenzuckten!
»Kezia!«
Es war Tante Beryls Stimme. Sie drehten sich um. In der Küchentür stand Tante Beryl und riß die Augen auf, als könne sie nicht glauben, was sie sah.
»Wie kannst du es wagen, die Kelveys in den Hof zu holen?« rief ihre kalte, zornige Stimme. »Du weißt so gut wie ich, daß ihr nicht mit ihnen sprechen sollt! Lauft weg, Kin-

der, lauft sofort weg! Und kommt nicht wieder her!« rief Tante Beryl. Und sie trat in den Hof und scheuchte sie hinaus, als wären sie Hühner.
»Schert euch sofort weg!« rief sie kalt und stolz.
Nicht nötig, es ihnen zweimal zu sagen. Lil glühte vor Scham, schrumpfte zusammen und huschelte wie ihre Mutter von dannen; unsre Else war benommen; irgendwie gelang es ihnen, den großen Hof zu überqueren und sich durch das weiße Tor zu zwängen.
»Du böses, ungehorsames Mädchen!« sagte Tante Beryl erbittert zu Kezia und schlug das Puppenhaus zu.
Ihr Nachmittag war schlecht gewesen. Ein Brief war von Willie Brent gekommen, ein entsetzlicher, bedrohlicher Brief, in dem es hieß, wenn sie ihn nicht am Abend in Pulmans Buschwald treffen würde, käme er an die Vordertür, um nach dem Grund zu fragen. Doch jetzt, nachdem sie die kleinen Ratten, die Kelveys, fortgeschüchtert und Kezia tüchtig ausgescholten hatte, war ihr leichter ums Herz. Der schaurige Druck war weg. Summend ging sie wieder ins Haus.
Als die Kelveys ganz außer Sehweite der Burnells waren, setzten sie sich zum Ausruhen auf ein großes rotes Kanalrohr am Straßenrand. Lils Wangen glühten noch; sie nahm den Hut mit der Feder ab und hielt ihn auf den Knien. Träumerisch blickten beide auf die Koppel, über den Bach und zu der Gruppe von Akazien, wo Logans Kühe standen und darauf warteten, gemolken zu werden. Was dachten die beiden wohl?
Plötzlich drängte sich unsre Else nah an ihre Schwester heran. Die zornige Dame hatte sie inzwischen vergessen. Sie hob den Finger und strich über die Feder ihrer Schwester; sie lächelte ihr seltsames Lächeln.
»Ich habe die kleine Lampe gesehen«, sagte sie leise.
Dann waren sie beide wieder still.

Flitterwochen

———————————————

Und als sie aus dem Spitzenladen kamen, standen da der Kutscher und der Wagen, den sie ›ihren‹ Wagen nannten, und warteten unter einer Platane auf sie. Was für ein Glück! War es etwa kein Glück? Fanny drückte den Arm ihres Mannes. Derartige Dinge schienen sie immer wieder zu erleben, seit sie — im Ausland waren. Fand er das nicht auch? Aber George stand bloß auf der Bordschwelle, hob seinen Stock und stieß ein lautes »Heda!« aus. Fanny war die Art, wie George die Mietwagen herbeirief, manchmal ein bißchen peinlich, aber den Kutschern schien es nichts auszumachen, also war es wohl in Ordnung. Dick, gutmütig und lächelnd stopften sie das Blättchen weg, das sie gerade lasen, rissen die Baumwolldecke vom Pferd und waren bereit, zu gehorchen.
»Hör mal«, sagte George und half Fanny beim Einsteigen, »wie wär's, wenn wir unsern Tee dort tränken, wo die Hummer wachsen? Möchtest du das?«
»Furchtbar gern«, sagte Fanny begeistert, lehnte sich an und fragte sich, warum die Art, wie George etwas vorschlug, alles so besonders nett klingen ließ.
»Also gut — *bien!*« Er setzte sich neben sie. »*Allez!*« rief er forsch, und sie fuhren los.
Sie fuhren los und sausten flott im grüngoldenen Schatten der Platanen dahin, durch kleine Gassen, die nach Zitronen und frischem Kaffee rochen, am Brunnenplatz vorbei, wo Frauen mit hochgestemmten Wassereimern zu schwatzen aufhörten und ihnen nachblickten, um die Ecke und am Café mit seinen roten und weißen Sonnenschirmen, den grünen Tischen und den blauen Siphonflaschen vorbei und schließlich auf die Strandpromenade. Dort kam ein leichter, warmer Wind über das endlos weite Meer hergezogen. Er streifte George, und vor Fanny schien er zu zögern, während sie beide auf das glitzernde Wasser hinausblickten. Und George sagte: »Famos, was?« Und Fanny sah träumerisch drein und sagte, was sie mindestens zwanzigmal täglich gesagt hatte, seit sie — im Ausland waren: »Ist es nicht erstaunlich, wenn

man bedenkt, daß wir hier ganz allein sind, weit weg von allen Leuten, wo niemand uns sagen kann, nach Hause zu gehen, oder uns herumkommandieren kann – ausgenommen wir selber?«
George hatte es längst aufgegeben, ›ja, erstaunlich‹ zu antworten. Meistens küßte er sie nur. Doch jetzt nahm er ihre Hand, steckte sie in die Tasche, drückte ihre Finger und sagte: »Als kleiner Junge habe ich immer eine weiße Maus in meiner Tasche herumgetragen.«
»Nein, wirklich?« rief Fanny, die sich wahnsinnig für alles interessierte, was George jemals getan hatte. »Hast du weiße Mäuse so gern gehabt?«
»So ziemlich«, sagte George etwas lahm. Er beobachtete etwas, was jenseits der Badetreppen auf und ab hüpfte. Plötzlich sprang er fast vom Sitz hoch. »Fanny«, schrie er, »da draußen ist jemand im Wasser! Siehst du ihn? Ich hatte keine Ahnung, daß die Leute hier schon mit dem Baden angefangen haben. Es ist mir all die Tage einfach entgangen!«
George starrte auf das gerötete Gesicht und die geröteten Arme, als könne er sich von dem Anblick nicht losreißen. »Jedenfalls«, brummte er vor sich hin, »sollen mich keine zehn Pferde davon abhalten, morgen früh ins Wasser zu gehen.«
Fanny sank das Herz. Seit Jahren hatte sie von den furchtbaren Gefahren des Mittelmeers gehört. Es war die reinste Todesfalle. Das schöne, heimtückische Mittelmeer! Da lag es behaglich vor ihnen hingestreckt, berührte mit seinen weißen Seidenpfoten die Steine und zog sich wieder zurück ...
Doch sie hatte schon lange vor ihrer Heirat den festen Entschluß gefaßt, nicht zu der Sorte Frauen zu gehören, die sich in ihres Mannes Vergnügungen einmischten, deshalb sagte sie nur leichthin: »Vermutlich muß man über die Strömungen sehr gut Bescheid wissen, ja?«
»Ach, ich weiß nicht«, antwortete George, »die Leute reden einen Haufen Blödsinn über die Gefahren.«
Doch jetzt fuhren sie auf der Landseite an einer hohen Mauer entlang, die mit blühendem Heliotrop überzogen war, und Fanny hob ihre kleine Nase. »Oh, George«, hauchte sie, »dieser Duft! Die köstliche ...«

»Erstklassige Villa!« sagte George. »Sieh mal hin — zwischen den Palmen kannst du sie erkennen!«
»Ist sie nicht ziemlich groß?« sagte Fany, die jede Villa nur als möglicherweise in Frage kommenden Wohnsitz für sich und George betrachtete.
»Na ja, wenn man lange dort wohnen wollte, brauchte man einen Haufen Gäste«, erwiderte George. »Sonst wär's mordslangweilig. Aber sie ist wirklich glatt! Möcht' mal wissen, wem sie gehört!« Und er stach dem Kutscher mit dem Stock in den Rücken.
Der faule Kutscher, der keine Ahnung hatte, antwortete lächelnd — und wie immer auf solche Fragen —, es sei der Besitz einer reichen spanischen Familie.
»Scheint hier an der Küste 'ne Masse Spanier zu geben«, sagte George und lehnte sich wieder an, und sie schwiegen, bis sie um die Biegung kamen und das große, blendend weiße Hotel-Restaurant vor ihnen auftauchte. Davor war eine kleine, ins Meer hinausgebaute Terrasse mit Schirmpalmen und Tischen, und als sie sich näherten, eilten von der Terrasse und vom Hotel Kellner herbei, Fanny und George zu begrüßen und willkommen zu heißen und ihnen jeden erdenklichen Fluchtweg abzuschneiden.
»Draußen?«
Oh, natürlich wollten sie draußen sitzen! Der aalglatte Ober, der einem Fisch im Gehrock lächerlich ähnlich sah, glitt näher.
»Bitte, hier, mein Herr! Bitte hier entlang! Hier habe ich einen sehr netten kleinen Tisch!« schnaufte er. »Genau der richtige Tisch für Sie, Sir. Gleich hier in der Ecke! Hier, bitte!«
George folgte ihm also und sah äußerst gelangweilt aus, während Fanny sich bemühte, ein Gesicht zu machen, als hätte sie endlose Jahre ihres Lebens damit zugebracht, sich im Ausland zwischen Tischen hindurchzuwinden.
»Hier, mein Herr! Hier sitzen Sie sehr gut!« schmeichelte der Ober, nahm die Vase vom Tisch und stellte sie wieder hin, als wäre es ein aus der Luft herbeigezaubertes frisches Bouquet. George weigerte sich, sofort Platz zu nehmen. Er durchschaute diese Burschen — ihn konnte man nicht herein-

legen. Diese Kerls waren drauf erpicht, einen zu hetzen. Daher steckte er die Hände in die Tasche und sagte sehr gelassen zu Fanny: »Ist's dir hier recht oder würdest du lieber anderswo sitzen? Wie wär's dort drüben?« Und er deutete auf einen Tisch auf der entgegengesetzten Seite.
Wie gut es war, ein Mann von Welt zu sein! Fanny bewunderte ihn von Herzen, doch sie wollte nichts weiter, als sich hinzusetzen und wie alle andern auszusehen.
»Nein — ich — der hier gefällt mir«, sagte sie.
»Gut!« entgegnete George hastig, nahm beinah schneller als Fanny Platz und bestellte rasch: »Zweimal Tee und Schokoladeneclair!«
»Sehr wohl, Sir!« sagte der Ober, und sein Fischmund öffnete und schloß sich, als wollte er in der nächsten Minute wieder ins Wasser tauchen. »Also keinen Toast vorher? Wir haben sehr guten Toast!«
»Nein«, sagte George schroff. »Du willst doch keinen Toast, was, Fanny?«
»O nein, danke, George«, antwortete Fanny und betete im stillen, daß der Ober wegginge.
»Oder vielleicht möchte die Dame gern die lebendigen Hummer im Bassin dort anschauen, bis der Tee bereit ist?« Und er griente und verzog das Gesicht und schwenkte seine Serviette wie eine Fischflosse.
Georges Blick wurde steinern. Wieder sagte er: »Nein!«, und Fanny senkte den Kopf über den Tisch und knöpfte ihre Handschuhe auf. Als sie wieder hochblickte, war der Mensch weg. George nahm den Hut ab, warf ihn auf einen Stuhl und strich sich das Haar glatt.
»Gott sei Dank, daß der Bursche weg ist«, sagte er. »Diese Ausländer sind so furchtbar lästig. Die einzige Möglichkeit, um sie loszuwerden, ist einfach, nicht mehr zu reagieren, wie du es eben bei mir beobachten konntest. Gott sei Dank!« seufzte George noch einmal und so inbrünstig, daß Fanny — aber das wäre zu unsinnig gewesen — sich hätte einbilden können, der Ober habe ihn genauso eingeschüchtert wie sie. Statt dessen war sie aufs neue von ihrer Liebe zu George überwältigt. Seine Hände lagen auf dem Tisch, große braune

Hände, die sie so gut kannte. Sie sehnte sich, eine seiner Hände zu nehmen und innig zu drücken. Doch zu ihrem Erstaunen tat George genau dasselbe. Er beugte sich über den Tisch, legte seine Hand über die ihre und sagte, ohne sie anzublicken: »Fanny, liebste Fanny!«

»Oh, George!« Und in diesem himmlischen Augenblick hörte Fanny ›tring-tring-dudelü‹ und ein leichtes Gitarrenklimpern. Also gibt's gleich Musik, dachte sie, aber gerade jetzt war ihr die Musik nicht wichtig. Nichts war wichtig außer ihrer Liebe. Leise lächelnd blickte sie in das leise lächelnde Gesicht, und es war ein so beseligendes Gefühl, daß sie George am liebsten gesagt hätte: »Laß uns hierbleiben — hier, wo wir sind — an diesem Tischchen. Es ist unübertrefflich, und das Meer ist auch unübertrefflich. Laß uns bleiben!« Doch statt dessen wurden ihre Augen ernst.

»Liebster«, sagte Fanny, »ich muß dich etwas furchtbar Wichtiges fragen. Versprich mir, daß du antworten wirst! Versprich es!«

»Ich verspreche es!« erklärte George — ein wenig zu feierlich, um ebenso ernst zu sein wie sie.

»Es geht mir nämlich darum« — Fanny unterbrach sich eine Sekunde, senkte den Blick und sah wieder auf —, »findest du, daß du mich jetzt wirklich kennst?« fragte sie leise. »*Mich* kennst, wie ich wirklich bin?«

Das war zuviel für George. Seine Fanny kennen? Ein nachsichtiges, kindliches Grinsen flackerte auf. »Das sollt' ich wohl meinen!« beteuerte er. »Aber warum? Was ist los?«

Fanny spürte, daß er sie nicht ganz verstanden hatte. Rasch fuhr sie fort: »Ich meine Folgendes: es kommt so oft vor, daß Menschen, selbst wenn sie einander lieben, sich doch nicht — es ist schwer auszudrücken — sich gegenseitig doch nicht völlig kennen. Anscheinend wollen sie's auch gar nicht. In den allerwichtigsten Dingen mißverstehen sie einander!« Fanny blickte erschrocken auf. »George, bei uns kann das doch nicht vorkommen, nicht wahr? Niemals?«

»Bestimmt nicht«, lachte George und wollte ihr gerade erklären, wie sehr er ihre kleine Nase liebe, als der Kellner mit dem Tee kam und die Musik zu spielen begann. Es wa-

ren eine Flöte, eine Gitarre und eine Geige, und sie spielten so fröhlich, daß Fanny meinte, wenn sie nicht achtgäbe, würden sogar die Tassen und Untertassen kleine Flügel bekommen und davonfliegen. George vertilgte drei Schokoladeneclairs und Fanny zwei. Der Tee schmeckte zwar merkwürdig — »Hummer im Teekessel!« überschrie George die Musik —, aber er war doch ganz gut, und als sie das Tablett beiseite geschoben hatten und George rauchte, fühlte Fanny sich so weit gestärkt, daß sie auch die andern Leute anschauen konnte. Was sie jedoch am meisten interessierte, das waren die Musikanten unter einem der dunklen Bäume. Der Dicke, der die Gitarre zupfte, war wie ein Bild. Der dunkelhaarige Flötenspieler zog ständig die Brauen in die Höhe, als wundere er sich selber über die Töne, die aus seiner Flöte kamen. Der Geiger stand im Schatten.
Die Musik hörte ebenso unvermittelt auf, wie sie begonnen hatte. Da erst fiel ihr ein hochgewachsener alter Mann mit weißem Haar auf, der neben den Musikanten stand. Seltsam, daß sie ihn nicht gleich bemerkt hatte. Er trug einen sehr hohen, blanken Kragen, einen Rock, der an den Säumen schon grünlich schimmerte, und beschämend armselige Knöpfstiefel. War auch er ein Kellner? Er sah nicht wie einer aus, und doch stand er da und blickte über die Tische hin, als denke er an etwas anderes, Fernliegendes, das nichts mit alledem hier zu tun hatte. Wer mochte er sein?
Und noch während Fanny ihn beobachtete, faßte er an seine Kragenspitzen, hüstelte leicht und drehte sich zu den Musikanten um. Sie begannen wieder zu spielen. Etwas Stürmisches, Übermütiges, voller Feuer und Leidenschaft wurde in die Luft geschleudert, wurde der stillen Gestalt zugeschleudert, die die Hände umklammerte und — noch immer mit dem in die Ferne schweifenden Blick — zu singen begann.
»Allmächtiger!« sagte George. Und alle andern waren anscheinend ebenso erstaunt. Sogar die kleinen Kinder, die ihr Eis vor sich hatten, starrten hin und hielten den Löffel hoch...
Es war nichts zu hören als eine feine, schwache Stimme, die Erinnerung an eine Stimme, die etwas Spanisches sang. Sie zitterte, schwang sich zu den hohen Tönen auf, sank wieder

und schien zu flehen, zu bitten, um etwas zu betteln — und dann wechselte der Ausdruck, und nun klang die Stimme ergeben, sie fügte sich, sie wußte, es war ihr versagt.
Kurz vor dem Schluß stieß ein kleines Kind ein quietschendes Lachen aus, doch jedermann lächelte — mit Ausnahme von Fanny und George. Ist das Leben denn auch *so*? dachte Fanny. Solche Menschen gibt es also. Und Leid gibt es! Wieder blickte sie auf das herrliche Meer, das die Ufer liebkoste wie ein Liebender, und auf den Himmel, der im Abendglanz erstrahlte. Hatten sie und George das Recht, so glücklich zu sein? War es nicht grausam? Es mußte noch etwas anderes im Leben geben, wodurch solche Dinge möglich wurden. Was war es? Fragend wandte sie sich zu George um.
Doch George hatte nicht dasselbe wie Fanny empfunden. Die Stimme des armen alten Knaben war in ihrer Art komisch, aber herrje!, brachte sie einem nicht zu Bewußtsein, wie großartig es war, so wie er und Fanny am Anfang von allem zu stehen? Auch George blickte auf das glitzernde, atmende Meer, und seine Lippen öffneten sich, als könnte er es trinken. Wie prachtvoll es war! Nichts als das Meer konnte einem das Gefühl einflößen, daß man auf der Höhe war. Und dort saß Fanny, seine Fanny, neigte sich vor und atmete so sanft.
»Fanny!« rief George sie an.
Als sie sich ihm zuwandte und er ihren weichen, verwunderten Ausdruck sah, war er so überwältigt, daß er um ein Haar über den Tisch gesprungen wäre und sie davongetragen hätte.
»Hör mal«, sagte er hastig, »laß uns gehen, ja? Laß uns ins Hotel zurückkehren. Komm! Komm, Schatz! Jetzt gleich!«
Die Musikanten begannen zu spielen. »O Gott«, ächzte er beinah. »Laß uns gehen, ehe der alte Knacker wieder zu krächzen anfängt!«
Und einen Augenblick drauf waren sie weg.

Eine Tasse Tee

Rosemary Fell war nicht gerade schön. Nein, schön hätte man sie nicht nennen können. Etwa hübsch? Na ja, vielleicht, wenn man sie Stück für Stück nahm... Aber warum grausam sein und jemanden so zerstückeln? Sie war jung, lebendig, äußerst modern, ausgesucht geschmackvoll angezogen und verblüffend belesen in den neuesten Neuerscheinungen – und ihre Gesellschaften waren die köstlichste Mischung aus wirklich wichtigen Leuten und... Künstlern, wunderlichen Geschöpfen, die sie entdeckt hatte, manche von ihnen unvorstellbar gräßlich, andere jedoch ganz annehmbar und ergötzlich.
Rosemary war seit zwei Jahren verheiratet und hatte einen wonnigen Jungen. Peter – nein, Peter hieß er nicht. Michael! Und ihr Mann vergötterte sie geradezu. Sie waren reich, wirklich reich, nicht bloß wohlhabend – das hatte was Widerliches, Muffiges und klang nach Großeltern. Wenn Rosemary sich etwas kaufen wollte, fuhr sie nach Paris, wie unsereiner in die Bond Street geht. Wenn sie Blumen brauchte, hielt ihr Auto vor dem hinreißenden Geschäft in der Regent Street, und auf ihre verwirrte, etwas exzentrische Art schaute sie sich um und sagte: »Ich möchte diese und diese und diese. Geben Sie mir vier Sträuße von denen. Und das Glas mit den Rosen. Ja, ich nehme alle Rosen, die im Glas sind. Nein, keinen Flieder. Flieder kann ich nicht ausstehen. Er ist so ohne Form!« Der Verkäufer verneigte sich und stellte den Flieder außer Sicht, als wäre es nur zu wahr: Flieder hatte wirklich keine Form! »Geben Sie mir die stämmigen kleinen Tülpchen – ja, die roten mit Weiß.« Und zum Wagen folgte ihr ein mageres Ladenmädchen, das unter einer riesigen Last einherschwankte: einem ganzen Arm voll weißen Papiers, wie ein Baby in einem Tragekleid...
Eines Winternachmittags hatte sie etwas in einem kleinen Antiquitätenladen in der Curzon Street gekauft. Sie hatte eine Vorliebe für das Geschäft. Erstens war man meistens allein und ungestört, und dann war der Eigentümer einfach

lächerlich beglückt, wenn er sie bedienen durfte. Er strahlte, sowie sie ins Geschäft trat. Er umklammerte seine Hände; er fühlte sich so geehrt, daß er kaum sprechen konnte. Schmeichelei natürlich. Immerhin, es hatte was ...
»Bedenken Sie, Madam«, pflegte er ihr mit leiser, ehrerbietiger Stimme zu erklären, »daß ich meine Sachen liebe! Ich möchte mich lieber nicht von ihnen trennen, als sie jemand verkaufen, der sie nicht zu würdigen versteht, der nicht das feine Verständnis hat, das so selten ist ...« Und mit einem tiefen Seufzer rollte er ein kleines, blaues Samtviereck auseinander und drückte es mit seinen bleichen Fingerspitzen auf die Glasplatte der Theke.
Heute war es eine kleine Dose. Er hatte sie für sie zurückgelegt; er hatte sie bis jetzt noch niemandem gezeigt. Eine kostbare kleine Emaildose mit einem so wunderfeinen Schmelz, daß sie aussah wie in Sahne gebrannt. Auf dem Deckel stand ein winzig kleines Wesen unter einem Blütenbaum, und ein noch winzigeres Wesen hatte dem andern die Arme um den Hals geschlungen. Ihr Hut war nicht größer als ein Geranienblütenblatt und hing mit seinen grünen Bändern an einem Zweig. Eine rosa Wolke schwebte wie ein wachsamer Cherub über ihren Köpfen. Rosemary streifte ihre langen Handschuhe von den Händen. Sie zog immer die Handschuhe aus, um solche Dinge genau zu betrachten. Ja, die Dose gefiel ihr sehr. Sie fand sie bezaubernd — einfach süß! Sie mußte sie haben! Und während sie die sahnefarbene Dose hin und her drehte und öffnete und schloß, mußte es ihr unweigerlich auffallen, wie reizend sich ihre Hände von dem blauen Samt abhoben. Vielleicht wagte der Ladenbesitzer in einem versteckten Winkel seines Gehirns dasselbe zu denken. Jedenfalls nahm er einen Bleistift und beugte sich über die Theke, und schüchtern krochen seine blassen, blutleeren Finger auf ihre rosigen, leuchtenden zu, während er sanft murmelte: »Darf ich mir erlauben, Madam, auf die Blumen am Mieder der kleinen Dame hinzuweisen?«
»Bezaubernd!«
Rosemary bewunderte die Blumen. Aber was sollte die Dose kosten? Einen Augenblick schien der Ladenbesitzer sie nicht

gehört zu haben. Dann hörte sie ihn flüstern: »Achtundzwanzig Guineen, Madam.«
»Achtundzwanzig Guineen.« Rosemary ließ sich nichts anmerken. Sie legte die kleine Dose hin; sie knöpfte ihre Handschuhe zu. Achtundzwanzig Guineen. Selbst wenn man reich ist... Sie sah unschlüssig aus. Sie blickte auf einen plumpen Teekessel, der wie ein aufgeplustertes Huhn über dem Kopf des Ladenbesitzers zu schweben schien, und ihre Stimme klang verträumt, als sie antwortete: »Dann legen Sie sie bitte für mich zurück, ja? Ich werde...«
Aber der Ladenbesitzer hatte sich schon so tief verneigt, als könne sich niemand auf der Welt etwas Besseres wünschen, wenn er diese Dose für sie zurücklegen durfte. Er war gern bereit, sie auf ewige Zeiten für sie zurückzulegen, selbstverständlich!
Die Ladentür war leise und taktvoll hinter ihr zugeschnappt. Sie stand draußen auf der obersten Stufe und blickte in den Winterabend. Es regnete, und mit dem Regen schien auch die Dunkelheit niederzusinken, in sanftem Gerieseln, wie Asche. Ein herber, kühler Hauch hing in der Luft, und die jetzt aufflammenden Lampen sahen trübselig aus. Trübselig sahen auch die Lichter in den gegenüberliegenden Häusern aus. Sie brannten matt, als bedauerten sie etwas. Und die Menschen hasteten vorbei, unter häßlichen Schirmen verborgen. Rosemary spürte plötzlich ein dumpfes Angstgefühl. Sie drückte den Muff an die Brust; sie wünschte, sie hätte auch die kleine Dose, um sich an sie zu klammern. Natürlich war der Wagen da; sie brauchte nur den Bürgersteig zu überqueren. Aber sie wartete immer noch. Es gibt Augenblicke im Leben, abscheuliche Augenblicke, wenn man aus einem Unterschlupf hervortritt und um sich blickt, und alles ist schrecklich. Dann sollte man nicht nachgeben! Man sollte nach Hause gehen und sich einen besonders guten Tee leisten. Doch im Augenblick, als Rosemary etwas dergleichen dachte, stand ein junges Mädchen — ein dunkler, abgemagerter Schatten — wo war sie nur hergekommen? — plötzlich neben ihr, und eine Stimme wie ein Seufzer, fast wie ein Aufschluchzen, hauchte leise: »Madam, darf ich Sie etwas fragen?«

»Mich etwas fragen?« Rosemary wandte sich zu ihr um. Sie sah ein abgezehrtes kleines Wesen mit sehr großen Augen, eine sehr junge Person, nicht älter, als sie selbst war, die mit verfrorenen Händen an ihren Mantelkragen griff und zitterte, als wäre sie gerade eben aus dem Wasser gezogen worden.
»Madam«, stammelte die Stimme, »würden Sie mir Geld für eine Tasse Tee geben?«
»Eine Tasse Tee?« Etwas Einfaches, Aufrichtiges sprach aus der Stimme; es war keinesfalls die Stimme einer Bettlerin.
»Haben Sie überhaupt kein Geld?« fragte Rosemary.
»Nein, Madam!« kam die geflüsterte Antwort.
»Wie seltsam!« Rosemary spähte durch das Dämmerdunkel, und das Mädchen sah zu ihr auf. Wie außerordentlich seltsam! Und auf einmal kam es Rosemary wie ein richtiges Erlebnis vor. Wie etwas aus einem Roman von Dostojewski, diese Begegnung in der Dämmerung! Wenn sie nun das Mädchen mit nach Hause nähme? Wenn sie sich auf etwas einließe, was man sonst nur in Büchern liest oder auf der Bühne sieht? Was würde dann geschehen? Es wäre furchtbar interessant. Und sie hörte sich hinterher zum Erstaunen ihrer Freundinnen sagen: ›Ich habe sie einfach mit nach Hause genommen!‹, während sie bereits auf den Bürgersteig trat und zu der Schattengestalt sagte: »Kommen Sie zum Tee zu mir nach Hause!«
Das Mädchen wich entsetzt zurück. Für einen kurzen Augenblick hörte sie sogar auf zu zittern. Rosemary streckte die Hand aus und legte sie ihr auf den Arm. »Ich möchte es«, sagte sie lächelnd. Und sie spürte, wie einfach und gütig ihr Lächeln war. »Warum wollen Sie nicht? Kommen Sie jetzt mit mir in meinem Wagen nach Hause, und wir trinken Tee!«
»Das — kann doch nicht Ihr Ernst sein, Madam?« fragte das Mädchen. Ihre Stimme klang bekümmert.
»Doch, wirklich«, rief Rosemary. »Ich möchte es gern. Sie machen mir eine Freude damit. Kommen Sie!«
Das Mädchen preßte die Hand auf den Mund, und ihre Augen verschlangen Rosemary. »Sie — Sie wollen mich nicht auf die Polizeiwache bringen?« stammelte sie.
»Die Polizeiwache?« Rosemary lachte laut heraus. »Warum

sollte ich so grausam sein? Nein, ich möchte nur, daß Sie sich ein wenig aufwärmen, und dann, wenn Sie mögen, erzählen Sie mir von sich.«
Hungernde Menschen sind leicht zu überzeugen. Der Fahrer öffnete die Wagentür, und einen Augenblick drauf glitten sie durch die Dämmerung.
»So!« sagte Rosemary, nicht ohne ein Triumphgefühl, und hielt sich mit der Hand am Griff. Sie hätte bald gesagt: ›Jetzt habe ich dich!‹, als sie auf die kleine Gefangene blickte, die sie im Netz hatte. Aber sie meinte es natürlich gut, oh, mehr als gut! Sie wollte dem Mädchen beweisen, daß — im Leben wunderbare Dinge sich ereignen, daß — es wirklich gütige Feen gab, daß — reiche Leute ein Herz haben und daß — alle Frauen Schwestern waren. Lebhaft wandte sie sich an das Mädchen: »Sie müssen keine Angst haben! Warum sollten Sie nicht mit mir nach Hause kommen? Wir sind doch beide Frauen. Wenn ich die Glücklichere bin, sollten Sie erwarten...«
Zum Glück — denn sie wußte nicht, wie sie den Satz beenden wollte — hielt der Wagen gerade. Es wurde auf die Klingel gedrückt, die Haustür ging auf, und mit einer reizend beschützerischen Gebärde, fast mit einer Umarmung, zog Rosemary die andre in die Halle. Wärme, Behaglichkeit, Licht, ein angenehmer Duft — lauter Dinge, die ihr so vertraut waren, daß sie ihr nie bewußt wurden, nahm die andere jetzt in sich auf, und sie sah ihr zu. Es war wie in der Geschichte vom reichen kleinen Mädchen im Spielzimmer, und alle Schubladen mußten noch geöffnet, alle Schachteln mußten noch ausgepackt werden.
»Kommen Sie mit hinauf!« bat Rosemary, die darauf brannte, sich freigebig zu erweisen. »Kommen Sie mit in mein Zimmer!« Übrigens wollte sie es dem armen kleinen Ding auch ersparen, daß sie von den Dienstboten angegafft würde. Sie beschloß, während sie die Treppe hinaufstiegen, daß sie auf Jeanne verzichten und ihren Mantel allein ablegen würde. Es war so wichtig, ganz natürlich zu sein!
»So!« rief Rosemary wieder, als sie in ihr schönes, großes Schlafzimmer kamen, wo die Vorhänge zugezogen waren

und der Flammenschein über ihre wundervollen Lackmöbel und ihre goldenen Kissen und die primelgelben und blauen Teppiche spielte.

Die Fremde stand noch wie angewurzelt an der Tür; sie schien ganz benommen zu sein. Aber das verstand Rosemary.

»Kommen Sie her und setzen Sie sich!« rief sie und zog ihren großen Sessel nah ans Feuer. »Setzen Sie sich in den bequemen Stuhl und wärmen Sie sich. Sie sehen furchtbar verfroren aus!«

»Ich trau' mich nicht, Madam«, sagte das Mädchen und wich zurück.

»Aber bitte!« Rosemary lief zu ihr. »Sie müssen sich doch nicht fürchten, wirklich nicht! Setzen Sie sich, und wenn ich meine Sachen abgelegt habe, gehen wir ins Nebenzimmer und trinken Tee und haben es gemütlich. Warum haben Sie Angst?«

Und mit sanfter Gewalt drückte sie das abgemagerte Mädchen in den weichen Sessel.

Aber sie erhielt keine Antwort. Das Mädchen blieb in der gleichen Stellung, in der sie hingesetzt worden war, mit schlaffen Händen, den Mund leicht geöffnet. Sie sah beinah ein bißchen dumm aus, um ganz ehrlich zu sein. Aber das wollte Rosemary doch nicht zugeben. Sie beugte sich über sie und fragte: »Wollen Sie nicht den Hut abnehmen? Ihr schönes Haar ist ganz feucht. Und ohne Hut fühlt man sich viel wohler, nicht?«

Ihr Flüstern klang wie: »Danke, Madam!«, und der zerdrückte Hut wurde abgenommen.

»Und lassen Sie sich auch helfen, den Mantel auszuziehen!« Das Mädchen stand auf. Aber mit der einen Hand hielt sie sich am Sessel fest und ließ Rosemary ziehen. Es war richtig anstrengend. Die andre half kaum einmal. Sie schien wie ein Kind zu taumeln, und Rosemary dachte, wenn Leute Hilfe verlangten, sollten sie eigentlich mithelfen, nur ein wenig, sonst würde es sehr schwierig. Und was sollte sie jetzt mit dem Mantel anfangen? Sie ließ ihn auf dem Fußboden liegen, den Hut auch. Gerade wollte sie sich eine Zigarette vom Kaminsims nehmen, da sagte das Mädchen hastig, aber mit

heller, seltsamer Stimme: »Verzeihung, Madam, aber ich werde ohnmächtig! Ich falle um, wenn ich nichts bekomme!«
»Lieber Himmel, wie gedankenlos von mir!«
Rosemary stürzte zur Klingel.
»Tee! Sofort Tee! Und vorher einen Kognak!«
Die Zofe ging hinaus, das Mädchen aber schrie beinah: »Nein, keinen Kognak! Ich trinke nie Kognak! Wenn ich nur eine Tasse Tee haben könnte, Madam!« Und sie brach in Tränen aus.
Es war ein schrecklicher, hochinteressanter Augenblick. Rosemary kniete neben dem Sessel.
»Weinen Sie nicht, armes Kind!« sagte sie. »Weinen Sie nicht!« Und sie gab der andern ihr Spitzentaschentuch. Sie war wirklich gerührt, mehr als Worte es ausdrücken konnten. Sie legte ihren Arm um die schmalen, knochigen Vogelschultern.
Endlich vergaß die andre ihre Scheu, vergaß alles, außer, daß sie beide Frauen waren, und stieß keuchend hervor: »Ich kann nicht mehr weiter! Ich halt's nicht mehr aus! Ich halt's nicht mehr aus! Ich bringe mich um! Ich kann's nicht mehr aushalten!«
»Das sollen Sie ja auch nicht! Ich kümmere mich um Sie! Weinen Sie nicht mehr! Sehen Sie, wie gut es war, daß Sie mich getroffen haben? Jetzt trinken wir Tee, und Sie erzählen mir alles. Und ich unternehme etwas für Sie. Ich verspreche es Ihnen. Hören Sie bloß auf zu weinen! Es nimmt einen so mit! Bitte!«
Die andre hörte gerade rechtzeitig auf, daß Rosemary sich erheben konnte, ehe der Tee kam. Sie ließ ein Tischchen zwischen sich und die andre stellen und versorgte das arme Ding mit allem, was da war, mit all den Sandwiches und den Butterbroten, und jedesmal, wenn die Tasse leer war, füllte sie Tee und Sahne und Zucker nach. Es hieß ja immer, Zucker sei so nahrhaft. Sie selbst aß nichts. Sie rauchte und schaute taktvoll beiseite, damit es der andern nicht peinlich war.
Die Wirkung, die die kleine Mahlzeit hervorrief, war tatsächlich wunderbar. Als der Teetisch weggeräumt worden war, lehnte ein neues Wesen, ein zartes, zerbrechliches Ge-

schöpf mit Wuschelkopf und roten Lippen und tiefen, strahlenden Augen, lieblich hingegossen in dem großen Sessel und träumte ins Feuer. Rosemary zündete sich eine neue Zigarette an; es war an der Zeit, mit dem Erzählen zu beginnen.
»Es ist wohl schon lange her, seit Sie etwas gegessen hatten?« fragte Rosemary weich.
Doch im nämlichen Augenblick wurde die Türklinke heruntergedrückt.
»Rosemary — ist's erlaubt?« Es war Philip.
»Natürlich!«
Er kam ins Zimmer. »Oh, Verzeihung!« rief er und blieb erstaunt sehen.
»Komm nur«, sagte Rosemary lächelnd. »Das ist meine Freundin, Miss...«
»Smith, Madam«, kam es von der lässig Dasitzenden, die merkwürdig ruhig und gar nicht mehr furchtsam schien.
»Ja, Miss Smith«, wiederholte Rosemary. »Wir haben eine kleine Besprechung.«
»Ah — so«, sagte Philip. »Fein!«, und sein Blick fiel auf den Fußboden, wo Hut und Mantel lagen. Er ging zum Kamin, mit dem Rücken zum Feuer. »Widerliches Wetter heute«, sagte er und schaute neugierig auf die stille Unbekannte, auf ihre Hände und Schuhe, und dann wieder auf Rosemary.
»Ja, nicht wahr?« rief Rosemary begeistert. »Einfach scheußlich.«
Philip setzte sein bezauberndes Lächeln auf. »Eigentlich hatte ich dich bitten wollen, einen Augenblick in die Bibliothek zu kommen. Geht das? Würde Miss Smith uns entschuldigen?«
Die großen Augen blickten zu ihm auf, doch an Stelle der Unbekannten antwortete Rosemary: »Sicher tut sie das!«, und folgte Philip aus dem Zimmer.
»Na, so etwas«, sagte Philip, als sie allein waren. »Erklär's mir! Wer ist sie? Was soll das alles bedeuten?«
Rosemary lachte, lehnte sich an die Tür und sagte: »Ich habe sie in der Curzon Street gefunden. Tatsächlich: sie ist ein richtiger Fund! Sie hat mich um Geld für eine Tasse Tee gebeten, und da hab' ich sie mit nach Hause genommen.«

»Aber was willst du denn um Himmels willen mit ihr anfangen?« rief Philip.
»Nett zu ihr sein«, sagte Rosemary rasch. »Furchtbar nett! Mich um sie kümmern. Ich weiß noch nicht, wie. Wir haben noch nicht darüber gesprochen. Aber ich will ihr beweisen ... will sie so behandeln ... ihr das Gefühl geben, daß ...«
»Mein liebes Kind«, warf Philip ein, »du bist völlig verrückt, wie mir scheint. So etwas kann man einfach nicht tun.«
»Ich wußte schon, daß du das sagen würdest«, entgegnete Rosemary. »Warum denn nicht? Ich möchte gern. Ist das nicht ein Grund? Und übrigens liest man dauernd über derartige Vorkommnisse. Ich habe mir vorgenommen ...«
»Außerdem«, sagte Philip langsam und schnitt die Spitze seiner Zigarre ab, »ist sie erstaunlich hübsch.«
»Hübsch?«
Rosemary war so überrascht, daß sie rot wurde.
»Findest du? Das — ist mir noch gar nicht aufgefallen.«
»Lieber Himmel!« Philip zündete ein Streichholz an. »Sie ist einfach entzückend! Schau richtig hin, mein Kind! Ich war ganz platt, als ich ins Zimmer kam. Trotzdem ... glaube ich, daß du einen schlimmen Fehler begehst. Tut mir leid, Kind, wenn ich es so geradeheraus sage. Aber falls Miss Smith mit uns zu Abend ißt, gib mir vorher Bescheid, damit ich mich in der Modistinnenzeitung orientieren kann!«
»Das finde ich lächerlich!« erwiderte Rosemary und verließ die Bibliothek. Sie ging aber nicht in ihr Schlafzimmer zurück, sondern zuerst in ihr Schreibkabinett. Dort setzte sie sich vor den Schreibtisch. Hübsch! Einfach entzückend! Ich war ganz platt! Ihr Herz schlug wie eine dumpfe Glocke. Hübsch! Entzückend! Sie holte ihr Scheckbuch hervor. Aber nein, ein Scheck war natürlich zwecklos. Sie öffnete ein Schubfach und nahm fünf einzelne Pfundnoten heraus, betrachtete sie, legte zwei wieder zurück und ging, die drei andern zusammengefaltet in der Hand, in ihr Schlafzimmer.
Als sie nach einer halben Stunde in die Bibliothek schaute, saß Philip noch dort.
»Ich wollte dir nur sagen«, erklärte sie, wieder an die Tür gelehnt, und sah ihn mit ihrem verwirrten, etwas exzentri-

schen Ausdruck an, »daß Miss Smith heute nicht mit uns zu Abend ißt.«
Philip ließ seine Zeitung sinken. »Oh, was ist passiert? Hat sie bereits eine andere Einladung?«
Rosemary ging zu ihm und setzte sich ihm aufs Knie. »Sie wollte durchaus gehen«, sagte sie, »deshalb habe ich dem armen kleinen Ding etwas Geld geschenkt. Ich konnte sie nicht gut gegen ihren Willen hierbehalten, nicht wahr?« flötete sie sanft.
Rosemary hatte sich gerade frisch frisiert, die Lidränder nachgezogen und ihre Perlen angelegt. Sie hob die Hände und berührte Philips Wangen.
»Liebst du mich?« fragte sie. Ihr zärtlicher, etwas belegter Ton verwirrte ihn.
»Ganz schrecklich«, sagte er und zog sie fester an sich. »Küß mich!«
Sie schwiegen. Dann sagte Rosemary träumerisch: »Ich habe heute eine phantastische kleine Dose gesehen. Sie kostet achtundzwanzig Guineen. Darf ich sie haben?«
»Du darfst, kleine Verschwenderin«, erwiderte Philip und schaukelte sie auf seinen Knien.
Aber das hatte sie im Grunde nicht fragen wollen.
»Philip«, flüsterte sie und drückte seinen Kopf an ihren Busen, »bin ich *hübsch*?«

Den Schleier nehmen

Es schien schlechterdings unmöglich, daß an einem so schönen Morgen irgend jemand unglücklich war! Und niemand war es, meinte Edna — niemand außer ihr selbst. In den Häusern standen alle Fenster weit offen. Klavierspiel drang aus den Zimmern; kleine Hände — Tonleitern übend — haschten einander und liefen voreinander davon. In den sonnigen Gärten mit ihren bunten Frühlingsblumen ließen die Bäume ihr junges Grün flattern. Gassenjungen pfiffen; ein kleiner Hund bellte; die Fußgänger schritten so leichtfüßig und beschwingt aus, als wollten sie gleich zu einem Dauerlauf ansetzen. Und jetzt sah sie tatsächlich in einiger Entfernung einen Sonnenschirm, einen pfirsichfarbenen, den ersten des Jahres!
Vielleicht sah auch Edna nicht ganz so unglücklich aus, wie sie sich fühlte. Es ist nicht leicht, mit achtzehn tragisch auszusehen, wenn man ungewöhnlich hübsch ist und wenn die Wangen und Lippen und die strahlenden Augen eine blühende Gesundheit verraten. Vor allem, wenn man ein blaues Kleid aus Frankreich und einen neuen Frühlingshut trägt, der mit Kornblumen garniert ist. Allerdings trug sie unter dem Arm ein in häßliches schwarzes Leder gebundenes Buch; vielleicht setzte das Buch einen düsteren Akzent, aber das war ein Zufall: es war der übliche Einband der Leihbibliothek. Edna hatte nämlich den Gang zur Bibliothek zum Vorwand genommen, um aus dem Haus zu kommen und nachdenken zu können, um begreifen zu können, was geschehen war, und um einen Entschluß zu fassen, was jetzt zu machen sei.
Etwas Furchtbares war geschehen. Gestern abend im Theater, als sie neben Jimmy im Ersten Rang saß, und ohne die kleinste Warnung — sie hatte gerade eine Schokolademandel in den Mund gesteckt und Jimmy die Schachtel zurückgereicht —, ganz unvorhergesehen also hatte sie sich plötzlich in einen Schauspieler verliebt! Und — *wie* — verliebt!
Das Gefühl war mit nichts zu vergleichen gewesen, was sie

sich je vorgestellt hatte. Es war durchaus nicht etwa angenehm! Auch aufregend war es kaum ... es sei denn, man wollte das gräßliche Gemisch aus hoffnungslosem Elend und Qual und Verzweiflung und Jammer als aufregend bezeichnen. Hinzu kam die Gewißheit, daß, wenn er ihr hinterher auf dem Bürgersteig begegnete, während Jimmy ein Taxi holen ginge, sie diesem Schauspieler auf ein bloßes Zunikken, auf die kleinste Geste hin bis ans Ende der Welt folgen würde, ohne auch nur einen Gedanken an Jimmy oder ihre Eltern oder ihr glückliches Zuhause und ihre unzähligen Bekannten zu vergeuden ...
Das Stück hatte ziemlich heiter begonnen. Das war während des Schokoladenmandelstadiums gewesen. Dann war der Held erblindet. Was für ein gräßlicher Moment! Edna hatte so weinen müssen, daß sie sich zu dem ihren auch noch Jimmys zusammengefaltetes, sehr schön weiches Taschentuch borgen mußte. Nicht, daß ihr Weinen aufgefallen wäre. Die Leute weinten reihenweise. Sogar die Männer putzten sich mit lautem Trompetenton die Nase und bemühten sich, ins Programm statt auf die Bühne zu schauen. Jimmy saß zum Glück mit trockenen Augen da – denn was hätte sie ohne sein Taschentuch tun sollen –, drückte ihre freie Hand und flüsterte: »Nimm's nicht so schwer, Liebes!« Da hatte sie ihm zuliebe noch eine letzte Schokolademandel genommen und ihm die Schachtel gegeben. Dann war die grauenhafte Szene gekommen, wo der Held allein auf der Bühne stand, ganz allein in einem öden Zimmer im Dämmerlicht, während draußen eine Musikkapelle spielte und Hochrufe von der Straße heraufklangen. Er hatte versucht – ach, wie kläglich, wie jämmerlich! –, sich zum Fenster vorzutasten. Endlich war es ihm gelungen. Dort hatte er dann gestanden und den Vorhang aufgehalten, während ein Lichtstrahl, ein einziger Lichtstrahl, ihm voll in das aufwärts gewandte, blinde Gesicht fiel und die Musik in der Ferne verhallte ...
Es war – wirklich, es war völlig – oh, das aller-, es war einfach – ja, es war tatsächlich so, daß Edna von dem Augenblick an wußte, ihr Leben könne nie wieder so sein, wie es vorher war. Sie entzog Jimmy ihre Hand, lehnte sich zu-

rück und machte die Schachtel mit den Schokolademandeln ein für allemal zu. Das war endlich Liebe!
Edna und Jimmy waren verlobt.
Seit anderthalb Jahren trug sie ihr Haar aufgesteckt; seit einem Jahr waren sie offiziell verlobt. Doch daß sie einander mal heiraten würden, hatten sie bereits in jenen fernen Jahren gewußt, als sie mit ihren Kindermädchen im Botanischen Garten herumspaziert waren und mit einem Löffelbiskuit und einem Malzbonbon als Vesper auf dem Rasen gesessen hatten. Es war eine so allgemein anerkannte Tatsache gewesen, daß Edna die ganze Zeit, die sie im Schullandheim war, einen sehr gut nachgemachten Verlobungsring (aus einem Knallbonbon) getragen hatte. Und bis jetzt hatten sie sehr aneinander gehangen.
Doch nun war es vorbei. Es war so restlos aus und vorbei, daß Edna sich kaum erklären konnte, wieso Jimmy es nicht ebenfalls einsah. Sie lächelte weise und traurig, als sie in den Park des Sacré-Cœur-Klosters einbog und den Pfad hinanstieg, der zur Hill Street hindurchführte. Wieviel besser, es jetzt zu erfahren, als erst nachdem sie verheiratet waren! Jetzt war es noch möglich, daß Jimmy darüber hinwegkam. Nein, es nützte nichts, sich etwas vorzumachen: er würde *nicht* darüber hinwegkommen! Sein Leben war zerstört, war ruiniert; das war unvermeidlich. Aber er war so jung ... Die Zeit, sagten die Leute immer, die Zeit könne so manches heilen. In vierzig Jahren, wenn er ein alter Mann war, mochte es ihm vielleicht gelingen, etwas ruhiger an sie zu denken – vielleicht! Aber sie? Was barg die Zukunft für sie?
Edna hatte das obere Ende des Weges erreicht. Dort setzte sie sich unter einem Baum mit jungem Grün und kleinen Büscheln weißer Blüten auf eine grüne Bank und blickte über die Blumenbeete des Klostergartens. Auf einem Beet ganz nahebei wuchsen in der einen Ecke zierliche Levkojen hinter einer Einfassung aus blauen, muschelförmigen Stiefmütterchen und einer Gruppe sahneweißer Freesien, deren feine, hellgrüne Spieße kreuz und quer über den Kelchen aufragten. Hoch oben in der Luft tummelten sich die Klostertauben, und sie konnte die Stimme der Schwester Agnes

hören, die eine Singstunde gab. *Ah-men* klang die Altstimme der Nonne, und *Ah-men* kam das Echo...
Wenn sie Jimmy nicht heiratete, würde sie natürlich überhaupt niemanden heiraten. Der Mann, den sie liebte, der berühmte Schauspieler — Edna war viel zu vernünftig, um nicht einzusehen, daß es nie sein könne. Und seltsamerweise wollte sie es auch gar nicht. Dafür war ihre Liebe viel zu innig. Sie mußte sie schweigend ertragen, die Qual der Liebe. So war es eben bei dieser Art Liebe, nahm sie an...
»Aber Edna!« rief Jimmy. »Wirst du nie andern Sinnes werden? Darf ich nicht mehr hoffen?«
Oh, was für ein Jammer, es sagen zu müssen, aber es mußte gesagt werden: »Nein, Jimmy, *nie* werde ich andern Sinnes sein!«
Edna ließ den Kopf sinken; eine kleine Blüte fiel ihr in den Schoß, und Schwester Agnes sang plötzlich *oh — nie,* und das Echo klang *oh — nie!*
In diesem Augenblick wurde ihr die Zukunft enthüllt. Edna sah es alles. Sie war verblüfft; zuerst verschlug es ihr den Atem. Aber schließlich, was konnte natürlicher sein? Sie würde ins Kloster eintreten... Ihr Vater und ihre Mutter tun alles, was sie können, um sie davon abzubringen — vergebens. Und Jimmy — an dessen Gemütszustand mag sie kaum denken! Warum können sie es nicht verstehen? Warum müssen sie ihr Leid noch größer machen? Die Welt ist grausam, schrecklich grausam! Nach einer letzten Szene, wenn sie ihren Schmuck und so weiter an ihre besten Freundinnen verschenkt hat — sie so ruhig, die andern so verzweifelt —, geht sie ins Kloster. Nein, einen Augenblick! Der Abend, an dem sie ins Kloster eintritt, ist der letzte Abend des Schauspielers in Port Willin. Ein unbekannter Bote überbringt ihm einen Karton. Er ist voll weißer Rosen. Aber es ist keine Karte dabei, kein Name. Wirklich nichts? Doch! Unter den Rosen, in ein weißes Taschentuch eingewickelt, die letzte Photographie von Edna, unterschrieben mit den Worten: ›Die Welt vergessend, von der Welt vergessen!‹
Edna saß sehr still unter den Bäumen; das schwarze Bibliotheksbuch umklammert sie, als wäre es ihr Meßbuch. Sie

nimmt den Namen Schwester Angela an. Ritsch-ratsch...
ihr herrliches Haar fällt der Schere zum Opfer. Ob sie Jimmy eine Locke schicken darf? Irgendwie wird es bewerkstelligt. Und in einem blauen Gewand mit einem weißen Stirnband geht Schwester Angela vom Kloster zur Kapelle und von der Kapelle zum Kloster, etwas Überirdisches in ihrem Blick, in den trieftraurigen Augen und in dem sanften Lächeln, mit dem sie die kleinen Kinder begrüßt, die auf sie zugerannt kommen. Eine Heilige! Sie hört, wie es hinter ihr drein geflüstert wird, wenn sie durch die frostkalten, nach Wachs riechenden Gänge schreitet. Eine Heilige! Und den Besuchern in der Kapelle erzählt man von der Nonne, deren Stimme alle andern Stimmen übertönt, erzählt von ihrer Jugend, ihrer Schönheit, ihrer tieftragischen Liebe. ›Hier in der Stadt siecht ein Mann dahin, dessen Leben zerstört ist...‹
Eine große Biene, ein Bürschlein mit goldenem Pelz, kroch in eine Freesie, und die zarte Blüte neigte sich, schwankte, erbebte; nachdem die Biene weggeflogen war, nickte sie noch immer, als lache sie! Glückliche, sorglose Blüte!
Schwester Angela schaute sie an und dachte: ›Jetzt ist es Winter!‹ Eines Nachts, als sie in ihrer eiskalten Zelle liegt, hört sie einen Schrei. Ein verirrtes Tier ist draußen im Garten, ein Kätzchen oder ein Lamm — irgendein junges Tier könnte dort sein. Schon erhebt sich die Nonne, die schlaflos dagelegen hat. Ganz in Weiß, vor Kälte zitternd, aber ohne Furcht geht sie und bringt es herein. Doch am Morgen, als die Glocke zur Frühmette ruft, findet man sie, wie sie sich in hohem Fieber wälzt, im Delirium... und sich nicht mehr erholt. In drei Tagen ist alles vorbei. In der Kapelle ist die Totenmesse gelesen worden, und sie liegt in der Ecke des Friedhofs begraben, die den Nonnen vorbehalten ist, wo die schlichten kleinen Holzkreuze stehen. Ruhe in Frieden, Schwester Angela!
Dann ist es Abend. Zwei alte Leute, die einander gegenseitig stützen, nähern sich langsam dem Grab, knien nieder und schluchzen: ›Unsere Tochter! Unsere einzige Tochter!‹ Nun erscheint noch jemand. Er ist ganz in Schwarz; er geht sehr langsam. Als er vor dem Grab steht und seinen schwarzen

Hut abnimmt, sieht Edna zu ihrem Entsetzen, daß sein Haar schneeweiß ist. Jimmy! Zu spät! Zu spät! Die Tränen strömen ihm übers Gesicht; er weint *jetzt!* Zu spät! Zu spät! Der Wind schüttelt die kahlen Bäume auf dem Friedhof. Der Mann stößt einen furchtbaren, einen bitteren Schrei aus. Ednas schwarzes Buch fällt ihr aus der Hand und schlägt dumpf auf den Weg. Sie springt auf, ihr Herz pocht. Mein Liebster! Nein, es ist nicht zu spät! Es ist alles ein Irrtum gewesen, ein furchtbarer Traum! Ach, die weißen Haare! Wie hatte sie so etwas tun können? Sie hat es nicht getan! O Himmel, was für ein Glück! Sie ist frei, ist jung, und niemand weiß um ihr Geheimnis. Alles ist noch möglich für sie und ihren Jimmy. Das Haus, das sie planten, kann noch gebaut werden, der ernste kleine Junge, der, die Hände auf dem Rücken, ihnen zuschaut, wie sie Rosenbäumchen pflanzen, kann noch geboren werden. Sein Babyschwesterchen... aber als Edna beim Babyschwesterchen angelangt ist, breitet sie die Arme aus, als käme das kleine Schätzchen durch die Luft auf sie zugeflogen — und während sie auf den Garten blickt, auf die weißen Blütenrispen am Baum, auf die reizenden Tauben, die blau vor dem blauen Himmel kreisen, und auf das Kloster mit seinen schmalen Fenstern, begreift sie, daß sie jetzt endlich und zum erstenmal in ihrem Leben — denn nie hatte sie sich ein derartiges Gefühl vorstellen können —, ja endlich weiß, was es heißt, zu lieben, wirklich zu lieben!

Die Fliege

»Sie haben's hier sehr gemütlich«, piepste der alte Mr. Woodifield und lugte aus dem großen, grünledernen Sessel neben dem Schreibtisch des Chefs, seines Freundes — wie ein Baby aus seinem Kinderwagen hervorlugt. Seine Unterredung war beendet; es war an der Zeit, wegzugehen. Aber er wollte nicht gehen. Seit er sich zur Ruhe gesetzt hatte, seit seinem ... Schlaganfall hielten ihn seine Frau und seine Töchter jeden Tag der Woche mit Ausnahme des Dienstags im Hause eingesperrt. Am Dienstag wurde er gut angekleidet und gebürstet und durfte für den einen Tag wieder in die City. Doch was er dort trieb, konnten sich seine Frau und seine Töchter nicht vorstellen. Fiel seinen Freunden lästig, vermuteten sie ... Nun ja, vielleicht. Dennoch klammern wir uns alle an unsre letzten Freuden wie der Baum an seine letzten Blätter. Da saß also der alte Woodifield, rauchte eine Zigarre und blickte beinah gierig auf den Chef, der sich in seinem Bürostuhl wälzte, dick, rosig, fünf Jahre älter als er und noch immer auf der Höhe, noch immer am Steuer. Es tat einem wohl, ihn zu sehen.
Sehnsüchtig und bewundernd fuhr die alte Stimme fort:
»Wirklich sehr gemütlich, auf mein Wort!«
»Ja, es ist ganz komfortabel«, gab der Chef zu und klatschte mit dem Papiermesser auf die *Financial Times*. Im Grunde war er sehr stolz auf sein Zimmer; er hatte es gern, wenn es bewundert wurde, besonders vom alten Woodifield. Es verlieh ihm ein Gefühl tiefer, unerschütterlicher Genugtuung, hier mitten drin zu thronen, in voller Sicht vor der gebrechlichen alten Gestalt im Wollschal.
»Ich habe es kürzlich neu herrichten lassen«, erklärte er, wie er es in den letzten Wochen — seit wieviel Wochen? - stets erklärt hatte. »Ein neuer Teppich!«, und er zeigte auf den leuchtend roten Teppich mit dem Muster aus großen weißen Ringen. »Neue Möbel!«, und er deutete mit einer Kopfbewegung auf den wuchtigen Bücherschrank und den Tisch mit seinen Korkenzieherbeinen. »Elektrische Heizung!« Er

winkte fast triumphierend zu den fünf durchsichtigen, perlmatten Würsten, die so sanft in der schräg gestellten Kupfermuschel glommen.

Doch auf die Photographie über dem Tisch — die Photographie eines ernsten jungen Mannes in Uniform, der in einem geisterhaften Photographenpark mit Sturmwolken im Rücken dastand — machte er den alten Woodifield nicht aufmerksam. Sie war seit über sechs Jahren dort.

»Da war noch etwas, was ich Ihnen erzählen wollte«, sagte der alte Woodifield, und seine Augen wurden trübe, während er nachdachte. »Was war es nur? Ich wußte es noch ganz genau, als ich heute morgen wegging.« Seine Hände begannen zu zittern, und über seinem Bart bildeten sich rote Flecke.

Der arme alte Kerl, dachte der Chef, er pfeift auf dem letzten Loch! In freundlicher Stimmung zwinkerte er dem alten Mann zu und sagte scherzhaft: »Ich werde Ihnen was verraten! Ich habe hier einen kleinen Tropfen, etwas, das Ihnen guttun wird, ehe Sie wieder in die Kälte hinausgehen. Es ist ein edler Stoff! Würde keinem Baby schaden!« Er löste einen Schlüssel von seiner Uhrkette, schloß unten im Schreibtisch ein Fach auf und holte eine dunkle, dickbauchige Flasche hervor. »Das ist die Medizin!« sagte er. »Und der Mann, von dem ich sie habe, hat mir unter strengster Verschwiegenheit erzählt, sie käme aus den Kellern von Schloß Windsor!«

Bei ihrem Anblick sperrte der alte Woodifield den Mund auf. Er hätte nicht erstaunter aussehen können, wenn der Chef ein Kaninchen hervorgezaubert hätte.

»Es ist Whisky, nicht wahr?« piepste er schwach.

Der Chef drehte die Flasche herum und zeigte ihm liebevoll das Etikett. Es war tatsächlich Whisky.

»Denken Sie«, sagte er und sah den Chef verdutzt an, »zu Hause lassen sie mich keinen Whisky anrühren.« Und er sah aus, als würde er in Tränen ausbrechen.

»Ah, davon verstehen wir ein bißchen mehr als die Damen«, rief der Chef, langte quer über den Tisch nach zwei Gläsern, die neben der Wasserkaraffe standen, und goß in jedes einen gut bemessenen Fingerhoch Whisky ein. »Kippen Sie's runter! Es wird Ihnen guttun! Und nehmen Sie kein Wasser dazu! Es wäre eine Entweihung, Stoff wie diesen zu verfälschen. Ah!« Er goß seinen Schluck hinunter, zog sein Taschentuch hervor, wischte sich rasch den Schnurrbart und blickte, verständnisinnig zwinkernd, auf den alten Woodifield, der seinen Schluck noch zwischen den Kinnbacken herumrollen ließ.

Der alte Mann schluckte, schwieg einen Augenblick und sagte dann matt: »Ist stark!«

Aber er wärmte ihn — er kroch in sein fröstelndes altes Gehirn, und er erinnerte sich wieder.

»Das war's!« sagte er und hievte sich aus dem Sessel. »Ich dachte, es würde Sie interessieren. Die Mädchen waren vorige Woche in Belgien, um nach dem Grab von unserm armen Reggie zu sehen, und zufällig stießen sie auf das Grab Ihres Jungen. Wie es scheint, liegen sie ganz nah beieinander.«

Der alte Woodifield machte eine Pause, aber der Chef antwortete nichts darauf. Nur ein Zucken in seinen Augenlidern verriet, daß er zuhörte.

»Die Mädchen waren begeistert, wie gepflegt alles ist«, piepste die Stimme. »Wunderschön gepflegt. Es könnte nicht besser sein, wenn sie zu Hause wären. Sie sind ja wohl nie drüben gewesen, was?«

»Nein, nie!« Aus verschiedenen Gründen war der Chef nicht drüben gewesen.

»Meilenweit zieht sich's hin«, zirpte der alte Woodifield, »und alles so schmuck wie ein Garten. Auf allen Gräbern blühen Blumen! Hübsche breite Wege!« Seine Stimme verriet, daß er hübsche breite Wege liebte.

Wieder trat eine Pause ein. Dann wurde der alte Mann wunderbar lebendig.

»Wissen Sie, was die Mädchen im Hotel für ein Glas Marmelade zahlen mußten?« piepste er. »Zehn Francs! Das nenne ich Nepp! Es war ein kleines Glas, sagt Gertrude, nicht größer als eine halbe Krone! Und sie hatte nicht mehr als einen Löffelvoll genommen, und dafür verlangten sie ihr

zehn Francs ab! Gertrude hat das Glas mitgenommen, um ihnen eine Lehre zu erteilen. Und das war recht so: es ist Geschäftemachen mit unsern Gefühlen! Sie glauben, weil wir nach drüben fahren, um uns mal umzuschauen, sind wir bereit, wer weiß was zu zahlen. So ist es!« Und er wandte sich zur Tür.
»Sehr richtig! Sehr richtig!« rief der Chef, obwohl er nicht die leiseste Ahnung hatte, was sehr richtig war. Er kam hinter seinem Schreibtisch hervor, folgte den schurrenden Schritten und öffnete dem alten Mann die Tür. Dann war Woodifield weg.
Eine ganze Weile blieb der Chef stehen und starrte vor sich hin, während der grauhaarige Bürobote, der ihn beobachtete, zu seinem Glaskasten ein- und ausflitzte — wie ein Hund, der erwartet, spazierengeführt zu werden. Dann sagte der Chef: »Ich bin eine halbe Stunde für niemanden zu sprechen, Macey! Verstanden? Für niemanden!«
»Ja, Sir!«
Die Tür schloß sich, feste, schwere Schritte überquerten abermals den leuchtenden Teppich, der dicke Körper plumpste in den gefederten Stuhl, und der Chef beugte sich vor und bedeckte das Gesicht mit den Händen. Er wollte weinen, er beabsichtigte es, er hatte sich darauf vorbereitet zu weinen. Es war für ihn ein furchtbarer Schock gewesen, als der alte Woodifield ihn mit der Bemerkung vom Grab des Jungen überfiel. Es war genauso, als hätte sich die Erde geöffnet und er hätte den Jungen dort liegen sehen, während die Töchter der Woodifields auf ihn niederstarrten. Denn es war seltsam. Obwohl mehr als sechs Jahre verstrichen waren, dachte der Chef nie anders an den Jungen, als läge er unverwundet und makellos in seiner Uniform im ewigen Schlaf. »Mein Sohn!« stöhnte der Chef. Aber die Tränen kamen noch nicht. In der Vergangenheit, in den ersten Monaten nach dem Tode des Jungen und sogar Jahre danach, brauchte er nur diese Worte zu sagen, und er wurde von einem derartigen Kummer überwältigt, daß nichts als ein heftiger Weinkrampf ihm Erleichterung verschaffen konnte. Die Zeit, so hatte er damals erklärt und es jedermann erzählt, könne daran nichts

ändern. Andre Männer könnten sich vielleicht erholen, vielleicht über ihren Verlust hinwegkommen, er jedoch nicht. Wie wäre es möglich? Der Junge war sein einziger Sohn gewesen. Von seiner Geburt an hatte der Chef nur dafür gearbeitet, dieses Geschäft für ihn aufzubauen; es hatte keinen Sinn, wenn es nicht für den Jungen war; das Leben selbst hatte allmählich nur diesen Sinn bekommen. Wie in aller Welt hätte er sich all die Jahre abrackern können, sich vieles versagen und durchhalten können, wenn nicht mit der ständigen Zuversicht vor Augen, daß der Junge in seine Fußstapfen treten und dort weitermachen würde, wo er aufhörte?
Und die Hoffnung war so nah dran gewesen, sich zu erfüllen! Vor dem Krieg war der Junge ein Jahr lang im Büro, um sich einzuarbeiten. Jeden Morgen waren sie gemeinsam hingefahren, und mit dem gleichen Zug waren sie zurückgekommen. Und ihn als den Vater des Jungen — wie hatte man ihn beglückwünscht! Kein Wunder: er hatte sich großartig eingelebt! Und was seine Beliebtheit beim Personal betraf, so konnte jeder einzelne bis hinunter zum alten Macey ihn nicht genug rühmen. Und er war nicht im geringsten eingebildet. Nein, er war ganz sein strahlendes, natürliches Selbst, mit dem rechten Wort für jedermann und mit dem jungenhaften Aussehen und seiner Gewohnheit, ›einfach glänzend‹ zu rufen.
Doch all das war aus und vorbei, als wäre es nie gewesen. Der Tag war gekommen, an dem Macey ihm das Telegramm reichte, woraufhin das ganze Luftschloß über ihm zusammenkrachte. ›Wir bedauern aufs tiefste, Ihnen mitteilen zu müssen...‹ Und als ein gebrochener Mann hatte er das Büro verlassen; sein Leben war vernichtet.
Vor sechs Jahren... sechs Jahren... Wie schnell die Zeit vergeht! Es hätte gestern passiert sein können. Der Chef nahm die Hände vom Gesicht; er war verblüfft. Etwas schien nicht mit ihm zu stimmen. Er empfand nicht so, wie er empfinden wollte. Er beschloß, aufzustehen und einen Blick auf die Photographie des Jungen zu werfen. Aber es war nicht seine Lieblingsphotographie von ihm; der Ausdruck war un-

natürlich. Er blickte kalt drein, sogar streng. So hatte der Junge nie ausgesehen.

In diesem Augenblick bemerkte der Chef eine Fliege, die in sein großes Tintenfaß gefallen war und schwache, aber verzweifelte Versuche unternahm, wieder herauszukrabbeln. Hilfe! Hilfe! sagten die zappelnden Beine. Doch die Seitenwände des Tintenfasses waren feucht und schlüpfrig; sie fiel wieder hinein und begann zu schwimmen. Der Chef nahm seine Feder, hob die Fliege aus der Tinte und schüttelte sie auf das Löschblatt. Für den Bruchteil einer Sekunde lag sie ruhig in dem dunklen Klecks, der um sie herum versickerte. Dann trillerten die Vorderbeine und fanden Halt, und sie zog den kleinen, aufgeweichten Körper hoch und begann mit der Riesenarbeit, die Tinte von ihren Flügeln abzuputzen. Drüber und drunter, drüber und drunter fuhr das Bein über einen Flügel, wie der Wetzstein über und unter die Sense fährt. Dann eine Pause, während die Fliege auf den Zehenspitzen zu stehen schien und zuerst den einen und dann den andern Flügel auszubreiten versuchte. Endlich gelang es ihr, und sie setzte sich und begann, wie ein winzig kleines Kätzchen ihr Gesicht zu putzen. Man konnte sich jetzt vorstellen, wie leicht und fröhlich sich die kleinen Vorderbeine aneinanderrieben. Die gräßliche Gefahr war vorbei; sie war entkommen; sie war wieder fürs Leben bereit.

Doch da gerade kam dem Chef ein Gedanke. Er tauchte seine Feder in die Tinte und stützte sein dickes Handgelenk aufs Löschblatt, und als die Fliege ihre Flügel ausprobierte, tropfte ein großer schwarzer Klecks auf sie herunter. Was würde sie dagegen tun? Ja, was wohl? Der kleine Wicht war gänzlich entmutigt und betäubt und wagte sich nicht zu rühren, vor Angst, was als nächstes passieren würde. Doch dann, als wäre es schmerzhaft, schleppte sie sich weiter. Die Vorderfüße trillerten und fanden Halt, und die Arbeit begann — diesmal langsamer — von neuem!

›Sie ist ein tapferes kleines Teufelchen!‹ dachte der Chef und empfand richtige Bewunderung für den Mut der Fliege. So mußte man an die Dinge herangehen, das war der richtige Kampfgeist! Nie aufgeben! Es war nur eine Frage von ...

Aber die Fliege hatte ihre mühevolle Arbeit beendet, und der Chef hatte gerade noch Zeit, seine Feder einzutauchen, um auf den frisch geputzten Körper ganz offen und ehrlich noch einen dunklen Tropfen fallen zu lassen. Wie stand es diesmal damit? Ein qualvoll verhaltener Augenblick folgte. Aber sieh an, die Vorderbeine zappelten schon wieder; der Chef spürte eine große Erleichterung. Er beugte sich über die Fliege und sagte zärtlich: »Du gescheites kleines Luder!« Und dann kam ihm die glänzende Idee, sie anzuhauchen, um den Trockenprozeß zu beschleunigen. Trotzdem war jetzt etwas Schüchternes und Mattes in ihren Anstrengungen, und der Chef beschloß, daß dies das letztemal sein sollte, als er die Feder tief ins Tintenfaß tauchte.

Und das war es. Der letzte Klecks fiel auf das durchweichte Löschpapier, und die besudelte Fliege lag mittendrin und rührte sich nicht. Die Hinterbeine klebten am Körper, die Vorderbeine waren nicht zu sehen.

»Los!« rief der Chef. »Ein bißchen dalli!« Und er stupste sie mit der Feder an — vergebens! Nichts geschah oder versprach zu geschehen. Die Fliege war tot.

Der Chef hob die Leiche auf die Spitze des Brieföffners und schleuderte sie in den Papierkorb. Aber eine so zermürbende Niedergeschlagenheit packte ihn, daß er sich buchstäblich fürchtete. Er schoß vor und drückte auf den Klingelknopf, um Macey herbeizuholen.

»Bring mir frisches Löschpapier«, sagte er streng, »und mach ein bißchen dalli!« Und als der alte Knabe wegtrabte, begann der Chef sich zu fragen, worüber er vorhin nachgedacht hatte. Was war es gewesen? Es war ... Er holte sein Taschentuch hervor und fuhr innen am Kragenrand entlang. Er konnte sich nicht erinnern, ums Leben nicht.

Der Kanarienvogel

... Sehen Sie den großen Nagel rechts von der Haustür? Selbst jetzt noch mag ich kaum hinschauen, und doch bring' ich's nicht über mich, ihn rauszuziehen! Ich möchte gern denken, daß er immer dort bliebe, auch wenn ich nicht mehr da bin. Manchmal hör' ich, wie die Leute, die nach mir hier wohnen, zueinander sagen: »Dort muß mal ein Käfig gehangen haben!« Und das tröstet mich; dann denke ich, er ist nicht ganz vergessen.

... Sie können sich nicht vorstellen, wie wunderschön er sang! Gar nicht wie andere Kanarienvögel. Und das bilde ich mir nicht etwa bloß ein. Vom Fenster aus habe ich oft gesehen, wie die Leute an der Gartenpforte stehenblieben, um ihm zuzuhören, oder wie sie sich beim Jasmin über den Zaun lehnten und eine ganze Zeitlang zuhörten, so hingerissen waren sie. Wahrscheinlich kommt es Ihnen verrückt vor — aber nicht, wenn Sie ihn gehört hätten —, doch mir schien es wirklich immer, daß er ganze Lieder sang — mit einem Anfang und einem Ende.
Wenn ich zum Beispiel am Nachmittag mit meiner Hausarbeit fertig war und eine andre Bluse angezogen hatte und meine Näharbeit hier auf die Veranda brachte, dann hüpfte er immer hopp-hopp-hopp von einer Stange auf die andre, klopfte gegen die Gitterstäbe, wie um meine Aufmerksamkeit auf sich zu lenken, nippte einen Schluck Wasser wie jeder Sänger und stimmte dann ein so herrliches Lied an, daß ich die Nadel sinken lassen mußte, um ihm zuzuhören. Ich kann's nicht beschreiben — ich wollte, ich könnt's. Dabei ging's jeden Nachmittag so, und immer war mir, als hätte ich jeden Ton verstanden.

... Ich habe ihn geliebt! Und wie ich ihn geliebt habe! Vielleicht kommt es nicht so sehr darauf an, *was* man in dieser Welt liebt. Aber etwas lieben muß man. Natürlich hatte ich immer mein kleines Haus und den Garten, aber aus irgendeinem Grund genügte mir das nicht. Blumen haben ihre eigene, wundervolle Sprache, aber Mitgefühl kennen sie nicht.

Den Abendstern – den hab' ich geliebt. Klingt Ihnen das töricht? Nach Sonnenuntergang bin ich immer in den Hof gegangen und hab' auf ihn gewartet, bis er über dem dunklen Eukalyptus aufgegangen ist. Dann hab' ich geflüstert: »Da bist du also, mein Guter!« Und genau in jenem ersten Moment schien er für mich allein zu leuchten. Er schien zu verstehen, was mich bewegte – etwas, was wie Sehnsucht und doch keine Sehnsucht war. Vielleicht Trauer – ja, eher wie Trauer. Aber weshalb denn Trauer? Es gibt vieles in meinem Leben, wofür ich dankbar sein muß.

... Doch nachdem *er* in mein Leben gekommen war, vergaß ich den Abendstern. Ich brauchte ihn nicht mehr. Aber es war sonderbar. Als der Chinese, der immer an die Tür kommt und Vögel verkaufen will, ihn in seinem kleinen Käfig hochhielt, flatterte er nicht ängstlich herum, wie die armen kleinen Stieglitze, sondern er piepste nur einmal ganz leise, und ich – genau wie ich's dem Stern über dem Eukalyptus immer zugeflüstert hatte – sagte: »Da bist du also, mein Guter!« Von dem Augenblick an war er mein.

... Selbst jetzt in der Erinnerung wundert es mich, wie er und ich miteinander lebten. Sowie ich frühmorgens nach unten kam und das Tuch von seinem Käfig zog, begrüßte er mich mit einem schläfrigen kleinen Ton. Ich wußte, er meinte: ›Missie! Missie!‹ Dann hängte ich seinen Käfig draußen an den Nagel und machte für meine drei jungen Burschen das Frühstück zurecht, und ich holte ihn erst wieder herein, wenn wir das Haus ganz für uns allein hatten. Nachdem ich das Geschirr abgewaschen hatte, begann eine richtige kleine Vorstellung. Ich breitete auf der einen Tischecke eine Zeitung aus, und sowie ich den Käfig draufstellte, schlug er wie ein Verzweifelter mit den Flügeln, als wüßte er nicht, was käme. »Du bist ein richtiger kleiner Komödiant!« schalt ich dann. Ich schrubbte den Einsatz, streute frischen Sand drüber, füllte sein Körner- und Futternäpfchen und klemmte etwas Vogelmiere und eine halbe Paprikaschote zwischen die Stäbe. Und ich bin ganz sicher, daß er jede Einzelheit dieser kleinen Prozedur begriff und schätzte. Er war nämlich von Natur überaus reinlich. Nie hat er seine Stange beklekkert. Und man mußte nur sehen, wie er sein Bad genoß — dann wußte man sofort, daß er einen geradezu leidenschaftlichen Sauberkeitsfimmel hatte. Sein Bädchen kam immer zuletzt hinein. Und kaum hing es drin, da stürzte er sich förmlich hinein. Zuerst spreizte er den einen Flügel, dann den andern, dann tauchte er den Kopf ein und besprengte seine Brustfedern. Er hatte die ganze Küche voll Wassertropfen gespritzt, aber er wollte noch immer nicht heraus. Meistens sagte ich zu ihm: »Das genügt jetzt wirklich — du spielst dich nur auf!« Und endlich hüpfte er heraus, und auf einem Bein stehend, begann er sich trocken zu zupfen. Schließlich schüttelte er sich noch einmal, wippte und piepste und reckte die Kehle — oh, ich kann's kaum ertragen, daran zu denken. Es war immer die Zeit, in der ich die Messer putzte, und es schien mir fast, als sängen auch die Messer, wenn ich sie auf dem Brett blank rieb.

... Gesellschaft, verstehen Sie — das bedeutete er für mich. Eine einzigartige Gesellschaft! Wenn Sie allein gelebt haben, werden Sie einsehen, wie kostbar so etwas ist. Ich hatte natürlich meine drei jungen Burschen, die abends zum Essen kamen, und manchmal blieben sie hinterher im Eßzimmer und lasen die Zeitung. Aber ich konnte nicht von ihnen erwarten, daß sie sich für die hunderterlei Kleinigkeiten interessierten, die zu meinem Alltag gehörten. Warum auch? Ich bedeutete ihnen ja nichts. Eines Abends hörte ich sogar, wie sie auf der Treppe von mir als der ›Vogelscheuche‹ sprachen. Macht nichts. Es machte mir nichts aus. Nicht ein bißchen. Ich versteh's gut. Sie sind jung. Warum sollte ich's übelnehmen? Aber ich erinnere mich, daß ich an jenem Abend besonders dankbar war, nicht ganz allein zu sein. Nachdem sie weggegangen waren, hab' ich's ihm erzählt. Hab' zu ihm gesagt: »Weißt du, wie sie deine Missie nennen?« Und er hat seinen Kopf auf die Seite gelegt und mich mit seinen glänzenden Äuglein angeschaut, bis ich lachen mußte. Ihm schien es Spaß zu machen.

... Haben Sie sich je Vögel gehalten? Wenn nicht, dann muß Ihnen das alles vielleicht übertrieben vorkommen. Die Leute glauben immer, Vögel seien herzlos und kalt — nicht wie

Hunde und Katzen. Meine Waschfrau, wenn die montags kam, wunderte sich, weshalb ich mir keinen ›netten Foxterrier‹ hielte, und sagte: »Ein Kanarienvogel kann einen doch nicht trösten, Miss!« Stimmt nicht. Stimmt überhaupt nicht! Ich kann mich an eine Nacht erinnern: ich hatte einen furchtbaren Traum gehabt — Träume können schrecklich grausam sein —, und noch, nachdem ich wach war, konnte ich ihn nicht abschütteln. Daher zog ich mir meinen Morgenrock über und bin in die Küche hinunter, ein Glas Wasser trinken. Es war eine Winternacht, und es regnete sehr. Vermutlich war ich noch halb im Schlaf, denn mir schien es, daß durchs Küchenfenster — es hatte keine Stores — die Finsternis hereinspähte und spionierte. Da fand ich es auf einmal unerträglich, daß ich niemanden hatte, dem ich hätte sagen können: »Mir hat was Furchtbares geträumt!« oder »Steh mir bei vor der Finsternis!« Eine Minute hab' ich sogar die Hände vors Gesicht geschlagen. Und plötzlich hör' ich ein kleines ›Piep! Piep!‹ Sein Käfig stand auf dem Tisch, und das Tuch war ein bißchen verrutscht, so daß ein Lichtspalt in den Käfig fiel. ›Piep! Piep!‹ sagte das liebe Kerlchen noch mal ganz leise, als wollt's mir sagen: ›Ich bin hier, Missie! Ich bin hier!‹ Und das hat mich so wunderbar getröstet, daß ich beinah geweint hätte.

... Und jetzt ist er nicht mehr da. Nie wieder will ich mir einen Vogel halten, auch kein andres Tier. Wie könnte ich wohl? Als ich ihn fand, wie er mit matten Augen und verkrampften Krällchen auf dem Rücken lag, und als ich begriff, daß mein kleiner Liebling nie wieder für mich singen würde, da war mir, als würde etwas in mir sterben. Mein Herz war ausgeleert, leer wie sein Käfig. Ich werd's verwinden. Natürlich. Ich muß ja. Mit der Zeit kann man alles verwinden. Und die Leute sagen immer, ich hätt' eine fröhliche Gemütsart. Da haben sie ganz recht. Dafür bin ich Gott dankbar.

... Immerhin, auch ohne krankhaftes Grübeln und Nichtloskommen von — von Erinnerungen und dergleichen muß ich doch gestehen, daß das Leben was Trauriges zu haben scheint, finde ich. Es ist schwer zu sagen, was es eigentlich ist. Ich meine nicht den Kummer, den wir alle kennen: Krankheit und Armut und Sterben. Nein, es ist etwas anderes. Es ist da — tief innen ist es, ein Teil von einem selber — wie der eigene Atem. Und wenn ich mich noch so sehr abrackere und plage — sowie ich aufhöre mit der Arbeit, weiß ich, daß es da ist und wartet. Ich frage mich oft, ob alle Menschen das spüren. Man weiß ja nie. Aber ist es nicht seltsam, daß in all seinen fröhlichen kleinen Liedern es gerade *das* war — diese Trauer — oder was sonst —, was ich gehört habe?

Geschichte eines verheirateten Mannes

I.

Es ist Abend. Das Nachtessen ist vorbei. Wir haben das kleine, kalte Eßzimmer verlassen und sind wieder ins Wohnzimmer gegangen, wo ein Feuer im Kamin brennt. Alles ist wie immer. Ich sitze an meinem Schreibtisch, der schräg in eine Ecke gestellt ist, so daß ich gewissermaßen dahinter bin und ins Zimmer blicke. Die Lampe mit dem grünen Schirm brennt; vor mir liegen zwei große Nachschlagewerke, beide geöffnet, und ein Stoß Papiere... also das ganze Handwerkszeug eines überaus beschäftigten Mannes. Meine Frau sitzt auf einem niedrigen Sessel vor dem Feuer — auf dem Schoß ihren kleinen Jungen. Sie will ihn zu Bett bringen, ehe sie das Geschirr abräumt und es in der Küche aufstapelt — für das Mädchen morgen früh. Aber die Wärme, die Stille und das schläfrige Baby haben sie verträumt gemacht. Der eine seiner rotwollenen Schuhe ist abgefallen, den andern hat es noch an. Sie sitzt vornübergebeugt, hat den kleinen bloßen Fuß umfaßt und starrt in die Glut, und je nachdem, wie das Feuer sich belebt, zusammensinkt und wieder aufflackert, ist auch ihr Schatten auf der Wand — eine riesige ›Mutter mit Kind‹ — einmal da und wieder fort...

Draußen regnet es. Ich denke gern an das kalte, tropfnasse Fenster hinter der Markise und an die dunklen Sträucher weiter hinten im Garten, ihre breiten Blätter blank vom Regen, und jenseits des Zauns an die glitzernde Straße mit den zwei schmalen Regenrinnen, die heiser gegeneinander ansingen, und an die Reflexe der Straßenlampen, die wie Fischschwänze zucken. Während ich hier bin, bin ich dort, hebe mein Gesicht zum dunklen Himmel auf und glaube zu wissen, daß es auf der ganzen Welt regnet, daß die ganze Erde aufgeweicht ist und widerhallt vom sanften, flinken Drippeln oder vom harten, stetigen Trommeln oder von einem Gegurgel, das gleichzeitig Schluchzen und Lachen ist — dazu das leichte, verspielte Plätschern von Wasser, das auf stille Seen und flutende Flüsse fällt. Und stets, in ein und demselben Augenblick, komme ich in einer fremden Stadt an, schlüpfe unter das Verdeck der Droschke, während der Kutscher dem schnaubenden Pferd die Decke abreißt, rase von einer geschützten Stelle zur nächsten, weiche jemandem aus, mache einen Bogen um jemand. Ich bin hoher Häuser inne, bin ihrer gegen die Nacht verrammelten Türen und Fensterläden, ihrer tropfenden Balkone und durchnäßten Blumentöpfe inne. Ich streife durch verlassene Gärten und stolpere in feucht riechende Lauben (du weißt, wie weich und beinah morsch das Holz einer Laube im Regen ist); ich stehe auf dem dunklen Pier und gebe der nassen roten Hand des alten Matrosen im Ölzeug meine Fahrkarte. Wie herb das Meer riecht! Wie laut die vertäuten Boote gegeneinanderschlagen! Ich überquere den nassen Stapelplatz, über Kopf und Schulter einen alten Sack, in der Hand eine Laterne, während der Hund, naß wie eine Fußmatte, mich umspringt und sich schüttelt und mich naß spritzt. Und jetzt gehe ich eine verlassene Landstraße entlang, den Pfützen ausweichen ist unmöglich, und die Bäume regen sich im Wind.

Doch eine solche Liste könnte man endlos fortführen, ewig weiter, bis man ein einzelnes Cannablatt aufhebt und die darunter haftenden, winzigen Schnecken entdeckt, bis man zu zählen beginnt... und was dann? Sind das nicht einfach die Zeichen, die Spuren meiner Gefühle? Die hellen grünen Streifen, die jemand macht, der über das betaute Gras geht? Nicht die Gefühle selbst! Und während ich es denke, hebt in meiner Brust eine schwermütige, herrliche Stimme zu singen an. Ja, vielleicht kommt es dem, was ich meine, näher. Was für eine Stimme! Welche Kraft! Welche samtene Zartheit! Wunderbar!

Plötzlich dreht sich meine Frau rasch zu mir um. Sie weiß — wie lange hat sie es schon gewußt? —, daß ich nicht ›arbeite‹. Seltsam, daß sie bei ihrem offenen, vollen Blick so scheu lächelt und daß sie mit einer so zögernden Stimme fragt: »Was denkst du?«

Ich lächle und streiche mir mit zwei Fingern über die Stirn, wie es meine Gewohnheit ist. »Nichts«, antworte ich weich.

Daraufhin regt sie sich und sagt — noch immer bemüht, es nicht wichtig klingen zu lassen: »Oh, du mußt doch an etwas gedacht haben!«
Nun blicke ich ihr wirklich ins Gesicht, begegne ihrem Blick und stelle mir vor, daß ihr Gesicht zuckt. Wird sie sich nie an diese simplen — sozusagen alltäglichen kleinen Lügen gewöhnen? Wird sie nie lernen, sich keine Blöße zu geben oder gleich Verteidigungsstellung zu beziehen?
»Es ist wahr — ich dachte an nichts.«
Da haben wir's! Ich glaube zu sehen, wie es sie trifft. Sie wendet sich ab, zieht dem Baby das zweite rote Söckchen aus, setzt es aufrecht hin und beginnt, es hinten aufzuknöpfen. Ich frage mich, ob das kleine, weich herumrollende Bündel etwas bemerkt, etwas empfindet? Jetzt legt sie es querüber auf ihre Knie, und in diesem Licht, mit seinen weichen, rudernden Armen und Beinen, gleicht es ganz erstaunlich einer kleinen Krabbe. Sehr sonderbar, daß ich es nie im Zusammenhang mit mir und meiner Frau sehen kann — ich habe es nie als ›unser‹ akzeptiert. Jedesmal, wenn ich beim Betreten des Flurs den Kinderwagen sehe, denke ich: ›Aha, jemand hat ein Kind bei sich!‹ Oder wenn ich nachts von seinem Weinen geweckt werde, bin ich drauf und dran, meiner Frau Vorwürfe zu machen, weil sie das Kind hereingeholt hat. Im Grunde — obwohl man starke mütterliche Gefühle bei ihr vermuten könnte — scheint mir meine Frau nicht zu den Frauen zu gehören, die selber ein Kind austragen. Das ist ein gewaltiger Unterschied! Wo ist bei ihr das — tierhaft Zufriedene und Verspielte, wo das flinke Küßchengeben und Herzen, das man bei jungen Müttern zu erwarten gewohnt ist? Davon merkt man keine Spur. Ich glaube, wenn sie ihm das Mützchen umbindet, kommt sie sich wie eine Tante vor — und nicht wie eine Mutter. Aber ich kann mich natürlich täuschen; sie könnte leidenschaftlich an dem Kind hängen... Nein, ich glaube es nicht. Ist es nicht eigentlich ein wenig indiskret, so über seine eigene Frau zu denken? Aber ob indiskret oder nicht — solche Gedanken kommen einem. Und noch etwas anderes! Wie darf ich von meiner Frau — ›einer Frau mit gebrochenem Herzen‹ — über-

haupt erwarten, daß sie ihre Zeit damit zubringt, mit dem Baby herumzutändeln? Doch das trifft die Sache nicht. Auch als ihr Herz noch heil war, hat sie nie mit dem Kind getändelt.

Und nun hat sie das Baby zu Bett gebracht. Ich höre ihre leisen, sicheren Schritte zwischen dem Eßzimmer und der Küche hin- und hergehen, vom Klappern des Geschirrs begleitet. Und jetzt ist alles ruhig. Was macht sie jetzt? Oh, ich weiß es so genau, als wäre ich nachsehen gegangen: sie steht mitten in der Küche, dem verregneten Fenster gegenüber. Ihr Kopf ist gesenkt, und mit einem Finger malt sie — etwas — nichts — auf den Küchentisch. Es ist kalt in der Küche; das Gas flackert auf; der Hahn tropft — ein Bild der Verlassenheit! Und niemand wird hinter sie treten, sie umarmen und ihr weiches Haar küssen, sie ans Kaminfeuer geleiten und ihr die Hände warm reiben. Niemand, der sie ruft oder sich wundert, was sie da draußen in der Küche macht. Und das weiß sie. Und doch — weil sie eine Frau ist, erwartet sie wirklich im innersten, innersten Herzen, daß das Wunder doch geschieht: sie könnte wirklich mit diesem dunklen, dunklen Trug leben, statt — so zu leben ... wie jetzt.

II.

Statt *so zu leben* ... Ich schreibe diese Worte sehr sorgfältig — male sie geradezu. Aus irgendeinem Grund möchte ich sie signieren oder eine Unterschrift hinsetzen: Neue Feder ausgeprobt! Aber im Ernst: ist es nicht erschütternd, wenn man sich überlegt, was in einer einzigen, harmlos aussehenden Redewendung stecken kann? Sie reizt mich, reizt mich schrecklich. Szene: der Abendbrottisch. Meine Frau hat mir soeben die Teetasse gereicht. Ich rühre um, nehme den Löffel und suche gelangweilt und dann mit Bedacht ein Teeblättchen zu erwischen, und nachdem ich es herausgefischt habe, murmele ich sehr sanft: »Wie lange sollen wir noch — so leben wie jetzt?« Und sofort ist er da, der berühmte ›grelle Blitz und betäubende Donnerschlag. Riesige Stücke *débris* (ich muß gestehen, *débris* gefällt mir) werden in die

Luft geschleudert... und wenn sich die dunklen Rauchwolken verzogen haben...‹ Aber das wird nie geschehen. Nie werde ich es wissen. Man wird es sozusagen ›unversehrt‹ bei mir finden. ›Öffnet mein Herz, und ihr werdet erkennen...‹
Warum? Ja, das ist es ja gerade! Das ist die Frage, die von allen Fragen am schwierigsten zu beantworten ist. Warum bleiben die Menschen beisammen? Wenn man Phrasen wie ›wegen der Kinder‹ und ›finanzielle Gründe‹ und ›jahrelange Gewohnheit‹ als Advokatengerede beiseite läßt (und mehr ist es nicht) und wirklich herauszufinden versucht, weshalb die Menschen nicht auseinandergehen, dann entdeckt man ein Geheimnis: es ist deshalb, weil sie es nicht können, weil sie gebunden sind. Und niemand auf Erden weiß, was für Bande es sind, die sie aneinander binden, ausgenommen diese beiden. Drücke ich mich undeutlich aus? Aber schließlich ist es ja auch kein kristallklares Problem, nicht wahr? Also greifen wir es einmal so an: angenommen, man wird zuerst in sein unbedingtes Vertrauen gezogen und danach in das ihre. Angenommen, man weiß alles, was es über die Situation zu wissen gibt. Und nachdem man nicht nur sein tiefstes Mitgefühl, sondern auch sein ehrlichstes, aufrichtigstes Urteil darauf verwendet hat, erklärt man sehr ruhig (aber nicht frei von Schadenfreude, denn — ich kann's beschwören — selbst in den Besten unter uns gibt es etwas, was aus reiner Freude am Zerstörenkönnen aufspringt und ›A-aaah!‹ ruft): »Meiner Meinung nach solltet ihr beiden euch trennen. Das Zusammenbleiben nützt euch gar nichts. Mir scheint sogar, daß es eure beiderseitige Pflicht ist, den andern freizugeben.« Was geschieht dann? Sie sind einverstanden — er und sie. Es ist auch ihre Überzeugung. Man spricht nichts anderes aus, als was sie schon selber letzte Nacht gedacht haben. Und sie gehen weg, um den Rat unverzüglich zu befolgen... Und wenn man das nächstemal von ihnen hört, sind sie immer noch beisammen. Man hat nämlich nicht mit der unbekannten Größe gerechnet — mit ihrer geheimen Beziehung zueinander —, und die können sie nicht aufdecken, selbst wenn sie es wollten. Bis zu dem Punkt

kann man es in Worte fassen — und nicht weiter. Man verstehe mich nicht falsch: es muß nicht unbedingt damit zu tun haben, ob sie miteinander schlafen ... Und das bringt mich auf einen Gedanken, den ich schon oft halb erwogen habe: nämlich, daß die Menschen, wie wir sie kennen, einander überhaupt nicht wählen, sondern die Wahl trifft — für seine eigenen Zwecke — ihr ›Herr und Meister‹, das zweite Ich, das ihnen innewohnt, und das zweite Ich im andern reagiert darauf — so absurd und weit hergeholt das klingen mag. Dunkel, ganz dunkel begreifen wir es, wie mir scheint, jedenfalls so weit, daß wir die Hoffnungslosigkeit eines Fluchtversuchs begreifen. Es läuft also darauf hinaus: wenn mein vergängliches Ich und das meiner Frau glücklich sind — *tant mieux pour nous* —, sind sie unglücklich — *tant pis* ... Aber ich weiß nicht, ich weiß nicht — Es könnte doch auch sein, daß es etwas rein Individuelles in mir ist, diese Empfindung (denn eine Empfindung ist es auch), nämlich: wie seltsam *schneckenhaft* wir sind, kleine Geschöpfe, die aus dem Schilderhäuschen am Tor spähen, vom Glaskasten her den Eingang mustern, blasse kleine Diener, die nicht einmal mit Sicherheit sagen können, ob der ›Herr und Meister‹ zu Hause ist oder nicht ...

Die Tür geht auf ... Meine Frau. Sie sagt: »Ich gehe zu Bett.«

Und ich blicke unsicher auf und sage unsicher: »Du gehst zu Bett.«

»Ja.« Eine winzig kleine Pause. »Und bitte — du vergißt nicht, das Gaslicht im Flur abzudrehen?«

Und ich wiederhole: »Das Gaslicht im Flur.«

Es war einmal eine Zeit — die Zeit davor —, als diese Gewohnheit von mir — jetzt ist es wirklich eine Gewohnheit geworden, damals war es keine — zu unsern lustigsten Scherzen gehörte. Es begann natürlich damit, daß ich mehrmals hintereinander wirklich tief in Gedanken war und nichts hörte. Ich tauchte erst wieder auf, wenn ich sah, wie sie den Kopf schüttelte und mich auslachte: »Kein Wort hast du gehört!«

»Stimmt! Was hast du gesagt?«

Warum hatte sie das komisch und reizend gefunden? Aber so war es: es entzückte sie. »Oh, mein Liebster, es sieht dir so ähnlich! Es ist so — so...« Und ich begriff, daß sie auch das an mir liebte. Und ich begriff, daß sie sich buchstäblich darauf freute, hereinzukommen und mich zu stören. Deshalb ging ich — wie man das so tut — darauf ein. Jeden Abend um halb elf war ich — zuverlässig — geistesabwesend. Aber jetzt? Aus irgendeinem Grunde finde ich, daß es grausam wäre, das Spielchen abzubrechen. Es ist einfacher, weiterzumachen. Aber worauf wartet sie heute noch? Warum geht sie nicht? Warum zieht sie es in die Länge? Sie geht! Nein — sie hat die Hand schon auf dem Türknauf, dreht sich wieder um und sagt mit ganz merkwürdiger, schwacher, tonloser Stimme: »Du frierst doch nicht?«
Oh, es ist nicht fair, gefühlvoll zu werden! Das war einfach schändlich! Ich zittere am ganzen Leibe, ehe es mir gelingt, ein gedehntes »N-nein!« herauszuwürgen, während meine Linke im Nachschlagewerk blättert.
Sie ist fort; heute abend kommt sie nicht mehr zurück. Nicht nur ich begreife es — auch das Zimmer verändert sich. Es entspannt sich — wie ein alter Schauspieler. Langsam wird die Maske abgeschminkt; der Ausdruck gespannter Aufmerksamkeit wird zu einer Miene dumpfen, verdrossenen Grübelns. Jede Linie, jede Falte flüstert von Ermüdung. Der Spiegel ist ausgelöscht, die Asche gebleicht; nur meine hinterhältige Lampe brennt weiter... Aber was für eine höhnische Gleichgültigkeit mir gegenüber ist das alles! Oder sollte ich mich vielleicht geschmeichelt fühlen? Nein, wir verstehen einander. Du kennst ja die Geschichte von den kleinen Kindern, die von Wölfinnen gesäugt und vom Rudel angenommen werden, und wie sie sich von da an ständig frei zwischen ihren flinkfüßigen grauen Brüdern bewegen? Etwas Ähnliches ist mir widerfahren. Aber halt! Das mit den Wölfen stimmt nicht. Wie merkwürdig! Bevor ich es niederschrieb und solange es noch in meinem Kopf war, begeisterte es mich. Es schien genau das, was ich sagen wollte, auszudrücken, besser noch: zu suggerieren. Aber da es hingeschrieben ist, rieche ich sofort die Verlogenheit. Und

der Ursprung des schlechten Geruchs liegt im Wort ›flinkfüßig‹. Findest du nicht auch? ›Flinkfüßige graue Brüder!‹ ›Flinkfüßig.‹ Ein Wort, das ich niemals benutze! Als ich ›Wölfe‹ hinschrieb, flitzte mir das andere Wort wie ein Schatten durch den Kopf, und ich konnte nicht widerstehen. Sag mir, o sag mir, weshalb es so schwer ist, schlicht zu schreiben — nicht bloß schlicht, sondern *sotto voce*, wenn du weißt, was ich meine? So, ja so möchte ich schreiben! Keine Glanzlichter, keine *bravura*. Sondern einfach die nackte Wahrheit, wie nur ein Lügner sie erzählen kann.

III.

Ich zünde mir eine Zigarette an, lehne mich zurück, mache einen Lungenzug — und frage mich, ob meine Frau eingeschlafen ist. Oder liegt sie in ihrem kalten Bett und starrt mit ihren vertrauensvollen, betroffenen Augen ins Dunkel? Ihre Augen sind wie die einer Kuh, die auf der Landstraße entlanggetrieben wird. ›Warum treibt man mich? Was habe ich angerichtet?‹ Aber ich bin wirklich nicht für diesen Blick verantwortlich: es ist ihr natürlicher Ausdruck. Als sie eines Tages ein Schubfach aufräumte, fand sie ein kleines, altes Photo von sich, aus ihrer Schulzeit. In ihrem Einsegnungskleid, wie sie mir erklärte. Und da waren dieselben Augen, damals schon. Ich erinnere mich, daß ich sie fragte: ›Hast du immer so traurig ausgesehen?‹ Und sie beugte sich über meine Schulter und lachte leise: ›Seh' ich denn traurig aus? Ich glaube, das bin einfach .. ich!‹ Und sie wartete, daß ich etwas darüber sagen solle. Ich aber wunderte mich über ihren Mut, daß sie es mir überhaupt gezeigt hatte. Es war ein häßliches Photo! Und ich fragte mich wieder, ob sie wußte, wie reizlos sie war, und sich tröstete mit dem Gedanken, daß Menschen, die einander liebten, nicht kritisieren, sondern alles bejahen — oder ob sie ihr Äußeres sogar mochte und von mir erwartete, ihr etwas Schmeichelhaftes zu sagen.
Oh, wie gemein von mir! Wie konnte ich die unzähligen Male vergessen, wenn sie sich abwandte, weg vom zu hellen Licht, und ihr Gesicht an meiner Schulter verbarg! Und vor

allem: wie konnte ich den Nachmittag unseres Hochzeitstages vergessen haben, als wir im Botanischen Garten auf der grünen Bank saßen und der Musikkapelle zuhörten und sie sich in der Pause zwischen zwei Stücken plötzlich mir zuwandte und mit einer Stimme, mit der man sonst fragt: ›Meinst du, daß der Rasen feucht ist?‹ oder ›Glaubst du, es ist Zeit für den Tee?‹, zu mir sagte: »Findest du, daß körperliche Schönheit so sehr wichtig ist?« Ich mag nicht daran denken, wie oft sie diese Frage vorher einstudiert hatte! Und weißt du, was ich ihr antwortete? Im nämlichen Augenblick kam wie auf Bestellung ein lauter, schriller Tusch von der Kapelle, und ich brachte es fertig, ihn fröhlich zu überschreien und zu antworten: »Ich kann nicht hören, was du sagst!« Satanisch, nicht wahr? Vielleicht nicht ganz. Sie sah wie der arme Patient aus, der den Chirurgen sagen hört: ›Die Operation muß bestimmt einmal vorgenommen werden – aber jetzt noch nicht!‹

IV.

Doch all das vermittelt den Eindruck, daß meine Frau und ich nie richtig glücklich miteinander waren. Das stimmt nicht, stimmt ganz und gar nicht. Wir waren unfaßbar und strahlend glücklich. Wir waren ein Musterehepaar. Wenn du uns irgendwann und irgendwo gesehen hättest, wenn du uns gefolgt und nachgegangen wärst, uns beobachtet und überrascht hättest, als wir nicht auf der Hut waren, hättest du trotzdem gestehen müssen: ›Nie habe ich ein Paar gesehen, das besser zueinander paßte!‹ – Bis zum letzten Herbst. Aber um wirklich zu erklären, was da geschah, müßte ich weit, weit zurückgehen – ich müßte immer kleiner werden, bis meine Hände die Geländerdocken umklammerten – das Geländer war höher als mein Kopf – und ich hindurchspähte, um meinen Vater leise auf- und ablatschen zu sehen. Die Fenster an den Treppenabsätzen waren aus Buntglas. Kam er herauf, dann war sein kahler Kopf zuerst scharlachrot und dann gelb. Wie ich mich fürchtete! Und war ich zu Bett gebracht worden, dann träumte mir immer, daß wir in einer von Vaters großen, bunten Flaschen wohnten. Er war nämlich Apotheker. Ich kam neun Jahre nach der Heirat meiner Eltern auf die Welt. Ich war ein einziges Kind, und die Mühe, auch nur mich hervorzubringen – eine kleine, welke Knospe muß ich gewesen sein –, zehrte alle Kraft meiner Mutter auf. Sie konnte ihr Zimmer nie mehr verlassen. Bett, Sofa und Fenster – dazwischen bewegte sie sich. Ich kann sie vor mir sehen, wie sie an den Fenstertagen dasaß, das Kinn in die Hand gestützt, und hinausblickte. Ihr Zimmer ging auf die Straße. Die Wand gegenüber war mit Plakaten von Wanderbühnen und Zirkustrupps und so weiter beklebt. Ich stehe neben ihr, und wir bestaunen die schlanke Dame im roten Kleid, die einem dunkelhaarigen Herrn mit ihrem Sonnenschirm auf den Kopf schlägt, oder den Tiger, der aus dem Dschungel späht, während gleich daneben ein Clown eine Flasche auf seiner Nase balanciert, oder das kleine blonde Mädchen auf den Knien eines alten Negers mit breitkrempigem Baumwollhut ... Sie sagt nichts. An den Sofatagen – der Flanellmorgenrock, den ich hasse, und ein Kissen, das dauernd vom harten Sofa rutscht. Ich hebe es auf. Blumen und Schrift sind darauf genäht. Ich frage sie, was die Schrift bedeutet, und sie flüstert: »Ruhe sanft!« Im Bett flechten ihre Finger die Fransen der Bettdecke zu festen kleinen Zöpfen, und ihre Lippen sind schmal. Und das ist alles, was von meiner Mutter zu erzählen wäre – bis auf die letzte, wunderliche ›Episode‹, die später kommt.

Mein Vater ... In der Ecke kauernd, auf dem Deckel der Tonne mit den Badeschwämmen, starrte ich meinen Vater so lange an, daß mir sein Bild, in der Hüfte durch den Ladentisch halbiert, unverrückbar im Gedächtnis haftenblieb. Völlig kahl; ein blanker, schmaler, eiförmiger Kopf; faltige, teigige Wangen, kleine Säcke unter den Augen, blasse Ohren, groß wie Topfhenkel. In seinem Gebaren war er diskret, hinterhältig, leicht spöttisch mit einem Anflug von Unverschämtheit. Lange bevor ich sie durchschaute, war mir diese Mischung vertraut ... Ich pflegte ihn sogar nachzumachen in meiner Ecke, vornübergebeugt, mit einem leichten Abklatsch seines kaum merklichen Hohnlächelns. Am Abend waren seine Kunden vor allem junge Frauen; einige von ihnen holten sich Tag für Tag sein berühmtes Fünf-Penny-Stärkungsmittel. Ihre geschmacklose Aufmachung, ihre Stimmen und ihre dreiste Art faszinierten mich. Ich wünschte mir sehnlichst, mein Vater zu sein und ihnen über die Theke weg ein Gläschen mit dem bläulichen Getränk zu reichen, das sie so gierig hinunterkippten. Gott weiß, woraus es bestand! Viele Jahre später trank ich etwas davon, um zu wissen, wie es schmeckte, und mir war, als hätte mir jemand einen furchtbaren Schlag auf den Kopf versetzt; ich war ganz benommen.

An einen dieser Abende kann ich mich lebhaft erinnern. Es war kalt; es muß im Herbst gewesen sein, denn gleich nach meinem Tee wurde das flackernde Gaslicht angezündet. Ich saß in meiner Ecke, und mein Vater mischte etwas; der Laden war leer. Plötzlich klimperte die Ladenglocke, und eine junge Frau stürzte herein und weinte so laut und schluchzte so wild, daß es ganz unwirklich klang. Sie trug einen grünen, pelzbesetzten Umhang und einen Hut mit herunterbaumelnden Kirschen. Mein Vater kam hinter dem Wandschirm hervor. Zuerst konnte sie sich gar nicht beruhigen. Sie stand mitten im Laden und rang die Hände und ächzte; nie wieder habe ich so ein Gejammer gehört. Endlich konnte sie mühsam herauswürgen: »Geben Sie mir einen Pick-me-up!« Dann holte sie tief Atem, trat zitternd von ihm weg und wimmerte: »Ich hab' schlechte Nachrichten gehabt!« Und im flackernden Gaslicht sah ich, daß die eine Gesichtshälfte geschwollen und bläulichrot war; die Lippe war aufgeplatzt, und das Augenlid sah aus, als wäre es fest auf das feuchte Auge geklebt. Mein Vater schob das Glas über den Ladentisch, und sie holte die Geldtasche aus dem Strumpf und zahlte. Aber sie konnte nicht trinken; sie umklammerte das Glas und stierte vor sich hin, als könne sie nicht glauben, was sie sah. Wenn sie den Kopf zurückbog, schossen jedesmal wieder die Tränen hervor. Schließlich stellte sie das Glas ab. Es war zwecklos. Sie raffte ihren Umhang mit der einen Hand zusammen und stürzte genauso aus dem Laden, wie sie gekommen war. Mein Vater blieb stumm. Aber noch lange, nachdem sie weg war, kauerte ich in meiner Ecke, und wenn ich an damals zurückdenke, ist's mir, als hätte mein ganzer Körper gezittert. ›So ist es also draußen‹, dachte ich. ›So ist's da draußen!‹

V.

Erinnerst du dich deiner Kindheit? Immer wieder stoße ich auf wunderbare Berichte von Schriftstellern, die behaupten, daß sie sich an ›alles‹ erinnern. Ich kann's bestimmt nicht. Die dunklen Strecken und die leeren Stellen sind viel breiter als die hellen Durchblicke. Anscheinend habe ich die meiste Zeit wie eine Pflanze in einem Wandschrank verbracht. Hin und wieder, wenn die Sonne schien, holte mich eine lieblose Hand aufs Fensterbrett, und eine lieblose Hand nötigte mich wieder hinein — und das war alles. Was aber geschah im Dunkeln, frage ich mich. Wuchs man? Bleicher Stiel... zaghafte Blätter... weiße, zaudernde Knospe. Kein Wunder, daß ich in der Schule verhaßt war. Sogar die Lehrer scheuten vor mir zurück. Ich ahnte, daß meine leise, zögernde Stimme ihnen zuwider war. Ich sah auch, wie sie sich vor meinen erschrockenen, starrenden Augen abwandten. Ich war klein und mager und roch nach dem Laden; mein Spitzname war Flohpulver. Die Schule war eine Wellblechbaracke, die an einem kahlen Abhang klebte. Aus den Lehmböschungen des Schulhofs sickert es dunkelrot wie Blut. Ich verstecke mich im dunklen Korridor, wo die Mäntel hängen, und einer von den Lehrern findet mich dort. »Was machst du da im Dunkeln!« Seine furchtbare Stimme bringt mich um; ich sterbe vor seinen Augen. Ich stehe in einem Kreis sich reckender Köpfe; manche grinsen, manche glotzen begierig, manche spucken aus. Und immer ist es kalt. Große Haufenwolken schieben sich über den Himmel; das rostige Wasser im Schultank ist gefroren; die Glocke klingt tonlos. Eines Tages steckten sie mir einen toten Vogel in die Manteltasche. Ich fand ihn erst, als ich nach Hause kam. Mein Herz flatterte seltsam, als ich den schrecklich weichen, kalten kleinen Körper mit den nadeldünnen Beinchen und den verkrampften Krällchen herauszog. Ich setzte mich im Hof auf die Küchentreppe und legte den Vogel in meine Mütze. Die Federn um den Hals sahen feucht aus, und über den geschlossenen Augen war ein kleiner Federpuschel, der auch steif abstand. Wie fest der Schnabel geschlossen war! Ich konnte die Stelle, wo er sich teilte, nicht entdecken. Ich spannte den einen Flügel aus und berührte den weichen, heimlichen Flaum darunter; ich versuchte, ob sich die Krallen um meinen Finger krümmen würden. Aber er tat mir nicht leid, o nein! Ich wunderte mich nur. Der Rauch aus unserm Küchenschornstein sank nach unten, und Rußflokken schwebten zart und leicht durch die Luft. Eine armselige Pflanze mit matten, rötlichen Blüten zwängte sich durch eine große Ritze im Zementboden. Ich schaute wieder auf den toten Vogel... Und das ist das erstemal, daß ich mich erinnere, gesungen zu haben, oder vielmehr... daß ich einer lautlosen Stimme in einem kleinen Käfig lauschte, der ich selber war.

VI.

Doch was hat all das mit meinem Eheglück zu tun? Wie kann das alles meine Frau und mich berühren? Warum renne ich — um zu erzählen, was letzten Herbst geschehen ist — den ganzen Weg in die Vergangenheit zurück? Die Vergangenheit — was ist Vergangenheit? Ich könnte sagen, die sternförmige Rußflocke auf dem Blatt einer armseligen Pflanze und der auf dem Steppfutter meiner Mütze liegende Vogel und meines Vaters Mörserstößel und meiner Mutter Kissen gehören dazu. Aber damit ist nicht gesagt, daß sie heute weniger mein sind als damals, als ich sie mit meinem leiblichen Auge sah und mit diesen meinen Fingern berührte. Nein, sie sind mehr — sie sind ein lebendiges Teil von mir. Wer bin ich denn im Grunde, der ich hier an an diesem Tisch sitze, wenn nicht meine eigene Vergangenheit? Wenn ich das leugnete, wäre ich nichts. Und wenn ich versuchen wollte, mein Leben in Kindheit, Jugend, erste Mannesjahre und so weiter einzuteilen, es wäre Künstelei; ich wüßte, daß ich es nur wegen des angenehm wichtigen Gefühls tue, das sich einstellt, wenn man Linien zieht und grüne Tinte für die Kindheit, rote für den nächsten Abschnitt und violette für das Heranreifen benutzt. Denn *eins* habe ich gelernt, und *eins* glaube ich: daß *nichts unvermittelt geschieht*. Ja, das ist wahrscheinlich meine Religion.

Nimm zum Beispiel den Tod meiner Mutter. Ist er mir heute ferner als damals? Er ist genauso nah, so seltsam, so rätselhaft, und trotz der unzähligen Male, die ich mir seine besonderen Umstände wieder ins Gedächtnis rief, weiß ich heute ebensowenig wie damals, ob ich sie geträumt habe oder ob sie sich wirklich ereigneten. Es geschah, als ich dreizehn war; ich schlief damals in einem engen Abteil von Kammer im sogenannten Zwischenstock. Eines Nachts fuhr ich erschrokken auf und sah meine Mutter im Nachthemd, ohne den verhaßten Flanellmorgenrock auf meinem Bett sitzen. Aber das Seltsame, was mich erschreckte, war, daß sie mich nicht ansah. Sie hatte den Kopf gesenkt; der kurze, dünne Zopf hing zwischen ihren Schultern; die Hände hatte sie zwischen die Knie geklemmt, und mein Bett zitterte, weil es sie so fröstelte. Es war das erstemal, daß ich sie je außerhalb ihres Schlafzimmers gesehen hatte. Ich fragte, oder glaube, daß ich fragte: »Bist du's, Mutter?« Und als sie sich mir zuwandte, sah ich im Mondschein, wie seltsam sie aussah. Ihr Gesicht sah klein aus — ganz anders. Sie sah aus wie einer der Schuljungen im Schwimmbad, der — genau so fröstelnd — auf der Treppe kauert und hineingehen *möchte* und sich doch fürchtet.

»Bist du wach?« fragte sie. Sie schlug die Augen auf; ich glaube, sie lächelte. Sie beugte sich zu mir vor. »Ich bin vergiftet worden«, flüsterte sie. »Dein Vater hat mich vergiftet.« Und sie nickte. Dann, noch ehe ich ein Wort sagen konnte, war sie weg; ich glaube gehört zu haben, wie die Tür ins Schloß fiel. Ich saß ganz still und konnte mich nicht rühren, wahrscheinlich erwartete ich, daß etwas geschehen sollte. Lange Zeit lauschte ich nur; kein Laut war zu hören. Die Kerze stand neben meinem Bett, aber ich war zu erschrocken, um meine Hand nach den Zündhölzern auszustrecken. Doch noch während ich mich fragte, was ich tun solle, und noch während mein Herz hämmerte, wurde alles verworren. Ich streckte mich aus und zog die Bettdecken hoch. Ich schlief ein, und am nächsten Morgen wurde meine Mutter tot aufgefunden, an Herzversagen gestorben.

Hat sich dieser Besuch wirklich ereignet? War es ein Traum? Weshalb kam sie, um es mir zu sagen? Oder wenn sie kam — warum ging sie dann so schnell weg? Und ihr Ausdruck — so freudig trotz der furchtsamen Miene —, war er Wirklichkeit gewesen? Davon war ich ganz überzeugt, als ich am Nachmittag der Beerdigung meinen Vater mit Zylinder und so weiter für seine Rolle herausstaffiert sah. Der hohe, so glänzend schwarze und runde Zylinder glich ganz einem mit schwarzem Siegellack überzogenen Korken, und was sonst noch von meinem Vater da war, glich entsetzlich einer Flasche, und sein Gesicht war das Schild: *Tödliches Gift*. Es flog mir plötzlich durch den Sinn, als ich ihm im Flur gegenüberstand. Von jenem Tage an war mein heimlicher Spitzname für ihn ›Tödliches Gift‹ oder ›Der alte T. G.‹

VII.

Schon spät, es wird spät. Ich liebe die Nacht. Ich liebe es, zu verspüren, wie die Dunkelheit gleich einer Flutwelle langsam steigt und langsam über alles hinwegspült, es um und um dreht, hebt und fortschwemmt, alles, was auf dem dunklen Strand verstreut liegt, alles, was in den Klippenlöchern versteckt liegt. Ich liebe es, liebe das seltsame Gefühl, zu treiben — wohin? Nach dem Tod meiner Mutter war es mir furchtbar, zu Bett zu gehen. Ich saß meistens auf dem Fensterbrett, zusammengekauert, und beobachtete den Himmel. Mir schien es, daß der Mond sich viel schneller als die Sonne bewegte. Und einen großen, strahlend grünen Stern erkor ich als mein eigen. Mein Stern! Doch ich glaubte nie, daß er mir zuwinkte oder mir zuliebe lustig zwinkerte. Grausam, gleichgültig und herrlich loderte er hoch in der Luft. Einerlei — er war mein! Doch nah am Fenster wuchs eine Schlingpflanze mit kleinen rosa und blauroten Blütenknäueln. Die

kannten mich. Wenn ich sie nachts berührte, hießen sie meine Finger willkommen; die kleinen Ranken, die so schwach, so zart waren, wußten, daß ich ihnen nicht weh tun würde. Wenn der Wind die Blätter aufstöberte, glaubte ich ihr Zittern zu verstehen. Wenn ich ans Fenster trat, war mir, als sagten die Blüten untereinander: ›Der Junge ist da.‹
In den folgenden Monaten war oft Licht in meines Vaters Zimmer unten. Und ich hörte Stimmen und Gelächter. ›Er hat eine Frau bei sich‹, dachte ich. Doch es bedeutete mir nichts. Dann brachte mich die lustige Stimme und die Art ihres Lachens auf den Gedanken, es sei eins von den Mädchen, die abends immer in den Laden zu kommen pflegten — und allmählich stellte ich mir vor, welches Mädchen es war. Es war die Dunkle im roten Mantel und Rock, die mir einmal einen Penny geschenkt hatte. Ein fröhliches Gesicht hatte sich über mich gebeugt, warmer Hauch kitzelte meinen Hals, und an ihren langen Wimpern hingen kleine schwarze Klümpchen, — und als sie die Arme ausbreitete, um mich zu küssen, traf mich eine wunderbare Duftwelle. Ja, die war es! Die Zeit verging, und ich vergaß den Mond und meinen grünen Stern und meine scheue Kletterpflanze, und statt dessen trat ich ans Fenster, um auf das Licht in meines Vaters Fenster zu warten und auf die lachende Stimme zu lauschen, bis ich eines Nachts einnickte und träumte, sie sei wieder da, ziehe mich wieder an sich, und etwas Weiches, Warmes, Duftendes und Lustiges hing wie eine Wolke über mir. Doch als ich zu sehen versuchte, verspotteten mich ihre Augen nur, ihre roten Lippen öffneten sich, und sie zischte: »Kleiner Lauscher! Kleiner Lauscher!«, jedoch nicht, als wäre sie ärgerlich, sondern als begriffe sie mich — und ihr Lächeln erinnerte an eine Ratte — widerlich!
In der folgenden Nacht zündete ich die Kerze an und setzte mich an den Tisch. Als die Flamme sich beruhigt hatte, bildete sich allmählich ein kleiner Teich aus flüssigem Wachs, umgeben von einem weißen, weichen Wall. Ich nahm eine Nadel und piekte kleine Löcher in den Wall, klebte sie aber schnell wieder zu, bevor das Wachs auslaufen konnte. Nach einem Weilchen schien es mir, als spielte die Kerzenflamme

mit: sie hüpfte auf, zitterte und waberte hin und her; sie schien sogar zu lachen. Doch während ich mit der Kerze spielte und lächelte und die kleinen weißen Spitzchen abbrach, die sich auf dem Wachswall bildeten, und sie auf meinem Teich schwimmen ließ, bedrängte mich ein Gefühl entsetzlicher Verlassenheit... ja, das ist das richtige Wort. Es kroch von meinen Knien zu den Hüften hinauf und in meine Arme; vor Elend tat mir der ganze Körper weh. Und mir wurde so seltsam, daß ich mich nicht rühren konnte. Etwas hatte mich dort an den Tisch festgebannt — ich konnte nicht einmal die Nadel fallen lassen, die ich zwischen Finger und Daumen hielt. Für die Dauer eines Augenblicks war mir gewissermaßen Einhalt geboten.
Und dann brach die welke Hülle der Knospe auf und fiel ab, und die Pflanze im Wandschrank erblühte. ›Wer bin ich?‹ dachte ich. ›Was bedeutet das alles?‹ Und ich sah mein Zimmer, die zerbrochene Büste eines Mannes namens Hahnemann oben auf dem Schrank und mein schmales Bett mit dem Kissen, an einen Briefumschlag erinnernd. Ich sah es alles, aber nicht, wie ich es vorher gesehen hatte... Jedwedes Ding lebte. Doch das war noch nicht alles. Ich lebte ebenfalls und — anders kann ich es nicht ausdrücken — die Schranken zwischen uns waren gefallen — ich war in mein Reich gekommen!

VIII.

Die Schranken waren gefallen. Mein Leben lang war ich ein kleiner Ausgestoßener gewesen; und bis zu diesem Augenblick hatte mich niemand ›anerkannt‹; ich hatte im Schrank gelegen — oder in der Höhle, einsam. Doch jetzt war ich hervorgeholt worden, anerkannt, eingefordert. Ich habe mich nicht willentlich von der Menschenwelt abgewandt; ich hatte sie nie gekannt; doch von jener Nacht an hatte ich mich über alle Worte hinaus bewußt meinen stummen Brüdern zugewandt...

Das Taubennest

I.

Nach dem Mittagessen saßen Milly und ihre Mutter wie immer auf der Terrasse vor dem Salon und bewunderten zum fünfhundertstenmal die Malven, die Rosen, das niedrige, helle Gras unter den Palmen und die Orangen vor dem welligen Blau des Wassers, als Marie kam und ihnen eine Karte brachte. Besucher waren in der Villa Martin eine große Seltenheit. Allerdings hatte Mr. Sandiman, der englische Geistliche, vorgesprochen, und er war auch ein zweitesmal zusammen mit seiner Frau zum Tee gekommen. Doch bei diesem zweiten Anlaß war etwas Furchtbares passiert. Mutter hatte einen Fauxpas begangen. Sie hatte gefragt: »Noch etwas Tee, Mr. Sandsack?« Oh, wie gräßlich, daß so etwas passiert war! Wieso hatte sie es bloß getan? Beim Gedanken daran wurde Milly noch jetzt puterrot. Und er hatte es ihnen offenbar nicht verziehen, denn er war nicht wiedergekommen. Deshalb versetzte sie die Visitenkarte in beträchtliche Aufregung.

Mr. Walter Prodger, lasen sie. Und dann eine amerikanische Adresse, so stark abgekürzt, daß keine der beiden Damen es verstand. Walter Prodger? Von dem hatten sie noch nie gehört! Mutter blickte auf die Karte — und dann auf Milly.

»Prodger, Kindchen?« fragte sie sanft, als wollte sie ihr eine Portion von einem noch nicht gekosteten Pudding reichen. Und nach der Art, wie Milly antwortete: »Ich weiß nicht, Mutter«, schien es, als zöge sie den Teller zurück.

»Das ist auch so ein Fall«, sagte Mutter und wurde ein klein bißchen nervös, »wo man so sehr die Nützlichkeit unsrer englischen Bedienten empfindet. Wenn ich zum Beispiel jetzt fragen könnte: ›Wie ist er denn, Annie?‹, wüßte ich sofort, ob ich ihn empfangen soll. Er könnte ja ein gewöhnlicher Mensch sein, der etwas verkauft — eine von diesen amerikanischen Erfindungen, um etwas zu schälen, verstehst du, Kindchen? Oder er könnte sogar eine Art ausländischer Schwindler

sein!« Bei diesem groben, eindeutigen Wort zuckte Mutter zusammen, als hätte sie sich mit ihrer Handarbeitsschere gestochen. Doch Marie lächelte jetzt und murmelte Milly zu: »*C'est un très beau Monsieur!*«
»Was sagt sie, Kindchen?«
»Sie sagt, er sähe sehr gut aus, Mutter.«
»Hm, dann sollten wir lieber...«, begann Mutter. »Wo mag er jetzt sein?«
Marie antwortete: »Im Vestibül, Madame.«
In der Halle! Mutter sprang auf. Sie war ernstlich besorgt. In der Halle, mit all den wertvollen, ausländischen Kleinigkeiten, die ihnen nicht gehörten und die auf verschiedenen Tischchen zur Schau gestellt waren!
»Führen Sie ihn herein, Marie! Komm, Milly, mein Kind, wir wollen ihn im Salon empfangen. Ach, warum ist Miss Anderson nicht hier?« jammerte Mutter fast hörbar.
Aber Miss Anderson, Mutters neue Gesellschafterin, war nie zur Stelle, wenn sie gebraucht wurde. Sie war engagiert worden, um für die beiden Damen eine Hilfe und eine Stütze zu sein. Jemand, der gern reiste, von heiterer Gemütsart war, gut packen konnte und so weiter. Und dann, als sie die ganze Reise gemacht und die Villa Martin gemietet hatten und eingezogen waren, stellte es sich heraus, daß Miss Anderson Katholikin war. Die Hälfte ihrer Zeit, ja, mehr als das, brachte sie damit zu, in kalten Kirchen ihre Röcke an den Knien durchzuwetzen. Es war wirklich zu...
Die Tür wurde geöffnet. Ein Fremder in mittlerem Alter, gut rasiert, sehr gut gekleidet, stand vor ihnen und verbeugte sich: seine Verbeugung war würdevoll. Milly sah, daß es ihrer Mutter großen Eindruck machte; sie dankte mit ihrer Königin-Alexandra-Verneigung. Was Milly anging, konnte sie sich niemals verneigen. Sie lächelte, von Scheu überkommen, aber sehr interessiert.
»Habe ich das Vergnügen«, fragte der Fremde sehr höflich, aber mit stark amerikanischem Akzent, »mit Mrs. Wyndham Fawcett zu sprechen?«
»Ja, ich bin Mrs. Fawcett«, sagte Mutter huldvoll, »und das ist meine Tochter Mildred.«

»Es freut mich, Sie kennenzulernen, Miss Fawcett!« Der Fremde streckte Milly eine frische, kühle Hand entgegen, die Milly noch gerade rechtzeitig ergriff, ehe sie wieder zurückgezogen wurde.

»Möchten Sie nicht Platz nehmen?« fragte Mutter und wies undeutlich auf all die vergoldeten Stühle.

»Danke, sehr gern«, sagte der Fremde.

Er setzte sich, noch immer ernst, schlug die Beine übereinander und verschränkte — höchst erstaunlich — auch die Arme. Er blickte sie über die dunklen Arme hinweg an, als blicke er über ein Gartentor.

»Milly, setz dich, Kindchen!«

Milly nahm also ebenfalls Platz, und zwar auf der Madame-Récamier-Chaiselongue, wo sie mit dem Finger eine Blume aus Filetspitze nachzeichnete. Eine kleine Pause entstand. Sie sahen, wie der Fremde schluckte; Mutters Fächer öffnete und schloß sich.

Dann sagte er: »Ich nahm mir die Freiheit, bei Ihnen vorzusprechen, Mrs. Fawcett, weil ich das Vergnügen hatte, in den Staaten die Bekanntschaft Ihres Gatten zu machen, als er dort Vorträge hielt. Es würde mich sehr freuen, unsre — ich wage zu hoffen, daß ich es so nennen darf — Freundschaft zu erneuern. Ist er gegenwärtig bei Ihnen? Erwarten Sie, daß er zu Ihnen stößt? Mir fiel auf, daß sein Name in der Lokalzeitung nicht erwähnt ist. Aber ich erklärte es mir als ausländischen Brauch: daß man der Dame den Vortritt läßt — möglicherweise?«

Und hier sah der Fremde so aus, als wolle er lächeln.

Doch im Grunde war es äußerst peinlich. Mutters Mund zitterte. Milly klemmte die Hände zwischen die Knie, blickte aber scharf unter den Brauen hervor. Die liebe, tapfere kleine Mummy! Wie Milly sie bewunderte, als sie sie sanft und ganz schlicht sagen hörte: »Ich muß Ihnen leider mitteilen, daß mein Mann vor zwei Jahren gestorben ist.«

Mr. Prodger zuckte heftig zusammen. »Tatsächlich?« Er schob die Unterlippe vor, zog die Brauen zusammen und wurde sehr nachdenklich. »Es tut mir aufrichtig leid, das zu hören, Mrs. Fawcett! Hoffentlich glauben Sie mir, wenn ich Ihnen

erkläre, daß ich nicht die leiseste Ahnung vom — Ableben Ihres Gatten hatte?«
»Natürlich!« Mutter strich leise über ihren Rock.
»Ich hoffe sehr«, sagte Mr. Prodger noch ernster, »daß meine Frage Ihnen nicht zuviel Kummer bereitet hat?«
»Nein, nein. Es macht nichts«, sagte die sanfte Stimme.
Aber Mr. Prodger gab nicht nach. »Wirklich nicht? Sind Sie ganz sicher?«
Nun hob Mutter den Kopf und bedachte ihn mit einem ihrer stillen, strahlenden, verklärten Blicke, die Milly so gut kannte. »Sie haben mir keineswegs weh getan«, antwortete sie, wie man es mitten aus dem feurigen Ofen gesagt hätte.
Mr. Prodger sah erleichtert aus. Er veränderte seine Stellung und fuhr fort: »Ich hoffe, daß der bedauerliche Umstand mich nicht Ihrer Gesellschaft berauben wird...?«
»Oh, bestimmt nicht! Wir freuen uns darauf! Wir sind immer froh, jemanden kennenzulernen, der...« Mutter zuckte zusammen und wurde etwas nervös. Sie flog von ihrem schattigen Zweig auf einen sonnigen. »Besuchen Sie die Riviera zum erstenmal?«
»Ja«, antwortete Mr. Prodger. »Ich war nämlich bis vor kurzem in Florenz. Dort zog ich mir eine starke Erkältung zu...«
»Florenz ist so feucht!« gurrte Mutter.
»... und der Arzt empfahl mir, hierher in die Sonne zu reisen, ehe ich wieder nach Hause zurückkehre.«
»Ja, die Sonne ist hier so wundervoll!« bestätigte Mutter mit Begeisterung.
»Ich finde allerdings, daß wir nicht allzuviel Sonne haben«, sagte Mr. Prodger skeptisch, und zwei Falten bildeten sich neben seinen Lippen. »Mir scheint, ich hätte dauernd in meinem Hotel herumgesessen — mehr Tage, als ich zählen kann.«
»Ach ja, Hotels können einem auf die Nerven gehen«, sagte Mutter und ließ beim Gedanken an einen einsamen Mann in einem Hotel teilnahmsvoll den Kopf hängen. »Sind Sie allein hier?« fragte sie sanft und vorsichtshalber... man wußte ja nie... es war besser, sicherzugehen und taktvoll zu sprechen.
Aber ihre Befürchtungen waren unbegründet.

»O ja, ich bin allein!« rief Mr. Prodger viel herzhafter, als er bisher gesprochen hatte, und entfernte einen Fussel von seinem makellosen Hosenbein. Etwas in seiner Stimme verwirrte Milly. Was mochte es sein?
»Doch die Gegend ist ja so herrlich«, sagte Mutter, »daß man die Abwesenheit von Freunden gar nicht spürt. Erst gestern habe ich zu meiner Tochter gesagt, daß ich jahrelang hier leben könnte, ohne durch die Gartentür zu gehen. Es ist alles so wunderschön!«
»Finden Sie?« sagte Mr. Prodger ernst. Dann fuhr er fort: »Sie haben eine ganz entzückende Villa!« Und er blickte sich im Salon um. »Sind all diese antiken Möbelstücke echt, wenn ich fragen darf?«
»Ich glaube, ja«, antwortete Mutter. »Jedenfalls hat man es mir versichert. Ja, wir lieben unsre Villa. Aber natürlich ist sie sehr groß für uns beide allein, das heißt, für drei Damen. Meine Gesellschafterin, Miss Anderson, ist auch bei uns. Doch unglücklicherweise ist sie Katholikin und daher die meiste Zeit abwesend!« Mr. Prodger nickte, als wäre er ganz ihrer Meinung: Katholiken waren selten zu Hause!
»Aber ich habe gern viel Platz um mich her«, fuhr Mutter fort, »und meine Tochter ebenfalls. Große Zimmer lieben wir beide, und zwar viele, nicht wahr, Milly?«
Diesmal warf Mr. Prodger einen sehr herzlichen Blick auf Milly und sagte: »Ja, junge Leute lieben viel Platz und Bewegungsfreiheit!«
Er erhob sich, legte eine Hand auf den Rücken, die andere darüber und trat an die Terrasse.
»Von hier haben Sie ja Meerblick!« sagte er.
Das dürfte den beiden Damen wohl aufgefallen sein, denn vor ihren Fenstern dehnte sich das ganze Mittelmeer aus.
»Wir lieben das Meer so sehr«, sagte Mutter und stand ebenfalls auf
Mr. Prodger schaute Milly an. »Sehen Sie die Jachten, Miss Fawcett?«
Milly sah sie allerdings.
»Wissen Sie auch, was sie da draußen tun?« fragte Mr. Prodger.

Was sie tun! Das war nun wirklich eine komische Frage. Milly biß sich auf die Lippe.
»Sie haben ein Wettsegeln!« sagte Mr. Prodger, und diesmal lächelte er wirklich.
»O ja, natürlich«, stammelte Milly. »Natürlich!« Das wußte sie doch!
»Jedenfalls tun sie's nicht ständig«, sagte Mr. Prodger gutmütig. Dann drehte er sich zu Mutter um und begann sich feierlich zu verabschieden.
Mutter verschränkte ihre kleinen Hände und betrachtete ihn.
»Ich wüßte gern«, sagte sie stockend, »ob es Ihnen Freude machen würde, bei uns zu Mittag zu essen? Ob es Ihnen nicht zu langweilig wäre nur mit zwei Damen? Es würde uns so freuen!«
Mr. Prodger wurde wieder tief ernst. Er schien sich zu wappnen, um die Einladung zum Mittagessen befriedigend zu beantworten. »Sehr herzlichen Dank, Mrs. Fawcett! Ich komme sehr gern!«
»Das freut mich sehr«, erwiderte Mutter warmherzig. »Überlegen wir doch! Heute ist Montag, nicht wahr, Milly? Würde es Ihnen am Mittwoch passen?«
Mr. Prodger erwiderte: »Es paßt mir ausgezeichnet, Mrs. Fawcett, am Mittwoch bei Ihnen zu Mittag zu essen. Mittwoch *à mi-di*, wie man es vermutlich hier nennt?«
»O nein! Wir halten unsre englische Lunchzeit inne. Um ein Uhr!« sagte Mutter.
Und nachdem das besprochen war, wurde Mr. Prodger immer feierlicher und feierlicher, bis er sich aus dem Zimmer gedienert hatte.
Mutter läutete Marie, damit sie ihn hinausbegleite, und kurz darauf fiel die große gläserne Haustür ins Schloß.
»So!« sagte Mutter. Sie lächelte strahlend. Ein kleines Lächeln nach dem andern flatterte wie ein Schmetterling, ließ sich auf ihren Lippen nieder und huschte weg, immer wieder. »Das war ein Erlebnis, Milly, nicht wahr, Kindchen? Und ich finde, er ist ein sehr charmanter Mann? Du auch?«
Milly verzog ihr Gesicht ein wenig und rieb sich die Augen.
»Doch, natürlich! Du mußt es zugeben, Kindchen! Und sein

Äußeres war so einnehmend, nicht wahr?« Mutter war offensichtlich hingerissen. »Ich meine, er sah so gepflegt aus. Sind dir seine Hände aufgefallen? Jeder Nagel glänzte wie ein Diamant! Ich muß schon sagen, daß ich es gern sehe, wenn...«
Sie brach ab und ging zu Milly hinüber. Sie zupfte ihr den großen Kragen zurecht.
»Du findest doch hoffentlich, daß es richtig von mir war, ihn zum Mittagessen einzuladen, ja?« fragte Mutter mit rührender Stimme.
Vor Mutter fühlte sich Milly stets so groß, so in die Höhe geschossen. Aber sie war ja auch groß. Sie konnte ihre Mutter hochheben und auf die Arme nehmen. Manchmal, wenn sie in einer besonderen Stimmung war, tat sie es. Fiel über Mutter her, die dann wie eine Maus quietschte und sogar mit den Beinen zappelte. Aber in letzter Zeit nicht mehr. Nur noch sehr selten...
»Es war sehr merkwürdig«, sagte Mutter. Sie hatte wieder den stillen, strahlenden, verklärten Blick. »Mir schien plötzlich, daß ich Vater sagen hörte: ›Lade ihn zum Mittagessen ein!‹ Und dann folgte eine Ermahnung — ich glaube, es war wegen des Weins. Aber das konnte ich nicht verstehen... leider«, fügte sie betrübt hinzu. Sie legte die Hand auf die Brust und senkte den Kopf. »Vater ist noch immer so nah«, flüsterte sie.
Milly blickte aus dem Fenster. Sie fand es abscheulich, wenn Mutter so redete. Aber sie konnte natürlich nichts sagen. Draußen vor den Fenstern war das Meer, und auf den Palmen lag silbriger Sonnenschein — wie Wasser, das von silbernen Rudern tropft. Milly hatte plötzlich Sehnsucht — aber wonach? — Sehnsucht, fliegen zu können.
Doch die Stimme ihrer Mutter holte sie in den Salon zurück, zurück zu den vergoldeten Stühlen und den vergoldeten Sofas, den Wandleuchtern und Schränkchen, den Tischen mit schwer duftenden Blüten und dem verblaßten Brokat, den rotgetupften Chinesendrachen auf dem Kaminsims und den beiden Türkenköpfen im Kamin unten, hinter denen die breiten Holzscheite lagen.

»Ich finde, eine Lammkeule wäre das richtige, nicht wahr, Kindchen?« sagte Mutter. »Die Lämmer sind gerade jetzt so besonders klein und zart. Und die Männer lieben nichts so sehr wie ein unverfälschtes Stück Fleisch. Yvonne versteht es auch so nett anzurichten — mit den kleinen Papierrüschen um die Keulchen! Es erinnert mich immer an etwas — ich weiß nicht, woran. Aber bestimmt sieht der Braten dadurch sehr verlockend aus!«

II.

Der Mittwoch kam heran. Und die Aufregung, die Mutter und Milly beim Anblick der Visitenkarte verspürt hatten, übertrug sich auf die ganze Villa. Ja, es war nicht zuviel gesagt, daß die ganze Villa beim Gedanken, einen Mann zum Mittagessen zu haben, gespannt und aufgeregt war. Die alte plattfüßige Yvonne kehrte vom Markt mit einem Stück Gorgonzola in so einwandfreiem Stadium der Reife zurück, daß sie hastig ihren großen Korb abstellte, als sie Marie in der Küche vorfand, und das Stück Käse hervorholte und es, noch im Einwickelpapier raschelnd, an ihren wogenden Busen hielt. »*J'ai trouvé un morceau de Gorgonzola*«, keuchte sie und rollte mit den Augen, als lüde sie den Himmel selber ein, auf den Käse herabzulächeln. »*J'ai un morceau de Gorgonzola ici pour un prrr-ince, ma fille!*« Und dabei zischte sie das Wort ›prrr-ince‹ wie einen Blitzstrahl heraus und hielt Marie das Käsestück unter die Nase. Marie war ein zart besaitetes Geschöpf — sie wäre vor Schreck fast in Ohnmacht gefallen. »Glaubst du etwa«, rief Yvonne verächtlich, »daß ich einen solchen Käse *pour ces dames* kaufen würde? Nie! Nie! *Jamais de ma vie!*« Ihr Wurstfinger wackelte vor ihrer Nase hin und her, und sie lispelte, Mutters Französisch abscheulich karikierend: »Wir haben keinen sehr großen Appetit, Yvonne. Wir sind auch sehr zufrieden mit gekochten Eiern und Kartoffelbrei und einem netten, einfachen Salat! Pah!« Mit verächtlichem Schnaufen schleuderte sie ihren Schal von sich, krempelte sich die Ärmel auf und begann den Korb auszupacken.

Auf dem Grunde lag ein flacher Flakon, den sie seufzend beiseite legte.
»*De quoi pour cors*«, sagte sie.
Marie ergriff ihrerseits eine Flasche Sauternes, trug sie ins Eßzimmer und murmelte, nachdem sie die Küchentür hinter sich geschlossen hatte: »*Et voilà pour les cors de Monsieur!*«
Das Eßzimmer war ein großer, mit dunklem Holz getäfelter Raum. Es hatte einen wuchtigen Kamin und geschnitzte, mit roter Damastseide gepolsterte Stühle. Auf dem schweren, polierten Tisch stand eine ovale, mit kleinen, vergoldeten Girlanden verzierte Glasschale. Die Schale faszinierte Marie. Es gehörte zu ihren Pflichten, sie stets mit frischen Blumen zu füllen. Doch bei ihrem Anblick überlief sie stets *un frisson*. Weil sie so einsam auf der weiten, dunklen Fläche stand, erinnerte sie Marie an ein kleines Grab. Und als sie eines Tages durch die hohen Glastüren auf die Terrasse trat, hatte sie einen glücklichen Einfall: sie wollte die Blumen immer so anordnen, daß sie bei einem zukünftigen, tragischen Anlaß für eine der Damen angemessen wäre. Ihr erstes Kunstwerk war furchtbar gewesen. *Das Grab von Mademoiselle Anderson!* Schwarze Stiefmütterchen, Maiglöckchen und eine Borte aus dunklem Heliotrop! Es bereitete ihr ein geradezu überdrehtes, merkwürdiges Vergnügen, Miss Anderson beim Mittagessen die Kartoffeln zu reichen und gleichzeitig an ihr vorbei auf ihren Triumph zu blicken. Es war *(oh ciel!)*, als reiche sie die Kartoffeln einem Leichnam zu!
Das Grab von Madame war, im Gegensatz dazu, äußerst fröhlich. Törichte Blümchen, halb gelb, halb blau, hingen über den Rand, grüne Rispen rankten drüberhin, und in der Mitte steckte eine große rote Rose. *Cœur saignant* hatte Marie es genannt. Doch es sah ganz und gar nicht wie ein blutendes Herz aus. Es sah rosig und heiter aus, wie Mutter, wenn sie aus einem schwelgerisch warmen Bad auftauchte.
Millys Grab war natürlich rein weiß. Weiße Levkojen, kleine weiße Rosenknospen mit ein paar Zweiglein dunklen Buchsbaums als Einfassung. Mutter fand es am schönsten. Die arme Unschuldsseele, die!

Marie, die an der Anrichte stand, mußte den Kopf abwenden, als sie Mutter rufen hörte: »Ist es nicht hübsch, Milly? Ist es nicht süß? Äußerst künstlerisch! Und so originell!« Und zu Marie sagte sie: »*C'est très jolie, Marie! Très original!*« Maries Lächeln war so erstaunlich, daß Milly, die sich gerade eine Tangerine schälte, zu Mutter bemerkte: »Ich glaube, sie mag es nicht, daß du sie bewunderst. Es macht sie verlegen!«
Doch heute — heute hatte Marie eine so ruhmvolle Gelegenheit, daß ihr ganz schwindlig wurde, als sie die Blumenschere ergriff. *Tombeau d'un beau Monsieur.* Es war ihr verboten worden, die Orchideen abzuschneiden, die um den Springbrunnen wuchsen. Doch wofür gab es Orchideen, wenn nicht für solche Anlässe? Ihre Finger zitterten, als die Schere schnipp-schnapp machte. Es waren genug. Marie nahm noch zwei kleine Wedel einer Zwergpalme hinzu. Und im Eßzimmer hatte sie dann den glücklichen Einfall, die Farnwedel mit einem Goldfaden zusammenzubinden, den sie flink aus den Fransen der Eßzimmervorhänge gerissen hatte. Die Wirkung war prächtig! Fast konnte Marie ihn sehen, ihren *beau Monsieur,* wie er sehr klein, sehr klein auf dem Grunde der Glasschale lag, in voller Gala, mit einem Ordensband quer über der Brust, und mit Ohren so weiß wie Wachs.
Was Milly jedoch überraschte, war die Tatsache, daß Miss Anderson dem Kommen Mr. Prodgers irgendwelche Aufmerksamkeit schenkte. Zum Frühstück kam sie in ihrer besten schwarzseidenen Bluse angerasche1t, ihrer Sonntagsbluse, auf der vorne das große, peinlich wirkende Kruzifix baumelte. Milly war allein, als Miss Anderson ins Eßzimmer trat. Das war unangenehm, denn Milly vermied es, mit Miss Anderson allein gelassen zu werden. Weshalb, konnte sie nicht genau sagen — es war einfach ein Gefühl. Sie hatte so ein Gefühl, als könnte Miss Anderson plötzlich etwas über Gott oder etwas anderes, furchtbar Intimes sagen. Oh, sie würde durch den Fußboden sinken, wenn so etwas passieren sollte! Sie würde wie ein Licht verlöschen! Angenommen, sie würde fragen: ›Milly, glauben Sie an unsern Herrgott?‹ O Himmel, es war einfach nicht auszudenken!

»Guten Morgen, meine Liebe!« sagte Miss Anderson, und ihre Finger, kalt und blaß wie Kirchenkerzen, berührten Millys Wangen.

»Guten Morgen, Miss Anderson. Kann ich Ihnen Kaffee einschenken?« fragte Milly und versuchte, ganz natürlich zu wirken.

»Ja, danke, liebes Kind«, sagte Miss Anderson und lachte ihr helles, nervöses Lachen, klemmte sich die Brille auf die Nase und betrachtete den Semmelkorb. »Heute erwarten Sie also Ihren Gast?«

Weshalb fragte sie bloß so etwas? Warum verstellte sie sich, wenn sie es doch ganz genau wußte? Das war auch so ein Beispiel ihres sonderbaren Wesens. Oder tat sie es deshalb, weil sie freundlich sein wollte? Miss Anderson war mehr als freundlich; sie war herzlich. Doch immer war das ›Andere‹ da. Spionierte sie? In der Schule hatten sie sich immer erzählt, daß Katholiken spionieren... Miss Anderson raschelte, sie raschelte wie totes Laub durchs Haus. Bald war sie auf der Treppe, bald auf dem oberen Flur. Manchmal des Nachts, wenn Milly fiebrig erregt war, erwachte sie und hörte das Rascheln vor ihrer Tür draußen. Spähte Miss Anderson durch Millys Schlüsselloch? Und eines Nachts hatte sie tatsächlich die Idee, Miss Anderson habe zwei Löcher in die Wand über ihrem Kopf gebohrt und beobachte sie von dort aus. Das Gefühl war so stark, daß ihre Blicke, als sie das nächstemal in Miss Andersons Zimmer war, zu der Stelle hinflogen. Zu ihrem Schreck hing ein großes Bild dort. War es schon immer dort gewesen?

»Gast?« Die knusprige Frühstückssemmel zerbrach bei dem Wort in zwei Hälften.

»Doch — ja — ich glaube«, antwortete Milly unbestimmt und hob ihre blauen, blumenhaften Augen mit unsicherem Blick zu Miss Anderson auf.

»Das wird eine ziemliche Veränderung für unsre kleine Gruppe ergeben«, sagte die viel-zu-liebenswürdige Stimme. »Ich muß gestehen, daß ich die Gesellschaft von Männern sehr vermisse. Davon hatte ich immer reichlich gehabt in meinem bisherigen Leben. Ich glaube, alleinstehende Damen werden sehr leicht allmählich etwas ... hm ... hm.« Sie nahm von der Kirschenmarmelade und verkleckerte sie aufs Tischtuch. Milly biß wie ein Kind einen Riesenhappen von ihrer Semmel ab. Sie konnte nichts darauf erwidern. Aber Miss Anderson gelang es irgendwie, daß Milly sich sehr jung vor ihr fühlte: so sehr, daß sie gern unartig gewesen wäre — ihr am liebsten Milch auf den Kopf gegossen oder mit einem Löffel Radau gemacht hätte.

»Alleinstehende Damen«, fuhr Miss Anderson fort, ohne von Millys Gefühlen etwas zu ahnen, »müssen sehr bald entdecken, daß sie einen begrenzten Interessenkreis haben.«

»Warum?« fragte Milly, zu einer Entgegnung aufgestachelt. So etwas sagten die Leute immer — sie fand es äußerst ungerecht.

»Ich glaube«, sagte Miss Anderson, nahm ihre Brille ab und sah ein wenig verschwommen aus, »es kommt von der fehlenden politischen Diskussion.«

»Oh, Politik!« rief Milly hochmütig. »Politik hasse ich! Vater hat immer gesagt...« Aber hier unterbrach sie sich rasch. Über ihren Vater wollte sie nicht mit Miss Anderson sprechen.

»Oh, sehen Sie nur! Sehen Sie nur! Ein Schmetterling!« rief Miss Anderson leise und hastig. »Nein, was für ein Süßer!« Beim Anblick des süßen Schmetterlings, der so leise über den glitzernden Tisch flatterte, stieg ihr allmählich die Röte in die Wangen.

Das war sehr nett von Miss Anderson gewesen — furchtbar nett von ihr! Sie mußte wohl begriffen haben, daß Milly nicht über ihren Vater sprechen wollte, und deshalb hatte sie mit voller Absicht vom Schmetterling gesprochen. Noch nie hatte Milly Miss Anderson mit einem solchen Lächeln beschenkt wie eben jetzt. Und mit ihrer warmen, jungen Stimme sagte sie: »Er ist ein Schatz, nicht wahr? Ich liebe Schmetterlinge! Ich finde, es sind wonnige Schäfchen!«

III.

Der Morgen verflog schnell, wie es Vormittage im Ausland so an sich haben. Mutter war halb entschlossen, beim Mittagessen ihren Hut aufzusetzen.
»Was meinst du, Milly? Findest du nicht, als Oberhaupt der Familie wäre es angemessen? Und andrerseits möchte man keineswegs irgend etwas übertreiben!«
»Welchen meinst du, Mutter? Deinen Pilz oder deinen Mustopf?«
»O nein, nicht den Mustopf, Kindchen!« Mutter hatte sich völlig an Millys Namen für ihre Hüte gewöhnt. »In einem Hut ohne Krempe fühle ich mich nicht ganz zu Hause. Und ich muß dir gestehen, daß ich noch nicht überzeugt bin, ob es weise von mir war, den Mustopf zu kaufen. Ich kann den Gedanken nicht loswerden, daß Vater, wenn ich ihm mit dem Hut gegenüberträte, ein wenig zu erstaunt wäre. In der letzten Zeit«, fuhr Mutter rasch fort, »habe ich mehr als einmal daran gedacht, die Garnitur abzunehmen, ihn umzudrehen und ein hübsches kleines Arbeitskörbchen daraus zu machen. Was meinst du dazu, Kindchen? Aber das brauchen wir ja nicht jetzt zu besprechen, Milly. Es ist nicht der gegebene Moment für solche Pläne. Komm auf die Terrasse! Ich habe Marie gesagt, daß wir den Kaffee dort nehmen werden. Wie wäre es, wenn wir den großen Stuhl mit den hübschen, starken Beinen hier für Mr. Prodger aufstellen? Männer bevorzugen hübsche, starke ... Nein, du doch nicht, Liebes! Laß mich dir helfen!«
Als der Stuhl hinausgetragen worden war, fand Milly, daß er genau wie Mr. Prodger aussähe. Ja, er *war* tatsächlich Mr. Prodger, der die Aussicht bewunderte!
»Nein, setz dich nicht drauf! Das geht nicht!« rief sie hastig, als Mutter hineinsinken wollte. Sie hakte sich bei ihrer Mutter ein und zog sie wieder in den Salon.
Glücklicherweise raschelte es in diesem Moment, und Miss Anderson bestürmte sie. Gerade im rechten Zeitpunkt — ausnahmsweise. Sie hatte eine Nummer der *Morning Post* in der Hand.

»Ich habe mich bemüht, hier herauszufinden«, sagte sie und tippte mit ihrer Brille leicht auf die Zeitung, »ob gegenwärtig der Kongreß tagt! Doch leider fiel mein Blick, nachdem ich diese Nummer von A bis Z durchgelesen hatte, zufällig auf das Datum, und ich entdeckte, daß sie fünf Wochen alt ist!«
Der Kongreß! Erwartete Mr. Prodger etwa von ihnen, daß sie über den Kongreß sprachen? Der Gedanke jagte Mutter einen entsetzlichen Schreck ein. Das amerikanische Parlament setzte sich natürlich aus Senatoren zusammen — graubärtigen alten Herren in Gehrock und Klappkragen, ungefähr wie Missionare. Aber sie fühlte sich durchaus nicht zuständig, über sie zu diskutieren.
»Ich glaube, wir sollten lieber nicht allzu intellektuell werden«, schlug sie schüchtern vor, weil sie Miss Anderson zu enttäuschen fürchtete, doch noch mehr fürchtete sie die andere Möglichkeit.
»Immerhin—man ist gerne im Bilde«, sagte Miss Anderson. Und nach einer Pause fügte sie leise hinzu: »Man weiß ja nie.«
Oh, wie zutreffend das war! Man wußte ja nie. Mutter und Miss Anderson schienen beide über diese Wahrheit nachzusinnen. Sie saßen schweigend und mit gesenktem Kopf da, als lauschten sie dem Nachhall dieser Worte.
›Man weiß ja nie‹, sagten die rotgetupften Drachen auf dem Kaminsims, und die Türkenköpfe sannen nach. Nichts weiß man — nichts. Jeder wartet einfach, daß sich die Dinge ereignen sollen — wie sie jetzt auf den Fremden warteten, der unter den knospenden Platanen durch Sonne und Schatten zu ihnen hinauswanderte oder vielleicht in einer der kleinen Kutschen mit dem Drellverdeck fuhr . . . Ein Engel flog über die Villa Martin. In diesem Augenblick verhaltenen Schweigens schien sich etwas Scheues, etwas Flehendes zu erheben und sich darzubieten, wie sich im Salon die Blumen aufrichteten und dem Licht überließen.
Dann sagte Mutter: »Hoffentlich findet Mr. Prodger den Duft der Mimosen nicht zu stark! Im allgemeinen lieben Männer keine Blumen im Salon. Ich habe gehört, daß Blumen in ge-

wissen Fällen sogar Heufieber verursachen. Was meinst du, Milly? Sollten wir vielleicht...?« Aber es blieb ihnen keine Zeit mehr, etwas zu tun. Ein langes, kräftiges Trillern drang von der Haustür her. So ruhig und beherrscht klang das Trillern, so gänzlich anders als der zaghafte kleine Tupf, mit dem sie selbst auf den Klingelknopf drückten, daß es ihnen im Nu den Ernst der Situation vor Augen führte. Sie hörten eine Männerstimme; die Tür fiel zuschnappend ins Schloß. Er war eingetreten. Ein Stock klapperte auf einen Tisch. Eine Pause entstand, und dann drehte sich die Klinke der Salontür, und Marie – in rüschenbesetzten Musselinmanschetten und einem herzförmigen Schürzchen – geleitete Mr. Prodger in den Salon.
Nun doch bloß Mr. Prodger? Aber wen hatte Milly denn zu sehen erwartet? Ein Gefühl war da und verflog sogleich, daß sie nicht überrascht gewesen wäre, jemand ganz anderen zu sehen. Aber das war, ehe sie merkte, daß der hier nicht ganz derselbe Mr. Prodger wie neulich war. Er war eleganter denn je: gebürstet, gekämmt und aufpoliert. Die Ohren, die sich Marie weiß und wächsern vorgestellt hatte, flammten warm und wie mit rosa Email überzogen. Mutter flatterte ihm auf ihre reizende kleine Art entgegen, hoffte so sehr, daß er die Tageshitze nicht zu unerträglich gefunden habe, um ins Freie zu gehen, doch glücklicherweise war es für den üblichen Staub noch ein wenig zu früh im Jahr. Dann wurde Miss Anderson vorgestellt. Milly war schon auf seine kühle Hand gefaßt, aber sie hätte fast aufgeschrien, so eisig war sie. Sie war wie eine Hand, die einem jemand aus dem Wasser entgegenstreckt. Dann nahmen sie alle Platz.
»Ist das Ihr erster Besuch an der Riviera?« fragte Miss Anderson liebenswürdig und ließ ihr Taschentuch fallen.
»Jawohl«, antwortete Mr. Prodger gesetzt und verschränkte wieder die Arme. »Ich war bis vor kurzem in Florenz, aber ich zog mir eine schwere Erkältung zu...«
»Florenz...«, begann Mutter, doch da fing der herrliche Messinggong, der in den Schatten der Halle wie eine abgestürzte Sonne loderte, zu dröhnen an. Zuerst war es nur ein leises Murren, dann schwoll es an, wurde rascher und endete

unter Maries mitfühlenden Fingern mit einem triumphierenden Geschmetter. Noch nie waren sie mit einer derartigen Vorführung regaliert worden! Mr. Prodger war die Aufmerksamkeit selbst.
»Das ist ein sehr schöner Gong!« bemerkte er anerkennend.
»Wir finden, er ist so sehr orientalisch«, sagte Mutter. »Er verleiht unseren bescheidenen kleinen Mahlzeiten ein echt morgenländisches Aroma. Sollen wir . . .«
Ihr Gast stand, sich verneigend, an der Tür.
»So viele Herren und nur eine Dame«, stammelte Mutter verwirrt. »Nein, andersherum wird ein Schuh draus. Ich meine . . . Komm, Milly, komm, liebes Kind!« Und sie führte alle ins Speisezimmer.
Und da waren sie nun. Die kalten, frischen Servietten wurden aus ihrer reizenden Form geschüttelt, und Marie reichte die Omelette herum. Mr. Prodger saß auf Mutters rechter Seite, Milly gegenüber, und Miss Anderson saß mit dem Rücken gegen die hohen Fenster. Aber schließlich — warum sollte die Tatsache, daß sie einen Mann bei sich hatten, einen solchen Unterschied ausmachen? Und doch war es so: es war ein gewaltiger Unterschied! Warum sollten sie sich beim Anblick der großen, geöffneten Hand, die zwischen den Weingläsern herumfuhr, so erregt fühlen? Warum sollte der Klang des lauten, selbstsicheren ›A-hem!‹ sogar das Aussehen des Speisezimmers verändern? Eigentlich war es nicht ihr Lieblingszimmer — es war so überwältigend. Mit einem merkwürdigen Gefühl, preisgegeben zu sein, rückten sie sonst an dem bleichen Tisch unsicher auf ihren Stühlen umher. Sie waren wie jene Sorte demütiger Gäste, die unerwartet in einem Luxushotel auftauchten und Speisen vorgesetzt bekommen, die gerade zur Hand waren, während das richtige Luncheon und die richtigen Gäste überheblich und verachtungsvoll im Hintergrund lauern. Und obwohl es unmöglich war, daß Marie jemals anders als gewandt, flink und schweigsam bediente — was für Schwung beim Bedienen konnte ihr wohl der so gar nicht anregende Anblick von drei allein speisenden Damen geben?
Doch jetzt war alles anders! Marie füllte die Gläser bis zum

Rand, wie um sie für eine wunderbar mutige Tat zu belohnen. Diese schüchternen englischen Damen hatten einen lebendigen Löwen gefangen, einen richtigen, der leicht nach Eau de Cologne duftete und dem aus der Brusttasche ein Taschentuchzipfel, weiß wie eine Schneeflocke, hervorschaute!
›Er ist ihrer würdig‹, dachte Marie, als sie ihre Orchideen und Palmwedel beäugte.
Mr. Prodger berührte mit anerkennenden Fingerspitzen seinen warmen Teller.
»Sie werden es kaum glauben, Mrs. Fawcett«, bemerkte er, zu Mutter gewandt, »aber seit ich die Staaten verlassen habe, ist dies der erste warme Teller, mit dem ich in Berührung komme! Ich hatte schon zu glauben begonnen, daß zwei Dinge in Europa einfach nicht zu haben sind: das eine sind warme Teller, und das andre ist ein Glas kaltes Wasser! Immerhin, man kann ohne das kalte Wasser auskommen, aber ein warmer Teller — das ist schwieriger. Die kalten, feuchten Teller, die ich überall antraf, haben mich so entmutigt, daß ich Cooks Reisebüro erklärte, als sie mir hier ein Zimmer suchten: ›Es ist mir einerlei, in welchem Hotel! Es ist mir gleichgültig, wie hoch die Kosten sind! Aber um Himmels willen besorgen Sie mir ein Hotel, wo ich einen warmen Teller erhalten kann, wenn ich danach läute!‹«
Mutter fand es — obwohl sie äußerlich ganz Mitgefühl war — etwas verwirrend. Sie hatte eine flüchtige Vision von Mr. Prodger, wie er nach warmen Tellern läutete, die ihm allstündlich gebracht wurden.
»Ich habe immer gehört, die amerikanischen Hotels seien so sehr gut eingerichtet«, sagte Miss Anderson. »In allen Zimmern Telefon und sogar Fernschreiber.«
Milly sah im Geist Miss Anderson, wie sie den Fernschreiber ablas.
»Ich würde furchtbar gern nach Amerika gehen!« rief sie, als Marie den Lammbraten hereintrug und vor Mutter hinstellte.
»Ja, an Amerika ist bestimmt nichts auszusetzen«, sagte Mr. Prodger schlicht. »Amerika ist ein großartiges Land. — Was ist das hier? Erbsen? Gut, ein paar werde ich nehmen. Im allge-

meinen esse ich nie Erbsen. Nein, kein Salat, besten Dank! Nicht gleichzeitig mit dem heißen Braten!«
»Aber warum wollen Sie gern nach Amerika gehen?« fragte Miss Anderson, Milly anlächelnd, und beugte sich so heftig vor, daß ihr die Brille auf den Teller fiel und nur um ein Haar der Soße entging.
Weil man gern überall hingehen möchte, wäre die wahre Antwort gewesen. Doch Millys blumenblaue Augen ruhten tiefsinnig auf Miss Anderson, als sie antwortete: »Wegen der Eiscremes! Ich schwärme für Eiscreme!«
»Wirklich?« sagte Mr. Prodger und legte die Gabel hin. Er schien gerührt. »Sie mögen Eiscreme, Miss Fawcett?«
Milly übertrug ihre verzückten Blicke auf Mr. Prodger. Sie bestätigten es ihm.
»Oh«, sagte Mr. Prodger ganz neckisch und begann wieder zu essen, »ich wünschte so sehr, daß Sie sie bekommen! Ich bedaure, daß wir sie nicht per Schiff herspedieren können! Ich bin sehr dafür, daß die Jugend immer genau das bekommt, was sie haben will. Scheint mir irgendwie richtig zu sein!« Der nette Mensch! Ob er noch mehr Braten wollte?
Das Mittagessen verlief so angenehm und so rasch, daß das berühmte Stück Gorgonzola in all seiner Ergiebigkeit und Pracht auf dem Tisch stand, ehe auch nur eine einzige mißliche Pause entstanden war. Es lag eben daran, daß Mr. Prodger, wie es sich herausstellte, äußerst leicht zu unterhalten war und äußerst bereitwillig plauderte. Im allgemeinen mochten Männer nicht auf die Art plaudern, die Mutter für ein Tischgespräch als richtig erachtete. Sie schienen nicht zu begreifen, daß es nicht sehr darauf ankommt, was man sagt; wichtig ist nur, das Gespräch nicht abreißen zu lassen. Seltsam! Selbst die besten Männer hielten sich nicht an diese einfache Regel! Sie weigerten sich einzusehen, daß ein Tischgespräch dasselbe wie ein liebes kleines Baby ist, das ins Zimmer gebracht und herumgereicht wird. Man muß es wiegen und hegen und bewegen, wenn man wünscht, daß es nicht zu lächeln aufhört. Was könnte einfacher sein? Doch sogar Vater... Mutter schreckte vor Erinnerungen zurück, die nicht so erfreulich waren, wie es Erinnerungen sein sollten.

Trotzdem hoffte sie sehr, daß Vater sah, was für eine geglückte kleine Lunchparty es war. Er liebte es so, Milly glücklich zu sehen, und das Kind sah so fröhlich aus wie seit Wochen nicht. Wie weggewischt war der verträumte Ausdruck, der, obwohl charmant, ihrem Alter nicht angemessen war. Was sie brauchte, war vielleicht nicht so sehr Eastons Sirup, sondern etwas mehr Anregung.
›Ich bin sehr selbstsüchtig gewesen‹, dachte Mutter und gab sich, wie üblich, die Schuld. Sie legte Milly die Hand auf den Arm; sie drückte ihn sanft, als sie sich vom Tisch erhoben. Und Marie hielt für die weiße und für die graue Gestalt die Türe auf, und für Miss Anderson, die kurzsichtig zwinkerte, als suche sie etwas, und für Mr. Prodger, der die Nachhut bildete und stattlich einherschritt — mit der leutseligen Miene eines Monsieur, der gut gespeist hat.

IV.

Jenseits der Terrasse lagen die Gärten, die Palmen und das Meer in flimmernden Glanz getaucht. Nicht ein Blatt rührte sich; die Apfelsinen waren kleine Welten lodernden Lichts. Es tönte von Heupferdchen, die ihr kleines Tambourin klirren ließen, und von Bienen, die herumschwebend summten und ihre Freude vorwegnahmen, ehe sie tief in die warmen, weit offenen Levkojen und Rosen eindrangen.
Auch das Meer ertönte, und es war wie ein Atmen, war wie ein Seufzen.
Ob die kleine Gruppe auf der Terrasse es hörte? Mutters Finger regten sich emsig zwischen schwarzgoldenen Kaffeetassen; Miss Anderson holte den unbequemsten Stuhl aus dem Salon und setzte sich darauf. Mr. Prodger legte seine große Hand auf den gelben Steinsims der Terrasse und bemerkte ernst: »Das Gelände hier könnte nicht heißer sein!« Mutter sagte: »Wie es heißt, ist die größte Hitze immer um halb drei. Uns ist es auch aufgefallen, daß es dann sehr heiß ist.«
»Ja, dann ist es himmlisch«, murmelte Milly und hielt ihre Hand in die Sonne. »Der reinste Backofen!«

»Sie fürchten die Sonne also nicht?« fragte Mr. Prodger und nahm seinen Kaffee von Mutter in Empfang. »Nein, danke, ich nehme keine Sahne. Nur ein Stück Zucker!« Und er setzte sich und balancierte die kleine, schleppende Tasse auf seinem Knie.
»Nein, ich liebe die Sonne«, antwortete Milly und begann an einem Stück Zucker zu knabbern.

Sechs Jahre danach

— — — — — — — — — — — — — — — —

Es war kein Nachmittag, um an Deck zu liegen — im Gegenteil, es war genauso ein Nachmittag, an dem es kein behaglicheres Plätzchen als eine warme Kabine und eine warme Koje gibt. In eine Decke eingepackt, mit einer Wärmflasche und einer brühheißen Tasse Tee, hätte ihr das Wetter überhaupt nichts ausgemacht. Er aber — verabscheute Kabinen und verabscheute es überhaupt, irgendwo länger als nötig im Zimmer zu bleiben. Er war darauf versessen, ›Frischluft zu schnaufen‹, wie er es nannte, besonders, wenn er auf Reisen war. Und das war auch nicht verwunderlich, wenn man in Betracht zog, wieviel Zeit er eingesperrt im Büro zubrachte. Als er daher, kaum waren sie an Bord, von ihr wegstürzte und nach fünf Minuten zurückkehrte und ihr sagte, daß er auf der windgeschützten Seite zwei Liegestühle ergattert habe und der Steward die Wolldecken ausbreite, murmelte ihre Stimme hinter dem hohen Sealkragen hervor: »Fein!« Und weil er sie ansah, lächelte sie mit strahlenden Augen und blinzelte rasch, wie um zu sagen: ›Ja, paßt blendend! Fein!‹ Und sie meinte es auch.

»Dann sollten wir wohl lieber . . .«, sagte er, klemmte ihre Hand in seine Ellbogenbeuge und wollte sie dorthin hetzen, wo ihre Liegestühle standen. Doch sie hatte gerade noch Zeit, zu keuchen: »Nicht so schnell, Daddy, bitte!«, als es auch ihm einfiel und er langsamer ging. Sonderbar! Achtundzwanzig Jahre waren sie verheiratet, und noch immer hatte er jedesmal Mühe, seinen Schritt dem ihren anzupassen.

»Du frierst doch nicht?« fragte er und warf einen raschen Seitenblick auf sie. Ihre kleine Nase, die geranienrot aus dem dunklen Pelz schaute, war Antwort genug. Aber sie steckte ihre freie Hand in die Saumttasche ihrer Jacke und antwortete fröhlich: »Ich freu' mich auf meine Wolldecke!«

Er drückte sie fester an sich — mit hastigem, nervösem Druck. Natürlich wußte er, daß sie unten in der Kabine sein sollte; er wußte, daß es für sie kein Nachmittag war, um an Deck zu sitzen, in diesen kalten Nebel, ob windgeschützt oder nicht

und ob mit oder ohne Wolldecke. Es war ihm ganz klar, wie widerwärtig es ihr sein mußte, doch im Laufe der Jahre war er zu der Überzeugung gekommen, daß es für sie tatsächlich leichter war, solche Opfer zu bringen, als für ihn. Heute zum Beispiel! Wäre er mit ihr in die Kabine hinuntergegangen, dann hätte er sich die ganze Zeit schlecht gefühlt und es unweigerlich auch gezeigt. Bestimmt hätte sie es gemerkt. Nachdem sie sich aber entschlossen hatte, sich seinen Einfällen zu fügen, genoß sie es sogar — darauf wäre er jede Wette eingegangen! Nicht etwa, weil sie ein schwacher Charakter war — lieber Himmel, Charakter hatte sie mehr als genug! Sondern weil... Hier brachen seine Gedanken stets ab. Hier verspürten sie gewissermaßen das dringende Bedürfnis nach einer Zigarre. Und mit einem Blick auf die Zigarre kniff er seine schönen blauen Augen zusammen. Logik des Ehelebens, vermutlich... Trotzdem war er immer schuldbewußt, wenn er solche Opfer von ihr verlangte. Daher der hastige Druck auf ihre Hand. Sein innerstes Wesen fragte ihr innerstes Wesen: ›Du verstehst mich doch, nicht?‹, und ihre fröstelnden Finger antworteten? ›Ja — verstanden!‹
Der Steward — ein netter kleiner Bursche — hatte wirklich alles Menschenmögliche getan, um es ihnen behaglich zu machen. Er hatte ihre Liegestühle in das bißchen vorhandene Wärme gezogen — und abseits von Gerüchen. Sie hoffte sehr, daß er ein entsprechendes Trinkgeld bekäme. Bei solchen Gelegenheiten wie dieser (und ihr Leben war anscheinend voll davon) wünschte sie stets, daß es die Frau wäre, die die Reisekasse verwaltete.
»Vielen Dank, Steward! So ist es wunderbar!«
›Weshalb sahen Stewards immer so schwächlich aus?‹ fragte sie sich, während er ihre Füße einpackte. ›Der arme kleine Bursche sieht aus, als hätte er's auf der Lunge, und doch sollte man meinen... daß die Seeluft...‹
Der Knopf der schweinsledernen Geldbörse wurde geöffnet. Der Inhalt wurde ans Licht gekippt. Sie sah Sixpencestücke, Shilling- und Halbkronenstücke.
›Ich würde ihm fünf Shilling geben‹, dachte sie bei sich, ›und ihm sagen, sich ein gutes, nahrhaftes...‹

Er bekam einen Shilling, tippte an seine Mütze und schien aufrichtig dankbar zu sein.
Na ja, es hätte schlimmer sein können. Es hätten Sixpence sein können. Tatsächlich — sie hatte recht! Denn in diesem Augenblick drehte sich Vater zu ihr um, verstaute die Geldbörse und sagte halb entschuldigend: »Hab' ihm einen Shilling gegeben! Ich finde, das war's wert — du auch?«
»O ja! Und wie!« sagte sie.
Es ist erstaunlich, was für ein Frieden auf einem kleinen Dampfer Einzug hält, sobald das Getümmel des Ablegens vom Hafen vorbei ist. Nach einer Viertelstunde ist einem schon so zumute, als wäre man tagelang auf See gewesen. Etwas Rührendes, fast Kindliches spricht aus der Art, wie die Passagiere sich den neuen Bedingungen fügen. Am frühen Nachmittag gehen sie zu Bett, machen die Augen fest zu und spielen ›Nacht‹, wie kleine Kinder, die den Tisch umkehren und sich mit dem Tischtuch zudecken. Und die paar andern, die an Deck bleiben — anscheinend sind es stets dieselben, abgebrühte Seereisende —, zögern, zünden sich die Pfeife an, treten leiser auf, spähen aufs Meer hinaus und sprechen mit gedämpfter Stimme, während sie ums Deck promenieren. Das langbeinige Mädchen flitzt hinter dem rotbäckigen Jungen her, aber bald sind beide eingefangen; und der alte Matrose, der seine nicht angezündete Laterne schwenkt, geht vorbei und verschwindet...
Lang ausgestreckt lag er da, die Decke bis zum Kinn hinaufgezogen, und wie sie sah, atmete er tief. Seeluft! Wenn jemand an Seeluft glaubte, dann war er es. Er war völlig überzeugt von ihrer stärkenden Wirkung. Und ihm zufolge kam es vor allem darauf an, sich im Moment, da man an Bord ging, die Lunge damit anzufüllen. Andernfalls holte man sich, gerade weil sie so kräftig war, die schönste Erkältung...
Sie ließ ein leises Kichern hören, und er drehte sich rasch zu ihr um: »Was ist?«
»Deine Mütze!« sagte sie. »Ich kann mich nicht an dich in einer Mütze gewöhnen. Du siehst wie ein echter Einbrecher aus!«
»Aber was, zum Kuckuck, soll ich denn aufsetzen?« Er zog

die eine graue Augenbraue in die Höhe und rümpfte die Nase. »Außerdem ist es eine sehr gute Mütze! Ein besonders edles Stück ihrer Art. Sie hat ein sehr vornehmes weißes Seidenfutter.« Er schwieg. Dann zitierte er, wie er es schon hundertmal in diesem Stadium getan hatte, den schönen Vers: »Kostbar und rar ihr Juwelenschmuck war.«
Sie aber fand, daß er mit seinem Stolz auf das weißseidene Futter wirklich kindisch war. Am liebsten hätte er die Mütze abgenommen und ihr zum Befühlen gegeben. ›Fühl mal die Qualität!‹ Wie oft schon hatte sie, wenn er das sagte, seinen Mantelstoff, die Manschetten am Hemd, die Krawatte, die Socken und das Taschentuch aus reinem Leinen befühlen müssen!
Sie glitt tiefer in ihre Decken hinein.
Und der kleine Dampfer eilte, leise stampfend, über die graue, endlose, leicht bewegte Wasserfläche unter schrägen Regenschleiern.
Möwen segelten weit draußen — scheinbar träge und teilnahmslos. Bald ließen sie sich auf den Wellen nieder, bald schwangen sie sich in die Regenluft auf und zeichneten sich gegen den blassen Himmel wie die Lichter in einer Perle ab. Sie sahen verfroren und einsam aus. ›Wie einsam wird es sein, wenn wir an ihnen vorbeifahren‹, dachte sie. ›Nichts wird dasein als die Wellen und die Vögel und der niederströmende Regen.‹
Sie blickte durch die rostfleckige Reling, an der dicke Tropfen entlangzitterten, und plötzlich schloß sie die Augen. Es war, als hätte ihr eine warnende innere Stimme gesagt: ›Sieh nicht hin!‹
›Ich tu's auch nicht!‹ beschloß sie. ›Es ist viel zu traurig, viel zu traurig!‹
Doch sofort schlug sie die Augen wieder auf und starrte hinaus. Einsame Vögel, wogendes Wasser, weißlich blasser Himmel — wieso waren sie anders?
Und ihr schien, daß weit draußen, zwischen Himmel und Wasser, eine Wesenheit war; ein sehr Einsamer und Sehnsüchtiger sah sie vorbeifahren und rief, als wollte er sie aufhalten — aber nur ihr allein schrie er zu.

»Mutter!«

»Verlaß mich nicht!« klang es aus dem Schrei. »Vergiß mich nicht! Du weißt, daß du mich vergißt!« Und es war, als dränge das kindliche Weinen aus ihrer eigenen Brust hervor. »Mein Sohn — mein geliebtes Kind — es ist nicht wahr!«

Scht! Wie war es nur möglich, daß sie hier neben Vater auf dem ruhigen Dampfer lag und gleichzeitig einen schmächtigen kleinen Jungen im Arm hielt — so blaß war er — und ihn beruhigte, da er gerade aus einem furchtbaren Traum erwacht war?

»Ich habe geträumt, ich war in einem Wald — irgendwo sehr weit weg von allen —, und ich habe mich hingelegt, und eine große Brombeerranke reckte sich über mich. Und ich rief und rief nach dir — und du wolltest nicht kommen — du wolltest nicht kommen — darum mußte ich ewig dort liegenbleiben.«

Was für ein schrecklicher Traum! Immer hatte er schreckliche Träume gehabt! Wie oft hatte sie sich schon vor Jahren, als er noch klein war, unter einem Vorwand von ihren Gästen im Eßzimmer oder Wohnzimmer davongestohlen, um an den Fuß der Treppe zu gehen und zu lauschen. ›Mutter!‹ Und wenn er wieder schlief, war sein Traum mit ihr zurück in den Umkreis des Lampenscheins gepilgert und hatte dort wie ein Geist Platz genommen. Und jetzt . . .

Viel häufiger — zu jeder Zeit — an allen Orten, wie eben jetzt — konnte sie nie zur Ruhe kommen, war sie niemals auch nur eine Sekunde entspannt, ohne ihn zu hören. Er verlangte nach ihr. ›Ich komme, so schnell ich kann! So schnell ich kann!‹ Aber die dunkle Treppe nimmt kein Ende, und der schlimmste Traum — der ewig gleiche — geht ungetröstet weiter und weiter.

Es ist qualvoll! Wie soll man es ertragen? Doch es ist nicht der Gedanke an ihre Qual, der unerträglich ist — sondern an die seine. Kann man nichts für die Toten tun? Und lange Zeit hatte die Antwort gelautet: Nichts!

... Doch leise und lautlos hatte sich der dunkle Vorhang niedergesenkt. Es kommt nichts mehr. Das Stück ist aus. Aber so kann es doch nicht enden — so jäh? Es muß weitergehen. Nein, es ist kalt, es ist still. Das Warten ist zu nichts nütze. Aber — ist er denn wieder hingegangen? Oder ist er, als der Krieg zu Ende war, für immer nach Hause gekommen? Sicher wird er doch heiraten — später — nach mehreren Jahren. Sicher werde ich mich eines Tages an seine Hochzeit erinnern und an mein erstes Enkelkind — einen schönen, dunkelhaarigen Jungen, geboren am frühen Morgen, einem herrlichen Morgen im Frühling?
›O Mutter, es ist nicht recht, mir solche Gedanken in den Kopf zu setzen! Hör auf, Mutter, hör auf! Ich kann's nicht ertragen. Wenn ich an all das denke, was mir entgangen ist.‹

»Ich kann's nicht ertragen!« Sie haucht die Worte nur, richtet sich auf und stößt die dunkle Decke weg. Es ist kälter denn je, und jetzt senkt sich die Dämmerung nieder, senkt sich wie Asche auf das bleierne Wasser.
Und der kleine Dampfer eilte entschlossener weiter, aufgeregt drängend, als warte am Ende der Reise ...

Daphne

— — — — — — — — — — — — — — —

Ich war ein halbes Jahr in Port Willin gewesen, als ich beschloß, eine Ein-Mann-Ausstellung zu veranstalten. Nicht etwa, daß ich besonders scharf darauf war, aber der kleine Field, der Mann mit dem Kino, hatte gerade eine Galerie eröffnet, und er wünschte — bat mich vielmehr —, daß ich den Anfang machte. Er war ein anständiger kleiner Kerl; ich brachte es nicht über mich, abzulehnen. Und außerdem hatte ich zufällig ziemlich viele Sachen, von denen ich glaubte, es wäre ganz lustig, sie jemandem anzudrehen, der dumm genug war, sie zu kaufen. Wegen dieser hochfliegenden Pläne ließ ich also die Karten drucken, die Bilder mit einfachen weißen Rahmen versehen und Gott weiß wieviel Tassen und Untertassen für die Vernissage bestellen.

Was ich in Port Willin machte? Ach, warum eigentlich nicht? Ich geb's zu, es ist ein unmöglicher Ort, aber wenn man ein unberechenbarer Vagabund ist, wie ich einer bin, entdeckt man, daß gerade die unmöglichen Orte etwas an sich haben und einen festhalten. Als ich eintraf, hatte ich die Absicht, eine Woche zu bleiben und nach Fidschi weiterzufahren. Aber ich hatte Empfehlungsschreiben an ein paar Leute, und als ich mich am Tage meiner Ankunft, während wir vor der Hafeneinfahrt warteten, über die Reling lehnte und nichts zu tun hatte, als Ausschau zu halten, war ich ungewöhnlich eingenommen von dem Ort, seiner Lage und seinem Aussehen. Es ist übrigens eine kleine Stadt, hingepflanzt an den Saum eines schönen, tiefen Hafens, der wie ein See wirkt. Dahinter sind zu beiden Seiten die Berge. Die Häuser bestehen aus leichtem Holz — mit einem Anstrich. Sie haben rote Wellblechdächer. Und hohe, dunkle Bäume mit Laubgewölk stehen dicht beieinander und trennen die leichten Bauten, verleihen ihnen Tiefe und Wärme und schaffen eine künstlerische Anordnung, die zu betrachten lohnend ist... Ach, wir brauchen nicht in Einzelheiten zu gehen. Aber an jenem ersten Morgen hatte es mich gepackt. Und die ersten Tage nach meiner Ankunft, als ich so herumging oder in einer der

großen, schaukelnden, stuckernden Kutschen ausfuhr, war ich von den Leuten ebensosehr eingenommen.
Nicht gerade von allen. Die Männer ließen mich kalt. Ja, ich muß sagen, die Männer in den Kolonien sind nicht die hellsten Exemplare. Doch noch nie bin ich in einer Gegend gewesen, wo der Durchschnitt der weiblichen Schönheit so überragend hoch ist. Man kann nicht umhin, es zu merken, denn das ist eine Eigentümlichkeit von Port Willin, daß sie da eine Unzahl von Teestuben haben, wo die Einwohner Tee in rauhen Mengen absorbieren. Nicht bloß Tee – auch Sandwiches, Sahnekuchen, Eis und Obstsalat mit frischen Ananas. Ab elf Uhr morgens begegnet man Pärchen und Gruppen von jungen Mädchen und jungen verheirateten Frauen, die sich eiligst zu ihrem ersten Tee begeben. Es ist eine regelrechte Elf-Uhr-Veranstaltung. Selbst die Geschäftsleute ließen die Arbeit liegen und gingen in ein Café. Und dasselbe ereignete sich nachmittags. Von vier bis halb sieben waren die Straßen ein bunter Garten. Wobei mir einfällt: es war in den ersten Frühlingstagen, als ich ankam, und die Stadt roch nach feuchter Erde und den ersten Blumen. Tatsächlich, wohin man ging, bekam man eine Nase voll Duft, wie einem im Wald eine Wolke Veilchenduft entgegenweht, und das allein genügte schon, um einen zum Verweilen zu verlocken.
Auch ein Theater war da, ein großes, kahles Gebäude, ganz bepflastert mit roten und blauen Plakaten, die ihm bei dem knallblauen Himmel ein orientalisches Aussehen verliehen, und eine Wandertruppe spielte ›San Toy‹. Ich ging gleich am ersten Abend hin. Innen roch es nach Gas, Leim und verbranntem Papier. Durch die Gänge pfiffen Windstöße, im Orchester bebten die Palmen im Wind, und dann und wann blähte sich der Vorhang, und man sah ein Paar rasch wegeilender großer Füße. Aber was für Frauen! Was für Mädchen in Musselinkleidern mit Samtschärpen und kleinen Mützchen, die mit Schwanenflaum eingefaßt waren! In den Pausen drang reihenweise das Gelächter aus den Logen und dem Ersten Rang. Und ich stand gegen einen Pfeiler gelehnt, der wie aus Hochzeitstortenzuckerguß gemacht schien, und verliebte mich in ganze Reihen gleichzeitig.

Dann überbrachte ich meine Briefe, wurde zum Dinner eingeladen und lernte diese Zauberinnen in ihrem eigenen Heim kennen. Das gab den Ausschlag. Sie waren von einer Art, der ich nie begegnet war: so heiter, so freundlich, so beeindruckt von der Idee, daß man Künstler war! Eigentlich war es so, als fände man sich in den Schulhof einer Mädchenschule mit überaus hübschen Schülerinnen versetzt.
Habe die Tochter des Premiers gemalt, eine dunkle Schönheit, als Hintergrund ein Baum mit langen, glockenartigen Blüten, die weiß wie Wachs waren. Habe ein Mädchen mit Zopf gemalt, die sich in ein weißes Sofa gekuschelt hatte und mit einem hellroten Fächer spielte... und eine kleine Blonde in einer schwarzen Jacke mit perlgrauen Handschuhen... Habe wie ein Besessener gemalt.
Ich mag Frauen. Im Grunde fühle ich mich bei Frauen sehr viel ungezwungener als bei Männern. Vermutlich, weil ich mich ihnen widme. Mit mir steht es nämlich so: Ich habe immer genug Geld zum Leben gehabt, und als Folge davon brauchte ich mich nie eingehender mit den Leuten einzulassen, als ich wollte. Und ich hatte — auch immer — eine — na ja, so kann man's wohl nennen — eine wahre Leidenschaft fürs Malen. Malen ist bei weitem das Wichtigste in meinem Leben — wie ich es auffasse. Aber: meine Arbeit ist meine eigene Angelegenheit. Es ist das Sonderfach, das, was ich bin. Fremde sind da nicht zugelassen. Ich habe nicht den geringsten Wunsch, andern zu erklären, was für ein Ziel ich verfolge... oder andern Leuten zuzuhören. Wenn den Leuten meine Arbeit gefällt, soll's mich freuen. Wenn sie ihnen nicht gefällt, würde ich, falls ich so veranlagt wäre, die Achsel zucken. Es klingt anmaßend; das ist es nicht: ich kenne meine Begrenzungen. Doch die Wahrheit über einen selbst klingt immer anmaßend, wie du zweifellos schon bemerkt hast.
Aber Frauen — ich kann natürlich nur meine persönliche Ansicht äußern —, die Anwesenheit von Frauen und das Innesein von Frauen halte ich für eine unabdingbare Notwendigkeit. Ich weiß, daß man sie für eine störende Ablenkung hält, daß die großen Kanonen sich in ihr Schneckenhaus einschlie-

ßen, um sie sich fernzuhalten. Ich kann nur eins sagen: Arbeit ohne Frauen wäre für mich wie Tanzen ohne Musik oder wie Essen ohne Wein oder wie ein Segelboot ohne Brise. Sie geben mir einfach jenen gewissen — was ist es? Aufschwung ist nicht genug; Inspiration ist viel zuviel. Jenen... ach, wenn ich's wüßte, was es ist, hätte ich ein größeres Problem als mein eigenes gelöst. Und Probleme liegen mir nicht.
Bei meiner Vernissage hatte ich eine Menschenansammlung erwartet, und die bekam ich denn auch. Aber ich hatte nicht damit gerechnet, daß keine Männer kämen. Es ist eine Sache, einen Malerkollegen zu bitten, einem mit einer Summe in Höhe von fünfzig Guineen unter die Arme zu greifen, eine ganz andre Sache ist es aber, sich zum Esel zu machen, der alles anglotzt. Die Männer von Port Willin hätten ebensogern in die Schaufenster gestarrt. Natürlich, wenn man nach Europa ging, besichtigte man die Bildergalerien, aber außerdem schaute man auch in die Schaufenster. Es handelte sich nicht darum, was man in Europa tat. Dort konnte man eine Woche umherlaufen, ohne erkannt zu werden.
Der kleine Field und ich waren also völlig allein inmitten von all der Schönheit; ihm hat es einen Heidenschrecken eingejagt, aber mir hat's nichts ausgemacht, ich fand es ziemlich lustig, besonders, da die Besucherinnen, ohne zu zaudern, meine Bilder amüsant fanden. Ich bin keineswegs ein durch und durch moderner Maler: Menschen wie Violinen oder Landschaften von Telegraphenpfählen lassen mich kalt. Doch Port Willin bemüht sich immer noch, Rossetti zu schlucken, und ›Die Hoffnung‹ von Watts wird als sehr frei empfunden. Da war es ganz natürlich, daß meine Bilder eine Überraschung für sie waren. Die dicke alte Lady des Bürgermeisters wurde richtig hysterisch. Sie zog mich zu einem Bild hinüber und klopfte mir mit ihrem Fächer auf den Arm.
»Ich wundere mich gar nicht, daß Sie sie gezeichnet haben, wie sie aus dem Kleid schlüpft!« kicherte sie. »Und wie niedergeschlagen sie aussieht! In dem da hätte sich das arme, liebe Kind nie und nimmer hinsetzen können. Es ist viel zu eng! Auf dem Fußboden müßte ein Stück Pear's Seife liegen!« Und, überwältigt von ihrem Witz, plumpste sie auf die klei-

ne Doppelbank, die durch die Mitte des ganzen Raumes lief, und sogar ihr Fächer schien zu lachen.
Und dann gingen zwei Mädchen an uns vorbei. Die eine, die ich kannte, ein großes, blondes Mädchen namens May Pollock, zupfte ihre Begleiterin am Ärmel: »Daphne!« rief sie. »Daphne!« Und die andere wandte sich erst ihr zu, dann uns zu — und lächelte und war geboren, war von dem Augenblick als ein Teil meiner Welt getauft.
»Daphne!« Ihr schnelles, herrliches Lächeln antwortete...

Am Samstagvormittag war prachtvolles Wetter. Als ich aufwachte und sah, wie die Sonne über den gewachsten Fußboden flutete, war mir wie einem kleinen Jungen zumute, dem man ein Picknick in Aussicht gestellt hat. Ich mußte mich schwer beherrschen, Daphne nicht anzurufen. Ob ihr ebenso zumute war? Es schien ein ganz toller Jux zu sein, daß wir so zusammen losziehen wollten, bloß mit Rucksäcken und unsern Badeanzügen. Ich dachte an andere Wochenenden, an die Vorbereitung, die gefühlsbetonte Spannung, und wie kompliziert es gewesen war, alles zu deichseln. Aber ich konnte nicht wirklich daran denken; ich konnte mich nicht mit ihnen befassen, sie gehörten zu einem andern Leben...

Es schien mir plötzlich so hirnverbrannt, daß zwei Menschen wie wir so glücklich sein sollten, wie wir waren, und nicht noch viel glücklicher. Hier waren wir beide, allein, meilenfern von allen Leuten, frei wie der Wind, und ineinander verliebt. Ich blickte wieder auf Daphne, auf ihre schmalen Schultern, ihre Kehle, ihren Busen — und aus lauter glühender Liebe dachte ich hitzig: Wäre es also nicht ziemlich widersinnig, sich wie zwei Kinder zu verhalten? Würde sie nicht sogar, allem zum Trotz, was sie gesagt hatte, doch enttäuscht sein, wenn wir uns so verhielten?

Und in einem Riesentempo lief ich weg, nicht, weil ich glaubte, sie würde mir nachlaufen, sondern ich glaubte wirklich, sie könnte mich rufen oder ich könnte mich umdrehen...

Es war einer von jenen stillen, einlullenden Tagen, wenn das Meer und der Himmel miteinander zu verschmelzen scheinen und wenn es lange dauert, bevor die Feuchtigkeit auf Blättern und Gräsern trocknet. Einer von jenen Tagen, wenn ein starker Geruch vom Meer aufsteigt und die Möwen in einer Reihe auf dem Sand stehen. Der Rauch von unserm Holzfeuer hing in der Luft, und der Rauch aus meiner Pfeife vermischte sich mit ihm. Ich ertappte mich dabei, daß ich an nichts dachte. Ich war unlustig und ärgerlich. Ich konnte die lächerliche Angelegenheit nicht verwinden. Meine *amour-propre* war verletzt, verstehst du?

Der Montagmorgen war grau und verhangen, so ein Morgen, wie er am Meer vorkommt, wenn alles, und ganz besonders das Meer, erschöpft und mürrisch wirkt. Die Flut war sehr hoch gewesen; die Landstraße war naß, und auf dem Strand stand eine lange Reihe kränklich aussehender Möwen...
Als wir an Bord kamen, setzte sie sich auf eine der grünen Bänke, und ich murmelte etwas wegen einer Pfeife und ging rasch weg. Es war unerträglich, daß wir nach dem Vorgefallenen noch zusammen sein mußten. Es war unpassend. Ich wünschte, ich ersehnte nichts weiter als eins: befreit zu werden von diesem stillen, nicht lächelnden und — das war das Schlimmste daran — bemitleidenswerten Geschöpf, das einst meine fidele Daphne gewesen war.

... daraufhin rief ich sie sofort an und fragte, ob ich sie am Abend besuchen dürfe. Ihre Stimme klang ernst, es war nicht dieselbe Stimme, die ich im Gedächtnis hatte, und sie schien zu überlegen. Eine lange Pause entstand, bevor sie sagte:
»Ja — das wäre vielleicht am besten.«
»Dann werde ich um halb sieben kommen.«
»Gut.«
Und wir gingen in ein Zimmer voller Blumen und sehr großer Kunstphotographien: Hafen bei Nacht — Ein verhangener Tag — Mondschein auf dem Wasser, und ich weiß noch, daß ich mich fragte, ob sie sie bewundere.

»Warum hast du mir den Brief geschickt?«
»Oh, aber ich mußte es tun«, sagte Daphne. »Mir ist es mit jedem Wort voller Ernst. Ich ließ dich heute abend nur deshalb herkommen, um . . . Nein, ich weiß, ich werde dich enttäuschen. Ich bin klüger als du — trotz all deiner Erfahrung. Es ist mir nicht gegeben, deinen Erwartungen zu entsprechen. Ich bin nicht der Mensch, den du brauchst. Wirklich nicht . . .«

Vater und die Mädchen

I.

Um die Mittagszeit hörte Ernestine das leise, weit entfernte *tschöff-tschöff*. Sie war mit ihrer Mutter von den Bergen heruntergekommen, um in den Reben zu arbeiten, die dem Hotel gehörten. Es war der Zug aus Italien. Züge waren für Ernestine eine Neuheit; sie waren faszinierend, unvertraut, schrecklich. Wie sahen sie aus, wenn sie sich ihren Weg durchs Tal bahnten und zwischen den Bergen dahinstampften, als könnten selbst die Berge sie nicht aufhalten? Als sie die dunkle, platte Brust der Lokomotive erblickte, so entblößt, so kraftvoll, ihr gewissermaßen entgegengeschleudert, überfiel sie ein Schwächegefühl. Sie hätte in den Boden versinken können. Und doch mußte sie hinschauen. Sie richtete sich also auf, zupfte nicht länger an den blaugrünen Blättern und zerrte nicht länger an den langen, hellgrünen, lockigen Ranken, sondern starrte mit weit aufgerissenen Augen, wie ein Vogel. Die Reben waren sehr hoch. Von Ernestine war nichts zu sehen als ihr schöner junger Busen in einer zugeknöpften blauen Baumwolljacke und ihr schmaler dunkler Kopf, der mit einem verblaßten, kirschroten Tuch bedeckt war.

Tschiff-tschöff-tschöff. Tschiff-tschöff-tschöff machte der Zug. Jetzt erschien wieder eine Strähne weißen Rauchs und verging wieder. Jetzt noch eine — und das Ungeheuer selbst kam in Sicht und hielt, gräßlich schnaufend, vor einem spielzeugkleinen Bahnhof, der nur fünf Minuten entfernt war. Die Schienen liefen am Fuß des Hotelgartens entlang, der hoch oben lag und von einer Steinmauer umgeben war. In den Fels gemeißelte Stufen führten zu den Terrassen, wo die Weinreben angepflanzt waren. Ernestine spähte wie ein bunter Vogel aus den Blättern hervor, sah die furchtbare Lokomotive und dahinter Türen, die aufflogen, und Fremde, die heruntersteigen. Nie würde sie wissen, wer sie waren oder woher sie gekommen waren. Vor einer Sekunde waren sie noch nicht dagewesen — morgen wären sie vielleicht schon wieder fort. Und sie, die selbst wie ein Vogel aussah, erinnerte sich, wie sie zu Hause, im Spätherbst, manchmal fremde Vögel in der Tanne gesehen hatte, die an einem Tag dort und am nächsten Tag verschwunden waren. Woher? Wohin? Sie verspürte einen Schmerz in der Brust. Drinnen waren fest zusammengefaltete Flügel. Warum konnte sie sie nicht ausbreiten und davonfliegen, weit weg?

II.

Aus dem Wagen Erster Klasse stieg die hoch aufgeschossene, dünne Emily und packte die Hand ihres Vaters, dessen schwache Beine in der Luft zu schwanken schienen, als sie nach dem eisernen Trittbrett tasteten. Die noch größere, noch dünnere Edith erschien als nächstes: sie trug Vaters leichten Mantel, sein Fernglas mit dem Lederriemen und seinen neuen Bädeker. Der blonde Hotelportier trat vor. War das nicht nett? Er konnte ebensogut Englisch sprechen wie du oder ich. Edith hatte daher überhaupt keine Mühe, ihm zu erklären, daß sie, weil sie morgen mit dem Frühzug weiterführen, nur ihr Handgepäck und die Sachen brauchten, die noch im Abteil waren. War ein Wagen auf dem Bahnhof? Ja, ein Wagen stand bereit. Doch falls sie lieber zu Fuß gehen wollten — es gab einen Privateingang durch den Hotelgarten... Nein, sie wollten nicht zu Fuß gehen.
»Du möchtest doch nicht zu Fuß gehen, nicht wahr, Väterchen?«
»Nein, Edith, ich möchte nicht laufen. Wollt ihr Mädchen gern laufen?«
»Aber nein, Vater! Nicht ohne dich, Väterchen!«
Der blonde Hotelportier führte sie, und sie folgten ihm durch die kleine Gruppe stämmiger Bauern am Bahnhofstor, wo sie im Schatten von Lindenbäumen der Wagen erwartete.
»Hast du schon jemals so ein Riesenpferd gesehen, Edith?« rief Emily. Sie war immer die erste, die ihr Erstaunen äußerte.

»Es ist ein sehr großes Pferd«, sagte Edith etwas nüchterner. »Es ist ein Ackergaul, dem Bau nach, und er hat auf dem Feld gearbeitet. Sieh doch, wie erhitzt er ist!« Edith hatte einen so scharfen Blick. Der große Braune, auf dessen Flanken der Schweiß dunkle Streifen bildete, warf den Kopf auf, und die Schellen an seinem Kummet begannen laut zu scheppern.
»Hü-ho!« warnte der Kutscher, ein junger Bauer, vom hohen Kutschbock herunter.
Vater, der gerade einsteigen wollte, zog etwas erschrocken den Fuß zurück.
»Du glaubst wohl nicht, daß das Pferd mit uns durchbrennen würde, Edith?« stammelte er.
»Aber nein, Väterchen«, beschwatzte ihn Edith. »Das Pferd ist genauso zahm wie du oder ich.« Sie stiegen also ein, alle drei. Und als der Gaul mit munterem Satz anzog, schien das Zucken seiner Ohren den Kutscher überrascht zu fragen: ›Nennst du das eine Fuhre?‹ Der Vater und die Mädchen wogen so gut wie nichts. Sie waren wie drei Knochen, drei Besenstiele, drei Regenschirme, die auf den harten Sitzbänken des Wagens auf und ab hüpften. Es war ein Segen, daß es bis zum Hotel nicht weit war. Vater hätte es keine Minute länger aushalten können, besonders nicht nach einer so langen Reise. Aber auch so war sein Gesicht ganz grün, als Emily ihm herunterhalf und ihn aufrichtete und ein bißchen weiterzog.
»Es hat dich durchgestuckert, nicht wahr, Väterchen?« fragte sie ihn zärtlich.
Aber er lehnte es ab, sich am Arm ins Hotel führen zu lassen. Das würde einen falschen Eindruck erwecken.
»Nein, nein, Emily! Mir fehlt nichts, gar nichts!« sagte Vater, als er ihnen etwas wackelig durch die großen Glastüren in eine Halle folgte, in der es so dämmerig wie in einer Kirche war — und ebenso frostig und menschenleer.
Lieber Himmel! Wie kalt die Halle war! Unmittelbar aus dem Fußboden schien die Kälte sie anzuspringen. Sie klammerte sich an Ediths und Emilys spitze Knie, und sie hüpfte bis zu Vaters flatterndem Herzen hinauf. Einen Augenblick

zögerten sie, traten aufeinander zu und rangen fast nach Luft. Doch dann kam aus dem Büro eine fröhliche junge Person, deren lächelndes Gesicht von Mückenstichen getüpfelt war, auf sie zugelaufen und hieß sie mit so echter Begeisterung willkommen (auch auf englisch), daß der erste frostige Eindruck schnell vergessen war.

»O ja! O ja! Ich kann Ihnen sehr schöne Zimmer im ersten Stock geben, mit Lift. Zwei Zimmer und Bad und ein Ankleidezimmer für den Herrn. Prachtvolle Zimmer mit Sonne, aber nicht zu heiß. Sehr schön. Bis morgen. Ich führe Sie. Bitte sehr! Hier entlang! Hat die Reise Sie sehr ermüdet? Lunch ist um halb eins. Heißes Wasser? O ja, es ist im Badezimmer. Bitte sehr!«

Vater und die Mädchen wurden mit Hilfe von heiterem Lächeln und Winken und Nicken durch einen klosterartigen Gang und in den Lift gezogen, hinein und aufwärts, bis sie eine schwere, dunkle Tür aufstieß und beiseite stand, damit sie eintreten konnten.

»Es ist eine Suite«, erklärte sie. »Mit einem Vorflur und drei Türen.« Sie öffnete sie flink. »Jetzt werde ich nachsehen, ob Ihr Gepäck gekommen ist.«

Und sie ging hinaus.

»Nein, so etwas!« rief Emily.

Edith riß die Augen auf.

Vater reckte seinen dünnen, langen Hals und staunte ebenfalls.

»Hast du je-mals schon so etwas gesehen, Edith?« rief Emily und verhaspelte sich.

Und Edith schlug leise die Hände zusammen. Leise summte sie: »Nein, noch nie, Emily! Noch nie habe ich so etwas gesehen!«

»Scheint mir ein nettes Zimmer zu sein«, stammelte Vater, noch immer stehend. »Möchtet ihr ein anderes haben, Kinder?«

»Ein anderes? Aber Väterchen, es ist das reizendste Zimmer, das wir je gesehen haben, nicht wahr, Emily? Setz dich doch, Väterchen, setz dich in den Sessel!«

Vaters blasse Krallenhände packten samtene Armlehnen. Er

bückte sich und sank mit den hastigen Atemstößen eines alten Mannes in den Sessel.
Edith stand noch immer wie verzaubert an der Tür. Aber Emily lief ans Fenster und lehnte sich – sehr kindlich – weit hinaus...
Lange Zeit – wie lange eigentlich? – waren Vater und die Mädchen unterwegs gewesen. Nizza, Montreux, Biarritz, Neapel, Mentone, Lago Maggiore – das alles hatten sie gesehen und noch viel, viel mehr. Und immer weiter zogen sie, flogen sie, unermüdlich, hielten sich nirgends länger auf. Dabei verhielt es sich wahrheitsgemäß ... oh, lieber nicht nachforschen nach der Wahrheit! Lieber nicht fragen, was es war, das sie weitertrieb. Oder weshalb das einzige Wort, das Vater erschreckte, das Wort Zuhause war.
Zuhause! Herumsitzen, nichts tun, auf das Ticken der Uhr lauschen, die Jahre zählen, an früher denken – denken! An einen Ort festgenagelt sein, als warte man auf etwas oder auf jemand. Nein! Nein! Viel besser war es, sich wie eine Hülse über die Erde wehen zu lassen, wie die welke Hülse, die der Wind mit fortführt und fallen läßt und wieder hochwirbelt.
»Seid ihr fertig, Kinder?«
»Ja, Väterchen!«
»Dann sollten wir lieber aufbrechen, damit wir den Zug erreichen!«
Aber oh, es war so ermüdend, so unsagbar ermüdend! Vater machte kein Geheimnis aus seinem Alter: er war vierundachtzig. Und was Edith und Emily betraf – sah er jetzt wie ihr älterer Bruder aus. Ein uralter Bruder mit zwei sehr alten Schwestern, das war's, was das reizende Zimmer zusammenfassend von ihnen hätte sagen können. Doch die gedämpfte Helle des Zimmers, seine Schönheit, das Flattern der Blätter vor den sahneweißen Fensterrahmen schien nur zu flüstern: ›Bleibt! Ruht euch aus!‹
Edith blickte auf die blassen, grüngetäfelten Wände, auf die Türen mit den grünen Rauten und Quadraten, die golden abgesetzt waren. Verblüfft entdeckte sie, daß der Fußboden in seinem Holzbelag das gleiche Muster hatte, das oben an

der hohen, bemalten Decke wiederkehrte. Doch die Farbe des schimmernden Fußbodens war wundervoll: er war dunkel wie Schildpatt. In einer Ecke stand milchweiß und blau ein riesiger Kippofen. Das niedrige Holzbett mt seiner gelbseidenen Steppdecke hatte an den Bettpfosten geschnitzte Korngarben. Der phantastischen, müden Edith schien es — das Bett — tatsächlich leise zu atmen, sanft und ruhig zu atmen. Draußen vor den schmalen, tiefliegenden Fenstern hinter den grünen Ranken konnte sie eine winzig kleine Landschaft sehen, die wie ein Juwel in der Sommerhitze leuchtete.

›Bleibt! Ruht euch aus!‹ War es das Geräusch der Blätter draußen? Nein, es war die Luft; es war das Zimmer, das so heiter und scheu wisperte. Edith war es so sonderbar zumute, daß sie nicht länger schweigen konnte.

»Das ist ein sehr altes Zimmer, Emily«, zwitscherte sie leise.
»Ich weiß, was es ist. Dieses Hotel ist nicht immer ein Hotel gewesen. Es war einmal ein altes Schloß. Davon bin ich so überzeugt, wie ich hier stehe.« Vielleicht wollte sie sich selbst überzeugen, daß sie stand? »Hast du den Ofen gesehen?« Sie trat an den Ofen heran.

»Da sind Jahreszahlen! Emily«, murmelte sie leise, »da steht 1623!«

»Ist das nicht wundervoll?« rief Emily.

Sogar Vater war erschüttert.

»1623? Fast dreihundert Jahre alt!« Und plötzlich stieß er trotz seiner Übermüdung ein dünnes, hohles Greisengekicher aus. »Da kommt man sich wie ein junges Küken vor, nicht wahr?« sagte Vater.

Emily ließ als Antwort ein atemloses kleines Lachen hören, und auch das war heiter.

»Ich muß nachsehen, was hinter der Tür ist!« rief sie. Und halb rennend lief sie zur Tür in der Mitte der Wand und hob die zierliche Eisenklinke. Die Tür führte in ein größeres Zimmer, in Ediths und Emilys Schlafzimmer. Aber Wände und Fußboden waren ebenso, und dort waren ja auch dieselben tiefliegenden Fenster. Nur standen zwei Betten nebeneinander — statt des einen —, mit blauseidenen Stepp-

decken — statt der gelben. Und was für eine herrliche alte Truhe war dort zwischen den Fenstern!
»Oh«, rief Emily hingerissen. »Es ist alles einfach unsagbar echt historisch, Edith! Mir wird dabei so . . .« Sie verstummte und blickte Edith an, die ihr gefolgt war und deren dünner Schatten auf den sonnenwarmen Fußboden fiel. ». . . sonderbar!« sagte Emily und versuchte, in das eine Wort alles hineinzulegen, was sie empfand. »Ich weiß nicht, was es ist.«
Vielleicht hätte Edith, die Erforscherin, es ihr erklären können, wenn ihr Zeit geblieben wäre. Aber es klopfte an die Außentür; es war der Junge mit dem Gepäck. Und während er ihre Koffer hereinbrachte, ertönte von unten das Läuten der Lunchglocke. Sie durften Väterchen nicht warten lassen. Sobald eine Glocke geläutet hatte, wollte er unbedingt gleich gehen. Ohne daher einen Blick in den Spiegel zu werfen — sie hatten ein Alter erreicht, wo es ebenso natürlich ist, einem Spiegel auszuweichen, wie es für junge Menschen natürlich ist, hineinzuschauen —, waren Edith und Emily bereit.
»Seid ihr fertig, Kinder?«
»Ja, Väterchen!«
Und nun machten sie sich auf den Weg, nach links, nach rechts, eine Steintreppe mit einem breiten, abgegriffenen Geländer hinunter, wieder nach links, rein instinktiv sich zurechtfindend, Edith voran, dann Vater, und Emily dicht dahinter.
Aber als sie in die *salle-à-manger* traten, die ihnen so groß wie ein Ballsaal erschien, war noch niemand da. Alles war heiter, alles glitzerte, die hohen französischen Fenster öffneten sich auf den grüngoldenen Garten, und vor ihnen dehnte sich die *salle-à-manger*. Und die fünfzig kleinen Tische mit den fünfzig kleinen Dahlientöpfen sahen aus, als wollten sie gleich zu tanzen anfangen . . .

Alles heiter!

― ― ― ― ― ― ― ― ― ― ― ― ―

I.

Beim Frühstück waren sie an jenem Morgen in wunderbar guter Stimmung. Wem war es zu verdanken — ihm oder ihr? Es stimmte, daß sie Wert darauf legte, morgens am besten auszusehen. Sie hielt es für ihre Pflicht ihm gegenüber — sogar ihrer Liebe zuliebe —, zur Frühstücksstunde reizende kleine Häubchen, lustige kleine Jäckchen und bunte Pantöffelchen zu tragen und darauf zu achten, daß der Tisch so *perfekt* war, wie er und sie — ein anspruchsvolles Pärchen — dieses Wort auffaßten. Doch auch er — so frisch, gut gepflegt und zufrieden — trug sein Teil dazu bei . . . Sie war als erste unten gewesen und saß auf ihrem Platz, als er hereinkam. Er beugte sich über ihre Stuhllehne, legte die Hände auf ihre Schultern, bückte sich, rieb leise seine Wange an der ihren und murmelte sanft, aber mit gerade genügend Besitzerstolz, um ihr vor Entzücken die Röte ins Gesicht zu treiben: »Schenk mir Tee ein, mein Schatz!« Und sie hob die Teekanne auf, die als Deckelknopf eine silberne Birne hatte, und schenkte ihm Tee ein.
»Danke! . . . Heute siehst du phantastisch gut aus, weißt du das?«
»Wirklich?«
»Ja! Mach das noch mal! Sieh mich noch mal so an! Ja — deine Augen sind's! Wie bei einem Kind! Noch nie habe ich jemand gesehen, der so strahlende Augen wie du hat!«
»O Schatz!« Sie seufzte vor Freude. »Wie ich das liebe, wenn man mir schöne Dinge sagt!«
»Ja — du verwöhntes Kind! Soll ich dir etwas von dem hier geben?«
»Nein, danke . . . Ach, Liebster!« Ihre Hand flog über den Tisch und umklammerte seine Hand.
»Ja?«
Doch sie sagte nichts, nur noch einmal ›Liebster!‹ Sein Gesicht zeigte den Ausdruck, den sie so liebte — eine Art liebe-

voller Neckerei. Er tat so, als wüßte er nicht, was sie meinte, aber natürlich wußte er es. Er tat so, als dächte er: ›Da sitzt sie — typisch Frau — ganz erpicht auf eine leidenschaftliche Liebesszene, und das um neun Uhr morgens am Frühstückstisch!‹ Doch sie ließ sich nicht täuschen. Sie wußte, daß er genauso empfand wie sie. Das nachsichtige Spötteln, die geheuchelte Verzweiflung gehörten einfach zu den Eigenheiten der Männer — weiter nichts.
»Bitte, darf ich das Messer vielleicht *benutzen* — oder soll ich es hinlegen?«
Nein, wirklich! Mona hatte sich noch immer nicht an sein Lächeln gewöhnt. Seit drei Jahren waren sie verheiratet. Sie war aus unzähligen Gründen in ihn verliebt, aber abgesehen von denen hatte sie noch einen ganz besonderen, geheimen Grund — und das war sein Lächeln. Wenn es sich nicht so verrückt angehört hätte, würde sie behauptet haben, daß sie sich auf den ersten Blick restlos in ihn verliebt hätte, als er lächelte. Auch andere Leute waren für diesen Charme empfänglich. Andere Frauen, davon war sie überzeugt. Manchmal glaubte sie, daß sogar die Dienstboten darauf warteten...
»Vergiß nicht, daß wir heute abend ins Theater gehen!«
»O verflixt! Ich hatte es vergessen! Es ist eine Ewigkeit her, seit wir in eine Vorstellung gingen!«
»Ja, nicht wahr? Ich bin ganz aufgeregt!«
»Findest du nicht, daß wir aus dem Abendessen eine winzig kleine Feier machen sollten?« (›Winzig klein‹ war einer *ihrer* Ausdrücke — aber es klang so süß, wenn er es sagte!)
»Ja, fein! Meinst du, mit Champagner?« Ihr Blick verlor sich in der Ferne, und mit verträumter Stimme sagte sie: »Dann muß ich den Nachtisch ändern.«
In diesem Augenblick kam das Mädchen mit den Briefen. Vier waren für ihn, drei für sie. Nein, einer von den dreien gehörte auch noch ihm — ein ziemlich verschmutzter kleiner Umschlag mit einem Klecks Siegellack auf der Rückseite.
»Warum bekommst du denn alle Briefe?« klagte sie und reichte ihn hinüber. »Es ist furchtbar ungerecht — ich mag Briefe so sehr, und nie bekomme ich welche!«

»Also das ist doch unerhört!« sagte er. »Du wagst es also, dazusitzen und so greuliche Lügenmärchen aufzutischen! Daß ich am frühen Morgen einen Brief bekomme, ist so gut wie nie dagewesen! Immer bekommst du so geheimnisvolle Episteln von Mädchen, mit denen du im College warst, oder von verblühten Tanten. Komm, nimm die Hälfte von meiner Birne — sie ist köstlich!« Sie hielt ihm den Teller hin.
Die Rutherfords lasen nie die Briefe ihres Ehepartners. Daß sie es so machen sollten, war ihr Vorschlag gewesen. Zuerst hatte er sich heftig gesträubt. Sie mußte schrecklich lachen: er hatte ihre Gründe so gänzlich mißverstanden.
»Lieber Himmel, Schatz! Du darfst selbstverständlich jeden meiner Briefe öffnen, den mir die Post bringt — und auch jeden meiner Briefe lesen, der herumliegt. Ich glaube, ich kann dir versprechen . . .«
»Aber nein, nein, Liebster! Das meine ich ja gar nicht! Ich verdächtige dich doch nicht!« Sie hatte sein Gesicht in die Hände genommen und ihn rasch geküßt. Er sah wie ein beleidigter Schuljunge aus. »Aber so viele von Mutters alten Bekannten schreiben mir und vertrauen mir Dinge an, verstehst du, die sie nicht um die Welt einem Mann erzählen würden! Deshalb finde ich, ihnen gegenüber wäre es nicht fair. Begreifst du es jetzt?«
Er gab schließlich nach. »Ich bin eben altmodisch«, sagte er; sein Lächeln war jedoch etwas wehmütig. »Mir macht es Freude, wenn meine Frau meine Briefe liest!«
»O du Goldschatz! Ich habe dich traurig gemacht!« Sie war so zerknirscht — sie wußte selbst nicht recht, warum eigentlich. »Natürlich will ich liebend gern deine Briefe . . .«
»Nein, nein! Ist schon gut! Es ist abgemacht! Wir halten uns an das Versprechen.« Und sie hatten sich daran gehalten.
Er schlitzte den verschmutzten Umschlag auf. Er begann zu lesen. »Verdammt!« sagte er und ließ die Unterlippe hängen.
»Was ist denn? Was Greuliches?«
»Nein — etwas Ärgerliches. Ich werde mich heute abend verspäten. Ein Mann will mich heute abend im Büro aufsuchen.«
»War das ein Geschäftsbrief?« Sie sprach erstaunt.

»Ja, warum?«
»Er sah so furchtbar unsachlich aus. Mit dem Siegellack und der komischen Schrift — eher die einer Frau als eines Mannes.«
Er lachte. Er faltete den Brief zusammen, steckte ihn in die Tasche und nahm den Umschlag in die Hand. »Ja«, sagte er, »die Schrift ist eigenartig, nicht wahr? Ich hätte es nicht bemerkt. Was für einen raschen Blick du hast! Es sieht tatsächlich wie eine Frauenhandschrift aus. Das große R zum Beispiel...« Er warf den Umschlag zu ihr hinüber.
»Und der Schnörkel unten drunter! Ich würde sagen: eine ziemlich ungebildete Frau.«
»Er ist aber von einem Bergwerksingenieur«, sagte Hugh. Er stand auf, begann sich zu recken und hielt inne. »Ach, was für ein herrlicher Morgen! Warum muß ich ins Büro gehen, statt zu Hause zu bleiben und mit dir zu tändeln!« Und er ging zu ihr und verschränkte seine Arme hinter ihrem Nacken. »Erkläre mir das mal, kleine Allerschönste!«
»Oh, ich wünschte, du könntest es!« Sie schmiegte sich an ihn. »Für Menschen wie dich und mich ist das Leben schlecht eingerichtet. Und nun wirst du dich heute abend verspäten!«
»Macht nichts«, sagte er. »Alle übrigen Stunden gehören uns! Jede einzelne. Wenn wir vom Theater zurückkommen, finden wir keinesfalls...«
»...unsern Eingang von Bergwerksingenieuren wimmelnd!« Sie lachte. Ob sich andere Leute — konnten sich andere Leute — war es möglich, daß sich jemals vorher andere Leute so geliebt hatten, wie sie sich liebten? Sie drückte ihren Kopf fest an seine Brust; sie hörte seine Uhr ticken — die geliebte Uhr!
»Was sind das für violette Blumen in meinem Schlafzimmer?« murmelte er.
»Petunien.«
»Du duftest genauso wie die Petunien.«
Er hob ihren Kopf. Sie preßte sich an ihn. »Küß mich!« sagte er.

II.

Es war ihre Gewohnheit, auf der untersten Treppenstufe zu sitzen und zuzuschauen, wie er sich für den Weg ins Büro fertigmachte. Merkwürdig, daß es so interessant war, zu beobachten, wie jemand seinen Hut bürstete, ein Paar Handschuhe auswählte und einen letzten prüfenden Blick in den runden Spiegel warf. Doch es war dasselbe, wenn er sich rasierte. Dann liebte sie es, mit angezogenen Beinen auf der kleinen harten Couch in seinem Ankleidezimmer zu kauern; sie war ebenso vertieft, ebenso gespannt wie er. Wie phantastisch er mit seinen dunklen Brauen, den schmelzenden Augen und dem Tupf frischer Röte auf den Backenknochen oberhalb vom Rasierschaum aussah — wie ein Pierrot, wie eine Maske! Doch das war es nicht, was sie am stärksten empfand. Nein, es war das, was sie auf der Treppe dachte: ›Das ist also mein Gatte, das ist der Mann, den ich geheiratet habe, das ist der Fremde, der an jenem Nachmittag über den Rasen gegangen kam und seinen Tennisschläger schwenkte, sich verbeugte und seine Hemdsärmel heraufkrempelte. Das ist nicht nur mein Geliebter und mein Gatte, sondern auch mein Bruder, mein liebster Freund, mein Spielkamerad, ja manchmal sogar eine Art ganz idealer Vater! Und hier wohnen wir. Hier ist sein Zimmer, und hier ist unser Flur.‹ Sie schien ihn und ihr Haus ihrem zweiten Selbst vorzustellen — dem Selbst, das sie gewesen war, ehe sie ihn kennengelernt hatte.
Voll tiefer Bewunderung, fast erschrocken ob soviel Glücks, schaute das andere Selbst zu.
»Geht es so?« Er stand lächelnd da und strich seine Handschuhe glatt. Aber obwohl er es nicht mochte, wenn sie aussprach, was sie über sein Aussehen dachte, glaubte sie ihn an diesem Morgen bei ein ganz klein wenig jungenhafter Aufspielerei zu ertappen. So sehen Kinder, die sich bewundert wissen, ihre Mutter an.
»Ja, du bist passabel!« Vielleicht war sie in diesem Moment so stolz wie eine Mutter; sie hätte ihm einen Segenswunsch nachrufen können, als er seiner Wege ging. Statt dessen stand

sie im Eingang und dachte: ›Da geht er. Der Mann, den ich geheiratet habe. Der Fremde, der über den Rasen kam.‹ Diese Tatsache hörte nie auf, ein Wunder zu sein . . .
Sie hörte nie auf, ein Wunder zu sein, nie! Sie war sogar, falls überhaupt möglich, noch wundervoller, und der Grund . . . Mona lief ins Haus zurück, in den Salon, und setzte sich ans Klavier. Ach, warum sich über Gründe den Kopf zerbrechen . . . Sie begann zu singen:

> »*Sieh, Schatz, ich bring dir Blumen,*
> *um deinen Schmerz zu lindern.*«

Aber Freude, atemlose und jubelnde Freude bebte in ihrer Stimme, und beim Wort ›Schmerz‹ öffneten sich ihre Lippen in einem so glücklichen, so furchtbar mitleidlosen Lächeln, daß sie ganz beschämt war. Sie hörte auf zu spielen, kreiselte auf dem Klavierschemel herum und schaute ins Zimmer. Wie anders es am Vormittag aussah, wie streng und zurückhaltend! Die grauen Sessel mit den fuchsienroten Kissen, der schwarzgoldene Teppich und die leuchtend grünen Seidengardinen hätten jedermann gehören können. Es war wie eine Bühnenausstattung, wenn der Vorhang noch unten ist. Sie hatte kein Recht, dort zu sein, und als sie das dachte, wehte sie ein sonderbares kleines Frösteln an; es schien so erstaunlich, daß alles, sogar ein Sessel, sich von ihr abwenden und nicht empfänglich für ihr Glück sein sollte.
›Am Vormittag mag ich den Salon einfach nicht, ich mag ihn gar nicht‹, entschied sie und lief nach oben, um sich fertig anzukleiden. Lief in ihr großes, schattiges Schlafzimmer . . . und neigte sich über die Petuniensterne . . .

Ein schlimmer Einfall

Mir ist was passiert — was Schlimmes! Und ich weiß nicht, was ich dagegen tun kann. Ich sehe keinen Ausweg — beim besten Willen nicht. Und das schlimmste ist — ich kann der Sache nicht richtig ins Auge blicken, wenn du weißt, was ich meine. Ich stecke einfach in einem Wirrwarr, in einem verteufelten Wirrwarr. Es sollte jedermann klar sein, daß ich nicht der Mann bin, der in eine solche Sache verwickelt wird. Ich bin nicht einer von diesen Schauspielerheinis oder ein Bursche aus einem Buch. Ich bin — also bis gestern habe ich noch sehr gut gewußt, wer ich bin. Doch jetzt — fühle ich mich hilflos, ja das ist das richtige Wort — hilflos! Hier sitze ich am Meer und schnelle Steinchen übers Wasser, wie ein Kind, das seine Mutter verloren hat, und alle andern sind schon seit Stunden nach Hause gegangen, und die Teezeit ist längst vorbei, und es wird allmählich Zeit, die Lampe anzuzünden... Früher oder später werde auch ich wohl nach Hause gehen müssen. Das sehe ich natürlich ein. Und im Grunde — kannst du's wohl glauben —, im Grunde wünschte ich in diesem Augenblick, ich wäre dort — trotz allem. Was macht sie? Meine Frau, meine ich. Hat sie abgeräumt oder ist sie sitzen geblieben und starrt auf den Tisch mit den zurückgeschobenen Tellern? Mein Gott! Wenn ich mir das vorstelle, könnte ich wie ein Hund heulen — wenn du weißt, was ich meine...

Ich hätte heute früh begreifen sollen, daß alles ›raus‹ ist — heute früh, als sie nicht zum Frühstück runterkam. Hab's auch irgendwie geahnt. Aber ich wollt's nicht wahrhaben. Ich dachte bei mir, wenn ich nichts Besonderes sage und es einfach für einen ihrer üblen Kopfwehtage halte und ins Büro gehe, dann würde die ganze Geschichte, bis ich heute abend zurückkomme, irgendwie verraucht sein. Nein, so war es auch nicht. Ich hab' mich ein bißchen hilflos gefühlt, so wie jetzt. Was sollte ich tun? Einfach weitermachen — das war alles, was mir einfiel. Deshalb brachte ich ihr — wie üblich an ihren Kopfwehtagen — eine Tasse Tee und ein paar dün-

ne, gebutterte Brotschnitten hinauf. Der Store war noch unten. Sie lag auf dem Rücken. Ich glaube, sie hatte ein feuchtes Taschentuch auf der Stirn. Ich bin nicht ganz sicher, denn ich konnte sie nicht anschauen. Es war ein scheußliches Gefühl. Und sie sagte mit matter Stimme: »Stell bitte den Becher auf den Tisch, ja?« Hab' ihn hingestellt. Hab' sie gefragt: »Kann ich irgendwas tun?« Und sie hat gesagt: »Nein. In einer halben Stunde geht's mir wieder ordentlich.« Aber ihre Stimme, sag' ich dir! Die hat mich erledigt! Ich verzog mich, so schnell ich konnte, riß Hut und Stock von der Garderobe und sauste zur Straßenbahn.
Und nun kommt was Merkwürdiges – du brauchst es nicht zu glauben, wenn du nicht willst. Aber im Augenblick, als ich aus dem Haus war, hatte ich das mit meiner Frau vergessen. Es war ein herrlicher Morgen, milde, und die Sonne zauberte kleine Silberentchen aufs Meer. So ein Morgen, wo man weiß, es wird den ganzen Tag warm und schön bleiben. Sogar die Klingel an der Straßenbahn tönte anders, und die kleinen Schulkinder, die sich zwischen die Knie von Erwachsenen zwängten, hatten Blumensträuße in der Hand. Ich weiß auch nicht – ich kann nicht verstehen, weshalb –, ich war einfach glücklich, aber glücklich auf eine Art, wie ich's noch nie gewesen war, glücklich, um die Sterne vom Himmel zu holen. Der Wind, der in der Nacht so heftig geblasen hatte, wehte noch immer ein bißchen. Mir war, als ob sie mich berühre – sie – die andre. Ja, so war's mir. Es kam mir alles wieder in den Sinn, jede Einzelheit. Wenn ich dir erzählte, wie es mich gepackt hatte, würdest du sagen, ich sei verrückt. Ich war so unbekümmert – es war mir gleich, ob ich zu spät ins Büro käme oder nicht, und ich wollte jedermann einen Gefallen tun. Ich hab' den kleinen Kindern aus der Straßenbahn geholfen. Ein kleiner Bursche ließ seine Mütze fallen, und als ich sie ihm aufhob und sagte: »Da, Sonny!« – na, ich hätt' beinah einen Narren aus mir gemacht.
Im Büro war's ebenso. Mir schien, als hätt' ich die Burschen im Büro noch gar nicht richtig gekannt. Als der alte Fisher an meinen Schreibtisch kam und ein paar riesengroße Wikken hinlegte – mit seinem üblichen: ›Mach's besser, mein

Junge, wenn du kannst!‹ —, war ich gar nicht verärgert. Es war mir gleichgültig, daß er fast platzte vor Einbildung auf seinen Garten.
Ich warf nur einen Blick drauf und sagte ruhig: »Ja, diesmal hast du den Vogel abgeschossen!« Er wußte nicht, wie er das auffassen sollte. Kam in zehn Minuten noch mal an und fragte, ob ich Kopfschmerzen hätte.
Und so ging's den ganzen Tag weiter. Am Abend bin ich mit der heimkehrenden Menschenmenge nach Hause geeilt, hab' die Gartentür aufgestoßen, sah die Flurtür wie immer offenstehen und hab' mich auf den kleinen Stuhl gleich hinter der Tür gesetzt, um meine Stiefel auszuziehen. Meine Pantoffeln standen natürlich da. Das schien mir ein gutes Zeichen zu sein. Ich stellte meine Stiefel in das Fach im Schuhschrank unter der Treppe, zog meine Bürojacke aus und ging in die Küche. Ich wußte, daß meine Frau dort war. Wart ein bißchen! Das einzige, was mir nicht glückte, war mein üblicher Pfiff: ›Oft lieg' ich morgens wach und denk': wie gräßlich doch die Arbeit ist!‹ Hab' einen Anlauf genommen, aber es wurde nichts draus. Ich stieß also die Küchentür auf und rief: »Hallo, wie geht's, wie steht's?« Aber sowie ich das gesagt hatte — sogar schon vorher —, hab' ich gewußt, daß das Schlimmste passiert war. Sie stand am Tisch und mischte die Salatsoße. Und als ich aufsah und gewissermaßen lächelte und »Hallo!« sagte, hättest du mich umpusten können. Meine Frau sah schrecklich aus — ein anderes Wort gibt's nicht dafür. Sie mußte den ganzen Tag geweint haben! Sie hat sich ein bißchen von dem weißen Puderzeugs ins Gesicht getan, um die Spuren zu verdecken — aber dadurch sah sie bloß noch schlimmer aus. Sie muß gesehen haben, daß ich was merkte, denn sie nahm den Sahnebecher und goß etwas in die Salatschüssel — wie sie's immer macht, verstehst du, so flink, so ordentlich, auf ihre Art — und begann wieder zu rühren. Ich hab' gefragt: »Ist dein Kopf besser?« Aber sie hörte es anscheinend nicht. Sie hat gefragt: »Willst du den Garten vor oder nach dem Abendessen sprengen?« Was konnte ich groß sagen? Hab' »Nachher!« gesagt und bin ins Eßzimmer gegangen, hab' die Abendzeitung aufgeschlagen

und am offenen Fenster gesessen — na ja, hinter der Zeitung versteckt, wahrscheinlich.
Ich werd's nie vergessen, wie ich da gesessen habe! Leute gingen vorbei, gingen die Straße entlang, es klang so friedlich. Und ein Mann kam mit ein paar Kühen vorbei. Den hab' ich — beneidet. Meine Frau ging ein und aus. Dann rief sie mich zum Essen, und wir setzten uns hin. Ich glaube, wir aßen kaltes Fleisch und Salat. Ich kann mich nicht erinnern. Vermutlich war's so. Aber keiner von uns sprach. Jetzt ist es wie ein Traum. Dann stand sie auf, wechselte die Teller und ging in die Speisekammer, um den Pudding zu holen. Weißt du, was es für ein Pudding war? Dir sagt es natürlich gar nichts. Es war mein Lieblingspudding — der, den sie bloß bei besonderen Anlässen macht — Wabencreme . . .

Ein Mann und sein Hund

Wenn man Mr. Potts ansah, hätte man denken können, daß da wirklich einer ging, der nichts zu lachen hatte. Er war ein kleiner, unscheinbarer Bursche mit einer schiefen Krawatte, einem Hut, der zu klein für ihn war, und einer Jacke, die zu groß war. Die braune Segeltuchmappe, die er jeden Tag zur Post und wieder zurück trug, war nicht die Aktentasche eines Geschäftsmannes. Sie sah aus wie ein Kinderschulranzen: sie wurde sogar mit einem runden Knopf verschlossen. Man konnte gern glauben, daß innen drin Krusten und ein Apfelknorz waren. Und dann war doch etwas Komisches mit seinen Stiefeln, nicht wahr? Zwischen den Schnürriemen schauten die bunten Socken hervor. Was zum Kuckuck hatte der Bursche mit den Laschen* gemacht? »Sie gebraten, meinte der Witzbold im Chesney-Bus. Der arme alte Potts! »Nein, eher noch hat er sie im Garten vergraben!« Unter den Arm hatte er einen Schirm geklemmt. Und wenn er ihn bei feuchtem Wetter aufspannte, verschwand er völlig darunter. Er existierte nicht mehr. Er war ein wandernder Regenschirm — nichts anderes —, der Regenschirm war sein Gehäuse.

Mr. Potts wohnte in einem kleinen Bungalow am Chesney Flat. Der dicke Wassertank auf der einen Außenseite ließ ihn etwas bekümmert aussehen, wie einen Bungalow mit Zahnweh. Ein Garten war nicht vorhanden. Von der Pforte bis zur Haustür war ein Pfad aus dem Grasland ausgestochen worden, und zwei unbepflanzte Beete, ein rundes und ein längliches, waren für die zukünftige vordere Rasenfläche vorgesehen. Jeden Morgen um halb neun ging Mr. Potts diesen Pfad entlang und ließ sich vom Chesney-Bus mitnehmen; jeden Abend, wenn der große Teekessel von einem Bus davonbrummte, kehrte Potts auf diesem Pfad wieder heim. Später am Abend, wenn er sich zur Pforte stahl, um endlich ein Pfeifchen zu rauchen — was er nicht in nächster Nähe seines Hauses tun durfte —, war seine Miene so demütig und

* englisch: tongue = Zunge

bescheiden, daß die großen, lustig glitzernden Sterne einander anscheinend zuzwinkerten und lachten, als sagten sie: ›Seht euch den an! Wollen ihm was an den Kopf werfen!‹
Als Potts bei der Feuerwehr die Straßenbahn verließ, um in den Chesney-Bus umzusteigen, sah er, daß etwas los war. Der Autobus war zwar da, aber der Fahrer war nicht mehr auf seinem Hochsitz: er lag halb unter dem Motor, platt auf der Nase, und der Schaffner hatte die Mütze abgenommen und saß auf dem Trittbrett, rollte sich eine Zigarette und blickte träumerisch drein. Eine kleine Gruppe von Geschäftsleuten und ein oder zwei Verkäuferinnen standen da und starrten den leeren Bus an: er wirkte ein bißchen trübselig und kläglich, wie er sich da auf eine Seite lehnte und leise zitterte, wenn der Fahrer an etwas rüttelte. Er sah aus wie jemand, der einen Unfall gehabt hat und nun zu sagen versucht: ›Faßt mich nicht an! Kommt mir nicht zu nah! Tut mir nicht weh!‹
Aber all das war so vertraut — die Autobusse verkehrten erst seit ein paar Monaten bis Chesney —, daß niemand etwas sagte oder fragte. Sie riskierten es zu warten, und zwei oder drei beschlossen sogar, zu Fuß zu gehen, da erschien Potts. Doch Potts wollte nicht laufen, wenn es nicht unbedingt nötig war. Er war müde. Er war die halbe Nacht wach gewesen, um seiner Frau die Brust einzureiben — sie hatte wieder eins ihrer geheimnisvollen Leiden —, und hatte dem verschlafenen Dienstmädchen geholfen, warme Kompressen und Wärmflaschen vorzubereiten und Tee zu machen. Das Fenster schimmerte schon blau, und die Hähne hatten zu krähen begonnen, ehe er sich endlich mit eiskalten Füßen hatte hinlegen können. Und auch das war nichts Neues.
Potts stand am Rande des Bürgersteigs, wechselte dann und wann seine braune Segeltuchmappe von der einen in die andre Hand und fing an, die letzte Nacht noch einmal nachzuerleben. Aber alles war undeutlich wie ein Schattenspiel. Er sah sich wie eine Krabbe durch den Gang in die kalte Küche gehen und zurückkehren. Auf der dunklen Kommode hatten zwei Kerzen geflackert, und als er sich über seine Frau gebeugt hatte, blitzten ihre Augen plötzlich auf, und sie

schrie: »Du hast kein Mitleid für mich übrig — kein Mitleid! Du tust es bloß, weil du mußt. Widersprich mir nicht! Ich seh's dir an, wie ungern du es tust!« Als er versucht hatte, sie zu besänftigen, war es nur noch schlimmer geworden. Es war zu einer schrecklichen Szene ausgeartet, die damit endete, daß sie sich im Bett aufrichtete und mit erhobener Hand feierlich erklärte: »Einerlei, es wird nicht mehr lange dauern!« Doch der Klang dieser Worte erschreckte sie so furchtbar, daß sie sich in die Kissen zurückfallen ließ und laut »Robert! Robert!« schluchzte. Robert war der Name des jungen Mannes, mit dem sie, bevor sie Potts kennengelernt hatte, verlobt gewesen war. Und Potts war sehr froh, als er hörte, wie sie Robert heraufbeschwor. Die Erfahrung hatte ihn gelehrt, daß damit die Krise überstanden war und daß sie sich allmählich beruhigen würde...
Potts hatte sich inzwischen umgedreht und war über den Bürgersteig zu dem Bretterzaun gegangen, der nebenherlief. Ein paar helle Gräser und schlanke, seidige Margeriten schoben sich durch den Zaun. Plötzlich sah er, wie sich eine Biene auf der einen Margerite niederließ und wie die Blüte sich verneigte und schwankte und zitterte, während die kleine Biene sich an sie klammerte und schaukelte. Und als sie wieder wegflog, flatterten die Blütenblätter, als wären sie vergnügt... Nur für einen kurzen Moment versank Potts in die Welt, wo das geschehen war. Er brachte von dort ein scheues Lächeln mit, das er mitnahm, als er zum Bus zurückkehrte. Doch jetzt waren alle fort, bis auf ein junges Mädchen, das neben dem leeren Bus stand und las.

Am Ende der Prozession kam Potts in einer Soutane einhergegangen, die viel zu groß für ihn war und wie ein Nachthemd aussah, so daß man fand, er solle nicht ein Liederbuch und ein Gebetbuch tragen, sondern eine Kerze. Seine Stimme war ein sehr hoher, klagender Tenor. Es verwunderte alle Leute. Auch ihn schien es zu verwundern. Und als er rief: »O hätt' ich Flügel, Flügel, die Flügel einer Taube!«, klang es so klagend, daß die Damen der Gemeinde Geld sammeln und ihm ein Paar Flügel kaufen wollten.

Linos Nase wackelte so betrübt, und in seinen Augen lag ein so sehnsüchtiger, schüchterner Ausdruck, daß es Mr. Potts ans Herz griff. Aber er wollte es sich natürlich nicht anmerken lassen. »Ich glaube«, sagte er streng, »du kämest besser mit nach Hause!« Und damit erhob er sich von der Bank. Auch Lino erhob sich, blieb aber stehen und hielt die eine Pfote hoch.
»Aber«, sagte Pott, drehte sich zu ihm um und sah ihm offen in die Augen, »über eins sollten wir uns lieber erst klar sein, ehe du mitkommst! Und zwar dies!« Er zeigte mit dem Finger auf Lino, der zusammenschrak, als erwartete er, erschossen zu werden. Doch er wandte seinen verwirrten, sehnsüchtigen Blick nicht von seinem Herrn ab. »Du darfst nicht mehr so tun, als wärst du ein Raufer!« sagte Potts noch strenger als vorher. »Du bist kein Raufer! Du bist ein Wachhund. Das bist du! Verstanden? Merk's dir! Die verteufelte Prahlerei kann ich nicht ausstehen! Die macht mich ganz rasend!«
In der darauffolgenden kurzen Pause, als Lino und sein Herrchen einander anstarrten, war es merkwürdig zu beobachten, eine wie starke Ähnlichkeit zwischen ihnen bestand. Dann drehte Potts sich um und ging nach Hause.
Und scheu, als stolpere er über seine eigenen Pfoten, folgte Lino der bescheidenen kleinen Gestalt seines Herrn . . .

Eine so reizende alte Dame

Warum erwachte die alte Mrs. Travers neuerdings so früh? Sie hätte gern noch mindestens drei Stunden geschlafen. Aber nein, jeden Morgen um fast genau dieselbe Zeit, um halb fünf, war sie hellwach. Denn sie erwachte — auch wieder neuerdings — stets auf die gleiche Art: mit einem leichten Zusammenzucken und einem kleinen Schreck hob sie den Kopf, flink umherblickend, als glaube sie, jemand habe sie gerufen, oder als versuche sie sich genau zu erinnern, ob das hier die gleiche Tapete und das gleiche Fenster waren, bevor Warner das Licht ausgeknipst hatte ... Dann schmiegte sich der kleine silbrige Kopf wieder tiefer ins Kissen, und für einen kurzen Moment, bis der ewige Ärger mit dem Wachliegen wieder begann, war die alte Mrs. Travers glücklich. Ihr Herz beruhigte sich, sie atmete tief, sie lächelte sogar. Doch die Flut der Finsternis war wieder einmal angeschwollen, hatte sie hochgeschwemmt und weggetragen, und wieder einmal war sie verebbt, hatte sich zurückgezogen und sie dorthin ausgespien, wo sie sie gefunden hatte: eingekerkert von der gleichen Tapete, angestarrt vom gleichen Fenster — noch sicher — noch *da!*
Jetzt erklang draußen die Kirchturmuhr, langsam, träge, matt, als gäbe sie die halbe Stunde im Schlaf an. Mrs. Travers tastete unter dem Kopfkissen nach ihrer Uhr: ja, sie zeigte die gleiche Stunde an: halb fünf. Noch dreieinhalb Stunden, bis Warner mit ihrem Tee kam! O Himmel, würde sie es aushalten können? Sie bewegte unruhig die Beine. Während sie auf das selbstgefällige, strenge Gesicht der Uhr blickte, kam es ihr so vor, als wüßte der Zeiger, vor allem der Minutenzeiger, daß sie ihn beobachtete, und deshalb zögerte er — nur ein ganz klein bißchen — absichtlich ... Sehr merkwürdig: sie war nie das Gefühl losgeworden, daß die Uhr sie haßte. Es war Henrys Uhr gewesen. Vor zwanzig Jahren, als sie neben dem Bett des armen Henry gestanden und die Uhr zum erstenmal in die Hand genommen hatte, um sie aufzuziehen, hatte sich die Uhr kalt und schwer angefühlt. Und

zwei Tage darauf, als sie einen Haken an ihrer Kreppbluse geöffnet und die Uhr hineingesteckt hatte, lag sie ihr wie ein Stein auf der Brust ... Sie hatte sich dort nie zu Hause gefühlt. Ihr Platz war eben an Henrys Rippen gewesen, wo sie tickte und zuverlässig die Zeit angab. Ihr hatte die Uhr nie getraut — genau wie *er* ihr in solchen Dingen nie getraut hatte. Und wenn sie — was selten genug vorkam — vergessen hatte, sie aufzuziehen, hatte sie eine Angst verspürt, fast wie Panik, und während sie den kleinen Schlüssel hineinsteckte, hatte sie gemurmelt: »Verzeih, Henry!«
Die alte Mrs. Travers seufzte und schob die Uhr wieder unters Kopfkissen. Ihr kam es so vor, als wäre in letzter Zeit das Gefühl, daß die Uhr sie hasse, noch unmißverständlicher geworden ... Vielleicht kam es daher, weil sie sie so oft ansah, besonders jetzt, wo sie von zu Hause fort war. Fremde Uhren gehen nie! Sie bleiben immer um zwanzig Minuten vor zwei stehen. Zwanzig Minuten vor zwei! Was für eine unangenehme Zeit, nichts Ganzes und nichts Halbes! Wenn man irgendwo hinkam, war das Mittagessen vorbei, und um eine Tasse Tee zu erwarten, dafür war es zu früh ... Aber sie durfte nicht anfangen, an Tee zu denken. Die alte Mrs. Travers richtete sich im Bett auf, hob die Arme wie ein müdes Baby und ließ sie auf die Daunendecke fallen.
Freundliches Morgenlicht füllte das Zimmer. Die große Glastür zum Balkon stand offen, und die Palme draußen warf ihren zitternden Spinnenschatten auf die Schlafzimmerwände. Obwohl ihr Hotel nicht an der Seefront lag, konnte man in dieser frühen Morgenstunde das Meer riechen und konnte es atmen hören, und hoch in Lüften, auf goldenen Flügeln, glitten Möwen vorüber. Wie friedlich der Himmel aussah, als lächelte er zärtlich! Jedoch weit weg, weit weg von dieser seidig gestreiften Tapete, dem Glastisch, dem gelben Brokatsofa nebst den Sesseln und den Spiegeln, die sie von allen Seiten widerspiegelten, auch von hinten und mit Dreiviertelansicht.
Ernestine hatte wegen des Zimmers ganz begeistert getan. »Es ist das genau richtige Zimmer für dich, Mutter! So hell und so hübsch und nicht bedrückend! Obendrein mit einem

Balkon, so daß du auch bei feuchtem Wetter deinen Stuhl draußen haben und auf die schönen Palmen schauen kannst. Und Gladys kann das kleine Zimmer nebenan haben, dadurch wird es für Warner so wunderbar *leicht*, euch beide zu betreuen... Du konntest kein hübscheres Zimmer haben, nicht wahr, Mutter? Ich bin ganz verliebt in den süßen Balkon. So nett für Gladys! Cecil und ich haben keinen Balkon...« Doch trotz alledem und trotz Ernestines Reden saß sie nie auf dem Balkon. Aus irgendeinem merkwürdigen Grund, den sie nicht erklären konnte, verabscheute sie Palmen. Häßliche ausländische Dinger nannte sie sie im Geiste. Wenn sie still waren, ließen sie trübselig die Wedel hängen und sahen so zerzaust wie riesige, liederliche Vögel aus, und wenn sie sich rührten, erinnerten sie sie immer an Spinnen. Warum sahen sie nie natürlich und friedlich und schattig aus wie englische Bäume? Warum mußten sie sich ewig winden und drehen oder mürrisch dastehen? Es quälte sie schon, an sie — oder eigentlich an alles Ausländische — auch nur zu denken...

Ehrlichkeit

— — — — — — — — — — — — — —

I.

Den Ausdruck ›Wenn du meine *ehrliche* Meinung wissen willst‹ benutzte Rupert Henderson besonders gern. Er hatte von jedem Ding unter der Sonne eine ehrliche Meinung, und sie zu äußern, war bei ihm fast zu einer Leidenschaft geworden. Archie Cullens Lieblingsausdruck war dagegen: ›Ich kann's schlechterdings nicht sagen!‹ Und das bedeutete, daß er sich noch keine feste Meinung gebildet hatte. Im Grunde hatte er sich überhaupt nie eine feste Meinung gebildet. Warum? Weil er es nicht konnte. Er war anders als andre Männer. Er war ›minus‹ etwas — oder war es ›plus‹ etwas? Einerlei. Er war nicht im mindesten stolz auf diese Tatsache. Man darf ruhig so weit gehen zu behaupten, daß es ihn manchmal schrecklich bedrückte.
Rupert und Archie wohnten zusammen. Das heißt, Archie wohnte in Ruperts Wohnung. Oh, er bezahlte seinen Anteil, die Hälfte an allem; es war eine rein geschäftliche, exakte Abmachung. Doch vielleicht kam es daher, weil Rupert Archie aufgefordert hatte; jedenfalls blieb Archie immer Ruperts Gast. Sie hatten jeder ein Schlafzimmer, ein gemeinsames Wohnzimmer und ein ziemlich großes Badezimmer, das Rupert auch als Ankleidezimmer benutzte. Am ersten Morgen nach seiner Ankunft hatte Archie seinen Schwamm im Badezimmer gelassen, und eine Sekunde drauf hatte es an seine Tür geklopft, und Rupert hatte mit freundlicher, aber entschiedener Stimme gesagt: »Dein Schwamm vermutlich?«
Am ersten Abend hatte Archie seine Tabaksdose ins Wohnzimmer mitgenommen und sie auf eine Ecke vom Kaminsims gestellt. Rupert las die Zeitung. Es war eine runde Porzellandose, die Außenseite war bemalt und aufgerauht, um einen Seeigel darzustellen. Auf dem Deckel war aus Porzellan ein Zweig Seetang mit zwei Beeren als Knopf. Archie liebte die Dose ganz übermäßig. Aber nach dem Abendessen, als Rupert seine Pfeife und seinen Tabaksbeutel hervorhol-

te, heftete er seinen Blick plötzlich auf die Dose, blies den Schnurrbart weg, ächzte und sagte mit verwunderter, fast überraschter Stimme: »Na, so etwas! Gehört die dir oder Mrs. Head?« Mrs. Head war die Hauswirtin.
»Mir!« sagte Archie und lächelte ein ganz bißchen scheu.
»*Nein, so etwas!*« sagte Rupert wieder, aber diesmal sehr bedeutungsvoll.
»Möchtest du, daß ich sie lieber...«, begann Archie und schickte sich an, aufzustehen.
»Nein, nein! Bestimmt nicht! Auf keinen Fall!« antwortete Rupert und hob sogar abwehrend die Hand. »Aber vielleicht« — und nun lächelte er Archie zu und schaute sich im Zimmer um —, »vielleicht läßt sich ein Platz für sie finden, der weniger auffallend ist.«
Doch nie wurde ein Platz dafür gefunden, und sobald Rupert nicht mehr in der Nähe war, schaffte Archie seinen einzigen persönlichen Besitz in sein Schlafzimmer.
Doch vor allem bei den Mahlzeiten war es, daß dieses Verhältnis von Besitzer und Gast besonders auffiel. So sagte Rupert zum Beispiel bei jeder Mahlzeit, sogar noch ehe sie sich setzten: »Würdest du bitte Brot schneiden, Archie?« Hätte er ihn nicht ausdrücklich darum gebeten, hätte Archie möglicherweise in einem zerstreuten Moment das Brotmesser zur Hand genommen... ein unangenehmer Gedanke! Und Archie durfte auch nie die Speisen anbieten. Sogar beim Frühstück wurden die heißen Schüsseln und der Tee ausschließlich von Rupert angeboten. Wegen des Tees hatte er sich allerdings entschuldigt: da hielt er anscheinend eine kleine Entschuldigung für angebracht.
»Mit meinem Tee bin ich ziemlich eigen«, sagte er. »Manche Leute, vor allem die Weiblichkeit, gießen zuerst Milch in die Tasse. Eine fatale Gewohnheit! Meiner Meinung nach muß die Tasse einfach *so* gefüllt und dann erst der Tee gefärbt werden. Zucker, Archie?«
»Ja, bitte«, sagte Archie und dienerte fast über den Tisch weg. Rupert war so imponierend.
»Aber dir«, sagte sein Freund, »fallen vermutlich solche Kleinigkeiten nicht auf?«

Und Archie rührte in seiner Tasse herum und antwortete unsicher: »Nein, vermutlich nicht.«
Rupert nahm Platz und faltete seine Serviette auseinander.
»Es wäre auch gar nicht im Einklang mit deinem Charakter und deiner Veranlagung«, sagte er liebenswürdig. »Nieren und Speck? Rührei? Keins von beiden? Was also?«
Der arme Archie verabscheute Rührei, aber ach, er war so gut wie überzeugt, daß auch Rühreier von ihm erwartet wurden. Diese ›psychologische Einsicht‹, wie Rupert es nannte, konnte sich im Laufe der Zeit vielleicht etwas beschwerlich auswirken. Archie war ein bißchen niedergeschlagen, als er »Bitte Rührei« murmelte. An Ruperts Miene erkannte er, daß er richtig gewählt hatte. Rupert versah ihn reichlich mit Rührei.

II.

Psychologische Einsicht ... das war es vielleicht, was ihre Freundschaft erklärte. Man hätte versucht sein können, es für einen Fall von gegenseitiger Faszination zu erklären. Während aber Archies Antwort auf eine solche Vermutung ein langsames ›Wohl mög - lich!‹ gewesen wäre, hätte Rupert sie sofort mit Hohn und Spott übergossen.
›Faszination? Das Wort ist in diesem Zusammenhang hirnverbrannt. Was auf der Welt könnte Cullen wohl an sich haben, das mich faszinierte — selbst wenn ich die Gewohnheit hätte, von meinen Mitmenschen fasziniert zu sein, und die habe ich bestimmt nicht. Ich gebe aber zu, daß er mich sehr interessiert. Ich gestehe, daß ich überzeugt bin, ihn besser zu kennen als jeder andere. Und falls du meine ehrliche Meinung wissen willst: ich bin sicher, daß mein — hm — Einfluß auf ihn — hm —, meine Sympathie für ihn — oder wie immer du es nennen willst, nur zu seinem Besten ist. Es geht um die psychologische Einsicht. Überdies finde ich ihn rein instinktiv als Mitbewohner äußerst angenehm. Er regt einen Teil meines Denkens an, der ohne ihn weniger aktiv wäre. Aber Faszination — weit gefehlt, mein Lieber, weit gefehlt!‹
Doch angenommen, man ließe sich nicht überzeugen? Ange-

nommen, man spielte noch weiter mit dieser Idee? War es nicht möglich, Rupert und Archie als Riesenschlange und Kaninchen zu sehen, die miteinander haushalten? Rupert, die schöne, gut genährte Riesenschlange, Rupert mit seinem Schnurrbart, seinem durchdringenden Blick und seiner Gewohnheit, sich vor dem Kaminfeuer hingegossen zu räkeln und, Pfeife und Tabaksbeutel in der Hand, sachte hin- und herzuwiegen? Und Archie, sanft, geduckt und scheu, in dem weniger guten Sessel, vorhanden und doch nicht vorhanden, wie er auf ein Wort hin ins Dunkel zurückschnellt, doch auf einen Blick hin wieder auftaucht—mit jähen, gänzlich unerwarteten Anfällen von Mutwillen (die sofort von der Riesenschlange erstickt werden)? Natürlich kommt etwas so Ungebildetes und Fürchterliches wie das Verschlingen des Kaninchen durch seinen Hausgenossen überhaupt nicht in Frage. Immerhin war es eine seltsame Tatsache, daß nach einem ihrer typischen Abende der eine mächtig geschwollen, leutselig und aufgekratzt — und der andre blaß, klein und abgekämpft aussah... Und wer weiß wie oft war Ruperts anschließender Kommentar—auch das bedrohlich—, während er seinen Whisky in Sodawasser ertränkte: »Es ist sehr fesselnd gewesen, Archie!« Und Archie hauchte matt: »Oh ja, *sehr!*«

III.

Archie Cullen war Journalist und Sohn eines Journalisten. Er hatte kein Privatvermögen, keine einflußreichen Beziehungen und fast keine Freunde. Sein Vater war einer von jenen schwachen, enttäuschten, nicht erfolgreichen Männern gewesen, die in ihren Söhnen eine Waffe erblicken. Durch Archie würde er über das Leben triumphieren. Archie würde ›ihnen‹ zeigen, aus was für Stoff er, sein Vater, gemacht war. Wartet nur, bis mein Sohn kommt und es euch zeigt! Das war zwar für Mr. Cullen *père* sehr tröstlich, doch ein furchtbar schäbiger Spaß für den armen Archie. Schon als zweiundeinhalbjähriges Baby mußte er sich dauernd abschinden, und sogar sonntags hatte er keine Ruhe. Sein Vater nahm ihn auf Spaziergänge mit und wandte sie nutzbringend an: Archie mußte Ladenschilder lesen oder die im Hafen segelnden Jachten zählen, durch vier dividieren und das Ergebnis mit drei multiplizieren.

Aber das Experiment war ein verblüffender Erfolg. Archie kehrte den Freuden des Lebens den Rücken und hielt sich die Ohren zu, verschränkte die Beine, saß mit seinem Buch über den Tisch gebeugt — und wenn die Ferien kamen, mochte er sie nicht; sie machten ihn unsicher; daher las er weiter für sich allein. Er war ein Musterknabe. An den Preisverleihungstagen begleitete ihn sein Vater zur Schule und trug den großen Packen schwerer Bücher für ihn nach Hause, wo er sie auf den Eßtisch warf und mit triumphierendem Lächeln besichtigte. Meine Preise! Das kleine Opferlamm starrte durch seine Brille, wie andre kleine Jungen auf den Pudding starren. Natürlich hätte er zu diesem Zeitpunkt von einer liebevollen Mutter gerettet werden sollen, die, obwohl selbst eingeschüchtert, für ihren Sohn auf die ...

Susannah

— — — — — — — — — — —

Natürlich wäre es nie in Frage gekommen, daß sie zur Schaustellung gingen, wenn Vater die Karten nicht geschenkt bekommen hätte. Kleine Mädchen können nicht erwarten, mit kostspieligen Genüssen verwöhnt zu werden, wo doch ihr lieber, freigebiger Vater — allein um sie zu ernähren, ihnen Kleider zu kaufen und ihr Schulgeld und das Haus zu bezahlen, in dem sie wohnten — tagtäglich den ganzen Tag von morgens bis abends schwer arbeiten mußte — ›ausgenommen samstagnachmittags und sonntags!‹, sagte Susannah.
»Susannah!« Ihre Mutter war entsetzt. »Weißt du auch, was deinem armen Vater zustoßen würde, wenn er am Samstagnachmittag und am Sonntag keinen Ruhetag hätte?«
»Nein«, erwiderte sie. Sie sah sehr interessiert aus. »Was denn?«
»Er würde sterben«, sagte ihre Mutter mit Nachdruck.
»Wirklich?« sagte Susannah und riß die Augen auf. Sie schien verwundert, und Sylvia und Phyllis, die vier und fünf Jahre älter als sie waren, bestätigten es mit ›Natürlich!‹ in einem sehr überlegenen Ton. Was für eine kleine Gans sie doch war, das nicht zu wissen! Sie taten so überzeugt und vergnügt, daß ihre Mutter etwas unsicher wurde und sich beeilte, das Thema zu wechseln ...
»Und deshalb«, sagte sie etwas undeutlich, »muß jede von euch sich bei Vater bedanken, bevor ihr hingeht.«
»Und dann gibt er uns das Geld?« fragte Phyllis.
»Dann werde ich ihn um soviel bitten, wie notwendig ist«, sagte die Mutter mit Festigkeit in der Stimme. Plötzlich seufzte sie und stand auf. »Lauft jetzt, Kinder, und bittet Miss Wade, euch anzuziehen und sich selbst fertigzumachen und dann ins Eßzimmer hinunterzukommen! Und du, Susannah, daß du mir Miss Wades Hand nicht losläßt — vom Augenblick an, wo ihr durchs Tor geht, bis ihr wieder draußen seid!«
»Aber — wenn ich nun auf ein Pferd steige?« fragte Susannah.
»Auf ein Pferd? Unsinn, Kind! Du bist viel zu klein, um auf

ein Pferd zu steigen! Nur große Jungen und Mädchen können reiten.«
»Für kleine Kinder gibt es Gockelhähne«, sagte Susannah unerschrocken. »Ich weiß es, weil Irene Heywood auf einem geritten ist, und beim Absteigen ist sie runtergefallen!«
»Ein Grund mehr, daß du es nicht tust«, sagte ihre Mutter. Aber Susannah sah aus, als hätte das Hinfallen für sie keine Schrecken — im Gegenteil!
Doch von der Schaustellung wußten Sylvia und Phyllis genausowenig wie Susannah. Es war die erste Schaustellung, die je in das Städtchen gekommen war. Eines Morgens, als Miss Wade — Mutters Stütze — sie zu den Heywoods gebracht hatte, in deren Gouvernante sie sich teilten, hatten sie gesehen, wie Rollwagen, hochbeladen mit großen, langen Latten und Säcken und weißen Fahnenstangen und Brettern, die wie ganze Türen aussahen, durch die weiten Tore des Sportplatzes zogen. Und als es Zeit war, daß sie zum Abendessen heimbefördert wurden, ragte bereits der Anfang eines hohen, von Fahnenstangen unterbrochenen Lattenzauns ringsherum über das Geländer. Dahinter stieg ein schrecklicher Lärm auf, ein Gehämmer und Geschrei und Geklirr, und eine kleine, nicht sichtbare Lokomotive machte *tschock-tschock-tschock! Tschock!* Und runde Rauchbällchen wurden wie Wollknäuel über den Lattenzaun emporgeschleudert. Zuerst war es noch der Tag nach dem Tag nach morgen, und dann einfach übermorgen, dann morgen, und endlich war der Tag da! Als Susannah am Morgen aufwachte, war auf der Wand ein kleiner, goldener Sonnenfleck, der Susannah beobachtete und aussah, als wäre er schon lange dort gewesen und warte nur darauf, sie zu erinnern: ›Heute ist es - heute geht ihr — heute nachmittag!‹

(Zweite Fassung)
Am Nachmittag war ihnen erlaubt worden, Wasserkrüge und Waschbecken aus einem Versandkatalog auszuschneiden, und als die Teestunde da war, bekamen sie richtigen Tee in dem kleinen Puppenteeservice. Das machte ihnen wirklich viel Spaß, nur wollte die Puppenteekanne nicht gießen, auch

nicht, nachdem sie mit einer Nadel in die Tülle gestochert und hineingeblasen hatten.

Und am nächsten Nachmittag, es war ein Samstag, kam Vater in bester Laune nach Hause. Die Haustür knallte so laut zu, daß das ganze Haus wackelte, und schon vom Flur aus rief er Mutter herbei.

»Oh, wie furchtbar lieb von dir, Schatz«, rief Mutter, »aber wie unnötig! Natürlich werden sie begeistert sein! Aber soviel Geld dafür auszugeben! Das hättest du nicht tun sollen, du lieber Daddy! Sie hatten es ja schon ganz vergessen. Und was ist das? Zweieinhalb Shilling?« staunte Mutter. »Nein, zwei Shilling«, verbesserte sie sich rasch, »zwei Shilling, die sie ausgeben dürfen! — Kinder! Kinder! Kommt schnell nach unten!«

Sie kamen heruntergesprungen, Phyllis und Sylvia vorneweg, und Susannah ihnen auf den Fersen. »Wißt ihr, was Vater getan hat?« Und Mutter hielt die Hand hoch. Was hielt sie in der Hand? Drei kirschrote und eine grüne Karte. »Er hat euch Eintrittskarten gekauft! Ihr dürft in den Zirkus gehen, jawohl, heute nachmittag, ihr alle drei mit Miss Wade. Was sagt ihr dazu?«

Phyllis und Sylvia flogen auf und davon, aber Susannah stand noch immer am Fuß der Treppe und ließ den Kopf hängen.

»Geh jetzt!« sagte Mutter. Und Vater fragte heftig: »Was zum Teufel ist los mit dem Kind?«

Susannahs Gesicht zitterte: »Ich möchte nicht gehen«, flüsterte sie.

»Was? Du willst nicht zur Budenschau gehen? Nachdem Vater — du unartiges, undankbares Kind! Entweder du gehst zur Budenschau, Susannah, oder du wirst sofort ins Bett gesteckt!«

Susannahs Kopf sank tiefer und tiefer. Ihr ganzes Körperchen krümmte sich von Kopf bis Fuß. Sie sah aus, als wollte sie sich vor ihrem lieben, freigebigen Vater bis auf den Fußboden bücken und ihn um Verzeihung bitten ...

Zweite Geige

Es ist ein kalter, windiger Februarmorgen; frostig aussehende Wolken eilen über den bleichen Himmel, und auf der Straße werden verfrorene Schneeglöckchen zum Verkauf angeboten. Die Leute, die vorbeihuschen, wirken klein und zusammengeschrumpft, sie wirken verängstigt, als versuchten sie, sich in ihren Mänteln vor etwas Großem, Brutalem zu verbergen. Die Ladentüren sind geschlossen, die Markisen sind heruntergerollt, und die Polizisten an den Kreuzungen sind Zinnsoldaten. Riesige leere Lastwagen rumpeln mit hohlem Geklapper vorbei, und die Luft ist erfüllt von einem Geruch nach Ruß und nassen Steintreppen — ein naßkalter, schmutziger Geruch ist es ...
Miss Bray schleudert ihr kleines Halstuch wieder über die Schulter, umklammert ihre Geige und stürmt weiter — zur Orchesterprobe. Sie spürt ihre kalten Hände, ihre kalte Nase und ihre noch kälteren Füße. Ihre Zehen kann sie überhaupt nicht spüren. Ihre Füße sind einfach kleine Kälteklumpen aus einem einzigen Stück, wie die Füße von Porzellanpuppen. Winter ist für magere Leute eine schreckliche Jahreszeit, schrecklich! Warum muß er sie so verfolgen, sich an sie heften, sie so plagen? Warum nicht mal zur Abwechslung einen Happen, einen Bissen bei den Dicken holen, die es gar nicht merken würden? Aber nein! Der wohlgenährte, warme, katzenhafte Sommer — der macht den Dicken das Leben schwer! Der Winter ist auf Knochen erpicht ...
Wie eine Nadel bahnt sich Miss Bray ihren Weg, hinein in die Menge und hinaus und weiter, an nichts als die Kälte denkend. Sie war gerade aus ihrer Küche gekommen, die morgens schön gemütlich war, wenn für ihr Frühstück die Gasflamme brannte und das Fenster geschlossen war. Sie hatte gerade drei Tassen wirklich kochend heißen Tees getrunken. Der hätte sie doch bestimmt wärmen müssen. In den Büchern liest man immer von Leuten, die schon nach einer Tasse durchwärmt und gestärkt ihrer Wege gehen. Und sie hatte drei getrunken! Wie sie ihren Tee liebte! Sie liebte

ihn immer mehr! Wenn sie umrührte, blickte sie in die Tasse; ein zärtliches kleines Lächeln umspielte ihre Lippen, und sie hauchte leise: »Wie ich meinen Tee liebe!«
Doch trotzdem wärmte er sie nicht — trotz aller Bücher nicht! Kalt! Kalt! Und als sie jetzt um die Ecke bog, atmete sie einen so großen Schluck feuchter, kalter Luft ein, daß ihr die Tränen in die Augen stiegen. *Yi-yi-yi!* kläffte ein kleiner Hund; er sah aus, als wäre er verletzt worden. Sie hatte keine Zeit, sich umzuschauen, aber das helle, scharfe Kläffen besänftigte sie und war sogar ein Trost. Genau den gleichen Laut hätte auch sie ausstoßen können.
Und da war die Akademie. Miss Bray drückte mit all ihrer Kraft gegen die harte, schlechtgelaunte Tür, quetschte sich hindurch und betrat die Eingangshalle mit den bleichen Bekanntmachungen und Konzertprogrammen, stolperte die verstaubte Treppe hinauf und schließlich den Flur zur Garderobe entlang. Durch die offene Tür wehten ihr ein derartig schrilles, lautes Lachen und so helle, langweilige Stimmen entgegen, daß es sich anhörte, als wäre drinnen ein Schauspiel im Gange. Sie konnte sich nur schwer vorstellen, daß jemand ohne einen bestimmten Zweck derartig lachte und sprach. »Verzeihung — Pardon — tut mir leid«, sagte Miss Bray, drängte sich hinein und sah sich rasch in dem trüben kleinen Zimmer um. Ihre beiden Freundinnen waren noch nicht gekommen.
Die erste Geige war da; ein verträumtes Mädchen mit breitem Gesicht lehnte sich an ihr Cello; zwei Bratschen saßen auf einer Bank und beugten sich über ein Notenheft; und die Harfe, eine kleine graue Person, die nur gelegentlich kam, lehnte sich gegen eine Bank und suchte die Tasche ihres Unterrocks.

»Ich habe zweimal eine Sequenz, Schätzchen«, sagte Ma, »und zwei Königinnen, macht acht, und einen für den Trumpfbuben, macht neun!«
Mit einem gräßlich hohlen Ächzen krümmte Alexander seinen kleinen Finger und markierte neun für Ma. Und »Halt! Halt!« rief sie, und ihre flinken, kurzen kleinen Hände er-

gatterten die andern Karten. »Mein Crib, junger Mann!«
Sie breitete sie aus, lehnte sich zurück, zupfte an ihrem Schal
und legte den Kopf auf die Seite. »Hm, nicht so schlecht!
Eine Sequenz von Vieren und ein Paar!«
»Betrogen! Betrogen!« stöhnte Alexander und beugte den
Kopf über das Markierbrett. »Und das von einer Frau!« Er
seufzte tief, mischte die Karten und sagte zu Ma: »Heb ab,
mein Herz!«
Obwohl er natürlich wie all die jungen Profiherren nur
scherzte, als er ›mein Herz‹ sagte, war doch etwas im Klang
seiner Stimme, das Ma durch und durch ging. Ihre Lippen
zitterten, als sie abhob, und als sie die langen, schlanken Finger beim Austeilen beobachtete, war ihr ganz beklommen.
Ma und Alexander spielten im Hause Bolton Street Nummer neun in der Souterrainküche Cribbage. Es war spät, bald
elf, und ein Sonntagabend – schlimm! Sie saßen am Küchentisch, der mit einem Tuch aus abgenutztem Kunststoff bedeckt war, auf dem sich alte Kleckse von Kerzentalg breitmachten. Auf der einen Ecke standen drei Gläser mit drei
Löffeln, eine Untertasse mit Würfelzucker und eine Flasche
Gin. Im Herd war noch Feuer, und der Deckel des Teekessels hatte gerade angefangen, sich vorsichtig und verstohlen
zu heben, als steckte jemand drin, der hinausspähen und wieder wegschlüpfen wollte. Auf dem Roßhaarsofa an der Wand
nah bei der Tür lag der Besitzer des dritten Glases: er schlief
und schnarchte leise. Er sah verlassen und rührend aus – vielleicht, weil er ihnen den Rücken zugekehrt hatte oder weil
seine Füße aus dem kurzen Mantel hervorschauten, mit dem
er zugedeckt war; auch das lange, blonde Haar, das über seinen Kragen fiel, sah verlassen und rührend aus.
»Ja, ja«, seufzte Ma, warf zwei Karten hin und ordnete die
andern zu einem Fächer, »so ist das Leben! Als ich euch heute
früh abschwirren sah, hätt' ich mir nicht träumen lassen, daß
wir heute abend zusammen Karten spielen würden.«
»Die Tücke des Geschicks«, murmelte Alexander. Im Grunde
war es aber kein Spaß. Infolge irgendeines teuflischen Mißgeschicks hatten er und Rinaldo am Morgen den Zug verpaßt,
mit dem die ganze Truppe reiste. Das war schon schlimm

genug. Doch da es ein Sonntag war, gab es bis Mitternacht keinen anderen Zug, und da sie am Montag um zehn Generalprobe hatten, bedeutete es, entweder den nehmen oder die ›Rote Rübe‹ bekommen, wie es die Truppe nannte. Großer Gott, was für ein Tag es gewesen war! Sie hatten das Gepäck auf dem Bahnhof gelassen und waren zu Ma und zu Alexanders muffigem Schlafzimmer zurückgekehrt, wo das Bett nicht gemacht war und das schmutzige Wasser herumstand. Rinaldo hatte den ganzen Tag damit zugebracht, beinebaumelnd auf der Bettkante zu sitzen, Asche auf den Fußboden fallen zu lassen und zu sagen: »Möchte mal wissen, weshalb wir den Zug verpaßt haben! Komisch, daß wir den verpaßt haben! Sicher fragen sich auch die andern, weshalb wir den verpaßt haben!« Und Alexander hatte am Fenster gestanden und in den kleinen Garten gestarrt, der so rußverdreckt war, daß auch die magere alte Katze, die drin herumscharrte, sich zu ekeln schien. Erst nachdem Mas Sonntagsgäste endgültig weggegangen waren . . .

Mr. und Mrs. Williams

I.

In jenem Winter überraschten Mr. und Mrs. Williams, wohnhaft ›The Rowans‹, *Wickenham*, Surrey, ihre Bekannten mit der Nachricht, daß sie drei Wochen in der Schweiz verbringen wollten. In der Schweiz! Wie schrecklich unternehmungslustig und aufregend! Die Nachricht versetzte die Wickenhamer Familien in die hellste Aufregung. Ehemänner, die am Abend aus der City nach Hause kamen, wurden sofort damit begrüßt: »Schatz, hast du schon das Neueste von den Williams gehört?«
»Nein — was ist denn jetzt los?«
»Sie fahren in die Schweiz!«
»In die Schweiz? Was zum Kuckuck wollen sie denn da?«
Natürlich war die Frage nur eine Folge des Überraschungsmoments. Selbstverständlich wußte man genau, warum man in die Schweiz fuhr. Doch in Wickenham hatte sich noch nie jemand um diese Jahreszeit so weit von Zuhause fortgewagt. Es wurde nicht für ›notwendig‹ erachtet — wie etwa Golf, Bridge, Sommerferien am Meer, ein Konto bei Harrods' und ein kleines Auto, sobald man sich's leisten konnte, für notwendig erachtet wurden ...
»Aber wird nicht schon die nötige Ausrüstung sehr viel kosten?«, fragte die stämmige alte Mrs. Prean, als sie Mrs. Williams rein zufällig bei ihrem netten, zuvorkommenden Kaufmann traf. Dabei wischte sie sich die Krümel einer Probe-Käse-Waffel von ihrem breiten Busen.
»Oh, wir kaufen unser *Kit* erst drüben«, sagte Mrs. Williams.
Kit war ein bei den Wickenhamer Damen sehr beliebter Ausdruck, natürlich ein Überbleibsel aus dem Krieg, zusammen mit ›Hun‹, ›Boche‹ und ›Bolshy‹. Allerdings war ›Bolshy‹ ein Nachkriegserzeugnis. Aber es gehörte zur gleichen Gefühlslage. (›Denken Sie, meine Liebe, unser Dienstmädchen ist eine echte kleine Hunnin, und die Köchin wird leider im-

mer mehr Bolschi!‹) Von diesen Wörtern ging ein Zauber aus. Benutzte man sie, dann war es, als öffnete man sein Rot-Kreuz-Schränkchen und blickte auf die Überreste an Verbandszeug, Leibbinden und Büchsen mit Insektenpulver und so weiter. Man war aufgescheucht, man erschauderte leise, wie es einen beim Hören einer fernen Musikkapelle durchrieselt. Es erinnerte einen an die aufregenden, geschäftigen und natürlich sorgenvollen, aber doch gewaltigen Tage, als ganz Wickenham eine einzige Familie war. Und obwohl der Ehemann abwesend war, hatte man ja als Ersatz drei große Photographien von ihm in Uniform: eine in silbernem Rahmen auf dem Nachttisch, eine in den Regimentsfarben auf dem Klavier und eine im Lederrahmen, passend zu den Eßzimmerstühlen.

»Cook hat uns dringend geraten, nichts hier zu kaufen«, fuhr Mrs. Williams fort.

»Cook? Ihre Köchin?« rief Mrs. Prean mächtig erstaunt. »Was kann die denn...«

»Ach so — Thomas Cook natürlich, das Reisebüro«, sagte Mrs. Williams und lächelte gescheit. Mrs. Prean beruhigte sich.

»Aber was die Kleidung betrifft, werden Sie sich doch sicher nicht in einem kleinen Schweizer Dorf ausstatten lassen?« fragte sie, beharrlich und wie immer äußerst interessiert für anderer Leute Angelegenheiten.

»O nein, bestimmt nicht!« Mrs. Williams war ganz entsetzt. »Was wir an Kleidung benötigen, werden wir alles in London bei Harrods' kaufen!«

Das war's, was Mrs. Prean hatte hören wollen. Denn so gehörte es sich.

»Der Geheimtip, meine Liebe« (sie verfügte stets über Geheimtips), »der Geheimtip« — und dabei legte sie ihre Hand auf Mrs. Williams' Arm und sprach deutlich hörbar: »...man muß reichlich langärmelige Hemdhosen kaufen!«

»Besten Dank, Madam!«

Beide Damen fuhren herum. Neben ihnen stand Mr. Wick, der nette Kaufmann, und hielt Mrs. Preans Päckchen an der Schlaufe des roten Bindfadens in die Höhe. Himmel — wie

peinlich! Er mußte es... Er konnte doch unmöglich... In der Aufregung des Augenblicks sah Mrs. Prean, bedeutsam nickend, zu Mrs. Williams auf, nahm das Päckchen entgegen und sagte, die Entgleisung taktvoll vertuschend: »Das erkläre ich nämlich stets meinem lieben Sohn!« Doch für Mrs. Williams war das etwas zu fein ausgetüftelt.
Sie war weiterhin verlegen, und als sie Sardinen verlangen wollte, konnte sie es noch in der letzten Minute verhindern, ›Bitte drei Paar Langärmelige, Mr. Wick!‹ zu sagen, statt ›Drei große Büchsen, bitte!‹

II.

Eigentlich war es der glückliche Hinschied von Mrs. Williams' Tante Aggie gewesen, der den Reiseplan ermöglicht hatte. Ein glücklicher Hinschied war es ja! Nachdem sie in ihrem Rollstuhl fünfzehn Jahre lang in dem kleinen Haus in Ealing ein- und ausgefahren war, durfte sie zu guter Letzt, um den Ausdruck ihrer Pflegerin zu benutzen, ›glücklich hinübergleiten‹. Hinübergleiten — das klang gerade so, als hätte Tante Aggie ihren Rollstuhl mitgenommen. Man sah sie in ihrem lächerlichen violetten Samtkleid aufmerksam zwischen den Sternen herumkutschieren und hörte sie, wenn die Räder über einen besonders großen Stern tuckerten, leise wimmern, wie das ihre irdische Gewohnheit gewesen war. Tante Aggie hatte ihrer Nichte Gwendolen zweihundertfünfzig Pfund hinterlassen. Keineswegs eine Riesensumme, aber doch eine recht nette Überraschung. In der überschwenglichen Stimmung, die nur Frauen kennen, beschloß Gwendolen sofort, alles auszugeben — einen Teil auf das Haus zu verwenden und den Rest, um Gerald etwas Gutes anzutun. Und da der Brief des Anwalts zufällig zur Teestunde und gleichzeitig mit einer Nummer des *Sphere* eintraf, die voll bezaubernder, aufregender Bilder von Feriengästen in Mürren und St. Moritz und Montana war, schien die Frage gelöst.
»Du würdest doch gern mal in die Schweiz fahren, nicht wahr, Gerald?«
»Sehr gern!«

»Im Eislauf und so weiter bist du doch sehr gut, nicht wahr?«
»Ziemlich.«
»Du findest doch auch, daß man so was mal getan haben muß, nicht wahr?«
»Wie meinst du das?« Aber Gwendolen lachte nur. Sie wußte, daß er im innersten Herzen genauso scharf drauf war wie sie. Aber es grauste ihm — wie allen Männern — davor, seine Gefühle zu zeigen. Gwendolen verstand ihn vollkommen und hätte ihn nicht um die Welt anders gewünscht.
»Ich werde sofort an Cook's schreiben und ihnen erklären, daß wir nicht in einen sehr eleganten Kurort gehen wollen, auch nicht in so einen riesigen Kasten mit Jazzmusik. Mir ist ein kleiner, versteckter Ort lieber, wo wir wirklich ernsthaft Wintersport betreiben können.« Es entsprach zwar nicht der Wahrheit, aber wie so viele von Gwendolens Behauptungen war es gesagt worden, um Gerald eine Freude zu machen. »Bist du nicht meiner Ansicht?«
Statt einer Antwort zündete sich Gerald seine Pfeife an.
Wie man wohl schon begriffen hat, lauteten die Vornamen von Mr. und Mrs. Williams Gerald und Gwendolen. Wie gut das zusammenpaßte! Es klang so verehelicht! Gwendolen—Gerald! Gwendolen schrieb die Namen in Klammern auf Fetzen ihres Löschpapiers, auf die Rückseite alter Umschläge und auf den Warenhauskatalog. Sie sahen verehelicht aus. Als sie auf der Hochzeitsreise waren, hatte Gerald einen phantastisch guten Witz darüber gemacht. Eines Morgens hatte er gefragt: »Sag mal, ist es dir schon aufgefallen, daß unsre Namen beide mit G anfangen: Gwendolen—Gerald. Du bist ein G«, er hatte mit dem Rasierpinsel auf sie gezeigt, da er sich gerade rasierte, »und ich bin ein G. Zwei Gs. Ge-ge. Verstehst du?«
Oh, Gwendolen begriff es sofort. Es war wirklich äußerst witzig. Ganz glänzend. Und so — süß und überraschend, daß er daran gedacht hatte. Ge-ge. Ja, sehr gut! Sie wünschte, sie hätte es den Leuten erzählen können. Sie hatte das Gefühl, daß manche Leute von Gerald glaubten, er hätte keinen Sinn für Humor. Aber es war ein bißchen zu intim. Doch gerade deshalb um so köstlicher.

»Schatz, ist es dir in dieser Minute eingefallen? Ich meine — hast du's dir gerade eben ausgedacht?«
Gerald rieb sich mit dem Finger etwas Schaum weg und nickte. »Es ist mir durch den Kopf geflogen, als ich mir das Gesicht eingeseift habe«, sagte er ernst. »Es ist komisch« — und er tauchte das Rasiermesser in den Topf mit dem heißen Wasser —, »ich hab's auch sonst schon bemerkt: beim Rasieren kommen mir gute Ideen!«
Das stimmte tatsächlich, dachte Gwendolen ...

Ein schwaches Herz

Obwohl es die ganze Zeit hindurch erklang, obwohl es manchmal schon morgens um halb sieben und manchmal noch nachts um halb elf ertönte, war es doch vor allem im Frühling und wenn Bengels Veilchenbeete gleich hinter der Gartenpforte in violetter Blüte stand, daß das Klavier die Vorübergehenden nicht nur zum Verstummen zwang — nein, sie verlangsamten den Schritt, hielten inne und blickten plötzlich hoch — ernst, sogar streng, falls es Männer waren, und verträumt, sogar traurig, falls es Frauen waren.
Im Frühling war die Tarana Street wunderschön; nicht ein einziges Haus, das nicht seinen Garten und Bäume und einen Grasplatz hatte, der groß genug war, ›der Rasen‹ genannt zu werden. Wenn man vorüberging, konnte man über die niedrigen, hellgestrichenen Zäune hinweg feststellen, wessen Narzissen ›draußen‹ waren, wessen Schneeglöckchenbeet verblüht war und wer die dicksten Hyazinthen hatte — diese rosa und weißen, von einer Farbe wie Kokosnußeis. Doch keiner hatte Veilchen, die im Frühling so üppig blühten und dufteten wie die von Bengels. Dufteten sie wirklich so gut? Oder schloß man nur die Augen und lehnte sich wegen Edie Bengels Klavierspiel über den Zaun?
Ein Windstoß spielt in den Blättern — wie eine fröhliche Hand, die sich die schönsten Blüten sucht; und das Klavier klingt heiter und zärtlich und lacht. Jetzt fliegt eine Wolke wie ein Schwan über die Sonne, und die Veilchen scheinen kalt wie Wasser, und ein jäher, fragender Schrei entringt sich Edie Bengels Klavier.
... Ach, wenn das Leben so schnell vergehen muß, weshalb ist dann der Duft dieser Blumen so süß? Was für einen Sinn hat diese Sehnsucht, diese süße Unruhe — diese himmelstürmende Freude? Leb wohl! Behüt dich Gott! Die jungen Bienen liegen halb wach auf dem schlanken Löwenzahn, silbrig schimmern die rotbetupften, spitzigen Blütenblätter der Gänseblümchen! Das frische Gras zittert im Licht. Alles beginnt wieder, wundervoll wie eh und je, himmlisch schön.

›Laß mich bleiben! Laß mich bleiben!‹ fleht Edie Bengels Klavier.
Dann ist es Nachmittag, sonnig und still. Vorne sind die Sonnenmarkisen heruntergezogen, damit die Teppiche nicht ausbleichen, aber im oberen Stock sind die Jalousiestäbe aufgestellt, und im goldenen Licht tastet die kleine Mrs. Bengel nach der viereckigen Haubenschachtel unter dem Bett. Sie ist rot geworden. Sie ist scheu und aufgeregt wie ein junges Mädchen. Und jetzt schiebt sie das Seidenpapier auseinander und hebt ihre beste Kapotte, die mit einem Schmetterling aus Jett verziert ist und zuoberst liegt, feierlich heraus und schüttelt sie auf.
Sie duckt sich vor dem Spiegel und probiert sie mit zitternden Fingern auf. Sie zieht sich den Umhang um die schlanken Schultern und nimmt ihre Handtasche, und ehe sie das Schlafzimmer verläßt, kniet sie einen Augenblick nieder und bittet Gott für ihren Ausgang um seinen Segen. Und während sie dort zitternd kniet, ist sie fast selber wie ein Schmetterling, dessen Flügel vor Gott erzittern. Als die Tür geöffnet wird, dringen die Klänge des Klaviers fast erschreckend durch das stille Haus — so kühn, so trotzig, so rücksichtslos rollen die Töne unter Edies Fingern hervor. Und nur für einen kurzen Augenblick überfällt Mrs. Bengel ein Gedanke — und ist wieder fort —, daß ein Fremder bei Edie im Wohnzimmer ist, jedoch ein Phantasiegeschöpf aus einem Buch — ein Schurke. Es ist ganz widersinnig. Sie huscht durch den Flur, drückt die Türklinke herunter und steht vor ihrer erhitzten Tochter. Edies Hände sinken von den Tasten. Sie klemmt sie zwischen ihre Knie, ihr Kopf ist gesenkt, ihre Locken fallen nach vorn. Dann blickt sie ihre Mutter mit blanken Augen an. Es ist etwas Schmerzliches in dem Blick, etwas sehr Seltsames. Edie hat nach dem Gedächtnis gespielt; es ist, als ob die Luft noch vibriert.
»Ich gehe jetzt, Liebes«, sagte Mrs. Bengel leise — so leise, daß es wie ein Seufzen ist.
»Ja, Mutter«, antwortete Edie.
»Ich glaube nicht, daß ich lange bleibe.«
Mrs. Bengel zögert noch. Wie gern würde sie ein mitfühlen-

des, verständnisvolles Wort hören — selbst von Edie —, um ihr für ihren Weg Mut zu machen.
Doch Edie murmelt: »In einer halben Stunde setze ich den Teekessel auf.«
»Ja, tu das, Liebes!«
Sogar daran will sich Mrs. Bengel klammern. Ein nervöses kleines Lächeln fliegt über ihre Lippen. »Dann werde ich meinen Tee wohl nötig haben.«
Aber darauf erwidert Edie nichts; sie zieht die Brauen zusammen, streckt die eine Hand aus, schraubt rasch einen der beiden Klavierleuchter ab, nimmt den roten Porzellanring weg und schraubt alles wieder fest. Der Ring hatte gerasselt. Als die Haustür leise hinter ihrer Mutter ins Schloß fällt, scheinen Edie und das Klavier wieder tief in die dunklen Gewässer zu tauchen, in Wogen, die unerbittlich über beide hinwegfluten. Sie spielt verzweifelt weiter, bis ihre Nase weiß geworden ist und ihr Herz hämmert. Das ist ihre Art, die Angst zu überwinden, und ihre Art zu beten. Würde man sie aufnehmen? Würde man ihr erlauben, hinzugehen? War es möglich, daß sie innerhalb von einer Woche eine von Miss Farmers Schülerinnen ist, ein blaurotes Hutband trägt und die breite Treppe hinaufläuft, die zu dem großen grauen Haus führt, in dem es immer summt und klingt, wenn man vorübergeht? Ihr Kirchenstuhl war gegenüber von Miss Farmers Schülerinnen. Würde sie endlich die Namen der Mädchen erfahren, die sie so oft angeschaut hat? Die hübsche Blasse mit den roten Haaren, die Dunkelhaarige mit der Ponyfrisur, die Blondine, die während der Predigt Miss Farmers Hand hielt? . . . Aber schließlich . . .

Es war Edies vierzehnter Geburtstag. Ihr Vater schenkte ihr eine silberne Brosche mit einem Takt, zwei Viertelnoten, zwei Achtelnoten und einer halben Note, denen ein sehr verschnörkelter Violinschlüssel vorausgeht. Ihre Mutter schenkte ihr blauseidene Handschuhe und zwei Schachteln für Handschuhe und Taschentücher: die Handschuhschachtel war handgemalt mit einem Zweig goldener Rosen, die das große H festhalten, und die Taschentuchschachtel mit einem wundervoll lebenswahren Schmetterling, der über dem großen T flattert. Von den Tanten in ...

An der Ecke Tarana Street und May Street stand ein Baum. Er wuchs so nah am Bürgersteig, daß die schweren Zweige sich darüber hinwegreckten, und dort war der Weg immer mit feinen Ästchen übersät.

Doch in der Dämmerstunde traten die herumschlendernden Liebespärchen in seinen Schatten, als wäre er ein Zelt, und einerlei, wie lange sie bereits zusammen gewesen waren, dort begrüßten sie einander wieder mit langen Küssen, mit Umarmungen, die eine süße Qual waren, qualvoll zu ertragen, qualvoll zu beenden.

Edie erfuhr nie, daß Roddie den Baum liebte, Roddie erfuhr nie, daß er Edie etwas bedeutete.

Roddie, geschniegelt und gestriegelt, ließ sein neues Fahrrad die Holzstufen hinunterbumsen und schob es durch die Gartenpforte. Er hatte eine kleine Fahrt vor, und als er zum Baum aufsah, der dunkel in die Abendglut ragte, meinte er, daß der Baum ihn beobachte. Da wollte er Wunderdinge verrichten, ihn verblüffen und in Schrecken und Erstaunen versetzen.

Roddie war für den Anlaß von Kopf bis Fuß neu ausgestattet: mit einem schwarzen Sergeanzug, einer schwarzen Krawatte und einem Strohhut, der so weiß war, daß er fast silbern wirkte, einem blendend weißen Strohhut mit einem schwarzen Band. Eine dicke Schnur, die am Hut befestigt war und ihn vor dem Davonfliegen schützte, erinnerte etwas an eine Angelschnur, und die kleine Klammer an der Krempe war wie die Anglerfliege ... Er stand am Grab, breitbeinig, die Hände lose gefaltet, und beobachtete, wie Edie ins Grab hinuntergelassen wurde — beobachtete es, wie ein halb erwachsener Junge alles beobachtet: einen Mann bei der Arbeit, einen Fahrradunfall oder einen Burschen, der das Rad

seines Federwagens säubert —, doch plötzlich, als die Männer zurücktraten, zuckte er heftig zusammen und drehte sich um, murmelte seinem Vater etwas zu und sauste davon — so schnell, daß die Leute förmlich entsetzt aussahen, hetzte durch den Friedhof und die Allee mit den tropfnassen Lehmböschungen entlang und in die Tanara Street und Hals über Kopf nach Hause. Sein Anzug war sehr eng und warm. Es war wie ein Traum. Er hatte den Kopf gesenkt und die Fäuste geballt, er konnte nicht aufblicken — nichts hätte ihn zwingen können, höher als die Gartenzäune zu schauen. Was dachte er nur, als er so dahinraste? Weiter, immer weiter, bis er die Gartenpforte erreicht hatte, die Holzstufen hinauf, zur Haustür hinein, durch den Flur und hinauf in den Salon.
»Edie!« rief Roddie. »Edie, liebste Edie!«
Und er stieß einen leisen, seltsam heiseren Schrei aus und rief »Edie!« und starrte auf Edies Klavier hinüber.
Und kalt und ernst, wie eingefroren, starrte das Klavier Roddie düster an. Dann antwortete es, jedoch in seinem eigenen Namen, im Namen des Hauses und des Veilchenbeetes, im Namen des Gartens und des Samtbaums an der Ecke der May Street, im Namen von allem, was herrlich war: »Hier ist niemand, der so heißt, junger Mann!«

Verwitwet

Als sie am nächsten Morgen zum Frühstück hinuntergingen, waren sie völlig sie selber. Rosig, frisch und von der kalten Luft, die zu den Schlafzimmerfenstern hereinwehte, gerade so weit abgekühlt, daß sie sich auf den heißen Kaffee freuten. »Bissig kalt!« Das war Geraldines Bezeichnung für das Wetter gewesen, als sie mit rosig gewaschenen Fingern ihren goldgelben Morgenrock zuknöpfte. »Findest du es nicht auch ausgesprochen bissig kalt?« Und ihre Stimme klang so sachlich und so natürlich, als wären sie schon seit Jahren verheiratet.
Er hatte seine Haare vor dem kleinen runden Spiegel mit zwei Bürsten gescheitelt (von einer zuschauenden Frau als erstaunliche Leistung empfunden) und — mit gleichzeitigem, leichtem Zusammenschlagen der Bürsten — erwidert: »Liebste, hast du dir genug angezogen?« —, und auch seine Stimme klang so, als kenne er aus jahrelanger Erfahrung ihre Gewohnheit, sich unten drunter nur mit Chiffonfähnchen und zwei seidenen Schleifen zu bekleiden ... Dann liefen sie zum Frühstück hinunter, lachten zusammen und jagten dem schüchternen Zimmermädchen einen furchtbaren Schreck ein, weil sie, nach einer Beratung mit der Köchin, gerade beschlossen hatte, so lange unsichtbar zu bleiben, bis man nach ihr läutete.
»Guten Morgen, Nellie! Ich glaube, wir brauchen mehr Toast als das hier!« lächelte Geraldine und beugte sich über den Frühstückstisch.
Sie überlegte: »Bitte sagen Sie der Köchin, sie möchte uns noch vier Scheiben machen!«
Das Zimmermädchen fand es wunderbar. Und während sie die Tür schloß, hörte sie, wie die Stimme sagte: »Ich hasse es so, wenn man nicht genug Toast hat — du auch?«
Er stand am sonnigen Fenster. Geraldine ging zu ihm hinüber. Sie legte ihre Hand auf seinen Arm und drückte ihn ein wenig. Wie gut es tat, diesen rauhen Männertweed wieder zu spüren! Oh, wie gut! Sie rieb mit der Hand drüber-

hin, berührte den Tweed mit der Wange und atmete schnuppernd den Geruch ein.
Das Fenster blickte auf die Blumenbeete, eine Wildnis aus Herbstastern, späten, schwer niederhängenden Dahlien und struppigen kleinen Astern. Dann kam der mit gelben Blättern übersäte Rasen, und dahinter ein breiter Weg und eine Reihe golden flatternder Bäume. Ein alter Gärtner in wollenen Fäustlingen fegte den Weg und kehrte die Blätter zu einem ordentlichen kleinen Haufen zusammen. Jetzt klemmte er den Besen unter den Arm, fummelte in seiner Jackentasche herum und holte Zündhölzer heraus, und nachdem er eine kleine Höhlung im Laub gemacht hatte, zündete er es an. Aus den trockenen Blättern hob sich ein herrlich blauer Rauch in die Luft, und der Laubhaufen brannte so still und gesittet, daß es ein Vergnügen war, zuzuschauen. Der alte Gärtner stapfte von dannen und kehrte mit einer Hand voll dürrer Zweige zurück. Er schleuderte sie aufs Laub und trat beiseite, und kleine Flammen begannen hochzuflackern.
»Ich finde«, sagte Geraldine, »daß es nichts Hübscheres gibt als ein wirklich gutes Feuerchen!«
»Ja, es ist lustig«, murmelte er, und sie gingen ins Zimmer zurück, um ihr erstes Frühstück einzunehmen.
Vor etwas mehr als einem Jahr — vor dreizehn Monaten, um genau zu sein — hatte sie vor dem Eßzimmerfenster des kleinen Hauses in der Sloane Street gestanden. Es blickte über die eingezäunten Gärten. Das Frühstück war beendet, abgeräumt und vorbei... sie hatte ein dickes Bündel Briefe in der Hand, die sie gemütlich am Feuer beantworten wollte. Doch bevor sie sich niederließ, hatten die Herbstsonne und die Morgenfrische sie ans Fenster gelockt. Was für ein idealer Morgen für die Rennbahn! Jimmie war reiten gegangen.
»Leb wohl, Liebster!«
»Leb wohl, Gerry-Schatz!«, und dann, flink und fest, der Morgenkuß. Er sah so schmuck aus in seinem Reitanzug. Während sie am Fenster stand, sah sie ihn im Geiste... reiten. Ihre Phantasie war nicht gerade bedeutend. Doch es war Nebel, und die Hufe polterten, und Jimmies Schnurrbart

war feucht. Vom Garten drang das Quietschen einer Schubkarre herauf. Ein alter Mann mit einer Fuhre Laub kam in Sicht, ein Besen lag quer darüber. Er blieb stehen und begann zu fegen. ›Was für riesige Schwertliliengruppen in den Londoner Gärten gedeihen‹, sinnierte Geraldine. ›Warum wohl?‹ Und jetzt hob sich der Rauch eines tüchtigen Feuers in die Luft. ›Es gibt nichts Hübscheres‹, dachte sie, ›als ein wirklich gutes Feuerchen!‹
Genau in diesem Augenblick läutete das Telefon. Geraldine setzte sich an Jimmies Schreibtisch, um das Telefon abzunehmen. Es war Major Hunter.
»Guten Morgen, Major Hunter! Sie sind sehr früh auf den Beinen!«
»Guten Morgen, Mrs. Howard. Ja, stimmt.« (Geraldines Gesicht verzog sich erstaunt. Wie seltsam seine Stimme klang!) »Mrs. Howard, ich komme jetzt...zu Ihnen...und ich nehme ein Taxi... Bitte gehen Sie nicht aus! Und...und...« Die Stimme stammelte: »Bitte l-lassen Sie die Dienstboten nicht aus dem Haus!«
»*Wie* — bitte?« Obwohl das Ganze ja sonderbar genug war, waren seine letzten Worte dermaßen sonderbar, daß Geraldine nicht glauben konnte, was sie gehört hatte. Aber er war nicht mehr da. Er hatte aufgelegt. Was zum Kuckuck... und sie legte den Hörer hin, nahm einen Bleistift und zeichnete, was sie stets zeichnete, wenn sie vor einer Schreibtischunterlage saß: die Rückansicht einer kleinen Katze einschließlich Schnurrbart und Schwanz. Geraldine mußte diese Katze wohl viele hundertmal gezeichnet haben, überall in der Welt, in Hotels, in Klubs, am Schreibtisch auf Dampfern und beim Warten in der Bank. Die kleine Katze war ihr Kennzeichen, ihr Namenszug. Sie hatte sie einem kleinen Mädchen in der Schule nachgemacht, weil sie sie ganz wunderhübsch fand. Und nie hatte sie irgend etwas anderes versucht. Sie konnte nämlich... nicht gut zeichnen. Und diese Katze hier hatte sie mit einem besonders festen Strich gezeichnet, und sogar der Schnurrbart sah erstaunt aus.
›Nicht die Dienstboten aus dem Haus lassen!‹ Etwas dermaßen Sonderbares hatte sie noch nie im Leben gehört. Sie

mußte sich verhört haben. Geraldine konnte sich ein belustigtes kleines Kichern nicht verkneifen. Und warum mußte er ihr mitteilen, daß er ein Taxi nahm? Und warum — ja, das vor allem — mußte er sie in dieser frühen Morgenstunde aufsuchen?

Dann kam ihr eine Erleuchtung, und sie erinnerte sich, wie erpicht Major Hunter auf alte Möbel war. Sie hatten sich darüber unterhalten, als sie das letztemal im Carlton zu Mittag gegessen hatten. Und zu Jimmie hatte er etwas über Jakobinische oder Queen-Anne-Möbel gesagt, irgend so etwas, Geraldine verstand nichts von diesen Dingen. Ob er möglicherweise das Ding herbrachte? Aber natürlich! Das mußte es sein! Und das erklärte auch die Bemerkung wegen der Dienstboten. Er wollte sich von ihnen helfen lassen, das Ding ins Haus zu schaffen. Wie lästig! Geraldine hoffte nur, daß es zu ihren eigenen Sachen paßte. Und im Grunde fand sie, daß Major Hunter doch allerhand als selbstverständlich voraussetzte, wenn er ohne ein vorbereitendes Wort mit einem Ding von solcher Größe in dieser frühen Morgenstunde erschien. So gut kannten sie ihn schließlich auch nicht! Und warum machte er so ein Geheimnis daraus? Geraldine verabscheute Geheimnisse! Doch sie hatte gehört, daß ihm seit der Geschichte an der Somme sein Kopf manchmal recht übel mitspielte. Vielleicht war es einer von seinen schlechten Tagen. In dem Falle war es schade, daß Jimmie noch nicht zurück war. Sie läutete. Mullins erschien.

»Oh, Mullins, in ein paar Minuten wird Major Hunter kommen. Er bringt einen ziemlich schweren Gegenstand. Vielleicht braucht er Ihre Hilfe. Und die Köchin soll sich auch lieber bereit halten.«

Geraldines Verhalten zu ihren Dienstboten war stets etwas überlegen. Sie genoß es, gebieterisch aufzutreten. Immerhin, Mullins sah erstaunt aus. Sie schien einen Augenblick zu zaudern, ehe sie ging. Es ärgerte Geraldine gewaltig. Was mußte sie so erstaunt tun? Was konnte einleuchtender sein, dachte sie und setzte sich mit ihrem Briefbündel hin, und das Feuer und die Uhr und ihre Schreibfeder begannen zusammen zu wispern.

Da kam das Taxi — und machte gehörigen Lärm vor der Haustür! Sie glaubte auch die widersprechende Stimme des Fahrers zu hören. Bis sie die Schreibmappe geschlossen und sich aus dem niedrigen Sessel erhoben hatte, dauerte es ziemlich lange. Die Glocke läutete. Sie ging sofort an die Eßzimmertür.

Und dort war Major Hunter im Reitanzug und kam rasch auf sie zugegangen, und hinter ihm sah sie durch die offene Tür am Fuß der Treppe einen großen grauen Gegenstand. Es war eine Tragbahre.

»Ein Unfall!« rief Geraldine durchdringend.

»Mrs. Howard!« Major Hunter stürzte vor, streckte ihr seine eiskalte Hand entgegen und umklammerte Geraldines Hand. »Bitte seien Sie tapfer, ja?« flehte er.

Natürlich würde sie tapfer sein.

»Ist es ernst?«

Major Hunter nickte düster.

Er sagte nur ein Wort: »Ja!«

»Sehr ernst?«

Jetzt hob er den Kopf. Er blickte ihr voll ins Gesicht. Es war ihr vorher nie zu Bewußtsein gekommen, daß er ein außerordentlich hübscher Mann war — wenn auch von einer etwas theatralischen Art. »Es könnte nicht schlimmer sein, Mrs. Howard«, sagte Major Hunter kurz. »Aber — gehen Sie dort hinein!« bat er hastig und stieß sie fast in ihr eigenes Zimmer. »Wir müssen ihn hereinbringen — wo können wir —?«

»Kann er hinaufgebracht werden?« fragte Geraldine.

»Ja, ja, natürlich!« Major Hunter blickte sie so sonderbar an — so schmerzbewegt.

»In sein Ankleidezimmer vielleicht«, schlug Geraldine vor. »Es ist im ersten Stock. Ich werde vorangehen!« Sie legte ihre Hand auf den Arm des Majors. »Sorgen Sie sich nicht, Major Hunter«, sagte sie. »Ich denke nicht daran, zusammenzubrechen«, und sie lächelte tatsächlich — ein zuversichtliches, strahlendes Lächeln war es.

Zu ihrer Verblüffung wandte Major Hunter sich ab und stieß hervor: »Oh, mein Gott! Es tut mir so leid!«

Der arme Mann! Er war ja ganz überwältigt. Nachher einen Kognak, dachte Geraldine. Natürlich nicht gleich.
Es war ein schmerzlicher Augenblick, als sie die gleichmäßigen, behutsamen Schritte im Flur hörte. Doch Geraldine, die begriff, daß jetzt nicht der richtige Augenblick war, sich umzudrehen, verzichtete darauf — es hätte auch nichts genützt.
»Hier entlang, Major Hunter!« Sie hüpfte voraus, die Treppe hinauf und über den Gang; sie stieß die Tür zu Jimmies Ankleidezimmer, dem heiteren, lebendigen, atmenden Ankleidezimmer, auf und trat beiseite, um Major Hunter und den beiden Trägern Platz zu machen. Erst dann begriff sie, daß es eine Kopfwunde sein müsse — eine Verletzung am Kopf. Denn von Jimmie war nichts zu sehen — das Tuch war bis hoch übers Gesicht gezogen...

v. *ETWAS KINDLICHES,
   ABER SEHR NATÜRLICHES*

Rosabels Müdigkeit

An der Ecke Oxford Circus kaufte sich Rosabel einen Veilchenstrauß, und der war eigentlich schuld daran, daß sie sich nur eine klägliche Abendmahlzeit leisten konnte — denn ein Brötchen, ein gekochtes Ei und eine Tasse Kakao bei Lyons' sind nach einem langen Arbeitstag in einem Hutgeschäft keineswegs ausreichend. Während sie sich auf das Trittbrett vom Atlasbus schwang, mit der einen Hand ihren Rock hochraffte und sich mit der andern an die Stange klammerte, dachte Rosabel, wie freudig sie ihre Seele für ein gutes Abendessen hingegeben hätte — für etwas Heißes und Kräftiges und Sättigendes wie Entenbraten mit Kastanienfüllung und grünen Erbsen und Pudding mit Brandybutter. Sie setzte sich neben ein offensichtlich gleichaltriges Mädchen, das in einer billigen Taschenbuchausgabe *Anna Lombard* las; der Regen hatte die Seiten mit Tränen bespritzt. Rosabel schaute aus dem Fenster; die Straße draußen schien verwischt und dunstig, aber das auf die Scheiben fallende Licht verwandelte, was glanzlos war, in opalfarbenes und silbernes Glitzern, und die Juweliergeschäfte in wahre Feenschlösser. Rosabels Füße waren greulich naß, und sie wußte, daß ihr Rock und Unterrock am Saum mit schwarzem, klebrigem Schmutz besudelt waren. Der ganze Bus roch widerlich nach warmer Menschheit, ausgedünstet von jedermann, und jedermann zeigte den gleichen Ausdruck, saß still da und starrte vor sich hin. Wievielmal hatte sie nicht schon die Anzeigen gelesen: ›Sapolio spart Zeit und Arbeit‹ — und ›Heinz-Tomatensoße‹ — und das törichte, ärgerliche Zwiegespräch zwischen Arzt und Richter über die großartigen Vorzüge von ›Lamploughs Influenzamittel‹! Sie warf einen Blick auf das Buch, in dem das Mädchen so aufmerksam las, wobei der Mund die Worte formte und jedesmal vor dem Umblättern den Daumen und den Zeigefinger anleckte — eine Manier, die Rosabel verabscheute. Sie konnte den Text nicht sehr gut erkennen — es hatte etwas mit einer warmen, wollüstigen Nacht und einer Musikkapelle und einem Mädchen mit schönen weißen Schultern zu tun. Lieber Himmel! Rosabel mußte plötzlich ihre beiden obersten Mantelknöpfe öffnen — ihr war zum Ersticken zumute. Vor ihren halbgeschlossenen Augen schien sich die ganze Gesichterreihe ihr gegenüber in ein einziges, dumm starrendes Gesicht aufzulösen ...

Und dann war ihre Haltestelle da. Beim Aufstehen schwankte sie ein wenig und taumelte gegen das neben ihr sitzende Mädchen.

»Verzeihung!« sagte Rosabel, aber das Mädchen blickte überhaupt nicht auf. Sie lächelte beim Lesen, wie Rosabel bemerkte.

Westbourne Grove sah so aus, wie sie sich immer Venedig bei Nacht vorgestellt hatte, geheimnisvoll und dunkel, sogar die Droschken wie auf- und abtanzende Gondeln, Flammenzungen, die nasse Straße beleckend, wie zaubrische Fische im Canale Grande. Als sie Richmond Road erreicht hatte, war sie schrecklich froh, aber von der Straßenecke an, und bis sie zur Nummer 26 kam, mußte sie an die vier Treppen denken. Oh, warum vier Treppen! Es war wirklich gemein, den Leuten zuzumuten, daß sie so hoch oben wohnten! Jedes Haus sollte einen Lift haben, etwas Einfaches, Billiges, oder sonst eine Rolltreppe wie die in Earl's Court — aber vier Treppen! Als sie im Hausflur stand und vor sich die erste Treppe und auf dem Treppenabsatz den ausgestopften Albatroskopf sah, der im Licht der kleinen Gasflamme gespenstig flimmerte, hätte sie fast geweint. Aber sie mußte es auf sich nehmen: es glich sehr dem Bergaufradeln auf eine steile Anhöhe, nur hatte man nicht die Genugtuung, auf der andern Seite bergab zu sausen ...

Endlich hatte sie es bis zu ihrem Zimmer geschafft! Sie schloß die Tür, zündete das Gas an, legte Hut und Mantel und Rock und Bluse ab, holte ihren alten Flanellmorgenrock vom Haken hinter der Tür, zog ihn an und schnürte sich die Stiefel auf, wobei sie feststellte, daß die Strümpfe nicht naß genug waren, um gewechselt zu werden. Sie ging zum Waschtisch. Der Krug war heute wieder nicht gefüllt worden. Es war nur soviel Wasser drin, um den Schwamm vollzusau-

gen, und da die Emaille vom Waschbecken abplatzte, zerkratzte sie sich wieder das Kinn — schon zum zweitenmal!
Es war erst sieben Uhr. Wenn sie die Markise hochzog und die Gasflamme abstellte, war es viel ausruhsamer — und lesen mochte sie nicht. Sie kniete sich also auf den Fußboden und stützte die Arme aufs Fensterbrett — nur eine dünne Glasscheibe war nun zwischen ihr und der großen, nassen Welt draußen!
Sie dachte an alles, was im Laufe des Tages geschehen war. Nie würde sie die gräßliche Frau im grauen Regenmantel vergessen, die eine garnierte Autokappe verlangt hatte, ›etwas Violettes, mit ein bißchen Rosa auf den Seiten‹, oder das Mädchen, das jeden Hut im Laden aufprobiert und dann gesagt hatte, sie würde ›morgen vorbeikommen und sich endgültig entscheiden‹. Rosabel verzog die Mundwinkel: es war eine zu fadenscheinige Ausrede ...
Aber dann die andere — ein Mädchen mit herrlichen roten Haaren und weißer Haut und Augen vom gleichen Grün wie das grüne, mit Gold durchwebte Band, das sie vorige Woche aus Paris bekommen hatten. Rosabel hatte ihr elektrisches Coupé vor der Tür gesehen; ein Herr hatte sie begleitet, noch ziemlich jung und sehr gut angezogen.
»Was brauche ich eigentlich genau, Harry?« hatte sie gefragt, als Rosabel die Nadeln aus ihrem Hut zog, den Schleier abknüpfte und ihr einen Handspiegel gab.
»Du mußt einen schwarzen Hut haben«, hatte er erwidert, »einen schwarzen Hut mit einer Feder, die ringsherum und auch noch um den Hals geht und unter dem Kinn mit einer Schleife zugebunden wird, deren Enden in deinen Gürtel gesteckt werden — also eine gehörig lange Feder!«
Das Mädchen blickte Rosabel lachend an: »Führen Sie derartige Hüte?«
Es war sehr schwierig gewesen, sie zufriedenzustellen; Harry verlangte Unmögliches, und Rosabel war der Verzweiflung nahe gewesen. Dann war ihr die große, noch nicht angerührte Schachtel im ersten Stock eingefallen.
»Oh, einen Augenblick, Madam«, hatte sie gesagt. »Ich kann Ihnen, glaube ich, etwas zeigen, was Ihnen bestimmt gefallen

wird!« Atemlos war sie hinaufgerannt und hatte die Schnur durchgeschnitten und das Seidenpapier fortgeschleudert — ja, da war er, der richtige Hut: ziemlich groß, weich, mit einer langen, gebogenen Feder und einer schwarzen Samtrose—nichts weiter. Beide waren entzückt. Das Mädchen hatte ihn aufgesetzt und ihn dann Rosabel gegeben.

»Zeigen Sie mal, wie er an Ihnen aussieht!« sagte sie sehr ernst und runzelte die Stirn.

Rosabel stellte sich vor den Spiegel, setzte den Hut auf ihre braunen Haare und drehte sich zu ihnen um.

»Oh, Harry, ist er nicht hinreißend?« rief das Mädchen; »den muß ich haben!« Sie lächelte Rosabel wieder an. »Er steht Ihnen ausgezeichnet!«

Rosabel wurde von einem jähen, lächerlichen Zorn gepackt. Am liebsten hätte sie dem Mädchen das schöne, vergängliche Gebilde ins Gesicht geworfen; sie wurde rot und beugte sich über den Hut.

»Innen ist er wunderbar ausgearbeitet, Madam«, sagte sie. Das Mädchen rauschte zum Wagen hinaus und überließ es Harry, die Rechnung zu begleichen und ihr die Schachtel zu bringen.

»Ich fahre gleich nach Hause und setze ihn auf, ehe ich mit dir zum Lunch gehe«, hörte Rosabel sie sagen.

Als Rosabel die Rechnung ausstellte, neigte sich der Herr über sie, und als er ihr das Geld in die Hand zählte, fragte er sie: »Schon mal gemalt worden?«

»Nein«, antwortete Rosabel schroff, denn sie hörte sehr wohl den raschen Wechsel in seiner Stimme und den leichten Anklang an Dreistigkeit und Vertraulichkeit.

»Oh — das sollten Sie aber!« sagte Harry. »Sie haben eine verdammt hübsche, zierliche Figur!«

Rosabel war nicht darauf eingegangen, nicht die Spur! Aber wie hübsch er doch gewesen war! Sie hatte den ganzen Tag an niemand anders gedacht; sein Gesicht bezauberte sie; alles sah sie deutlich vor sich: die feinen, geraden Augenbrauen, die aus der Stirn gestrichenen Haare, die nur die leiseste Andeutung einer Welle aufwiesen, und den lachenden, geringschätzigen Mund. Sie sah wieder die schlanken Hände,

die ihr das Geld in die Hand zählten ... Rosabel schob sich plötzlich das Haar aus dem Gesicht, ihre Stirn war heiß ... wenn diese schlanken Hände doch einen Augenblick auf ... Das Mädchen war ein Glückspilz!
Angenommen, sie tauschten die Rollen! Rosabel würde mit ihm nach Hause fahren — natürlich waren sie verliebt, jedoch nicht verlobt, aber beinah, und sie würde sagen: ›Bin gleich wieder unten!‹ Er würde solange im Wagen warten, während die Kammerzofe die Hutschachtel trug und Rosabel nach oben folgte. Dann das große, in Weiß und Rosa gehaltene Schlafzimmer, und überall Rosen in mattsilbernen Vasen. Sie würde sich vor den Spiegel setzen, und die kleine französische Zofe würde ihr den Hut feststecken und einen dünnen, zarten Schleier bringen, auch noch ein frisches Paar weißer Wildlederhandschuhe, denn von denen, die sie am Vormittag getragen hatte, war ein Knopf abgesprungen. Sie hatte Parfüm über ihren Pelz, die Handschuhe und das Taschentuch gesprüht und einen großen Muff genommen und war hinuntergelaufen. Der Butler öffnete ihr die Tür, Harry wartete, und sie fuhren zusammen weg... So sah das wahre Leben aus, dachte Rosabel. Auf der Fahrt zum Carlton hielten sie bei Gerrard, Harry kaufte ganze Sträuße Parmaveilchen und füllte ihr die Hände.
›Oh, wie süß sie sind!‹ rief sie und hielt sie sich ans Gesicht.
›So solltest du immer sein‹, sagte Harry, ›immer die Hände voller Veilchen!‹
(Rosabel merkte, daß ihre Knie steif wurden; sie setzte sich auf den Fußboden und lehnte den Kopf an die Wand.) Oh, was für ein Lunch! Ein mit Blumen bedeckter Tisch; hinter einer Palmengruppe versteckt die Musikkapelle, Melodien spielend, die ihr Blut wie Wein berauschten, und dann Suppe und Austern und Tauben und Kartoffelpüree und Champagner natürlich, und hinterher Kaffee und Zigaretten. Sie würde sich über den Tisch beugen, mit ihrem Glas spielen und mit dem betörenden Frohsinn plaudern, den Harry so liebte. Danach eine Matinee, etwas, das sie beide fesselte, und dann Tee im Cottage.
›Zucker? Milch? Sahne?‹ Die anheimelnden kleinen Fragen

schienen eine fröhliche Vertrautheit zu verraten. Und dann in der Dämmerung nach Hause, und der Duft der Parmaveilchen durchtränkte die Luft mit ihrem Wohlgeruch.
›Um neun hole ich dich ab‹, sagte er, als sie sich trennten. In ihrem Boudoir war das Kaminfeuer angezündet worden, die Vorhänge waren zugezogen, ein großer Stoß Briefe wartete auf sie — Einladungen in die Oper, zu Abendessen und Bällen, ein Wochenende auf dem Fluß, eine Autotour —, sie überflog sie gleichgültig, während sie hinaufging, um sich umzukleiden. Auch in ihrem Schlafzimmer brannte Feuer im Kamin, ihr schönes, glitzerndes Kleid lag ausgebreitet auf dem Bett: weißer Tüll über Silberbrokat, dazu silberne Schuhe, ein silberner Schal und ein kleiner silberner Fächer. Rosabel wußte, daß sie am Abend beim Ball die begehrteste Frau sein würde; die Herren schmeichelten ihr, und ein ausländischer Prinz wünschte diesem englischen Wunder vorgestellt zu werden. Ja, es war eine wollüstige Nacht, eine Musikkapelle spielte, und ihre schönen weißen Schultern... Doch sie wurde sehr müde. Harry brachte sie nach Hause und kam für einen kurzen Moment mit ihr in den Salon. Das Feuer war ausgegangen, aber im Boudoir wartete die schläfrige Zofe auf sie. Rosabel nahm ihren Umhang ab, entließ die Zofe und trat an den Kamin, wo sie sich die Handschuhe abstreifte. Der Flammenschein spielte über ihre Haare, und Harry eilte durchs Zimmer und nahm sie in die Arme — ›Rosabel, Rosabel, Rosabel...‹ Oh, welche Zuflucht in seinen Armen — und sie war sehr müde!
(Die wirkliche Rosabel — das auf dem Boden kauernde Mädchen — lachte hellauf und fuhr mit der Hand über ihren heißen Mund.)
Natürlich ritten sie am nächsten Morgen durch den Park, die Verlobung war im *Court Circular* bekanntgegeben worden, alle Welt wußte es, alle Welt gratulierte ihr...
Bald danach wurden sie in der St.-Georgs-Kirche am Hanover Square getraut und fuhren für die Flitterwochen zu Harrys angestammten Besitztümern; die Bauern im Dorf knicksten, als sie an ihnen vorbeifuhren; unter den Falten der Reisedecke drückte er ihre Hände... Und am Abend trug

sie wieder ihr silberweißes Kleid. Die Reise hatte sie ermüdet, und sie gingen hinauf und zu Bett ... ziemlich früh.
Die wirkliche Rosabel erhob sich, zog sich langsam aus und legte ihre Sachen ordentlich über die Stuhllehne. Sie zog sich das grobe Baumwollhemd über den Kopf und nahm die Nadeln aus dem Haar: weich und warm umhüllte sie die braune Haarflut. Dann blies sie die Kerze aus und tastete sich ins Bett, zerrte die Wolldecken und die schmuddlige Steppdecke mit dem Waffelmuster bis an den Hals hinauf und schmiegte sich wohlig ins Dunkel ...
So schlief und träumte sie und lächelte im Schlaf, und einmal streckte sie den Arm aus, um, noch immer träumend, etwas zu ertasten, das nicht da war.
Und die Nacht verging. Dann umschlossen die kalten Finger der Dämmerung ihre nicht zugedeckte Hand; graues Licht sickerte in das öde Zimmer. Rosabel schauderte zusammen, schnappte ein bißchen erschrocken nach Luft und richtete sich auf. Und da ihr Erbe jener tragische Optimismus war, der allzuoft das einzige Erbrecht der Jugend bildet, lächelte sie, noch halb im Schlaf, mit einem leicht nervösen Zittern um den Mund.

Wie Pearl Button gekidnappt wurde
— — — — — — — — — — — — — —

Pearl Button schwang sich auf dem kleinen Gartentor des
›Buchsbaumhauses‹ hin und her. Es war am frühen Nachmittag — ein sonniger Tag mit kleinen, sich haschenden Lüftchen. Sie wehten Pearl Button den Volant an ihrer Schürze in den Mund, und sie wehten den Straßenstaub über das ganze Buchsbaumhaus. Pearl sah es mit an — es war wie eine Wolke: etwa so, wie wenn ihre Mutter Pfeffer auf den Fisch streuen wollte und der Deckel der Pfefferbüchse abfiel. Ganz allein schwang sie auf dem kleinen Gartentor hin und her und sang sich ein kleines Lied. Zwei große Frauen kamen die Straße einher. Die eine trug ein rotes Kleid, die andre war gelb und grün gekleidet. Um den Kopf hatten sie sich rote Tücher gebunden, und jede hatte am Arm einen Bastkorb mit Farnkraut. Sie trugen weder Strümpfe noch Schuhe, und weil sie so dick waren, kamen sie nur langsam einher und schwatzten miteinander und lachten immerzu. Pearl hörte auf zu schwingen, und als sie sie erblickten, blieben sie stehen. Sie schauten und schauten, und dann sprachen sie miteinander und schwenkten die Arme und klatschten in die Hände. Pearl mußte lachen.
Die beiden Frauen kamen auf sie zu, hielten sich dicht an der Hecke und spähten ängstlich zum Buchsbaumhaus hinüber.
»Hallo, kleines Mädchen!« sagte die eine.
Pearl antwortete: »Hallo!«
»Bist du so ganz allein?«
Pearl nickte.
»Wo ist deine Mutter?«
»In der Küche — sie muß bügeln, weil's Dienstag ist!«
Die Frauen lächelten ihr zu, und Pearl lächelte auch. »Oh«, rief sie, »was Sie für weiße Zähne haben! Lachen Sie noch mal!«
Die beiden dunkelhäutigen Frauen lachten, und wieder unterhielten sie sich in einer komischen Sprache und schwenkten die Hände. »Wie heißt du?« fragten sie sie.
»Pearl Button.«

»Willst du mitkommen, Pearl Button?« flüsterte die eine Frau. »Wir haben schöne Sachen, die zeigen wir dir!« Pearl stieg also vom Gartentor herunter und trat auf die Straße. Sie ging zwischen den beiden dunkelhäutigen Frauen die zugige Straße entlang und mußte kleine Hopser einschalten, um mit ihnen Schritt zu halten. Sie war neugierig, was sie wohl in *ihrem* Buchsbaumhaus haben mochten.
Es war ein weiter Weg. »Bist du müde?« fragte die eine Frau und beugte sich über Pearl. Pearl schüttelte den Kopf. Sie gingen noch viel weiter. »Du bist ja nicht müde, nicht wahr?« fragte die andere Frau. Und Pearl schüttelte den Kopf, doch gleichzeitig stürzten ihr die Tränen aus den Augen, und ihre Lippen zitterten. Die eine Frau gab der andern ihren Bastkorb mit Farnkraut, nahm Pearl Button auf den Arm und ging weiter, Pearl Buttons Kopf an ihrer Schulter, während die staubigen Beinchen herunterbaumelten. Die Frau war weicher als ein Bett und roch so gut — so gut, daß Pearl ihren Kopf an sie schmiegte und immerzu den guten Geruch einatmen wollte ...
In einer Bretterbude mit vielen andern Leuten, die alle die gleiche dunkle Haut hatten, wurde Pearl auf die Beinchen gestellt — und all diese Leute drängten sich um sie und staunten sie an, nickten und lachten und verdrehten die Augen. Die Frau, die Pearl Button getragen hatte, öffnete die Haarschleife des kleinen Mädchens und breitete ihre Locken aus. Da stießen die andern Frauen laute Rufe aus und drängten sich ganz nah heran, und manche fuhren mit dem Finger durch Pearls blonde Haare, aber sehr sachte, und eine von ihnen, eine junge Frau, hob Pearls Haare auf und küßte sie auf ihren kleinen weißen Nacken. Pearl war eingeschüchtert, aber gleichzeitig glücklich. Auch Männer standen herum; sie rauchten und hatten sich Decken und Schals aus Federn um die Schultern gelegt. Der eine machte ein ulkiges Gesicht und holte einen großen dicken Pfirsich aus der Tasche, legte ihn auf den Fußboden und schnippte ihn mit den Fingern weg, als wär's eine Murmel. Er rollte geradewegs auf Pearl zu. Pearl hob ihn auf. »Darf ich ihn essen?« fragte sie. Darüber mußten alle lachen und in die Hände klatschen, und der

Mann mit dem ulkigen Gesicht schnitt wieder eine Fratze und holte eine Birne aus der Tasche und ließ sie über den Fußboden hüpfen. Pearl lachte. Die Frauen setzten sich auf den Boden, und Pearl setzte sich auch hin. Der Fußboden war sehr staubig. Sorgfältig hob sie ihre Schürze und ihr Kleid auf und setzte sich auf den Unterrock, denn man hatte ihr beigebracht, sich so hinzusetzen, wenn es irgendwo schmutzig war. Sie aß das Obst, und der Saft rann ihr vorne übers Kleid.
»Oh«, sagte sie sehr erschrocken zu einer der Frauen, »ich habe mich mit dem Saft bekleckert!«
»Das macht gar nichts!« erwiderte die Frau und tätschelte ihr die Wange. Ein Mann mit einer langen Peitsche in der Hand trat ins Zimmer. Er schrie etwas. Lachend und schreiend standen sie alle auf und hüllten sich in Tücher und Decken und Federschals. Pearl wurde wieder getragen, diesmal zu einem großen Wagen, und dort nahm eine ihrer beiden Frauen sie auf den Schoß, und daneben saß der Kutscher. Es war ein grüner Wagen mit einem roten und einem schwarzen Pony davor. Er fuhr sehr schnell zur Stadt hinaus. Der Kutscher war aufgestanden und schwenkte die Peitsche um seinen Kopf. Pearl spähte über die Schulter ihrer Frau. Hinter ihnen waren noch mehr Wagen — es war wie ein Festzug. Sie winkte ihnen zu. Dann waren sie auf dem Lande. Zuerst kamen Felder mit niedrigem Gras und Schafen und kleinen Büschen mit weißen Blumen und Gestrüpp mit rosa Heckenrosen — dann hohe Bäume zu beiden Seiten der Straße, und nichts zu sehen außer den hohen Bäumen. Pearl versuchte hindurchzuschauen, aber es war ganz dunkel. Die Vögel sangen. Sie kuschelte sich tiefer in den breiten Frauenschoß. Die Frau war so warm wie eine Katze, und wenn sie atmete, hob und senkte sich alles, als ob sie gleich schnurren wollte. Pearl spielte mit einem grünen Schmuck, der ihr am Hals hing, und die Frau nahm die kleine Hand und küßte jeden Finger einzeln, und dann drehte sie die Hand um und küßte die Grübchen.
Noch nie war Pearl so glücklich gewesen. Zuoberst auf einem hohen Hügel hielten sie.

Der Kutscher drehte sich zu Pearl um und sagte: »Da! Da!« und zeigte mit seiner Peitsche.
Unten am Fuß des Hügels war etwas völlig anderes: ein riesengroßes blaues Wasser kroch über die Erde. Pearl schrie und klammerte sich an die dicke Frau. »Was ist das? Was ist das?«
»Ach«, sagte die Frau, »das ist doch das Meer!«
»Will es uns weh tun – kommt es her?«
»Ai-e, nein, es kommt nicht her! Es ist sehr schön! Schau ruhig hin!«
Pearl machte die Augen wieder auf. »Kommt es auch ganz bestimmt nicht her?« fragte sie.
»Ai-e, nein! Es bleibt, wo es ist«, sagte die dicke Frau. Wellen mit weißen Mützen kamen über das Blau gehüpft. Pearl sah, wie sie sich auf einem langen Streifen Land überkugelten, der ganz mit Gartenwegmuscheln bedeckt war. Sie fuhren um die nächste Straßenbiegung.
Unten, ganz nah am Meer, standen ein paar kleine Häuser, von Holzzäunen eingeschlossen, hinter denen Gärtchen waren. Das beruhigte sie. Auf den Zäunen hing Wäsche, rosa und rote und blaue Wäsche, und als sie sich näherten, kamen aus den Häusern Leute und fünf gelbe Hunde mit langen, dünnen Schwänzen. Die Leute waren alle dick und lachten, und kleine nackte Babies hatten ihre Hände gefaßt oder kollerten wie Hündchen über den Rasen. Pearl wurde vom Kutschbock heruntergehoben und in ein winziges Haus mit nur einem Zimmer und einer Veranda geführt. Drin war ein Mädchen mit zwei langen schwarzen Zöpfen, die ihr bis auf die Füße hingen. Sie stellte das Abendbrot auf den Fußboden. »Das ist aber komisch hier!« sagte Pearl und betrachtete das hübsche Mädchen, während die Frau ihr das Höschen aufknöpfte. Pearl war sehr hungrig. Sie aß Fleisch und Obst und Gemüse, und die Frau gab ihr Milch aus einem grünen Becher zu trinken. Und es war ganz still – bis auf das Meer draußen und auf das Lachen der beiden Frauen, die ihr zuschauten. »Habt ihr denn hier kein Buchsbaumhaus?« fragte Pearl. »Wohnt ihr alle in einer langen Reihe? Gehen die Männer gar nicht ins Büro? Gibt's gar nichts Ekliges bei euch?«

Sie zogen ihr die Schuhe und Strümpfe und ihr Kleid und die Schürze aus. Sie ging in ihrem Unterrock herum, und dann spazierte sie hinaus, wo ihr das Gras zwischen die Zehen kam. Die beiden Frauen erschienen mit zwei ungleichen Körben. Sie nahmen Pearl bei der Hand. Über eine kleine Koppel, durch einen Zaun und dann auf warmem Sand mit braunem Gras gingen sie zum Meer hinunter. Pearl zauderte, als der Sand feucht wurde, aber die Frauen lockten sie weiter: »Nichts tut weh! Alles sehr schön! Komm du nur!« Sie gruben im Sand herum und fanden Muscheln, die sie in die Körbe warfen. Der Sand war so naß wie Sandkuchen. Pearl vergaß ihre Furcht und fing auch an zu graben. Sie war erhitzt und wurde naß, und plötzlich spülte eine kleine Schaumwelle über ihre Füße. »Uh, uh!« schrie sie und planschte mit den Füßen. »Lustig! Lustig!« Sie patschte im seichten Wasser herum. Es war warm. Sie machte aus ihren Händen einen Becher und schöpfte Wasser damit. Aber in ihren Händen sah es nicht mehr blau aus. Sie war so aufgeregt, daß sie zu ihrer Frau rannte und ihre dünnen kleinen Ärmchen um den Hals der Frau schlang und sie küßte und küßte ...
Plötzlich stieß das Mädchen einen furchtbaren Schrei aus. Die Frau richtete sich auf, und Pearl glitt auf den Sand hinunter und blickte aufs Land zurück. Kleine Männer in blauen Jacken, kleine blaue Männer kamen angerannt und rannten schreiend und pfeifend auf Pearl zu – und eine Menge kleiner blauer Männer brachte sie ins Buchsbaumhaus zurück.

Die Reise nach Brügge

»Sie haben eine Dreiviertelstunde«, sagte der Gepäckträger. »Sie haben fast eine Stunde, meine Dame. Geben Sie ihn in die Gepäckaufbewahrung!«
Eine deutsche Familie, deren Gepäckstücke säuberlich in eine Art seltsamer Hosenbeinlinge aus Segeltuch eingeknöpft waren, nahm den ganzen Platz vor der Theke ein, und ein homöopathischer junger Geistlicher, dessen schwarze Krawatte über sein Hemd baumelte, stand dicht neben mir. Wir warteten und warteten, denn der Mann in der Gepäckaufbewahrung konnte die deutsche Familie nicht loswerden, die ihm — aus ihrer Begeisterung und ihren Gesten zu schließen — anscheinend die Vorteile so vieler Knöpfe erklärte. Endlich ergriff die deutsche Familienmutter die ihr gehörende Segeltuchtasche und begann sie zu öffnen. Der Mann in der Aufbewahrung zuckte die Achseln und wandte sich mir zu.
»Wohin?« fragte er.
»Nach Ostende.«
»Warum woll'n Sie'n hier einstellen?«
Ich sagte: »Weil ich lange warten muß.«
Er brüllte: »Der Zug läuft zwei Uhr zwanzig ein. Blödsinn, ihn herzubringen! He, du da! Hau ab!«
Mein Träger verzog sich. Der junge Geistliche, der zugehört und zugeschaut hatte, lächelte mich strahlend an. »Der Zug steht schon da«, sagte er. »Er ist schon eingelaufen! Sie haben nur noch ein paar Minuten!« In meiner Nervosität glaubte ich ein Zwinkern in seinem Blick wahrzunehmen. Aber ich rannte zum Zeitungsstand. Als ich zurückkam, hatte ich meinen Träger verloren. In der qualvollen Hitze rannte ich den Bahnsteig auf und ab. Die ganze reisende Menschheit schien einen Träger zu besitzen und sich seiner zu erfreuen — ausgenommen ich. Wütend und elend sah ich, wie sie mit der Schadenfreude von Erhitzten mich beobachteten, die noch sehr viel erhitzter war. »Man kann einen Hitzschlag bekommen, wenn man bei solchem Wetter rennt«, sagte eine dicke

Dame, die ihre Weintrauben schnabulierte, ein Abschiedsgeschenk. Dann erfuhr ich, daß der Zug doch noch nicht eingelaufen war. Ich war am Folkestone-Expreß entlanggerannt. Auf einem höheren Bahnsteig entdeckte ich meinen Träger, der auf meinem Koffer saß.

»Ich hab' gewußt, daß Sie so was machen würden«, erklärte er überlegen. »Beinah wär' ich gekommen und hätt' Sie geholt. Ich hab' Sie von hier aus gesehen!«

Ich sank in ein Raucherabteil zu vier jungen Männern, deren zwei sich von einem blassen Jüngling mit Spazierstock verabschiedeten. »Also dann leb wohl, alter Junge! Furchtbar nett, daß du aufgekreuzt bist. Hab' dich gleich erkannt. Hab' den gleichen schlaksigen Gang wiedererkannt. Und jetzt hör mal: wenn wir wiederkommen, machen wir uns einen lustigen Abend. Was? Großartig von dir, daß du gekommen bist, alter Junge!« Letzteres von einem Schmeichler, der sich eine Zigarre anzündete, als der Zug abfuhr, und, zu seinem Kameraden gewandt, sagte: »Furchtbar netter Knabe, aber — lieber Himmel — was für ein Langweiler!« Sein Kamerad, der ganz in Maulwurfsfarbe auftrat, Pelz, Socken und Haar, lächelte sanft. Ich nehme an, daß sein Gehirn die gleiche Farbe hatte, da er sich als ein so sanfter und teilnahmsvoller Zuhörer erwies. In der Ecke mir gegenüber saß ein schöner junger Franzose mit krausem Haar und einer Uhrkette, von der ein silberner Fisch, ein Ring, ein silberner Schuh und eine Medaille herunterbaumelten. Er blickte die ganze Zeit aus dem Fenster und zuckte dabei leicht mit der Nase. Von dem vierten Mitreisenden war hinter seinem Gepäck nichts zu sehen als ein Paar brauner Schuhe und eine Nummer vom *Snark's Summer Annual*.

»Hör mal, mein Alter«, begann der Schmeichler, »ich möchte all unsre Unterkünfte ändern. Verstehst du — die Abmachungen, die du getroffen hast, die möchte ich alle unter den Tisch fegen. Macht's dir was aus?«

»Nein«, sagte der Maulwurf mit matter Stimme. »Aber warum?«

»Ach, ich hab's mir gestern abend im Bett überlegt, und ich lass mich hängen, wenn ich einsehe, warum wir fünfzehn

Shilling zahlen sollen, obwohl wir nicht mögen. Begreifst du?« Der Maulwurf nahm seinen Kneifer ab und behauchte die Gläser. »Ich will dich natürlich keinesfalls verunsichern«, fuhr der Schmeichler fort, »weil es ja schließlich dein Plan war — du hast mich aufgefordert, und ich will ihn nicht um die Welt in Unordnung bringen, aber — ich meine nur — du begreifst — ja?«

Der Maulwurf gab etwas anderes zu bedenken: »Ich fürchte, man wird mir Vorwürfe machen, weil ich dich ins Ausland verschleppt habe!«

Sofort erzählte ihm der Schmeichler, wie begehrt er gewesen sei. Von nah und fern hätten Leute, die den ganzen Monat August besetzt waren, ihm geschrieben und ihn gebeten, zu ihnen zu kommen. Er bearbeitete das Herz des Maulwurfs, indem er die über ganz England verstreuten, sehnsüchtig seiner harrenden Familien und leeren Stühle aufzählte, bis dem Maulwurf nur noch die Wahl zwischen Weinen und Schlafen blieb. Er wählte das zweite.

Alle schickten sich an, einzunicken, ausgenommen der junge Franzose, der ein Taschentuch aus seiner Jacke holte und es liebevoll auf den Knien festhielt, während er auf das heiße, staubige Land hinausstarrte. In Shorncliffe hielt der Zug. Totenstille. Nichts war zu sehen als ein großer weißer Friedhof. In der späten Nachmittagssonne sah er phantastisch aus: Marmorengel in voller Lebensgröße schienen in dem braunen Gelände über einem trübseligen Picknick der Dahingeschiedenen aus Shorncliffe die Aufsicht zu führen. Ein weißer Schmetterling flog über die Schienen. Als der Zug aus dem Bahnhof schlich, sah ich ein Plakat, das die Zeitschrift *Athenaeum* anzeigte. Der Schmeichler grunzte und gähnte und schüttelte sich in die Wirklichkeit zurück, indem er mit dem Geld in seiner Hosentasche klimperte. Er gab dem Maulwurf einen Rippenstoß. »Hör mal, wir sind gleich da! Kannst du mir die widerlichen Golfschläger aus dem Gepäcknetz langen?« Mein Herz war betrübt ob der nächsten Zukunft des Maulwurfs, doch er war fröhlich; er erbot sich, mir in Dover einen Träger zu besorgen, und schnallte meinen Sonnenschirm in meine Plaidrolle ein. Wir sahen das Meer. »Es

wird widerlich stürmisch sein«, sagte der Schmeichler. »Dir wird's übel, was? Hör mal, ich weiß einen Tip gegen Seekrankheit: du mußt dich auf den Rücken legen, platt, verstehst du, und dein Gesicht zudecken und nichts als Kekse essen.«
»Dover!« schrie ein Schaffner.
Mit dem Betreten des Laufstegs kehrten wir England den Rücken. Ein weibliches Wesen, dem man meilenweit die Engländerin ansah, ließ ihr Französisch hören, und wir ›s'il-vous-plâit‹-en gemeinsam an Deck, ›merci‹-ten einander auf den Treppen und ›pardon‹-ten uns nach Herzenslust im Salon. Die Stewardeß stand am Fuß der Treppe, ein stämmiges, abschreckendes Geschöpf mit Pockennarben im Gesicht, die Hände unter einer geschäftstüchtig aussehenden Schürze verborgen. Unsre Grüße erwiderte sie mit einstudierter Gleichgültigkeit und hakte im Geist bereits ihre Opfer ab. Ich ging in die Kajüte hinunter, um meinen Hut abzunehmen. Eine alte Dame hatte sich bereits häuslich eingerichtet.
Sie lag auf einer weißrosa Couch, war ringsherum in einen schwarzen Schal eingehüllt und fächelte sich mit einem schwarzen Federfächer. Ihr graues Haar war zur Hälfte mit einem Spitzenhäubchen bedeckt, und aus dem schwarzen Faltenwurf und den rosa Kissen schimmerte ihr Gesicht mit reizender, zeitloser Würde hervor. Ein leises Rascheln und Düfte von Kampfer und Lavendel rahmten sie ein. Während ich sie ansah und an Rembrandt und aus irgendeinem Grund an Anatole France dachte, platzte die Stewardeß herein und stellte ein Klappstühlchen ans Kopfende, breitete eine Zeitung aus und knallte ein Gefäß hin, das ziemlich genau einer blechernen Backform glich ...
Ich ging an Deck. Das Meer war leuchtend grün — mit rollenden Wogen. Frankreichs Schönheit und künstliche Blüte hatte die Hüte abgenommen und das Haar in Schleier gehüllt. Eine Anzahl junger deutscher Männer stellte, in hellen, wie Pyjamas zugeschnittenen Anzügen promenierend, ihren charakteristischen Leibesumfang zur Schau. Franzosen in Familiengruppen — das weibliche Element auf Liegestühlen, die Herren in anmutiger Haltung an die Reling gelehnt —

unterhielten sich bereits mit einer Leidenschaft, die ein Vorbote von Spannungen ist. In einer geschützten Ecke fand ich einen Stuhl vor einer Trennwand, in die unglücklicherweise ein Fenster eingelassen war, das den hindurchspähenden Neugierigen ein endloses Vergnügen verschaffte, da sie die kühnen und tapferen Gemüter beobachten konnten, die bugwärts strebten und von den Wellen durchnäßt und ausgepeitscht wurden. In der ersten halben Stunde nahm das aufregende Spiel, naß zu werden und sich zu behaupten, an gefährliche Stellen zu stürzen und umzukehren und sich abtrocknen zu lassen, sie restlos in Anspruch. Dann verblaßte der Reiz, und die Grüppchen zerstreuten sich schweigend. Man konnte sie beobachten, wie sie gespannt auf den Ozean starrten — und gähnten. Sie fröstelten und wurden schnippisch. Plötzlich rappelte sich eine junge Dame in weißwollenem Cape mit kirschroten Schleifen aus ihrem Liegestuhl hoch und schwankte zur Reling hinüber. Wir beobachteten sie mit leiser Anteilnahme. Der junge Mann, neben dem sie gesessen hatte, rief ihr nach: »Fühlst du dich besser?« Verneinende Geste. Er richtete sich auf: »Soll ich dir den Kopf halten?« »Nein!« zuckten die Schultern.
»Soll ich dir eine Jacke umhängen?... Ist es vorbei?... Willst du dort stehenbleiben?...« Er sah sie mit unendlichem Zartgefühl an. Ich beschloß bei mir, Männer nie wieder als teilnahmslos zu bezeichnen und bis zu meinem Tode an die alles besiegende Macht der Liebe zu glauben — habe es jedoch nie auf eine Probe ankommen lassen. Ich ging hinunter, um zu schlafen.
Ich lag gegenüber von der alten Dame und beobachtete die Lichter, die über die Decke spielten, und die Wellenspritzer, die auf den Bullaugen funkelten.
Selbst bei der kürzesten Seereise verliert man alles Zeitgefühl. In der Kajüte unten ist man stundenlang oder tagelang oder jahrelang. Niemand weiß es oder kümmert sich drum. Man kennt alle Passagiere bis zur Abgestumpftheit. Man glaubt nicht mehr an Land unter den Füßen. Das Pendel hat dich erwischt und, träge hin- und herschwingend, festgehalten. Das Licht verblaßt.

Ich schlief ein und erwachte erst, als die Stewardeß an mir rüttelte: »In zwei Minuten sind wir da«, sagte sie. Hilflose Damen, aus Neptuns Umarmung entlassen, knieten auf dem Fußboden und suchten ihre Schuhe und Haarnadeln — nur die würdevolle Greisin blieb tatenlos liegen und fächerte sich. Sie sah mich an und lächelte.
»*Grâce de Dieu, c'est fini*«, zitterte ein Stimmchen — so fein, daß es an einem Faden aus Spitze zu hängen schien.
Ich hob die Augen. »*Oui, c'est fini!*«
»*Vous allez à Strasbourg, Madame?*«
»Nein«, antwortete ich, »Bruges!«
»Wie schade!« sagte sie und schloß ihren Fächer und das Gespräch. Ich konnte mir nicht vorstellen, weshalb, aber ich hatte Visionen von ihr und mir, wie wir im gleichen Bahnabteil reisten und ich sie in ihren schwarzen Schal hüllte, wie sie sich in mich verliebte und mir ungeahnte Mengen an Geld und Spitzen hinterließ... Diese Traumgedanken verfolgten mich, bis ich an Deck stand.
Der Himmel war tintenblau, und sehr viele Sterne funkelten: unser kleines Schiff zeichnete sich in der klaren Luft in scharfen Umrissen ab. »Haben Sie Ihre Fahrkarte?... Ja, die Fahrkarte wird verlangt!... Fahrkarte vorweisen!«... Wir wurden über den Laufsteg gequetscht und ins Zollgebäude gegängelt, wo Träger unser Gepäck auf lange Holztische hievten. Ein alter Mann mit Hornbrille prüfte es schweigend. »Mitkommen!« schrie der gaunermäßig aussehende Mensch, dem ich meine irdische Habe anvertraut hatte. Er sprang auf einen Schienenstrang, und ich sprang ihm nach. Er stürmte einen Bahnsteig entlang und wich den Reisenden und den Obstständen mit der Sicherheit eines Filmhelden aus. Ich belegte einen Platz und ging hinaus, um mir Obst an einem kleinen Stand zu kaufen, wo es Weintrauben und Reineclauden gab. Die alte Dame war auch da und stützte sich auf den Arm eines großen blonden Mannes in Weiß mit flatternder Krawatte. Wir nickten uns zu.
Mit ihrer zarten Stimme sagte sie: »Kauf mir drei Schinkenbrote, *mon cher!*«
»Und etwas Kuchen?« fragte er.

»Ja, und vielleicht eine Flasche Limonade.«
›Die Romantik hat mich genasführt!‹ dachte ich und kletterte in den Wagen. Der Zug glitt aus dem Bahnhof; die Luft, die durch das offene Fenster hereinblies, duftete nach jungen Blättern. In der Finsternis erschienen plötzlich Teiche aus Licht. Als ich in Brügge eintraf, läuteten die Glocken, und weiß und geheimnisvoll schien der Mond auf die Grand' Place.

Ein wahres Abenteuer

›Vor den Augen des wißbegierigen Reisenden liegt das Städtchen wie ein verblaßter Teppich hingebreitet, der von den Silberfäden seiner Kanäle durchwebt und vom harmonischen Geläut seines Glockenturms berieselt wird. In Bruges ist das Leben längst schlafen gegangen, nur noch bizarre Träume schweben um Türme und mittelalterliche Häuserfronten, entzücken das Auge und erfüllen den Geist mit williger Hingabe an das Schöne.‹

Ich las diesen Satz im Reiseführer, während ich im Hotelsalon auf Madame wartete. Es klang äußerst vielversprechend, und mein müdes Herz, das ich mit tausenderlei grauen Großstadtbüchern zugedeckt hatte, erwachte und frohlockte in mir ... Ich überlegte, ob ich genug Kleider bei mir hatte, die mindestens einen Monat gereicht hätten. ›Ich will ganze Tage verträumen‹, dachte ich, ›und mir ein Boot mieten und mich auf den Kanälen treiben lassen oder es an einem grünen Busch festmachen, der sich übers Ufer neigt, und die mittelalterlichen Häuserfronten in mich aufnehmen! In der Vesperstunde werde ich im hohen Gras des Beginenhofs liegen und zu den Ulmen aufblicken, deren Blätter, in der blauen Luft erzitternd, von goldenem Licht überhaucht sind, und eine Weile dem Gesang der Nonnen lauschen, die in der kleinen Kapelle zum Gebet versammelt sind, und so an Gnade zunehmen, daß es mir für den ganzen Winter reicht.‹

Während ich mich auf diesen sehr neuen Schwingen prächtig in die Lüfte erhob, erschien Madame und sagte mir, daß es im Hotel kein bißchen Platz für mich gäbe — kein Bett und keinen Winkel. Sie war sehr freundlich und schien in dieser Tatsache eine Quelle diebischer Freude zu erblicken: sie sah mich an, als erwarte sie, daß ich in begeistertes Gelächter ausbräche. »Morgen«, meinte sie, »ist es vielleicht möglich. Ich rechne damit, daß ein junger Herr, der plötzlich krank wurde, aus Nummer elf auszieht. Er ist jetzt gerade in der Apotheke — möchten Sie sich das Zimmer ansehen?«

»Bestimmt nicht!« rief ich. »Und morgen will ich auch nicht im Zimmer eines kranken jungen Mannes schlafen!«
»Aber er ist ja dann weg!« rief die Madame, riß ihre blauen Augen auf und lachte mit all ihrer französischen Herzlichkeit, die den englischen Ohren so bezaubernd klingt. Ich war zu müde und zu hungrig, um verständnisvoll oder streitsüchtig zu sein. »Vielleicht können Sie mir ein anderes Hotel empfehlen?«
»Unmöglich!« Sie schüttelte den Kopf und verdrehte die Augen, als zählte sie im Geist die blauen Schleifchen, die auf die Decke gemalt waren. »Wir haben Saison in Brügge, verstehen Sie, und da vermieten die Leute ihre Zimmer nicht gern für sehr kurze Zeit.« Sie gönnte meinem kleinen, zwischen uns liegenden Koffer keinen Blick, und ich betrachtete ihn finster; vor meinem verzweifelten Blick schien er zusammenzuschrumpfen und so klein zu werden, daß er nichts als eine zusammenklappbare Zahnbürste aufnehmen konnte.
»Mein großer Koffer ist auf dem Bahnhof«, sagte ich kühl und knöpfte meine Handschuhe zu.
Madame zuckte zusammen. »Sie haben noch mehr Gepäck?... Dann wollen Sie vielleicht längere Zeit in Brügge bleiben?«
»Mindestens zwei Wochen... vielleicht einen Monat.« Ich zuckte die Achseln.
»Einen Augenblick«, sagte Madame. »Ich werde sehen, was ich tun kann.« Sie ging weg — bestimmt nicht weiter als bis hinter die Tür, denn sie erschien sofort wieder und sagte mir, sie habe ein Zimmer in ihrer Privatwohnung — »gleich um die Ecke, und verwaltet von einer alten Dienerin, die seit fünfzehn Jahren in unsrer Familie ist, obwohl sie ein Glasauge hat. Der Portier wird Sie hinführen, und Sie können zu Abend essen, bevor Sie ausgehen«.
Ich war der einzige Gast im Speisezimmer. Ein müder Kellner versorgte mich mit einer Omelette und einer Kanne Kaffee und lehnte sich dann gegen die Anrichte und sah mir beim Essen zu; die schlaffe Serviette unter seinem Arm war ein Sinnbild für den ganzen Mann. Die Wände waren mit Spiegeln bedeckt, die unzählige leere Tische widerspiegelten — und unzählige wachsame Kellner und einsame Damen,

die einen traurigen Trost an Omeletten fanden und Kaffee zur Begleitung von Mendelssohns Frühlingslied nippten, das der Glockenturm dreimal hintereinander spielte.
»Sind Sie fertig, Madame?« fragte der Kellner. »Ich bringe nämlich Ihr Gepäck hinüber.«
»Ja, ich bin fertig.«
Er lud sich den Koffer auf die Schulter und schritt vor mir her — an den kleinen Straßencafés vorbei, wo Männer und Frauen, wenn sie unser Näherkommen gewahrten, ihr Bier abstellten und ihre Postkarten hinlegten, um uns nachzustarren, eine enge Straße mit dichtgemachten Fensterläden an den Häusern hinab und über die Place van Eyck zu einem roten Backsteinhaus. Die Tür wurde von dem glasäugigen Familienjuwel geöffnet: in der Hand hielt sie einen Leuchter in der Form einer Miniaturbratpfanne. Sie verweigerte uns den Einlaß, bis wir beide die ganze Geschichte erzählt hatten.
»*C'est ça, c'est ça*«, sagte sie. »Jean, Nummer fünf!«
Sie schusselte die Treppe hinauf, schloß eine Tür auf und zündete einen weiteren Miniaturbratpfannenleuchter auf dem Nachttisch an. Das Zimmer war rosa tapeziert, hatte ein rosa Bett, eine rosa Tür und einen rosa Stuhl. Auf rosa Kamindeckchen platzten fette junge Cherubim trompetenblasend aus rosa Eierschalen. Eine Kanne heißes Wasser wurde mir gebracht, ich schloß und verriegelte die Tür. ›Endlich in Brügge‹, dachte ich, als ich ins Bett stieg, das so schlüpfrig mit feinstem Linnen überzogen war, daß ich mir wie ein Fisch vorkam, der über einen vereisten Teich zu schwimmen versucht, dazu dieses stille Haus mit der ›typischen‹ alten Bedienerin, die Place van Eyck mit dem weißen, von dunklen und wuchtigen Bäumen umgebenen Denkmal — fast ein Hauch Verlaine hing über dem Ganzen . . .
›Peng!‹ knallte die Tür zu. Ich fuhr erschrocken hoch und griff nach der Bratpfanne, aber es war das Nebenzimmer, das plötzlich heimgesucht wurde. »Oh, endlich zu Hause!« rief eine weibliche Stimme. »*Mon Dieu*, meine Füße! Würdest du bitte zu Marie hinuntergehen, *mon cher*, und sie um die Zinkbadewanne und etwas heißes Wasser bitten?«

»Nein, das ist zuviel!« kam die dröhnende Antwort. »Du hast sie dir heute schon dreimal gewaschen!«
»Aber du weißt nicht, was für Schmerzen ich ausstehe! Sie sind ganz entzündet! Sieh sie dir bloß mal an!«
»Ich habe sie schon dreimal angesehen. Ich bin müde. Komm bitte ins Bett!«
»Das ist sinnlos — ich könnte nicht schlafen. *Mon Dieu, mon Dieu*, was eine Frau erdulden muß!« — Ein männliches Schnaufen, begleitet von Auskleidegeräuschen.
»Wenn ich nun bis morgen früh warte, versprichst du mir dann, mich nicht in ein Museum zu schleppen?«
»Ja, ja, ich verspreche es.«
»Ganz ehrlich?«
»Hab's doch gesagt!«
»Aber kann ich dir glauben?«
Ein langes Ächzen.
»Es ist überflüssig, solche Leute auszustoßen! Du weißt genau, daß gestern abend und heute früh dieselbe Sache passiert ist...«
Es blieb mir nur eins zu tun. Ich hustete und räusperte mich auf jene unfreundliche und aufdringliche Art, mit der sich fremde Menschen in Nebenzimmern benehmen. Es half wie ein Wundermittel. Die Unterhaltung versickerte zu einem Geflüster der weiblichen Stimme allein! Ich schlief ein.

›Boote zu vermieten! Besuchen Sie das Venedig des Nordens im Boot! Entdecken Sie die unbekannten und interessanten kleinen Seitenkanäle!‹ Da mir der Reiseführer noch im Gedächtnis haftete, ging ich ins Geschäft und verlangte ein Boot. »Haben Sie ein kleines Kanu?«
»Nein, Madame, aber ein kleines Boot, sehr geeignet!«
»Ich möchte allein fahren und zurückkommen, wann es mir paßt.«
»Dann sind Sie also schon mal hiergewesen?«
»Nein!«
Der Bootsverleiher sah verblüfft aus. »Es ist für Mademoiselle nicht sicher, das erstemal allein zu fahren — ohne Führer.«

»Dann nehme ich einen unter der Bedingung, daß er schweigt und mich nicht auf die Schönheiten aufmerksam macht!«
»Aber die Namen der Brücken?« rief der Bootsverleiher. »Und die berühmten Häuserfronten?«
Ich lief zum Landesteg hinunter. »Pierre? Pierre!« rief der Bootsmann. Ein vierschrötiger junger Belgier, der sich die Arme mit Teppichläufern und roten Samtkissen beladen hatte, erschien und warf seine Ausbeute in ein riesengroßes Boot. Auf der Brücke über dem Landesteg versammelten sich Zuschauer und beobachteten den Vorgang, und gerade, als ich meinen Platz einnahm, stürzte ein dickes Ehepaar, das sich über das Geländer gelehnt hatte, die Treppe hinunter und erklärte, sie müßten mitfahren. »Sicher, sicher«, sagte Pierre und half der Dame mit reizender Bereitwilligkeit beim Einsteigen. »Mademoiselle hat bestimmt nichts dagegen!« Sie saßen im Heck, der Herr hielt die Hand der Dame, und wir wanden uns durch die ›Silberfäden‹, während Pierre sich in die Brust warf und die Schönheiten Brügges mit der triumphierenden Hemmungslosigkeit eines südländischen Liebhabers pries. »Wenden Sie den Blick hierhin — nach links — nach rechts — so, einen Moment — und blicken Sie zur Brücke auf — beachten Sie die Hausfront! Mademoiselle, möchten Sie den Lac d'Amour sehen?«
Ich sah unschlüssig aus; statt meiner antwortete das dicke Ehepaar.
»Dann wollen wir aussteigen!«
Wir ruderten in eine enge kleine Brustwehr hinein und packten einen Busch, und ich sprang hinaus. »Jetzt Monsieur«, dem es ebenfalls gelang. Er kniete sich aufs Ufer und hielt Madame die Krücke seines Spazierstocks als Stütze hin. Sie stand lächelnd und energisch auf, packte den Spazierstock, stemmte sich gegen die Bootswand und war im nächsten Augenblick der Länge nach ins Wasser gefallen. »Oh! Was ist passiert! Was ist passiert!« schrie Monsieur und umklammerte ihren Arm, denn das Wasser war nicht tief, es reichte ihr nur bis zum Gürtel. Irgendwie brachten wir es fertig, sie herauszufischen. Ächzend saß sie auf dem Ufer und wrang ihren schwarzen Alpakarock aus.

»Ist schon wieder gut — ein kleiner Zwischenfall!« erklärte sie verblüffend fröhlich.
Aber Pierre war wütend. »Es ist alles die Schuld von Mademoiselle, die den Lac d'Amour sehen wollte«, sagte er. »Madame sollte lieber durch die Wiese zum gegenüberliegenden kleinen Café gehen und etwas Heißes trinken!«
»Nein, nein!« sagte sie, aber Monsieur unterstützte Pierre.
»Warten Sie hier, bis wir wieder zurückkommen«, sagte Pierre mit giftigen Blicken zu mir. Ich nickte und kehrte ihnen den Rücken, denn der Anblick der Madame, die wie eine dicke, ungeschickte Ente durch die Wiese watschelte, war mehr, als ich ertragen konnte. Man kann nicht erwarten, in gepolsterten Booten mit Leuten zu reisen, die gescheit genug sind, um Gelächter zu verstehen, das seinen Ursprung in Anteilnahme hat. Als sie außer Sehweite waren, rannte ich, so schnell ich konnte, über die Wiese, kroch durch einen Zaun und ging nie wieder in die Nähe des Lac d'Amour.
›Meinetwegen sollen sie glauben, daß ich ertrunken bin‹, dachte ich, ›von Kanälen habe ich zeit meines Lebens genug.‹

Um die Vesperstunde ist das Gras im Beginenhof mit kleinen Gruppen von Malern und ihren spindelbeinigen Staffeleien gesprenkelt, die selber eine eigene Individualität zu besitzen scheinen, denn sie stehen unhöflich da, widersetzen sich den Bemühungen ihrer Herren und erwidern deren ewig langes Anstarren mit unfertigen Blicken. Junge Engländerinnen mit blumenbekränzten Hüten und junge Männer, die Verheißung amerikanischer Mannesblüte, verleihen ihren Gefühlen mit einer fröhlichen Ungezwungenheit und ›camaraderie‹ Ausdruck, ganz im Geiste von ›Die Welt ist unser schöner Spielplatz‹ — was theoretisch gewiß entzückend ist. Sie rufen einander zu und bewerfen sich in jugendlicher Unbefangenheit mit Zigaretten und Obst und Schokolade, während Touristengruppen, die den Klauen einer alten, im Schatten der Kapellentür auf sie lauernden Frau entronnen sind, nachdenklich vor den Staffeleien stehenbleiben, um sie zu betrachten und Bemerkungen zu machen und zu sagen, wer der Maler ist.

Ich lag unter einem Baum — mit schlechtem Gewissen, weil ich kein Skizzenbuch bei mir hatte — und sah den Schwalben zu, die durch die lichte Luft kreisten und tauchten, und fragte mich, ob all die braunen, im Gras herumliegenden Hunde den jungen Malern gehörten, als zwei Leute an mir vorübergingen, ein Herr und eine junge Frau, die in ein Buch vertieft waren. In ihrem Gang lag etwas undeutlich Bekanntes. Plötzlich sahen sie auf mich nieder — wir starrten uns an und rissen den Mund auf. Sie fiel über mich her, und er zog seinen makellosen Strohhut vom Kopf und klemmte ihn unter seinen linken Arm.

»Katherine! Wie seltsam! Wie unglaublich nach all den Jahren!« rief sie. Dann wandte sie sich an den Mann: »Guy, kannst du's dir vorstellen? Das ist Katherine — und ausgerechnet in Brügge!«

»Warum nicht?« sagte ich, machte ein gescheites Gesicht und versuchte, mich ihres Namens zu entsinnen.

»Aber Liebes, zuletzt waren wir in Neuseeland zusammen — denk doch, wie meilenweit weg!«

Natürlich, sie hieß Betty Sinclair; ich war mit ihr in die Schule gegangen.

»Wo wohnst du? Bist du schon lange hier? Oh, du hast dich keine Spur verändert, keine Spur! Ich hätte dich überall erkannt!«

Sie zog den jungen Mann näher heran und sagte errötend, als müsse sie sich der Tatsache schämen, ihr jedoch ins Auge sehen: »Das ist mein Mann!« Wir reichten uns die Hand. Er setzte sich und kaute an einem Grashalm. Dann entstand eine Pause, während der Betty wieder zu sich kam und meine Hand quetschte.

»Ich wußte nicht, daß du verheiratet bist«, sagte ich dümmlich.

»Aber so etwas! Wir haben ein Baby!« sagte Betty. »Wir leben jetzt in England. Wir setzen uns sehr für das Frauenstimmrecht ein, denk dir!«

Guy nahm den Grashalm aus dem Mund.

»Sind Sie auf unserer Seite?« fragte er gespannt.

Ich schüttelte den Kopf. Er steckte den Grashalm wieder

zwischen die Zähne und kniff die Augen etwas zusammen.
»Dann ist das hier eine Gelegenheit«, sagte Betty. »Liebes, wie lange bleibst du noch? Wir müssen zusammen ausgehen und uns ausführlich unterhalten. Guy und ich sind nämlich kein Hochzeitsreisepärchen. Wir sind gern mit andern Leuten zusammen.«
Der Glockenturm rasselte los: »Seht, da kommt der Siegesheld!«
»Leider muß ich sehr bald nach Hause. Ich habe einen Eilbrief bekommen.«
»Wie enttäuschend! Brügge ist nämlich mit Kunststätten und Kirchen und Gemälden randvoll gepackt! Heute abend ist auf der Grand'Place ein Konzert im Freien, und ab morgen findet ein Wettbewerb von Glockenläutern statt – die ganze Woche hindurch!«
»Ich muß abreisen«, sagte ich so entschlossen, daß meine Seele, angespornt vom Glockenturm, einen gebieterischen Marschbefehl verspürte.
»Aber die altertümlichen Gassen und die fremdländischen Gerüche und die Spitzenklöpplerinnen – ach, wenn wir doch einfach zu dritt herumschlendern und alles genießen könnten!« Ich seufzte und biß mir auf die Unterlippe.
»Was haben Sie gegen das Frauenstimmrecht?« fragte Guy und blickte auf die Nonnen, die sich in reizender Prozession unter den Bäumen entlangschlängelten.
»Ich habe mir immer eingebildet, du wärst so furchtbar versessen auf die Zukunftsaussichten der Frauen!« sagte Betty. »Komm heute abend zu uns zum Essen – dann können wir das ganze Thema durchdreschen. Nach dem anstrengenden Londoner Leben scheint man nämlich hier in diesem altertümlichen Städtchen die Dinge in einem so andern Licht zu sehen!«
»O ja, in einem ganz andern Licht!« bestätigte ich und schüttelte beim Anblick des bekannten Reiseführers, der aus Guys Rocktasche hervorschaute, den Kopf.

Neue Kleider

Mrs. Carsfield und ihre Mutter saßen am Eßzimmertisch und legten die letzte Hand an zwei grüne Kaschmirkleider. Am folgenden Tag sollten sie in der Kirche von den beiden Carsfield-Töchtern getragen werden — mit apfelgrünen Schärpen und Strohhüten mit flatternden Bändern. Mrs. Carsfield hatte ihr Herz daran gehängt, und weil es einer von Henrys späten Abenden war, an denen er an einer Versammlung der Politischen Liga teilnahm, hatten sie und ihre alte Mutter das Eßzimmer für sich und konnten eine ›friedliche Unordnung‹ anrichten, wie sie es nannten. Die rote Decke lag nicht mehr auf dem Tisch, denn dort standen jetzt die Nähmaschine (ein Hochzeitsgeschenk) und ein brauner Nähkorb, und das ›Material‹ samt einigen Modeheften lag daneben. Mrs. Carsfield saß an der Maschine und nähte mit Bedacht, denn sie fürchtete, der grüne Faden würde ihr ausgehen; sie hegte eine Art müder Hoffnung, er könne länger reichen, wenn sie sich bemühte, nur wenig auf einmal zu benutzen. Die alte Frau saß im Schaukelstuhl, hatte den Rock hochgeschlagen und die Füße in Filzpantoffeln auf ein Fußkissen gestellt. Sie verfestigte die Nähmaschinenfäden und heftete schmale Spitzenborte um Hals und Manschetten. Die Gasflamme flackerte.

Hin und wieder warf die alte Frau einen Blick zum Gas auf und sagte: »Es muß Wasser im Rohr sein, Anne — das wird's sein!« Dann schwieg sie, jedoch nur, um einen Moment drauf zu sagen: »Sicher ist Wasser im Rohr, Anne!«, und schließlich mit gehörigem Nachdruck: »Jetzt wieder — da bin ich ganz sicher!«

Anne saß stirnrunzelnd an der Nähmaschine. ›Wie Mutter ewig auf etwas herumreitet‹, dachte sie, ›das geht mir schrecklich auf die Nerven. Und immer, wenn es nicht die leiseste Möglichkeit gibt, die Dinge zu ändern! ... Muß wohl das Alter sein — aber 's ist zermürbend!‹ Und laut sagte sie: »Mutter, ich nähe einen tüchtigen Saum in Roses Kleid — in letzter Zeit schießt sie so in die Länge! — Und nähe bitte

keine Spitze auf Helens Manschetten: dann kann man sie gleich unterscheiden, und außerdem gibt Helen nie acht, ob sie mit den Händen an irgendwelchen Schmutz fährt!«
»Oh, es ist reichlich vorhanden«, erwiderte die alte Frau. »Ich kann sie ja ein bißchen weiter hinaufsetzen.« Sie wunderte sich, weshalb Anne immer auf Helen herumtrampelte — und Henry übrigens auch. Anscheinend wollten sie Helen kränken — die Sache mit dem Unterscheiden war nur ein Vorwand.
»Du hast eben Helens Kleider nicht gesehen«, sagte Mrs. Carsfield, »als ich sie ihr heute abend ausgezogen habe. Schwarz von Kopf bis Fuß — und das nach einer Woche! Und als ich sie vor ihren Augen mit Roses Kleidern verglich, hat sie bloß die Achseln gezuckt, du kennst ja ihre Art, und hat zu stottern angefangen. Wegen des Stotterns muß ich wirklich mal mit Dr. Malcolm sprechen — wenn's auch nur wäre, um ihr einen Schreck einzujagen. Ich glaube, es ist nur eine Ziererei, die sie in der Schule aufgegriffen hat. Sie kann auch anders!«
»Aber Anne, du weißt doch, daß sie immer gestottert hat! Du hast's genauso gemacht, als du so alt warst wie sie. Sie ist furchtbar sensibel!« Die alte Frau nahm die Brille ab, hauchte auf die Gläser und putzte sie mit einem Zipfel ihrer Nähschürze.
»Das wäre also das letzte in der Welt, was ihr guttun würde, wenn man ihr solche Raupen in den Kopf setzte!« erwiderte Anne, schüttelte eins von den grünen Kleidchen aus und stach mit der Nadel in die Falten. »Sie wird genauso wie Rose behandelt, und Boy hat erst recht keine Nerven. Hast du ihn gesehen, als ich ihn heute zum erstenmal aufs Schaukelpferd gesetzt habe? Er hat einfach gejauchzt vor Freude. Von Tag zu Tag wird er seinem Vater ähnlicher.«
»Ja, Boy ist bestimmt ein richtiger Carsfield!« bestätigte die alte Frau und nickte mit dem Kopf.
»Und dann ist da noch eine andre Sache mit Helen«, sagte Anne, »nämlich die seltsame Art, wie sie Boy behandelt und ihn anstarrt und erschreckt. Erinnerst du dich — als er noch ein Baby war, wie sie ihm immer die Flasche weggenommen

hat, um zu sehen, was er tun würde? Rose ist reizend mit Boy, aber Helen...«
Die alte Frau legte ihre Näherei auf den Tisch. Sie schwieg ein Weilchen, und durch die Stille tickte laut die Eßzimmeruhr. Sie wollte Anne einmal gründlich die Meinung sagen über die Art, wie sie und Henry sich zu Helen einstellten, sie falsch behandelten und ihr schadeten, doch das laute Tikken irritierte sie. Sie konnte ihre Gedanken nicht in die richtigen Worte fassen und saß betäubt da, während ihr Gehirn im Takt mit der Eßzimmeruhr tickte.
»Wie laut die Uhr tickt!« war alles, was sie hervorbringen konnte.
›O je, typisch Mutter!‹ dachte Anne. ›Sie weicht wieder aus, anstatt mir beizustehen und mich zu ermutigen!‹ Dann warf sie einen Blick auf die Uhr.
»Mutter, wenn du fertig bist mit dem Kleid, geh doch bitte in die Küche, mach den Kaffee warm und schneide etwas Schinken auf. Henry muß gleich kommen. Ich bin mit dem zweiten Kleid auch beinah fertig.« Sie hielt es hoch, um es besser betrachten zu können. »Sind sie nicht reizend? Sie können den Kindern gut zwei Jahre dienen, und dann taugen sie wahrscheinlich noch für die Schule — verlängert und vielleicht gefärbt.«
»Ich bin froh, daß wir uns für das teurere Material entschieden haben«, sagte die alte Frau.
Sobald Anne allein im Eßzimmer war, vertieften sich ihre Falten. Ihre Mundwinkel sanken herab, und von der Nase zum Kinn zeichnete sich eine scharfe Furche ab. Sie seufzte tief und schob sich das Haar aus der Stirn. Im Zimmer schien keine Luft zu sein, es war so dumpf und stickig. Daß sie sich hier mit der feinen Näherei für Helen abmühte, kam ihr so sinnlos vor. Mit Kindern nahm die Arbeit nie ein Ende, und Dankbarkeit durfte man nicht erwarten — abgesehen von Rose, die eine Ausnahme war. Das war auch ein Alterszeichen bei Mutter, daß sie so verrückte Ansichten über Helen hatte und so leicht beleidigt war, was das Thema betraf. Eins stand jedenfalls fest, sagte sich Mrs. Carsfield: sie würde Helen nicht an Boy heranlassen! Auf unfreundliches Ver-

halten reagierte er genauso empfindlich wie sein Vater. Ein Segen, daß die beiden Mädchen den ganzen Tag in der Schule waren!
Endlich waren die Kleider fertig: zusammengefaltet hingen sie über der Stuhllehne. Sie trug die Nähmaschine zum Büchergestell hinüber, legte die Tischdecke auf und trat ans Fenster. Die Markise war noch nicht heruntergezogen; sie konnte alles im Garten deutlich erkennen. Wahrscheinlich stand irgendwo der Mond. Dann erblickte sie etwas Helles auf der Gartenbank. War es ein Buch? Ja, es mußte ein Buch sein, das dort liegengeblieben war und jetzt vom Tau aufgeweicht wurde. Sie ging in die Halle, zog ihre Überschuhe an, raffte den Rock hoch und lief in den Garten. Es war tatsächlich ein Buch. Sie hob es vorsichtig auf. Es war schon feucht, und der Deckel war verbogen. Sie zuckte die Achseln — auf eine Art, die ihre kleine Tochter ihr bereits nachmachte. Im dämmerigen Garten, der nach Gras und Rosenblättern duftete, verhärtete sich ihr Herz. Dann knarrte das Gartentor, und sie sah Henry den Weg heraufkommen.
»Henry!« rief sie.
»Anne«, rief er, »um Himmels willen, was tust du denn hier? Bist du mondsüchtig?« Sie lief auf ihn zu und küßte ihn.
»Ach, Henry, sieh dir das Buch an!« rief sie. »Helen hat es wieder herumliegen lassen! — Aber wie du nach Zigarren riechst!«
»Wenn man mit den andern Männern zusammensitzt, muß man unbedingt eine anständige Zigarre rauchen!« erklärte Henry. »Es sieht schlecht aus, wenn man's nicht tut. Aber komm ins Haus, Anne, du hast nicht genug an! Laß doch das dumme Buch! Du frierst ja, Kind! Du zitterst schon!« Er legte ihr den Arm um die Schulter. »Siehst du den Mond da oben neben dem Schornstein? Es ist eine schöne Nacht! Ich hab' die Männer heute abend weiß Gott zum Lachen gebracht — hab' eine furchtbar witzige Bemerkung gemacht! Der eine sagte nämlich: ›Das Leben ist ein Kartenspiel‹, und ohne lange zu überlegen, ist mir's rausgefahren...« Henry blieb vor der Tür stehen und hielt den Finger an die Stirn. »Ich hab' gesagt... na, den genauen Wortlaut hab' ich also

vergessen, aber sie haben gebrüllt vor Lachen, mein Schatz, regelrecht gebrüllt. Jedenfalls wird's mir heut abend im Bett wieder einfallen, was ich gesagt habe — du weißt ja, daß mir dann alles einfällt.«

»Ich möchte das Buch in die Küche bringen, damit es auf dem Handtuchständer trocknet«, sagte Anne. Als sie die Seiten ärgerlich umblätterte, dachte sie: ›Henry hat wieder Bier getrunken, das bedeutet Magenverstimmung für morgen. Und Helen heute zu erwähnen, hat keinen Sinn.‹

Als Henry fertig gegessen hatte, lehnte er sich in seinen Sessel zurück, stocherte in den Zähnen herum und klopfte auf sein Knie, damit Anne kommen und sich draufsetzen sollte. Er schäkerte mit ihr herum und fragte dann: »Was für grüne Kinkerlitzchen sind das da auf der Stuhllehne? Habt ihr wieder was angestellt, Mutter und du?«

Anne warf einen völlig gleichgültigen Blick auf die grünen Kleider und sagte kühl: »Kleidchen für die Kinder. Aus Resten zusammengeschustert — für sonntags.«

Die alte Frau räumte Henrys Teller und Tasse und Untertasse zusammen und zündete eine Kerze an.

»Ich glaube, ich geh' jetzt zu Bett«, sagte sie heiter.

›Lieber Himmel, wie ungeschickt von Mutter‹, dachte Anne. ›Wenn sie weggeht, macht sie Henry wieder mißtrauisch — wie immer, wenn sich etwas Unerfreuliches zusammenbraut!‹

»Nein, geh noch nicht, Mutter!« rief Henry gutgelaunt. »Laß mich doch mal die Dinger anschauen!« Sie zeigte ihm die Kleider und lächelte leise. Henry rieb den Stoff prüfend zwischen seinen Fingern.

»Das sind also die Reste, Anne? Die fühlen sich aber nicht wie die Sonntagshose an, die mir meine Mutter aus 'ner alten Bügeldecke machte! Wieviel hast du für einen Yard bezahlt?« Anne nahm ihm die Kleider weg und spielte mit einem Knopf an seiner Weste.

»Laß doch den genauen Preis, Schatz! Mutter und ich haben ihn noch ziemlich heruntergedrückt, obwohl es schon billig war. Und warum kümmern sich große, starke Männer um Kinderkleidchen? Erzähl mir, ob Lumley heute abend da war!«

»Ja, er hat gesagt, ihr Junge wär' auch ein bißchen O-beinig gewesen, als er so alt wie unsrer war. Er hat mir von einem neuen Kinderstuhl erzählt, der jetzt in Claytons Laden zu haben ist und in dem sie mit geraden Beinen sitzen müssen. Dabei fällt mir ein: hat Clayton noch nicht die Monatsrechnung geschickt?«
Sie war auf seine Frage gefaßt — hatte gewußt, daß sie kommen würde.
Gähnend glitt sie von seinen Knien.
»O je!« sagte sie. »Ich glaube, ich mach's wie Mutter. Ich muß ins Bett!« Sie sah Henry geistesabwesend an. »Hast du was von Rechnung gesagt, Schatz? Ach, die such' ich morgen raus!«
»Nein, warte doch, Anne!« Henry stand auf und ging zum Geschirrschrank, wo sie die Mappe mit den Rechnungen aufhoben. »Morgen geht's nicht, weil Sonntag ist. Muß das in Ordnung bringen, eh' ich in die Klappe gehe! Setz dich mal dorthin — in den Schaukelstuhl! Brauchst ja nicht zu stehen!«
Sie ließ sich in den Stuhl sinken und summte vor sich hin, doch ihre Gedanken flogen kühl und geschäftig umher, während sie die Blicke auf den breiten Rücken ihres Mannes heftete, der sich über die Schranktür beugte. Er vertrödelte viel Zeit mit dem Suchen der Mappe.
›Er läßt mich absichtlich so lange warten‹, dachte sie. ›Wir können's uns doch leisten — hätte ich's sonst getan? Ich kenne unser Einkommen und unsre Ausgaben — bin doch kein Dummkopf! Der Teufel soll's holen — jeden Monat die Rechnungen durchsehen!‹ Und sie dachte an ihr Bett oben und sehnte sich danach. Sie bildete sich ein, daß sie noch nie im Leben so müde gewesen wäre.
»Da haben wir sie ja!« sagte Henry und schleuderte die Mappe auf den Tisch.
»Hol mal deinen Stuhl ran!«
»Hier ist Clayton: sieben Yards grünen Kaschmir zu fünf Shilling der Yard — macht fünfunddreißig Shilling!« Er las den Posten zweimal — dann kniff er die Rechnung zusammen und beugte sich zu Anne hinüber. Er hatte einen roten Kopf, und sein Atem roch nach Bier. Sie wußte genau, wie

er alles hinnahm, wenn er so gelaunt war. Deshalb zog sie nur die Brauen hoch und nickte.
»Du willst also wirklich behaupten, das Zeugs kostet fünfunddreißig Shilling?« tobte Henry los. »Das Zeugs, das du für die Kinder zusammengeschustert hast? Großer Gott! Jeder würde glauben, du hättest einen Millionär geheiratet! Mit dem Geld kannst du deiner Mutter 'ne Ausstattung kaufen! Du machst dich vor der ganzen Stadt lächerlich! Und was glaubst du, wie ich dem Kleinen jetzt ein Kinderstühlchen kaufen kann, wenn du meinen Verdienst so zum Fenster rauswirfst? Dauernd liegst du mir in den Ohren, daß man Helen nicht nett und sauber halten kann — und dann gehst du hin und behängst sie mit grünem Kaschmir für fünfunddreißig Shilling...«
Die Stimme tobte immer weiter.
›Bis morgen früh hat er sich beruhigt‹, dachte Anne, ›sowie das Bier verraucht ist!‹ Und später, als sie sich ins Bett hinaufschleppte, kam ihr noch ein Gedanke: ›Wenn er sieht, wie lange der Stoff hält, wird er's verstehen...‹

Der Sonntagmorgen war strahlend schön. Henry und Anne saßen ausgesöhnt im Eßzimmer und warteten auf das Glockenläuten zum Kirchgang, während Carsfield junior die Begleitmusik machte: unermüdlich hämmerte Boy mit einem Soßenlöffel, den sein Vater ihm vom Frühstückstisch geholt hatte, auf das Schutzbrett seines Kinderstühlchens.
»Der Bengel hat Muskeln!« sagte Henry voller Stolz. »Ich hab's mit der Uhr kontrolliert: fünf Minuten ohne aufzuhören hält er das schon durch!«
»Wunderbar!« sagte Anne und knöpfte ihre Handschuhe zu. »Aber ich finde, den Löffel hat Boy jetzt lange genug gehabt, du nicht auch, Schatz? Ich habe Angst, daß er ihn in den Mund steckt!«
»Ach, ich behalte ihn schon im Auge!« Henry beugte sich über seinen kleinen Sohn. »Immer feste, mein Junge! Beweise deiner Mutter, daß Jungen gern Krach machen!«
Anne schwieg beharrlich. Wenigstens lenkte es ihn von den Mädchen ab, wenn die in ihrer Kaschmirpracht herunterkä-

men. Hoffentlich hatte sie ihnen genügend eingehämmert, wie furchtbar wichtig es war, sich in acht zu nehmen und die Kleider gleich nach der Kirche und noch vor dem Mittagessen wieder auszuziehen. Aber warum stellte sich Helen überhaupt so an, wenn man sie zurechtmachte? Doch da ging die Tür auf, und die alte Frau schob die Kinder ins Zimmer, mit Kleidern und Strohhüten und flatternden Hutbändern. Anne zitterte vor Freude — sie konnte einfach nicht anders! Wie vornehm sahen die Kinder aus! Und Rose hatte obendrein ihr Gebetbuch in der Hand, das sie in einer weißen, mit einem rotwollenen Kreuz bestickten Hülle trug! Doch rasch tat sie wieder gleichgültig und drängte, es sei schon spät. Von Henry hörte sie kein weiteres Wort zum Thema, obwohl die fünfunddreißig Shilling ›in Ware‹ den ganzen Weg zur Kirche Hand in Hand vor ihm hergingen. Anne fand es hochanständig und großzügig von ihm. Sie blickte zu ihm auf, wie er — Schultern zurück, Brust heraus — neben ihr einherschritt. Wie gut er in dem langen schwarzen Gehrock wirkte, aus dem die weiße Seidenkrawatte noch eben hervorschaute! Und die Kinder waren seiner würdig. In der Kirche drückte sie seine Hand und gab ihm durch das stumme Zeichen zu verstehen: ›Nur um deinetwillen habe ich die teuren Kleider gekauft, Henry! Du wirst es zwar nicht einsehen, aber es ist bestimmt so!‹ Sie war sogar selbst davon überzeugt.
Auf dem Nachhauseweg begegnete die Familie Carsfield dem Doktor Malcolm auf einem Spaziergang mit seinem schwarzen Hund, der in der Schnauze den Stock des Doktors trug. Der Arzt blieb stehen und erkundigte sich so eingehend nach dem Befinden des kleinen Jungen, daß Henry ihn zum Mittagessen einlud.
»Kommen Sie auf einen Löffel Suppe zu uns«, sagte er, »dann können Sie Boy selbst sehen!«
Doktor Malcolm nahm dankend an.
Er ging neben Henry und rief Helen über die Schulter zu: »Gib bitte acht auf *meinen* Boy und paß auf, daß er den Spazierstock nicht verschluckt! Sonst würde ihm nämlich ein Baum aus der Schnauze wachsen! Oder er würde in seinen

Schwanz wandern und den so hart machen, daß er dich beim kleinsten Wedeln halb tot schlägt!«
»Aber nein, Doktor Malcolm!« lachte Helen und bückte sich über den Hund. »Komm, Wauwau, gib mir den Stock! Sei ein lieber Wauwau!«
»Helen, dein Kleid!« warnte Anne.
»Ja, wirklich«, sagte Doktor Malcolm, »sie sehen heute prima aus, die kleinen Damen!«
»Es ist so richtig Roses Farbe«, sagte Anne. »Ihr Teint ist viel kräftiger als Helens...«
Rose errötete. Der Doktor zwinkerte ihr zu und mußte sich beherrschen, um nicht zu erklären, sie sähe wie eine Tomate auf grünem Salat aus.
›Das Kind braucht unbedingt einen Dämpfer‹, dachte er bei sich. ›Helen ist mir tausendmal lieber. Na, sie wird sich allmählich durchsetzen und ihnen zeigen, was 'ne Harke ist!‹
Als sie zu Hause eintrafen, hielt Boy noch sein Mittagsschläfchen, und der Doktor bat, ob Helen ihm den Garten zeigen dürfe. Henry willigte gerne ein — seine gastfreundliche Geste bereute er schon —, und Anne ging in die Küche, um mit dem Mädchen zu sprechen.
»Mumma, laß mich mitkommen und die Soße kosten!« bettelte Rose.
»Ha, die wären wir los!« brummte Doktor Malcolm.
Er machte sich's auf der Gartenbank gemütlich — zog die Füße herauf und nahm seinen Hut ab, um der Sonne Gelegenheit zu geben, ›noch eine Ernte hervorzulocken‹, wie er Helen sagte.
Sie fragte ihn ernst: »Doktor Malcolm, gefällt Ihnen mein Kleid wirklich?«
»Natürlich, mein Herzchen. Dir nicht?«
»Doch, sehr: ich möcht's nie mehr ausziehen. Aber das Theater mit dem Anproben und Herumzupfen und tu dies nicht und tu das nicht! Ich glaube, Mutter würde mich umbringen, wenn mit dem Kleid was passiert. In der Kirche mußte ich die ganze Zeit auf dem Unterrock knien, weil das Fußkissen staubig ist.«
»Was — so schlimm steht es?«

Der Doktor riß die Augen auf.
»Noch viel, viel schlimmer!« lachte Helen und tanzte über den Rasen. »Verrückt schlimm!«
»Paß auf, daß sie dich nicht hören, Helen!«
»Pah! Geschieht ihnen recht! Ist ja bloß dummer alter Kaschmir. Wenn sie nicht hier sind, können sie mich auch nicht sehen, also ist's egal. Aber wenn sie da sind, dann ist mir gar nicht wohl zumute!«
»Mußt du deinen Staat nicht vor dem Mittagessen ausziehen?«
»Nein — weil Sie hier sind!«
»O je, mir schwant Unheil!« ächzte der Doktor.
Der Kaffee wurde im Garten gereicht. Das Mädchen stellte ein paar Korbstühle auf den Rasen und breitete eine Reisedecke für den kleinen Jungen aus. Die Töchter durften weggehen, um zu spielen.
»Hör auf, Doktor Malcolm zu plagen, Helen!« mahnte Henry. »Leute, die nicht zur Familie gehören, muß man nicht belästigen!« Helen schmollte und ging fort, um sich mit Schaukeln zu trösten. Sie schwang sich sehr hoch und dachte, Doktor Malcolm sei ein sehr schöner Mann. Dann fragte sie sich, ob sein Hund die Knochen aufgefressen habe, die er auf dem Hof in einem Teller bekommen hatte. Da mußte sie doch gleich mal nachsehen! Sie schaukelte langsamer und wagte einen tollen Sprung: ihr enger Rock blieb an einem Nagel hängen — sie hörte, wie es ratschte, und schaute schnell zu den andern hinüber — die hatten nichts bemerkt — und dann auf ihr Kleid: das Loch war so groß, daß man die Hand hindurchstecken konnte! Sie bekam keinen Schreck — und es tat ihr auch nicht leid. ›Ich zieh' mich einfach um‹, dachte sie.
»Helen, wohin gehst du?« rief Anne.
»Bloß ins Haus, ein Buch holen«, sagte Helen.
Der alten Frau war es aufgefallen, daß Helen ihr Röckchen so eigenartig gerafft hatte. Vielleicht war das Band an ihrem Unterrock aufgegangen. Aber sie machte keine Bemerkung. Sowie Helen im Schlafzimmer war, knöpfte sie das Kleid auf, schlüpfte heraus und überlegte, wohin damit? Irgendwo mußte sie es verstecken. Sie sah sich im ganzen Zim-

mer um — kein Fleck war sicher vor ihnen, höchstens auf dem Schrank oben. Aber auch wenn sie sich auf einen Stuhl stellte, konnte sie nicht so hoch hinaufwerfen — es fiel ihr jedesmal wieder auf den Kopf, das greuliche, verhaßte Ding! Dann fiel ihr Blick auf den Schulranzen, der am Bettpfosten hing. Es wurde in die Schulschürze gewickelt und in den Ranzen gesteckt, und obendrauf das Federetui! Dort würden sie es nie suchen. Im Alltagskleid kehrte sie in den Garten zurück — vergaß aber das Buch.

»Ooooh!« rief Anne und lächelte spöttisch. »Doktor Malcolm zu Ehren hat sie eine neue Seite aufgeschlagen! Sieh bloß, Mutter, Helen hat sich umgezogen, ohne daß man's ihr gesagt hat! Komm her, Liebling, laß dich fertig anziehen!« Dann flüsterte sie Helen ins Ohr: »Wo hast du dein Kleid gelassen?«

»Am Bett! Wo ich's ausgezogen habe«, säuselte Helen.

Doktor Malcolm unterhielt sich mit Henry über die Vorteile der Internatserziehung für Söhne von Geschäftsleuten, nahm aber auch auf, was sich zwischen Mutter und Tochter abspielte. Als er Helen beobachtete, roch er Lunte: die Sache kam ihm sehr verdächtig vor.

Im ganzen Haus herrschte Verwirrung und Bestürzung. Das eine der beiden Kaschmirkleider war verschwunden, war spurlos vom Erdboden weggezaubert worden — in der kurzen Zeit, als Helen es auszog und die Kinder sich zum Tee setzten!

»Zeig mir genau die Stelle!« befahl Mrs. Carsfield zum zwanzigstenmal. »Sag mir die Wahrheit, Helen!« schalt sie.

»Mumma, ich schwör's dir, ich hab's auf dem Boden liegenlassen!«

»Wenn's nicht da ist, nützt alles Schwören nichts! Es kann nicht gestohlen worden sein!«

»Aber als ich nach oben ging, um mich umzuziehen, hab'ich einen sehr komischen Mann in einer weißen Mütze gesehen, der ist die Straße auf und ab gegangen und hat auf die Fenster gestarrt!«

Anne blickte ihre Tochter scharf an. »Jetzt *weiß* ich, daß du

lügst!« sagte sie. Dann drehte sie sich zu der alten Frau um, und in ihrer Stimme schwangen Triumph und innige Genugtuung mit: »Hast du die Räubergeschichte gehört, Mutter?«
Als sie sich dem Fußende des Bettes näherten, wurde Helen rot und kehrte ihnen den Rücken zu. Manchmal hätte sie am liebsten geschrien: ›Ich hab's zerrissen! Ich hab's zerrissen!‹, und dann bildete sie sich ein, daß sie's gesagt und ihre Gesichter gesehen hätte — so wie sie manchmal träumte, sie sei aufgestanden und habe sich angezogen. Aber je später es wurde, desto gleichgültiger wurde sie und freute sich schließlich nur auf eins: daß alle Menschen einmal schlafen gehen mußten. Wütend starrte sie auf die Sonne, die noch immer durchs Fenster schien und ein Muster auf den kahlen Fußboden des Kinderzimmers zeichnete. Und dann blickte sie auf Rose, die am Tisch saß, einen Bibelspruch ausmalte und einen ganzen Eierbecher voll Wasser für sich allein hatte...
Henry war es gewohnt, als letztes einen Blick ins Kinderzimmer zu werfen. Helen hörte, wie die Dielen unter seinem Schritt knarrten, und verkroch sich unter der Bettdecke.
»Helen schläft nicht!« piepste Rose.
Henry setzte sich ans Bett und zupfte an seinem Schnurrbart.
»Wenn's nicht Sonntag wäre, Helen, würde ich dich auspeitschen, aber so und weil ich morgen ganz früh ins Büro muß, werde ich dir morgen nach dem Tee eine tüchtige Tracht Prügel geben... Hast du mich gehört?«
Sie stöhnte.
»Du liebst doch deine Eltern, nicht wahr?«
Es kam keine Antwort.
Rose stieß Helen mit dem Fuß an.
Henry seufzte schwer.
»Jedenfalls liebst du Jesus, nicht wahr?«
»Rose hat mich mit dem Zehennagel am Bein gekratzt!« antwortete Helen.
Henry stampfte aus dem Zimmer und warf sich auf sein Bett und, wie Anne feststellte, mit den Straßenstiefeln auf die gestärkte Schlummerrolle, aber sie wagte nicht, Einspruch zu erheben, denn er war wirklich überwältigt. Die alte Frau

war auch gerade im Schlafzimmer und kämmte gemächlich die Haare aus Annes Haarbürste. Henry erzählte ihnen, was er eben mit Helen erlebt hatte, und war befriedigt, als er Annes Tränen gewahrte.
»Rose ist tatsächlich nach dem Bad am nächsten Samstag mit ihren Zehennägeln an der Reihe«, erläuterte die alte Frau.
Mitten in der Nacht stieß Henry seine Frau mit dem Ellbogen an.
»Eben ist mir etwas eingefallen«, sagte er. »Malcolm steckt hinter dem Ganzen!«
»Wer?... Wieso?... Wo dahinter?«
»Hinter den verdammten grünen Kleidern!«
»Es würde mich nicht wundern«, brachte sie heraus — und dachte dann: ›Wenn *ich* ihn mitten in der Nacht geweckt hätte, um ihm so etwas Verrücktes zu sagen, wär' er geplatzt vor Wut!‹

»Ist Mrs. Carsfield zu Hause?« fragte Doktor Malcolm.
»Nein, Sir, sie ist ausgegangen, einen Besuch machen.«
»Ist Mr. Carsfield irgendwo im Haus oder Garten?«
»O nein, Sir, mittags ist er nie zu Hause.«
»Führen Sie mich ins Wohnzimmer!«
Das Mädchen öffnete die Wohnzimmertür und schielte auf die Arzttasche. Sie wünschte, er ließe sie auf dem Flur stehen, auch wenn sie nur die Außenseite befühlen könnte, ohne sie aufzumachen. Aber der Arzt behielt sie in der Hand.
Die alte Frau saß im Wohnzimmer und hatte ihr Strickzeug auf dem Schoß. Ihr Kopf war hintenüber gesunken — der Mund stand leicht offen, sie schlief und schnarchte leise. Als sie die Schritte des Arztes hörte, schrak sie zusammen und richtete ihre Haube.
»Oh, Doktor Malcolm, wie Sie mich erschreckt haben! Ich hatte gerade geträumt, daß Henry für Anne fünf Kanarienvögel gekauft hat. Bitte setzen Sie sich doch!«
»Nein, danke! Ich kam nur auf gut Glück vorbei, ob ich Sie hier allein antreffen würde... Sehen Sie meine Ledertasche?«
Die alte Frau nickte.
»Verstehen Sie, wie man solche Taschen öffnet?«

»Eigentlich war's mein Mann, der viel gereist ist — aber ich hab' auch schon mal eine ganze Nacht in einem Eisenbahnabteil zugebracht!«
»Dann versuchen Sie mal, die hier zu öffnen!«
Die alte Frau kniete sich auf den Boden, und ihre Finger zitterten.
»Es ist hoffentlich nichts zum Fürchten drin?« fragte sie.
»Nein, beißen tut's nicht«, sagte Doktor Malcolm.
Das Schloß sprang auf — die Tasche gähnte wie ein zahnloser Rachen — und auf dem Grunde sah sie, zusammengefaltet, grünen Kaschmir mit schmalem Spitzenbesatz an Hals und Ärmeln.
»Sieh einer an!« sagte die alte Frau gemütlich. »Darf ich's rausnehmen?« Sie war weder verblüfft noch erfreut — und der Doktor war enttäuscht.
»Helens Kleid!« sagte er, beugte sich näher an ihr Ohr und hob die Stimme. »Der Sonntagsstaat der kleinen Range!«
»Ich bin nicht taub, Doktor Malcolm«, wehrte sich die alte Frau. »Ja, es kam mir auch so vor. Hab' noch gerade heute früh zu Anne gesagt, irgendwo wird es sicher auftauchen.«
Sie schüttelte das Kleidchen auf und musterte es. »So geht's immer, wenn man den Dingen Zeit läßt. Ich hab's oft erlebt. Es ist ein Segen.«
»Sie kennen doch den Briefträger Lindsay? Er leidet an Magengeschwüren — mußte heute früh dort Visite machen... und sah, wie Lena das Kleid anbrachte. Helen hat's ihr auf dem Weg zur Schule gegeben. Sie hatte es aus dem Schulranzen gefischt, wo's in eine Schürze eingewickelt lag, und hatte behauptet, ihre Mutter habe gesagt, sie soll's wegschenken, weil's ihr nicht passe. Als ich das Loch sah, habe ich begriffen, was das für 'ne ›neue Seite‹ an der Kleinen war, wie's Mrs. Carsfield gestern ausgedrückt hat. Hab' die Sache gleich durchschaut, hab' bei Claytons etwas von dem Stoff gekauft, hab's von meiner Schwester Bertha ausbessern lassen, während ich beim Mittagessen war. Ich konnte mir denken, was hier passieren sollte — und hab' gehofft, daß Sie Helen durchschummeln würden, schon, um's Henry heimzuzahlen!«
»Sehr aufmerksam von Ihnen«, sagte die alte Frau. »Ich wer-

de Anne erzählen, ich hätt's unter meinem Mantel entdeckt.«
»Das ist jetzt Ihre Sache!« sagte Doktor Malcolm.
»Aber natürlich würde Helen die Prügel bis morgen wieder vergessen haben — und ich hatte ihr zum Trost eine neue Puppe versprochen...« Die alte Frau sagte es mit leisem Bedauern.
Doktor Malcolm ließ seine Tasche zuschnappen. ›Hat ja keinen Sinn, mit der Alten zu reden‹, dachte er. ›Sie versteht bloß die Hälfte von dem, was ich sage. Anscheinend habe ich nicht viel mehr erreicht, als Helen um eine neue Puppe zu bringen!‹

Die Frau im Kaufladen

Den ganzen Tag war die Hitze entsetzlich gewesen. Der Wind wehte dicht am Boden hin; er wühlte im Blütengras und stöberte die Landstraße entlang, so daß uns der weiße Bimssteinstaub ins Gesicht wirbelte, absackte und auf uns niederrieselte und wie juckender Schorf liegenblieb. Die Pferde stolperten hustend und schnaubend weiter. Das Packpferd war krank — es hatte eine große, offene, aufgeriebene Wunde am Bauch. Hin und wieder blieb es plötzlich stehen und warf den Kopf auf, sah uns an, als wolle es weinen, und wieherte. Die Lerchen tirilierten zu Hunderten. Der Himmel war von einem schieferfarbenen Grau, und der schrille Lerchenlaut erinnerte mich an Griffel, die auf Schultafeln herumkratzten.
Nichts war zu sehen als wogendes Blütengras, betupft mit rötlichen Orchideen und dick mit Spinnweb überzogenen Manukasträuchern.
Jo ritt vorneweg. Er trug ein gestreiftes blaues Drellhemd, Kordhosen und Reitstiefel. Um den Hals hatte er sich ein weißes Tuch mit roten Klecksen gebunden — es sah aus, als hätte er Nasenbluten gehabt. Unter seinem Schlapphut hing das weiße Haar in Strähnen herunter, Schnurrbart und Augenbrauen waren beinah weiß; schlaksig und mürrisch saß er im Sattel. An jenem Tag hatte er kein einzigesmal gesungen:

>*Mich kümmert's alles einen Dreck,
denn Schwiegermama reitet vorneweg!*‹

Es war seit einem Monat der erste Tag, an dem wir es nicht genossen hatten, und jetzt schien uns sein Schweigen nicht ganz geheuer. Jim ritt neben mir, weiß wie ein Clown. Seine schwarzen Augen glitzerten, und dauernd schnellte seine Zunge vor, um die Lippen zu befeuchten. Er trug nur ein Unterhemd und eine blaue Drellhose, die von einem geflochtenen Ledergürtel gehalten wurde. Seit dem Morgengrauen hatten wir kaum miteinander gesprochen. Unsern Lunch in

Form von fliegenumschwärmten Keksen und Aprikosen hatten wir neben einem morastigen Bach eingenommen.
»Mein Magen fühlt sich wie'n Hühnerkropf an«, sagte Jo. »Nun laß mal sehen, Jim — du bist ja der Neumalkluge hier: wo ist denn der Kaufladen, von dem du dauernd quasselst? ›Oho‹, hast du gesagt, ›ich weiß einen feinen Laden mit einer Koppel für die Pferde, wo ein Bach durchläuft — gehört einem Freund von mir, der gibt euch 'ne Flasche Whisky, noch ehe er euch die Hand gibt!‹ Den Laden möcht' ich jetzt gern mal sehen, bloß aus Neugier, denn ich glaub' dir aufs Wort, wie du weißt ... *aber* ...«
Jim lachte. »Vergiß nicht, Jo, da ist auch noch 'ne Frau, mit blauen Augen und blonden Haaren, die verspricht dir noch ganz was andres, ehe sie dir die Hand gibt. Da versuch mal, mit fertig zu werden!«
»Bist schon bekloppt von der Hitze, was?« sagte Jo. Aber er drückte dem Pferd die Knie in die Flanken. Wir holperten weiter. Ich ritt wie im Halbschlaf und hatte einen beängstigenden Traum, daß die Pferde überhaupt nicht mehr weiterkämen, und dann, daß ich auf einem Schaukelpferd ritt und meine Mutter mich auszankte, weil ich so furchtbar viel Staub vom Wohnzimmerteppich aufwirbelte. ›Du hast schon das ganze Muster vom Teppich abgewetzt‹, hörte ich sie sagen, und dabei zerrte sie am Zügel. Ich schniefte und wachte auf und sah Jim, der sich boshaft lächelnd zu mir herüberbeugte.
»In den vorletzten Minute!« sagte er. »Hab' dich gerade noch erwischt! Was ist denn? Heia-heia gemacht?«
»Nein!« Ich hob den Kopf. »Gott sei Dank — wir landen irgendwo!«
Wir waren auf einer Hügelkuppe, und unter uns sah ich eine Hütte mit einem Wellblechdach. Sie stand ziemlich abseits der Straße in einem Garten, gegenüber von einer großen Koppel und einem Bach mit einer Gruppe junger Weidenbäumchen. Ein blauer Rauchfaden stieg senkrecht aus dem Schornstein der Hütte, und während ich noch hinsah, trat eine Frau heraus, hinter ihr ein Kind und ein Hund; die Frau hatte etwas in der Hand, was mir wie ein schwarzer

Stecken vorkam. Sie machte uns Zeichen. Die Pferde setzten zu einem Endspurt an. Jo riß sich den Schlapphut vom Kopf, johlte, warf sich in die Brust und sang: »Mich kümmert's alles einen Dreck...« Die Sonne brach durch bleiche Wolken und warf ein kräftiges Licht auf das Bild. Sie glomm im blonden Haar der Frau, auf ihrer flatternden Schürze und der Flinte in ihrer Hand. Das Kind versteckte sich hinter ihrem Rock, und der lohfarbene Hund, ein räudiger Köter, trottete mit eingezogenem Schwanz in die Hütte zurück. Wir zogen die Zügel an und stiegen ab.
»Hallo«, kreischte die Frau, »hab' geglaubt, ihr seid drei Bussarde! Meine Kleine kommt zu mir gerannt: ›Mumma‹, schreit sie, ›da kommen drei Braune über die Kuppe!‹ Und ich wie der Blitz raus, kann ich euch sagen. ›Sicher sind's Bussarde‹, sag' ich zu ihr. Und ihr würdet's nicht glauben, was für Bussarde es hierherum gibt!«
Die ›Kleine‹ wagte sich mit einem Auge hinter der Schürze ihrer Mutter hervor — und zog sich wieder zurück.
»Wo ist dein Alter?« fragte Jim.
Die Frau blinzelte ein paarmal und verzog das Gesicht.
»Fort. Schafscheren! Schon seit einem Monat. Ihr wollt hoffentlich nicht bleiben? Ein Unwetter zieht rauf.«
»Klar woll'n wir bleiben«, sagte Jo. »Sie sind also ganz allein, Missus?«
Sie stand da, strich über die Rüsche ihrer Schürze und musterte uns nacheinander wie ein hungriger Vogel. Ich mußte lachen, wenn ich dran dachte, was Jim uns über sie vorerzählt hatte. Ihre Augen waren zwar blau, und das bißchen Haar, das sie hatte, war blond, aber es war häßlich. Sie war die reinste Karikatur. Wenn man sie ansah, meinte man, unter der Schürze wäre nichts als Stöcke und Drähte; die Vorderzähne waren eingeschlagen, die Hände waren rot und aufgequollen, und an den Füßen trug sie schmutzige Halbschuhe.
»Ich will mal erst die Pferde auf die Koppel lassen«, sagte Jim. »Hast du was zum Einreiben? Poi hat sich verdammt wund gerieben!«
»Halt! Warte mal!« Die Frau stand einen Augenblick still, aber sie atmete so heftig, daß sich ihre Nasenflügel blähten.

Dann brüllte sie wie wild: »Ich möcht' nicht, daß ihr bleibt...
Ihr könnt nicht, und damit Schluß! Die Koppel vermiete ich
schon lang nicht mehr. Ihr müßt weiter; ich hab' nix für euch!«
»Das soll doch der Teufel holen!« ärgerte sich Jo. Er nahm
mich auf die Seite. »Hat ein paar Schrauben locker!« flüsterte er bedeutsam. »Zuviel allein, verstehst du! Man muß das
freundliche Register ziehen, dann wird sie sich's überlegen.«
Aber es war nicht mehr nötig — sie hatte sich's schon überlegt.
»Dann bleib meinetwegen«, murrte sie und zuckte die Achsel. Zu mir gewandt: »Ich gebe Ihnen das Mittel zum Einreiben, wenn Sie mitkommen.«
»Fein, dann bring' ich's denen auf die Koppel!« Wir gingen
zusammen den Gartenweg entlang. Er war auf beiden Seiten mit Kohl bepflanzt. Er roch wie abgestandenes Spülwasser. Blumen waren auch ein paar da: gefüllter Mohn und
Bartnelken. Ein kleiner Fleck war mit Palmwedeln abgeteilt — wahrscheinlich gehörte er der Kleinen, denn sie trennte sich von der Mutter und begann die Erde mit einer zerbrochenen Wäscheklammer umzugraben. Der lohfarbene
Hund lag auf der Schwelle und flöhte sich. Die Frau gab ihm
einen Fußtritt.
»Scht! Scher dich, du Vieh!... Alles ist unordentlich. Hab'
heut noch keine Zeit zum Aufräumen gehabt — mußte bügeln. Kommen Sie nur mit!«
Es war ein großer Raum. Die Wände waren mit Bildern aus
alten englischen Zeitschriften beklebt. Die neueste Nummer
war anscheinend das Regierungsjubiläum der Königin Victoria. Ein Tisch mit einem Bügelbrett und einem Waschzuber darauf, ein paar Holzbänke, ein schwarzes Roßhaarsofa
und ein paar an die Wand geschobene, zerbrochene Korbstühle. Der Sims über dem Kamin war mit rosa Papier ausgeschlagen und außerdem mit getrockneten Gräsern und
Farnkraut und einem Druckbild von Richard Seldon geschmückt. Vier Türen waren da: eine führte, dem Geruch
nach zu schließen, in den ›Laden‹, eine auf den Hof, und
durch eine dritte sah ich ins Schlafzimmer. Fliegen sirrten in
Kreisen unter der Decke herum, und Streifen mit Fliegen-

leim und Büschel getrockneten Klees waren an die Fenstervorhänge geheftet.
Ich war allein im Zimmer; sie war in den Laden gegangen und suchte das Mittel zum Einreiben. Ich hörte sie herumstapfen und vor sich hinbrummen: »Ich hatte welche — wo hab' ich die Flasche hingestellt? Hinter die Gewürzgurken? Nein, da ist sie auch nicht!« Ich machte eine Ecke auf dem Tisch frei, setzte mich und ließ die Beine baumeln. In der Koppel unten konnte ich Jo singen hören und die Hammerschläge, mit denen er die Zeltpflöcke in den Boden trieb. Die Sonne ging schon unter. In unserm Neuseelandklima gibt es keine Dämmerung, nur eine sonderbare halbe Stunde, in der alles grotesk und furchterregend wirkt — als wanderte der wilde Geist des Landes umher und hohnlachte über das, was er sah. Als ich so allein in dem häßlichen Zimmer saß, wurde mir bange. Die Frau nebenan brauchte viel Zeit, um das Zeugs zu finden. Was tat sie bloß da drin? Einmal war mir so, als hörte ich sie mit der Faust auf den Ladentisch schlagen, und einmal fing sie an zu stöhnen, verbarg es aber unter Husten und Räuspern. Ich wollte ihr zurufen: ›Mach dalli!‹, aber ich blieb stumm.
›Großer Gott, was für ein Leben!‹ dachte ich. ›Wenn man sich vorstellt: tagein tagaus hier mit dieser Ratte von Kind und dem räudigen Hund zu hausen! Und sich da noch mit Bügeln abmühen! Klar ist sie verrückt! Wie lange mag sie schon hier sein? Ob ich sie zum Reden bringen kann?‹
Endlich steckte sie den Kopf durch den Türspalt.
»Was hatten Sie haben wollen?«
»Was zum Einreiben!«
»Ach, ich hab's vergessen! Hab's ja schon — hat vor den Gurkengläsern gestanden.« Sie gab mir die Flasche.
»Meine Güte, Sie sehen aber müde aus! Soll ich Ihnen zum Abendbrot ein paar Grützkuchen aufwärmen? Im Laden ist auch noch 'ne Pökelzunge, und wenn Sie wollen, kann ich Ihnen Kohl kochen!«
»Prima!« Ich lächelte ihr zu. »Kommen Sie zum Teetrinken in die Koppel runter, und bringen Sie die Kleine mit!«
Sie schüttelte den Kopf und verzog den Mund.

»Nein, nein! Dazu hab' ich keine Lust. Ich schick' aber die Kleine mit den Sachen runter — und mit 'ner Kanne Milch. Soll ich ein paar Grützkuchen extra machen, die ihr morgen mitnehmen könnt?«
»Ja, bitte!«
Sie blieb in der Tür stehen.
»Wie alt ist die Kleine?«
»Sechs — nächste Weihnachten. Hab' ein bißchen Mühe mit ihr gehabt, mal dies, mal das. Hab' zuerst keine Milch für sie gehabt, den ganzen ersten Monat nicht, und sie hat so hingekränkelt wie 'n Kalb.«
»Sie gleicht Ihnen gar nicht — schlägt wohl dem Vater nach, was?« So wie die Frau uns vorhin wütend abgewiesen hatte, schrie sie mich jetzt wieder an.
»Keine Spur! Sie ist mir aus den Augen geschnitten! Das sieht doch jeder Doofkopp! Komm jetzt rein, Else, und hör auf, im Dreck rumzumanschen!«
Ich traf Jo, als er über den Zaun der Koppel kletterte.
»Was hat die alte Ziege denn alles in ihrem Laden?«
»Weiß nicht — hab' nicht nachgeschaut!«
»Na, so dumm! Jim schimpft auf dich! Was hast du denn die ganze Zeit gemacht?«
»Gewartet — sie konnte das Zeugs nicht finden. Lieber Himmel, siehst du aber flott aus!«
Jo hatte sich gewaschen, das nasse Haar über der Stirn in eine gerade Linie gekämmt und eine Jacke über sein Hemd geknöpft. Er grinste.
Jim riß mir die Flasche aus der Hand. Ich ging ans untere Ende der Koppel, wo die Weiden wuchsen, und badete im Bach. Das Wasser war klar und so weich wie Öl. Weißer Schaum kreiste und sprudelte längs der mit Gras und Binsen bestandenen Ufer. Ich lag im Wasser und blickte in die Bäume hinauf, die einen Augenblick still waren, dann leise witterten und wieder still waren. Die Luft roch nach Regen. Ich vergaß die Frau und das Kind, bis ich wieder zum Zelt kam. Jim lag vor dem Feuer und beobachtete, wie der Blechkessel kochte. Ich fragte ihn, wo Jo war, und ob das Kind unser Abendbrot gebracht hätte.

»Pah!« sagte Jim, rollte sich herum und starrte in den Himmel. »Hast du nicht gesehen, wie Jo sich aufgedonnert hat? Bevor er zur Hütte rauf ist, hat er zu mir gesagt: ›Verdammt noch eins, bei Abendbeleuchtung wird sie schon besser aussehen – und es ist Weiberfleisch, mein Junge!‹«
»Du hast Jo schön angeführt mit ihrem Aussehen – und mich auch!«
»Nein – hör mal her! Ich kann's nicht begreifen! Vor vier Jahren bin ich zuletzt hier vorbeigekommen und bin zwei Tage geblieben. Ihr Mann war mal ein guter Freund von mir, unten an der Westküste, ein feiner, großer Bursche mit einer Stimme wie 'ne Posaune. Und sie war Barmaid unten an der Küste – und hübsch wie 'ne Porzellanpuppe! Damals kam die Postkutsche alle vierzehn Tage hier durch, das war, bevor sie die Bahnlinie nach Napier rauf gebaut haben, und da hatte sie einen Mordsbetrieb! Hat mir mal in einem vertraulichen Augenblick erzählt, daß sie hundertfünfundzwanzig Arten von Küssen kennt!«
»Ach, hör auf, Jim! Das ist doch nicht dieselbe Frau!«
»Bestimmt ist sie's! Ich kann's nicht begreifen! Kann mir nur vorstellen, daß der Mann abgehauen ist und sie sitzengelassen hat: das mit dem Schafscheren ist geflunkert! Herrje, was für'n Leben! Die einzigen Leute, die jetzt hier vorbeikommen, sind Maori und Landstreicher.«
Durch die Finsternis sahen wir die Schürze der Kleinen schimmern. Sie kam angezottelt, in der einen Hand den Korb, in der andern die Milchkanne. Ich packte den Korb aus, und das Kind stand herum.
»Komm mal her!« sagte Jim und schnalzte mit den Fingern. Sie kam näher. Die Lampe vom Zelt innen warf einen hellen Lichtschein auf sie. Ein mickeriges, zurückgebliebenes Gör mit weißlichem Haar und schwachen Augen. Breitbeinig stand sie da und streckte den Bauch vor.
»Was machst du so den ganzen Tag?« fragte Jim.
Sie bohrte mit dem kleinen Finger im Ohr, betrachtete das Ergebnis und antwortete: »Ich male!«
»Oho! Was malst du denn? Laß mal dein Ohr in Ruhe!«
»Bilder!«

»Wo drauf?«
»Auf Einwickelpapier und mit 'n Bleistift von meiner Mumma!«
»Was — soviel Worte auf einmal?« Jim riß die Augen auf. »Wohl Mähschäfchen und Muhkühe?«
»Nein — alles! Ich mal' euch alle, wenn ihr weg seid, und eure Pferde und das Zelt und die da« — sie zeigte auf mich — »mit keinen Kleidern an, im Bach unten. Hab' sie betrachtet, von wo sie mich nicht gesehen hat!«
»Besten Dank! Bist 'ne tolle Motte!« sagte Jim. »Wo ist dein Papa?«
Die Kleine schmollte.
»Das sag' ich dir nicht, weil ich dein Gesicht nicht leiden kann!« Sie nahm sich das andre Ohr vor.
»Komm«, sagte ich, »nimm den Korb und geh nach Hause und sag dem andern Mann, das Abendbrot ist fertig.«
»Will ich aber nicht!«
»Ich geb' dir eins hinter die Ohren, wenn du's nicht tust!« sagte Jim aufgebracht.
»Ihhh! Das sag' ich Mumma! Das sag' ich Mumma!« Damit riß sie aus.
Wir aßen, bis wir platzten, und waren bei den Zigaretten angelangt, ehe Jo zurückkam — puterrot und fidel, in der Hand eine Whiskyflasche.
»Hier — trinkt mal, ihr beiden!« rief er und tat großherrlich. »Her mit den Bechern!«
»Hundertfünfundzwanzig verschiedene Arten«, raunte ich Jim zu.
»Was war das? Ach, hört doch auf!« murrte Jo. »Warum müßt ihr immer auf mir rumhacken? Du quasselst wie'n Kind beim Kindergottesdienst! Sie möchte, daß wir heut abend raufkommen und gemütlich schwatzen!« Er winkte großartig mit der Hand. »Ich hab' sie rumgekriegt!«
»Das trau' ich dir glatt zu!« lachte Jim. »Aber hat sie dir auch gesagt, wo ihr Alter abgeblieben ist?«
Jo blickte auf.
»Schafscheren! Hast es doch gehört, Dummkopf!«

Die Frau hatte das Zimmer jetzt aufgeräumt und sogar einen kleinen Strauß Bartnelken auf den Tisch gestellt. Sie und ich saßen an der einen Tischseite, Jo und Jim an der andern. Zwischen uns stand die Petroleumlampe, die Whiskyflasche mit den Gläsern und ein Krug Wasser. Die Kleine kniete vor der einen Bank und malte auf Einwickelpapier; ich fragte mich ergrimmt, ob sie sich an der Bachepisode versuchte. Jo hatte recht gehabt mit dem Aussehen bei Abendbeleuchtung. Das Haar der Frau war ein bißchen wirr, zwei rote Flecke brannten ihr auf den Wangen, ihre Augen leuchteten, und wir wußten, daß die beiden unter dem Tisch füßelten. Die Schürze hatte sie gegen eine weiße Morgenjacke und einen schwarzen Rock vertauscht — und sogar das Kind war herausgeputzt, wenn auch bloß mit einem blauseidenen Haarband. In dem stickigen Zimmer, in dem die Fliegen gegen die Decke prallten und auf den Tisch fielen, wurden wir allmählich betrunken.

»Jetzt hört mir mal zu!« schrie die Frau und schlug mit der Faust auf den Tisch. »Sechs Jahre bin ich jetzt verheiratet — und vier Fehlgeburten! Ich sag' zu ihm: ›Was glaubst du eigentlich‹, sag' ich, ›zu was ich hier bin? Wenn du wieder an der Küste unten wärst, würd' ich dich lynchen lassen wegen Kindermord!‹ Immer wieder und wieder hab' ich's ihm gesagt: ›Du hast mir allen Mut genommen und mein Aussehen ruiniert, und wofür?‹ Und wofür — darauf wollt' ich hinaus.« Sie griff sich mit beiden Händen an den Kopf und starrte uns reihum an. Rasch sprach sie weiter: »Oh, manche Tage — aber monatelang — hör' ich das Wort dauernd in mir klopfen: ›Wofür?‹, und manchmal, wenn ich Kartoffeln koche und hebe den Deckel ab, um reinzustechen, dann hör' ich's plötzlich ganz deutlich: ›Wofür?‹ Oh, ich meine ja nicht bloß die Kartoffeln und das Kind, ich meine — ich meine«, sie rülpste —, »na, Sie wissen wohl, was ich meine, Mr. Jo!«

»Ich weiß«, sagte Jo und kratzte sich den Kopf.

»Das Schlimme für mich war, daß er mich zuviel allein gelassen hat!« Sie beugte sich über den Tisch. »Als die Postkutsche nicht mehr hier durchfuhr, ist er manchmal tagelang und manchmal wochenlang weggegangen und hat's mir über-

lassen, mich um den Laden zu kümmern. Dann kam er wieder — quietschvergnügt. ›Oh, hallo!‹ ruft er. ›Wie geht's, wie steht's? Komm, gib mir'n Kuß!‹ Manchmal bin ich 'n bißchen eklig geworden, und da ist er gleich weg, und wenn ich's mir hab' gefallen lassen, hat er gewartet, bis er mich um den Finger wickeln konnte, und dann hat er gesagt: ›Na, leb schön wohl, ich muß jetzt weg!‹ Und glauben Sie, ich hätt' ihn halten können? Ausgeschlossen!«
»Mumma«, quäkte das Kind, »ich hab' ein Bild von den dreien auf der Kuppe gemalt, und von dir und mir und dem Hund hier unten!«
»Halt die Klappe!« sagte die Frau.
Ein greller Blitz züngelte durchs Zimmer, und wir hörten den Donner murren.
»Gut, daß es ausgebrochen ist«, sagte Jo. »Ich hab's seit drei Tagen in meinem Kopf gespürt!«
»Wo ist Ihr Mann jetzt?« fragte Jim langsam.
Die Frau schluchzte auf und ließ den Kopf auf den Tisch fallen: »Jim, er ist auf die Schur und hat mich wieder allein gelassen!« jammerte sie.
»Heda, aufgepaßt mit den Gläsern!« sagte Jo. »Prosit! Nehmen Sie noch einen Schluck! Es nützt nichts, über fortgelaufene Männer zu weinen! Jim, du bist ein elender Blödmann!«
»Mr. Jo«, sagte die Frau und trocknete sich die Augen an der Rüsche ihrer Jacke, »Sie sind ein Gent, und wenn ich 'ne Frau wäre, die Geheimnisse hat — mein ganzes Vertrauen würde ich auf Sie setzen! Und da drauf will ich gern noch einen trinken!«
Von Minute zu Minute wurden die Blitze greller, und der Donner kam immer näher. Jim und ich schwiegen. Die Kleine rührte sich nicht von der Bank weg — während sie zeichnete, steckte sie die Zungenspitze heraus und schnaufte übers Papier.
»Es kommt von der Einsamkeit«, sagte die Frau zu Jo, der sie verliebt anglotzte, »und daß man hier wie 'ne Gluckhenne eingesperrt ist!« Er reichte ihr über den Tisch hinweg seine Hand und hielt ihre Hand fest, und obwohl diese Stellung furchtbar unbequem schien, wenn sie Wasser oder Whisy

weiterreichen wollten, blieben ihre Hände doch wie geleimt ineinander liegen. Ich schob meinen Stuhl zurück und ging zu der Kleinen hinüber, die sich sofort auf ihre künstlerischen Heldentaten setzte und mir eine Fratze schnitt.
»Du darfst es nicht anschauen!« sagte sie.
»Ach was, sei nicht eklig!« Jim war zu uns gekommen, und wir waren beide so betrunken, daß es uns gelang, die Kleine zu beschwatzen, bis sie uns die Bilder zeigte. Sie waren ganz ungewöhnlich und abstoßend ordinär. Schöpfungen einer Verrückten, ausgeführt mit der Abgefeimtheit einer Verrückten. Der Geist der Kleinen war krank, daran konnte man nicht zweifeln. Und während sie uns die Bilder zeigte, steigerte sie sich in eine tolle Erregung hinein und lachte und zitterte und fuchtelte mit den Armen.
»Mumma«, kreischte sie, »jetzt will ich ihnen das malen, wovon du gesagt hast, ich darf's niemals tun! Jetzt tu' ich's!«
Die Frau stürzte vom Tisch herüber und schlug das Kind mit der flachen Hand auf den Kopf.
»Ich hau' dich auf den nackten Hintern, wenn du dich unterstehst und das noch mal sagst!« schrie sie. Jo war zu betrunken, um etwas zu begreifen, aber Jim fiel ihr in den Arm. Das Kind ließ keinen Mucks hören. Es lief zum Fenster und begann, Fliegen vom Fliegenfänger abzuzupfen.
Wir gingen an den Tisch zurück — Jim und ich saßen auf der einen Seite, die Frau und Jo saßen Schulter an Schulter auf der andern Seite. Wir lauschten auf den Donner, sagten dümmlich: »Das war ganz nah«, oder »Wieder einer!«, und Jo ulkte bei einem schweren Schlag: »Abfahrt! Festhalten!«, bis endlich der Regen scharf wie Gewehrfeuer auf das Blechdach prasselte.
»Sie sollten lieber hier oben übernachten!« sagte die Frau.
»Ja, wirklich«, sagte Jo, der offensichtlich über diese Wendung schon im Bilde war.
»Holt eure Sachen vom Zelt rauf! Ihr beide könnt im Laden schlafen — bei der Kleinen —, sie ist's gewöhnt, dort zu schlafen und stört sich nicht an euch!«
»Oh, Mumma«, wurde sie vom Kind unterbrochen, »noch nie habe ich im Laden geschlafen!«

»Halt den Mund und lüge nicht! Und Mr. Jo kann das Zimmer hier haben!«
Die Verteilung kam uns lächerlich vor, aber es hatte keinen Sinn, ihnen zu widersprechen, sie waren zu betrunken. Während die Frau den Schlachtplan entwarf, saß Jo hochrot und ungewöhnlich ernst mit hervorquellenden Augen da und zupfte an seinem Schnurrbart.
»Gib mir eine Laterne«, sagte Jim, »ich geh zur Koppel runter.« Wir zwei gingen zusammen. Der Regen peitschte uns ins Gesicht, die Gegend war hell, als wütete ein Buschfeuer. Wir benahmen uns wie zwei Kinder, die mitten im schönsten Abenteuer steckten, lachten und überschrien uns, und als wir wieder bei der Hütte anlangten, war das Kind schon auf dem Ladentisch zu Bett gebracht worden. Die Frau gab uns eine Lampe. Jo nahm sein Bündel von Jim in Empfang, und die Tür wurde geschlossen.
»Allerseits gute Nacht!« brüllte Jo.
Jim und ich saßen auf zwei Kartoffelsäcken. Nicht ums liebe Leben hätten wir aufhören können zu lachen. Von der Decke baumelten Zwiebelschnüre und Räucherwaren, und wohin wir auch schauten, überall waren Plakate für ›Campkaffee‹ und Büchsenfleisch. Wir deuteten darauf und versuchten sie uns vorzulesen, doch Gelächter und Schluckauf überwältigten uns. Die Kleine auf dem Ladentisch starrte uns an. Sie warf die Decke beiseite, kletterte auf den Fußboden hinunter und stand in ihrem grauen Flanellhemd da, ein Bein gegen das andre reibend. Wir beachteten sie nicht.
»Worüber lacht ihr?« fragte sie unsicher.
»Über dich!« schrie Jim. »Über das ganze Lumpenpack!«
Sie wurde fuchsteufelswild und schlug mit den Fäusten um sich. »Ich laß mich nicht auslachen von euch – euch Kötern!«
Jim stürzte sich auf sie und schwenkte sie auf den Ladentisch.
»Schlaf endlich, du Frechdachs! Oder mal uns ein Bild! Da hast du einen Bleistift – kannst in Mamas Kontobuch malen!«
Trotz des Regens hörten wir, wie Jo über die knarrenden Dielen des Nebenzimmers schlich – wie eine Tür geöffnet wurde – und ins Schloß fiel.

»Das kommt von der Einsamkeit«, tuschelte Jim.
»Hundertfünfundzwanzig verschiedene Arten — ach du liebe Güte!«
Die Kleine riß eine Seite aus dem Kontobuch und warf sie mir zu.
»Da habt ihr's«, sagte sie. »Jetzt hab' ich's doch gemalt — Mumma zum Trotz, weil sie mich mit euch beiden hier eingesperrt hat. Ich hab' das eine gemalt, wovon sie gesagt hat, ich darf's niemals tun. Ich hab' das eine gemalt, wovon sie gesagt hat, sie erschießt mich, wenn ich's tu'. Mir egal! Mir egal!«
Die Kleine hatte ein Bild von der Frau gezeichnet, wie sie einen Mann mit einer Krähenflinte erschießt und dann ein Loch buddelt, um ihn darin zu vergraben.
Sie sprang vom Ladentisch herunter, krümmte sich auf dem Fußboden und biß sich die Nägel.
Jim und ich saßen bis zum Morgengrauen auf, neben uns die Zeichnung. Es hörte auf zu regnen, die Kleine schlief ein und atmete laut. Wir erhoben uns, stahlen uns aus der Hütte und liefen zur Koppel hinunter. Weiße Wolken zogen über den rötlichen Himmel — ein kühler Wind wehte; die Luft roch nach feuchtem Gras. Im Moment, als wir uns in den Sattel schwangen, trat Jo aus der Hütte: er winkte uns, loszureiten.
»Ich hole euch später ein!« schrie er.
Dann eine Wegbiegung — und der Ort war verschwunden.

Ole Underwood *(Für Anne Estelle Rice)*

Ole Underwood stelzte den windumbrausten Hügel hinab. In der einen Hand trug er einen schwarzen Schirm, in der andern ein rotes, weiß getupftes Taschentuch, das zu einem Klumpen verknotet war. Auf dem Kopf hatte er eine schwarze Schirmmütze, wie sie die Lotsen haben; goldene Ringe blinkten an seinen Ohren, und seine kleinen Augen fuhren wie Funken umher. Wie zwei Funken glommen sie in seinem düsteren, bärtigen Gesicht. Auf der einen Seite des Hügels zog sich ein Kiefernwald von der Landstraße bis ganz ans Meer hinunter. Auf der andern Seite wuchsen niedrige Grasschöpfe und kleine Sträucher der weiß blühenden Manuka. Die obersten Zweige der Kiefern heulten wie Meeresbrandung, die Stämme knarrten wie Schiffsmasten; die weißen Manukablüten flogen durch die stürmische Luft.
»He-ho!« schrie Ole Underwood, und mit seinem Schirm drohte er dem Wind, der über ihn herfiel und ihn peitschte und in seinem schwarzen Cape fast abwürgte. »He-ho!« schrie der Wind hundertmal so laut und jagte ihm Staub in Mund und Nase. In Ole Underwoods Brust pochte etwas wie ein Hammer. Ein-zwei, eins-zwei, nie hörte es auf, nie wurde es anders. Er konnte nichts dagegen tun. Es war nicht laut. Nein, es machte keinen Lärm. Es pochte bloß. Eins-zwei, eins-zwei, wie jemand, der in einem Gefängnis auf ein Eisen schlägt, jemand in einem verborgenen Winkel, bum-bum-bum, der freikommen will. Er mochte tun, was er wollte, an seinem Cape zerren, mit den Armen um sich schlagen, ausspucken, fluchen — aber das Geräusch konnte er nicht zum Verstummen bringen. Schluß! Schluß! Schluß! Schluß! Ole Underwood begann schneller zu schusseln und rannte schließlich.
Tief unten wogte das Meer gegen die Steindämme; knapp außerhalb seiner Reichweite lag das Städtchen und drängte sich dicht zusammen, um dem grauen Gewässer besser zu trotzen. Gegenüber, auf der andern Seite des Hügels, erhob sich weiter oben das Gefängnis mit seinen hohen roten Mau-

ern. Ein grauer Himmel mit schwarzen, zerflatternden Spinnwebwolken wölbte sich über allem.
Als er sich dem Städtchen näherte, verlangsamte Ole Underwood seine Schritte, und als er zum ersten Haus kam, schwenkte er seinen Schirm wie einen Heroldsstab und warf sich in die Brust, während sein Kopf sich rasch von rechts nach links drehte. Die in die Stadt führenden Häuschen waren häßlich, klein und nur aus Holz gebaut, mit zwei Fenstern und einer Tür, einer stummelbeinigen Veranda und einem Grasfleck davor. Unter der einen Veranda hatten sich braune Hühner hingekauert, um dem Wind zu entrinnen. »Schu-uh!« zischte Ole Underwood und lachte, als er sie wegflattern sah, und lachte erst recht über die Frau, die an die Tür kam und ihm mit ihrer seifigen roten Faust drohte. In einem andern Vorgarten stand ein kleines Mädchen und holte ein paar Lappen von der Wäscheleine. Als sie Ole Underwood erblickte, ließ sie den Klammerbeutel fallen, stürzte schreiend zur Haustür und hämmerte dagegen: »Mumma! Mumma!« Das setzte den Hammer in Ole Underwoods Herz wieder in Gang. Mum-ma! Mum-ma! Im Geiste sah er ein altes Gesicht mit zitterndem Kinn und grauem Haar aus einem Fenster nicken, als sie ihn abschleppten. Mum-ma! Mum-ma! Er blickte zum großen roten Gefängnis hinauf, das auf dem Abhang thronte, und verzog das Gesicht, als wollte er weinen.
Vor der Kneipe an der Ecke standen ein paar Wagen, und auf der Veranda saßen einige Männer, die tranken und schwatzten. Ole Underwood wollte auch trinken. Er schusselte in den Schankraum, der halb voll war von alten und jungen Männern in riesigen Mänteln und Schaftstiefeln, Peitschenstöcke in der Hand haltend. Hinter dem Schanktisch bediente ein großes, rothaariges Mädchen die Bierhähne und war keß zu den Männern. Ole Underwood drückte sich wie eine Katze auf die Seite. Niemand sah ihn an; die Männer wechselten nur einen kurzen Blick, und einer oder zwei stießen einander mit dem Ellbogen an. Das Mädchen nickte und zwinkerte dem Mann zu, den sie gerade bediente. Ole Underwood nahm ein paar Münzen aus seinem zusammenge-

knoteten Tuch und schob sie auf den Schanktisch. Seine Hand zitterte. Er sagte kein Wort. Das Mädchen beachtete ihn nicht; sie bediente jedermann und schwatzte immer weiter, und dann — wie aus Versehen — schob sie ihm ein Seidel hin. Eine große, schwere Vase mit roten Nelken stand auf dem Schanktisch. Ole Underwood starrte sie an, während er trank, starrte sie stirnrunzelnd an. Rot-rot-rot-rot! pochte der Hammer. Im Schankraum war es sehr warm und so still wie auf einem Teich — abgesehen vom Geschwätz und dem Mädchen. Sie lachte unentwegt. Ha! Ha! So etwas sahen die Männer gerne, denn sie warf den Kopf zurück, und bei ihrem Gelächter hoben sich ihre dicken Brüste und wackelten.
In einer Ecke saß ein Fremder. Er wies auf Ole Unterwood. »Verrückt!« sagte einer der Männer. »Als er ein junger Bursche war, dreißig Jahre mag's her sein, hat ihm hier ein Mann seine Frau genommen, und er hat's entdeckt und hat sie umgebracht. Hat zwanzig Jahre dafür gesessen, im Kittchen oben am Berg. Als er rauskam, war er durchgedreht.«
»Wer hat sie genommen?« fragte der Fremde.
»Weiß ich nicht. Er auch nicht. Niemand weiß es. Er war Matrose, bis er sie geheiratet hat. Durchgedreht!« Der Mann spuckte aus, verschmierte den Speichel mit der Schuhspitze auf dem Fußboden und zuckte die Achsel. »Er ist ganz harmlos.«
Ole Underwood hörte es; er drehte sich nicht um, aber er streckte seine alte Klaue aus und zerquetschte die roten Nelken. »Uuuh! Uuuh! Du altes Biest! Uuuh! Du altes Schwein!« kreischte das Mädchen, beugte sich über den Schanktisch und schlug mit einer Blechkanne nach ihm. »Scher dich raus! Scher dich raus! Komm mir ja nie wieder her!« Jemand versetzte ihm einen Fußtritt: er flüchtete wie eine Ratte.
Er ging an den Chinesenläden vorbei. Obst und Gemüse waren in den Schaufenstern aufgehäuft. Der Bürgersteig war mit Splittern von Holzverschlägen und mit Stroh und alten Zeitungen übersät. Eine Frau riß eine Tür auf und kippte ihm einen Eimer Schmutzwasser über die Füße. Er spähte durch die Scheiben und sah sich die Chinesen an, die in kleinen Gruppen auf Fässern saßen und Karten spielten. Er mußte

grinsen über sie. Er glotzte und glotzte, preßte sein Gesicht ans Glas und kicherte. Mit ihren langen Zöpfen, die sie sich um den Kopf gelegt hatten, und den zitronengelben Gesichtern saßen sie ruhig da. Einige hatten Messer im Gürtel stecken, und ein alter Mann saß allein auf dem Boden und spielte mit seinen langen, krummen Zehen. Die Chinesen hatten nichts gegen Ole Underwood. Wenn sie ihn sahen, nickten sie ihm zu. Er ging zur Tür des einen Ladens und öffnete sie vorsichtig. Der Wind brauste mit ihm hinein und blies die Spielkarten umher. »Je-je! Je-je!« schrien die Chinesen; und Ole Underwood sauste weg, und der Hammer pochte laut und wild. Je-je! Er bog um eine Ecke, wo er nicht mehr zu sehen war. Er glaubte, einen der Chinesen hinter sich herlaufen zu hören, und schlüpfte auf einen Zimmerplatz. Dort warf er sich keuchend hin ...
Nicht weit von ihm lag unter einem andern Lattenstoß ein Haufen blonder Späne. Er schaute hin, und sie bewegten sich, und eine kleine graue Katze tauchte auf und kam mit aufgestelltem Schwanz heraus. Sie trippelte zierlich zu Ole Underwood und rieb sich an seinem Ärmel. Der Hammer in Ole Underwoods Herz pochte wie toll. Er hämmerte bis in seine Kehle hinauf. Und dann schien er ein bißchen nachzulassen und nur noch ganz, ganz leise zu klopfen. ›Pussi! Pussi! Pussi!‹ So hatte sie immer die kleine Katze gerufen, die er ihr vom Schiff mitgebracht hatte, ›Pussi! Pussi! Pussi!‹, und sich gebückt, die Untertasse in der Hand. »O mein Gott! Mein Gott!« Ole Underwood setzte sich hoch und nahm das Kätzchen auf den Arm, wiegte es hin und her und drückte es an sein Gesicht. Es war warm und weich und miaute leise. Er vergrub die Augen im Fell der Katze. Mein Gott! Mein Gott! Er steckte die kleine Katze unter sein Cape, schlich sich aus dem Zimmerplatz fort und schlenderte zu den Hafenanlagen hinunter. Als er in die Nähe des Meeres kam, blähten sich seine Nasenflügel. Der tolle Wind roch nach Teer und Tauen und Schlick und Salz. Er überquerte das Bahngleis, glitt hinter den Lagerschuppen und einen beschotterten Weg entlang, der zwischen einem Gewucher wilden Fenchels zu ein paar Betonrohren führte, aus denen das

Abwasser ins Meer floß. Dort blieb er stehen, starrte zu den Verladeplätzen und den Schiffen mit ihren flatternden Wimpeln, und plötzlich überfiel ihn wieder der alte Drang. »Ich tu's! Ich tu's! Ich tu's!« murrte er.
Er zerrte die kleine Katze unter seinem Cape hervor, packte sie beim Schwanz und schleuderte sie zu den Abwässeröffnungen hinaus. Der Hammer pochte laut und heftig. Er warf den Kopf in den Nacken — er war wieder jung! Er ging zu den Verladeplätzen, vorbei an den Ballen mit Wolle und vorbei an Bummlern und Tagedieben, bis ans äußerste Ende des Hafens. Das Meer saugte an den Kaibohlen, als lutsche es etwas vom Land weg. Ein Schiff lud Wolle ein. Er hörte einen Ladebaum rasseln und das schrille Pfeifen der Dampfwinde. Allmählich kam er zu dem kleinen Boot, das ganz für sich allein lag, nur mit einer Planke als Laufsteg, und keine Menschenseele in Sicht — gar niemand. Ole Underwood warf einen einzigen Blick zurück — auf die Stadt — auf das wie ein roter Vogel auf dem Abhang hockende Gefängnis — und auf die schwarzen, zerflatternden Spinnwebwolken. Dann ging er über den Laufsteg und trat auf das schlüpfrige Deck. Er grinste und schwankte beim Gehen und hielt das weiße, rot getupfte Taschentuch hoch in der Hand. Sein Schiff war es! — Mein! Mein! Mein! pochte der Hammer. Auf der Leeseite war eine Tür nur eingehängt: ›Luxus-Kabine‹ stand oben drüber. Er spähte hinein. Ein Mann lag in einer Koje — seiner Koje! — und schlief, ein großer, breitschultriger Mann in einem Seemannsrock mit einem langen, blonden Bart und blonden Haaren — auf einem roten Kopfkissen. Und von der Wand über ihm leuchtete *ihr* Bild auf ihn herab — das Bild *seiner* Frau — und lächelte, lächelte auf den großen, schlafenden Mann herab.

Das kleine Töchterchen

Für das kleine Töchterchen war er eine furchteinflößende Gestalt, der man am besten aus dem Wege ging. Jeden Morgen, ehe er ins Geschäft ging, kam er ins Kinderzimmer und gab Kezia einen flüchtigen Kuß, und sie antwortete mit einem ›Wiedersehen, Vater!‹ Doch ach, wie wunderbar leicht wurde ihr ums Herz, wenn sie hörte, wie das Geräusch seines davonrollenden Buggys auf der langen Straße leiser und leiser wurde!
Und abends, wenn er nach Hause gekommen war und sie sich über das Treppengeländer lehnte, konnte sie seine laute Stimme unten auf dem Flur hören: »Bring mir meinen Tee ins Rauchzimmer ... Ist die Zeitung noch nicht gekommen? Haben sie sie wieder in die Küche verschleppt? Mutter, sieh doch mal nach, ob meine Zeitung draußen ist — und bring mir meine Pantoffeln!«
»Kezia«, pflegte ihre Mutter ihr dann zuzurufen, »wenn du ein braves Kind bist, darfst du nach unten kommen und deinem Vater die Stiefel ausziehen!« Langsam schlich Kezia die Treppe hinunter und hielt sich mit der einen Hand am Geländer fest, und noch langsamer ging sie über den Flur und stieß die Tür zum Rauchzimmer auf.
Er hatte inzwischen seine Brille aufgesetzt und blickte Kezia über die Ränder hinweg auf eine Art an, die das kleine Mädchen stets in Schrecken versetzte.
»Na endlich, Kezia! Beeil dich ein bißchen und zieh mir die Stiefel aus und bring sie in die Küche. Bist du heute ein braves Kind gewesen?«
»Ich w-w-w-w-weiß nicht, Vater.«
»Du w-w-w-w-weißt es nicht? Wenn du so stotterst, muß dich Mutter zum Doktor bringen!«
Sie stotterte nie vor andern Leuten — hatte es längst überwunden —, nur noch vor ihrem Vater, weil sie sich dann besonders anstrengte, die Worte richtig auszusprechen.
»Was ist denn los? Warum siehst du so unglücklich aus? Mutter, du könntest Kezia mal beibringen, nicht wie eine

Selbstmordkandidatin auszusehen!... Hier, komm mal her, Kezia, und trage meine Teetasse wieder auf den Tisch – aber vorsichtig! Deine Hände zittern ja wie Altweiberhände! Und versuch mal, dein Taschentuch in die Tasche zu stecken und nicht in den Ärmel!«

»Ja, V-v-vater!«

Sonntags saß sie bei ihm im Kirchenstuhl und hörte, wie er mit lauter, volltönender Stimme sang; dann sah sie, wie er sich während der Predigt mit einem blauen Bleistiftstummel kleine Notizen auf die Rückseite eines alten Briefumschlags machte, wobei sich seine Augen zu Schlitzen verengten und die Hand zwischendurch auf die Pultleiste trommelte. Seine Gebete sprach er so laut, sicher verstand Gott ihn besser als den Pfarrer, meinte sie.

Er war so groß – seine Hände und sein Hals, und ganz besonders sein Mund, wenn er gähnte. Wenn sie allein im Kinderzimmer an ihn dachte, kam er ihr wie ein Riese vor.

Sonntagnachmittags schickte die Großmutter sie in ihrem Braunsamtenen ins Wohnzimmer hinunter, ›um sich gemütlich mit Vater und Mutter zu unterhalten‹. Aber das kleine Töchterchen fand eine Mutter vor, die im *Sketch* las, und einen Vater, der lang ausgestreckt auf der Couch lag, über dem Gesicht ein Taschentuch, die Füße auf einem der besten Sofakissen: er schlief so fest, daß er schnarchte!

Sie kauerte auf dem Klavierhocker und beobachtete ihn ernst, bis er aufwachte, sich reckte und fragte, wie spät es sei. Und dann fiel sein Blick auf Kezia.

»Glotz nicht so her, Kezia! Du siehst wie eine kleine braune Eule aus!«

Eines Tages, als sie wegen einer Erkältung im Haus bleiben mußte, sagte ihr die Großmutter, daß Vater nächste Woche Geburtstag habe und daß sie ihm als Geschenk aus einem Stück schöner gelber Seide ein Nadelkissen machen könne. Mühsam und mit doppeltem Faden nähte sie die Seide auf drei Seiten zusammen. Aber womit sollte sie es füllen? Es war eine knifflige Frage, denn Großmutter war nicht da – sie war draußen im Garten. Auf der Suche nach ›Finzelchen‹ wanderte Kezia ins Elternschlafzimmer. Auf dem Nachttisch

entdeckte sie viele dünne Papierblättchen, raffte sie zusammen und zerfetzte sie in winzige Schnipsel. Damit stopfte sie das Nadelkissen aus und nähte die vierte Seite zu.
Am Abend gab es im ganzen Haus ein Gezeter und Getöse. Vaters wunderbare Rede für die Hafenbehörde war verschwunden. Alle Zimmer wurden abgesucht und die Dienstboten ausgeforscht. Schließlich kam Mutter ins Kinderzimmer.
»Kezia, du hast wohl nicht in unserm Schlafzimmer eine Menge Papiere gesehen?«
»Doch, ja«, sagte das Töchterchen. »Ich hab' sie für Vaters Geschenk aufgebraucht!«
»*Was?*« schrie Mutter los. »Komm sofort ins Eßzimmer!«
Und sie wurde ins Eßzimmer geschleppt, wo Vater, die Hände auf dem Rücken, hin und her stapfte.
»Hat sie sie?« fragte er scharf.
Mutter erklärte es.
Er blieb stehen und starrte das Töchterchen entgeistert an.
»Das hast du getan?«
»N-n-n-nein!« flüsterte Kezia.
»Mutter, geh ins Kinderzimmer und hol mir das verdammte Ding — und dann bring das Kind sofort ins Bett!«
Sie weinte so sehr, daß sie es nicht erklären konnte, und dann lag sie im verdunkelten Zimmer und sah, wie die Abendsonne durch die Jalousien sickerte und ein trauriges Gittermuster auf den Fußboden warf.
Als der Vater ins Zimmer kam, hielt er ein Lineal in der Hand.
»Dafür mußt du Schläge bekommen!«
»Ach nein, nein!« bettelte sie und verkroch sich unter der Bettdecke.
Er riß sie weg.
»Setz dich hoch!« befahl er, »und streck die Hände aus! Ich will dir ein für allemal beibringen, daß du nichts anrühren darfst, was dir nicht gehört!«
»Aber es w-w-war für d-d-deinen Geburtstag!«
Das Lineal klatschte auf ihre kleinen rosa Handflächen.
Ein paar Stunden später, als die Großmutter das kleine Mäd-

chen in einen Schal gewickelt und im Schaukelstuhl auf den Schoß genommen hatte, schmiegte sich Kezia fest an sie und schluchzte: »Wozu hat Jesus Väter gemacht?«
»Hier hast du ein frisches Taschentuch, Herzchen, mit ein paar Tropfen von meinem Lavendelwasser. Schlaf jetzt, mein Lämmchen! Morgen früh hast du alles vergessen. Ich hab's Vater nicht erklären können — er war zu aufgeregt!«
Aber sein Töchterchen vergaß es nie. Als sie ihn wiedersah, versteckte sie die Hände schnell auf dem Rücken und wurde glühend rot im Gesicht.
Im Haus nebenan wohnten die Macdonalds. Sie hatten fünf Kinder. Wenn das kleine Mädchen abends durch eine Lücke im Gartenzaun hinüberspähte, sah sie, wie alle zusammen ›Fangen‹ spielten. Der Vater hatte den jüngsten Mac auf dem Rücken, zwei kleine Mädchen hingen ihm an den Rockschößen, und so rannte er dauernd rund um die Gemüsebeete und schüttelte sich vor Lachen. Einmal sah sie sogar, wie die Jungen den Gartenschlauch auf ihn richteten — tatsächlich den Gartenschlauch! —, und er fing sie sich und kitzelte sie, bis sie den Schluckauf hatten.
Daraufhin war Kezia überzeugt, daß es zweierlei Sorten von Vätern geben müsse.
Eines Tages wurde ihre Mutter plötzlich krank und mußte in einem geschlossenen Wagen mit Großmutter in die Stadt fahren.
Das Töchterchen blieb mit Alice, dem ›Mädchen für alles‹, allein im Haus. Solange die Sonne schien, ging es ganz gut, aber als Alice sie zu Bett brachte, bekam Kezia Angst.
»Was soll ich denn machen, wenn ich schlecht träume?« fragte sie. »Ich habe oft schlechte Träume, und dann nimmt mich Großmama zu sich ins Bett — ich kann nicht allein im Dunkeln bleiben — überall fängt's an zu flüstern!... Was mach' ich dann?«
»Schlaf du nur, Kind«, sagte Alice, zog ihr die Söckchen aus und schlug sie gegen das Fußende vom Bett, »und laß dir nicht einfallen, deinen armen Papa zu wecken!«
Aber dann hatte sie wieder den furchtbaren alten Traum: ein Metzger mit einem Messer und einem Strick kam immer

näher und lachte so gräßlich, und sie konnte sich nicht rühren, konnte nur stillstehen und ›Großmama!‹ rufen. Sie erwachte zitternd, und neben ihrem Bett stand ihr Vater mit einer Kerze in der Hand.
»Was ist denn los?« fragte er.
»Ein Metzger war da — mit einem Messer — wo ist Großmama?« Er blies die Kerze aus, bückte sich und nahm das Kind auf die Arme. So trug er es über den Flur ins Elternschlafzimmer. Auf dem Bett lag eine Zeitung, eine halbgerauchte Zigarre lehnte an der Leselampe. Er schob die Zeitung auf den Fußboden, warf die Zigarre in den Kamin und wickelte das Töchterchen sorgfältig in eine Decke. Dann legte er sich neben sie. Noch im Halbschlaf, und noch voller Angst vor dem grinsenden Metzger, rutschte sie näher an ihn heran, steckte den Kopf unter seinen Arm und hielt sich an seinem Schlafanzug fest.
So machte ihr die Finsternis nichts aus. Sie lag still.
»Reib mal deine Füße an meinen Beinen, damit sie warm werden«, sagte Vater.
Er war so übermüdet, daß er vor ihr einschlief. Wunderliche Gedanken hielten Kezia wach. Der arme Vater! Eigentlich war er doch nicht so riesengroß... Und er hatte niemand, der sich um ihn kümmerte... Er war härter als die Großmutter, aber es war eine angenehme Härte... Und jeden Tag hatte er soviel Arbeit und konnte nicht spielen wie Mr. Macdonald... All sein schönes Geschriebenes hatte sie ihm zerrissen... Sie bewegte sich und seufzte.
»Was ist los?« fragte der Vater. »Schon wieder schlecht geträumt?«
»Nein«, sagte das Töchterchen. »Mein Kopf liegt da, wo dein Herz ist. Ich kann's hören! Was für ein großes Herz hast du, lieber Vater!«

Millie

Millie stand an die Veranda gelehnt und wartete, daß die Männer außer Sichtweite kämen. Als sie schon sehr weit die Straße hinunter waren, drehte sich Willie Cox auf seinem Pferd um und winkte. Aber sie winkte nicht zurück. Sie nickte nur ein wenig mit dem Kopf und schnitt ein Gesicht. Kein übler junger Mensch, der Willie Cox, doch für ihren Geschmack ein bißchen zu zwanglos. Aber du lieber Himmel, wie heiß es war! Genug, einem das Haar zu braten!
Millie legte sich ihr Taschentuch auf den Kopf und hielt die Hand schützend über die Augen. In der Ferne konnte sie auf der staubigen Straße noch die Pferde als auf und ab tanzende, kleine braune Punkte erkennen, und wenn sie wegblickte – über die versengten Koppeln –, konnte sie sie auch noch sehen, dicht vor ihren Augen, wie Mücken tanzend. Es war halb drei. Die Sonne hing wie ein Brennspiegel am blaßblauen Himmel, und weit weg, jenseits der Koppeln, flimmerten und hüpften die Berge wie das Meer.
Sid konnte nicht vor halb elf zurück sein. Er war mit noch vier Männern zur Ortschaft hinübergeritten, um den jungen Burschen aufzuspüren, der Mr. Williamson ermordet hatte. War es nicht entsetzlich? Und die arme Mrs. Williamson saß nun allein mit all den kleinen Kindern da! Seltsam – sie konnte sich nicht vorstellen, daß Mr. Williamson tot war. Immer war er für einen Witz zu haben. Immer zu Späßen aufgelegt. Willie Cox hatte erzählt, sie hätten ihn in der Scheune gefunden, mitten in den Kopf geschossen, und der junge englische Heini, der auf der Schafstation das Farmen lernte, sei verschwunden. Seltsam – sie konnte sich nicht vorstellen, daß irgendwer Mr. Williamson hätte erschießen wollen, wo er doch so beliebt war. Meine Güte – wenn sie den jungen Mann erwischten! Aber so ein Bursche durfte einem nicht leid tun. Sid hatte es gleich gesagt: wenn so einer nicht aufgehängt würde, wo kämen wir da hin? Und so einer bleibt nicht bei dem einen Mal stehen. Und Willie Cox hatte erzählt, er sei so baff gewesen, daß er aus einer Blutlache ei-

ne Zigarette aufgehoben und geraucht hätte. Meine Güte —
er muß ja halb verrückt gewesen sein!
Millie ging wieder in die Küche. Sie streute Asche auf die
Glut im Herd und besprengte sie mit Wasser. Gleichgültig
räumte sie das Eßgeschirr ab, während ihr der Schweiß übers
Gesicht lief und von Nase und Kinn tropfte. Dann ging sie
ins Schlafzimmer, musterte sich in dem mit Fliegenschmutz
bekleckstein Spiegel und wischte sich Gesicht und Hals mit
einem Handtuch ab. Sie wußte nicht, was heute mit ihr los
war. Am liebsten hätte sie sich gründlich ausgeweint — bloß
so, ohne Grund — und dann eine frische Bluse angezogen und
eine ordentliche Tasse Tee getrunken. Ja, so war ihr zumute!
Sie ließ sich auf die Bettkante fallen und stierte auf den Buntdruck an der gegenüberliegenden Wand, *Gartenfest auf Schloß Windsor*. Im Vordergrund smaragdgrüne Rasenflächen mit
himmelhohen Eichen, und in ihrem freundlichen Schatten
ein Durcheinander von Damen und Herren und Sonnenschirmen und kleinen Tischen. Den Hintergrund füllten die Türme von Schloß Windsor mit drei flatternden *Union Jacks*
aus, und in der Mitte des Bildes war die alte Queen — genau
wie ein Teewärmer mit einem Köpfchen obendrauf. ›Möcht'
mal wissen, ob es wirklich so ausgesehen hat?‹ Millie starrte
die blütenschönen Damen an, die ihr einfältig zulächelten.
›So was würde mir keinen Spaß machen! Zu affektiert! Und
obendrein die Queen und alles Drum und Dran!‹
Über ihrem Frisiertisch (aus einer alten Packkiste) hing eine
große Photographie von ihr mit Sid, an ihrem Hochzeitstag
aufgenommen. Ein nettes Bild, wenn man so wollte. Sie saß
in ihrem sahneweißen Kaschmirkleid mit den Atlasbändern
in einem Korbstuhl, und Sid stand hinter ihr, hatte die eine
Hand auf ihre Schulter gelegt und blickte auf ihren Brautstrauß. Und hinter ihnen waren Baumfarne und ein Wasserfall, und ganz in der Ferne der schneebedeckte Mount Cook.
Sie hatte ihren Hochzeitstag fast vergessen; die Zeit verging
so schnell, und wenn man niemanden hatte, mit dem man
plaudern konnte, dann geriet alles bald in Vergessenheit.
›Möcht' mal wissen, weshalb wir keine Kinder gehabt haben...‹ Sie zuckte die Achseln... und gab's auf. ›Ach, *mir*

haben sie nie gefehlt. Aber mich sollt's gar nicht wundern, wenn sie Sid gefehlt hätten. Er ist weicher als ich.‹
Und dann saß sie ruhig da und dachte an gar nichts, hatte die roten, geschwollenen Hände in die Schürze gewickelt und die Füße von sich gestreckt, und der kleine Kopf mit der dicken Flechtenkrone dunkler Haare sank ihr auf die Brust. Ticktack, machte die Küchenuhr. Asche klickte durch den Rost, und die Jalousie klopfte gegen das Küchenfenster. Auf einmal fürchtete sich Millie. Ein seltsames Zittern befiel sie – inwendig, im Magen zuerst, und dann griff es auf die Knie und Hände über. ›Es ist jemand da!‹ Auf Zehenspitzen ging sie an die Tür und spähte in die Küche. Dort war niemand; die Verandatüren waren geschlossen, die Sonnenstores waren heruntergezogen; im dämmerigen Licht leuchtete das weiße Zifferblatt der Uhr, und die Möbel schienen sich zu spreizen und zu atmen ... und ebenfalls zu lauschen. Die Uhr – die Asche – die Jalousie – und dann wieder – noch etwas, wie Schritte auf dem Hof. ›Geh nachschauen, Millie Evans!‹
Sie sprang an die Hoftür und riß sie auf, und im selben Augenblick duckte sich jemand hinter den Holzstoß. »Wer ist da?« rief sie mit lauter, dreister Stimme. »Komm da raus! Ich seh dich! Ich weiß, wo du bist. Ich hab' meine Flinte hier! Komm hinterm Holzstoß vor!« Sie fürchtete sich überhaupt nicht mehr. Sie war schrecklich wütend. Ihr Herz klopfte wie eine Trommel. »Ich werd' dich lehren, einer Frau Streiche zu spielen!« kreischte sie, nahm eine Flinte aus der Küchenecke und rannte die Verandatreppe hinunter und über den grellen Hof zur Rückseite des Holzstoßes. Dort lag ein junger Mann auf dem Bauch, einen Arm vor dem Gesicht. »Steh auf! Du verstellst dich bloß!« Sie hielt die Flinte schußbereit, und gab ihm einen Fußtritt zwischen die Schulterblätter. Er rührte sich nicht. »O mein Gott, ich glaube, er ist tot!« Sie kniete nieder, packte ihn und drehte ihn auf den Rücken. Da rollte wie ein Sack herum. Sie hockte sich auf die Fersen und starrte ihn an; ihre Lippen und ihre Nasenflügel zitterten vor Entsetzen.
Er war noch der reinste Junge, mit blondem Haar und etwas

blondem Flaum auf der Lippe und dem Kinn. Seine Augen standen offen und ließen das Weiße sehen, und sein Gesicht war von Schweiß und Staub verkrustet. Er trug ein baumwollenes Hemd, eine Drellhose und Leinenschuhe. Der eine Hosenbeinling klebte mit dunklem Blut am Bein fest. ›Nein, *das* kann ich nicht‹, dachte Millie. Und dann: ›Du mußt!‹ Sie beugte sich über ihn und fühlte nach seinem Herzen. »Warte, warte!« stammelte sie und rannte ins Haus, um Brandy und einen Eimer Wasser zu holen. ›Was machst du bloß, Millie Evans? Ach, ich weiß nicht! Ich hab' noch nie einen ganz Bewußtlosen gesehen!‹ Sie kniete nieder, legte den Arm unter den Kopf des Jungen und goß ihm etwas Brandy zwischen die Lippen. Er floß zu beiden Seiten seines Mundes herunter. Sie tauchte einen Zipfel ihrer Schürze ins Wasser und wischte ihm mit zitternden Fingern über das Gesicht und das Haar und den Hals. Unter dem Staub und Schweiß war sein Gesicht so weiß wie ihre Schürze, und abgezehrt und verkrampft. Ein fremdes, schreckliches Gefühl griff Millie Evans ans Herz — eine Saat ging auf, die dort niemals geblüht hatte, schlug tief Wurzel und entfaltete schmerzende Blätter. »Kommst du zu dir? Fühlst dich besser?« Der Junge atmete stöhnend und halb erstickt, seine Lider zitterten, und er drehte den Kopf hin und her. »Jetzt geht's schon besser«, sagte Millie und strich ihm das Haar aus der Stirn. »Jetzt fühlst du dich wieder gut, was?« Der Schmerz in ihrer Brust erstickte sie fast. ›Weinen nützt jetzt nichts, Millie Evans! Darfst nicht den Kopf verlieren!‹ Plötzlich richtete er sich auf und lehnte sich an den Holzstoß, weg von ihr, und blickte auf den Boden. »Gut so!« sagte Millie Evans mit einer unbekannten, bebenden Stimme.
Der Junge sah auf und blickte sie an, noch immer stumm, aber mit so viel Qual und Entsetzen in den Augen, daß sie die Zähne zusammenbeißen und die Fäuste ballen mußte, um nicht loszuheulen. Nach einer langen Pause sagte er mit einem Tonfall, wie kleine Kinder im Schlaf sprechen: »Ich bin hungrig.« Seine Lippen zitterten. Sie rappelte sich hoch und stand über ihm. »Du kommst jetzt mit ins Haus und setzt dich richtig zum Essen hin!« sagte sie. »Kannst du ge-

hen?« — »Ja«, flüsterte er und folgte ihr taumelnd über den grellen Hof und bis an die Veranda. An der untersten Stufe blieb er stehen und sah sie wieder an. »Ich geh' nicht rein«, sagte er. Er setzte sich auf die Verandatreppe innerhalb des kleinen Schattenkreises, der sich rings ums Haus zog. Millie betrachtete ihn. »Wann hast du letztesmal was gegessen?« Er schüttelte den Kopf. Sie schnitt ein Stück fettes Büchsenfleisch ab und bestrich eine Scheibe Brot dick mit Butter, doch als sie es zu ihm hinausbrachte, stand er und schaute sich um und achtete nicht auf den Teller mit Essen. »Wann kommen sie zurück?« stammelte er.
Im nämlichen Augenblick wußte sie Bescheid. Sie stand da, hielt den Teller und starrte ihn an. Es war Harrison. Er war der englische Heini, der Mr. Williamson umgebracht hatte. »Ich weiß, wer du bist«, sagte sie sehr langsam. »Mich kannst du nicht anschmieren. Ja, der bist du. Ich muß auf beiden Augen blind gewesen sein, daß ich's nicht gleich gewußt habe.« Er machte eine Handbewegung, als hätte das alles nichts zu sagen. »Wann kommen sie zurück?« Und sie wollte sagen: ›Jede Minute. Sie sind schon unterwegs.‹ Statt dessen sagte sie dem schrecklichen, verängstigten Gesicht: »Nicht vor halb elf.« Er setzte sich, lehnte sich gegen einen Verandapfosten. Sein Gesicht zerfiel — zerflatterte zusehends. Er schloß die Augen, und die Tränen rannen ihm über die Wangen. ›Noch das reinste Kind! Und all die Männer hinter ihm her! Hat keine Chance, denen zu entkommen — sowenig wie ein Kind!‹ — »Nimm ein bißchen Fleisch«, sagte Millie. »Du brauchst jetzt was zu essen, was dir den Magen füllt!« Sie ging über die Veranda und setzte sich neben ihn, mit dem Teller auf ihren Knien. »Da — probier mal ein Stück!« Sie zerbrach das Butterbrot in kleine Stücke und dachte: ›Sie sollen ihn nicht fangen! Nicht, wenn's nach mir geht! Männer sind allesamt Biester. Mich geht's nichts an, was er getan oder nicht getan hat! Steh ihm bei, Millie Evans! Er ist bloß ein krankes Kind!‹

Millie lag mit weit offenen Augen auf dem Rücken und lauschte. Sid wälzte sich herum, baute sich die Steppdecke um die Schultern und brummelte: »'n Nacht, Alte!« Sie hörte, wie Willie Cox und der andre Mann ihre Sachen auf den Fußboden in der Küche fallen ließen, und dann ihre Stimmen und schließlich, wie Willie Cox zu seinem Hund sagte: »Leg dich, Gumboil! Lieg still, du kleiner Satan!« Dann wurde es ganz still im Haus. Sie lag da und lauschte. Jeder Nerv in ihrem Körper zuckte und lauschte ebenfalls. Es war heiß. Sie wagte nicht, sich zu bewegen, um Sid nicht zu wecken. ›Er muß davonkommen. Er muß. Was schert mich die Gerechtigkeit und all der Mist, den sie heut abend gequasselt haben‹, dachte sie aufgebracht. ›Wie wollt ihr wissen, wie was ist, eh' ihr's nicht am eigenen Leib erlebt habt. Ist ja alles Mist!‹ Sie horchte krampfhaft in die Stille. Er sollte sich auf den Weg machen! ... Noch ehe draußen etwas zu hören war, stand Willie Coxs Hund auf, trabte hörbar über den Küchenfußboden und schnupperte an der Hoftür. Millie spürte, wie das Grauen in ihr hochkroch. ›Was macht der Köter? Hu, was für'n Dummkopf ist der Junge, wo hier ein Hund im Haus ist! Warum legt sich der Köter nicht und schläft?‹ Der Hund war still, aber sie wußte, daß er lauschte.
So plötzlich, daß sie entsetzt aufschrie, begann der Hund zu bellen und hin und her zu laufen. »Was ist los? Was gibt's denn da?« Sid war im Nu aus dem Bett. »Es ist nichts, es ist bloß der Hund! Sid! Sid!« Sie umklammerte seinen Arm, aber er schüttelte sie ab. »Mein Jesus, da ist was los! Herrgott noch mal!« Sid fuhr in seine Hose. Willie Cox riß die Hoftür auf. Gumboil raste wütend auf den Hof und um die Hausecke. »Sid, jemand ist in der Koppel!« brüllte der andre Mann. »Was ist? Wer ist da?« Sid stürzte auf die Vorderveranda. »Hier, Millie, nimm die Laterne! Willie, ein Kerl hat eins von den Pferden geklaut!« Die drei Männer sausten aus dem Haus, und im gleichen Augenblick sah Millie, wie Harrison auf Sids Pferd über die Koppel und die Straße hinabjagte. »Millie, bring die verdammte Laterne!« Sie kam barfuß angerannt, das Nachthemd klatschte ihr um die Beine. Wie der Blitz waren sie hinter ihm her. Und als sie in der

Ferne Harrison sah, hinter dem die drei Männer her waren, erstickte eine neue, rasende Freude alles andre in ihr. Sie stürzte auf die Straße, sie lachte und schrie und tanzte im Staub und schwenkte die Laterne. »Hei, mach los, Sid! Fangt ihn, Willie! Los! Los! Hei, Sid, schieß ihn runter! Schieß ihn runter!«

Pension Séguin

Das Dienstmädchen, das mir die Tür öffnete, war die Zwillingsschwester jenes tüchtigen, häßlichen Geschöpfs, das in *First French Picture* eine Suppenterrine hereinbringt. Ihr rundes rotes Gesicht strahlte wie frisch gespültes Geschirr. Dazu passend besaß sie ein Paar riesige nackte Arme und eine Unmenge melierter Haare, die in einer Art Brezel aufgesteckt waren. Ich stammelte und war ganz lächerlich außer Atem, als wäre ein Rudel russischer Wölfe hinter mir her anstatt fünf Treppenfluchten einer wunderschön gebohnerten französischen Treppe: »Haben Sie ein Zimmer?« Das Dienstmädchen wußte es nicht. Sie wollte Madame fragen. Madame war beim Abendessen.

»Würden Sie bitte näher treten?«

Durch einen dunklen Flur, der von einem großen schwarzen Ofen bewacht wurde — er glich einer Katze ohne Kopf mit einem roten, allgegenwärtigen Auge mitten auf dem Bauch —, folgte ich ihr in den Salon.

»Bitte nehmen Sie Platz«, sagte das Dienstmädchen und machte hinter sich die Tür zu.

Ich hörte ihre Pantoffeln über den Flur schlurfen, hörte, wie eine andre Tür geöffnet wurde, dann ein paar Geräusche, die sofort erstickt wurden. Und Stille.

Der Salon war lang und schmal; der gelbe Fußboden war mit weißen Matten übersät. Weiße Musselingardinen verbargen die Fenster; die Wände waren weiß und mit Gemälden bleicher Damen geschmückt, die in Zypressenalleen zu verlassenen Tempeln schwebten, während der Mond über endlosen Meeren aufstieg. Man hätte glauben können, daß all die langen Jahre von Madames Jungfräulichkeit dem Herstellen weißer Matten gewidmet waren und daß ihre kindliche Stimme deren Anzahl in Häkelstichen gelispelt hatte. Ich wagte nicht, mit dem Zählen zu beginnen. Von jeder erdenklichen Stelle fielen sie wie unmögliche Schneeflocken auf mich nieder. Selbst der Klavierhocker war mit einer Matte bezogen und mit einem F. P. bestickt.

Ich hatte den ganzen Vormittag nach einem Zufluchtsort gesucht. Zu Beginn flog ich zahllose Treppen hinauf, als wären es Dur-Tonleitern — das Fröhlichste, was es in der Welt gibt —, doch nach wiederholten Fehlschlägen waren die Tonleitern in Moll übergegangen, und mein Herz, das inzwischen ganz niedergeschlagen war, begann bei diesen Merkmalen und Anzeichen von Tugend und Ernst wieder aufzuhüpfen. ›Eine Frau mit so schlichten Liebhabereien‹, dachte ich, ›ist unbedingt ruhig und sauber, hat wenig Kinder und einen oft abwesenden Ehemann. Die Herstellung von Matten geht nicht ohne weiteres Hand in Hand mit heiterem Singsang. Matten sind im wesentlichen das Ergebnis frommer Einsamkeit. Hier würde ich bestimmt ein Zimmer mieten!‹ Und ich träumte bereits davon, wie ich in einem kleinen weißen Zimmer meine Kleider auspackte und in einen Kimono schlüpfte und auf einem weißen Bett lag und beobachtete, wie die Gardinen sich an den Fenstern bauschten, in köstlicher Herbstluft, die nach Äpfeln und Honig roch ... bis die Tür sich öffnete und eine große, magere Frau in einer lila Schürze eintrat und etwas unsicher lächelte.

»Madame Séguin?«

»Ja, Madame!«

Ich wiederholte die sattsam bekannte Litanei. Ein ruhiges Zimmer, weit weg von allen Kirchenglocken oder krähenden Hähnen oder Bahnhöfen oder Schulen für kleine Jungen.

»Hier in der Nähe gibt es nichts dergleichen«, sagte Madame Séguin und sah sehr erstaunt aus. »Ich habe ein sehr schönes Zimmer zu vermieten, und zwar völlig unerwarteterweise. Ein junger Herr aus Buenos Aires wohnte darin (dessen Vater leider starb), der ihn anflehte, sofort nach Hause zurückzukehren. Was begreiflich ist.«

»Ja, sicher«, sagte ich und hoffte, daß die hamletartige Erscheinung wieder zur Ruhe gekommen war und nicht in meine Einsamkeit einbrach, um sich von seines Sohnes Gehorsam zu überzeugen.

»Wenn Sie bitte mitkommen wollen, Madame?«

Ich ertastete mir den Weg — einen dunklen Korridor entlang und um eine Ecke. Ich hätte Madame gern gefragt, ob

dies die Stelle sei, wo Buenos-Aires-*père* seinem Sohn erschienen war, wagte es aber nicht.
»Hier — sehen Sie? Weit weg von allem!« sagte Madame.
Immer habe ich jene scharfsinnigen Gehirne, die für Erscheinungen unempfänglich sind, mit einem gehörigen Maß an Respekt und Abscheu betrachtet. Woran soll man denn sonst glauben, wenn nicht an die äußere Erscheinung? Ich habe fast immer gefunden, daß sie die einzigen Dinge sind, die zu genießen sich überhaupt lohnt, und wenn je ein unschuldiges Kind seinen Kopf auf meine Knie legt und die Wahrheit darüber wissen will, werde ich ihm die Geschichte von meiner vielgeliebten Kinderfrau erzählen, die, weil sie meinen Widerwillen gegen Stachelbeermus kannte, einfach zuoberst in den Marmeladetopf eine Schicht Aprikosenmus tat. Solange ich es für Aprikosenmus hielt, war ich glücklich, und als ich klüger wurde, lernte ich das Aprikosenmus zu essen und das Stachelbeermus nicht anzurühren. ›Verstehst du nun, du liebes, unschuldiges Geschöpf‹, würde ich abschließend sagen, ›als Wichtigstes in diesem Leben muß man lernen, sich mit dem äußeren Schein zu begnügen und vulgäre Krämer und Philosophen zu meiden!‹
Strahlender Sonnenschein strömte zu den Fenstern des entzückenden Zimmers herein. Für das Bett war ein Alkoven da, der Schreibtisch stand vor dem Fenster und an der Wand eine Couch.
Und vom Fenster sah ich auf eine Allee rotgoldener Bäume hinunter — und zu einer Bergkette mit frisch gefallenem Schnee empor.
»Hundertachtzig Francs im Monat«, murmelte Madame und lächelte ins Leere, wie um anzudeuten: ›Das hat natürlich nichts mit der Sache zu tun.‹
Ich sagte: »Es ist mir zu teuer. Ich kann nicht mehr als hundertfünfzig Francs ausgeben.«
»Aber bedenken Sie die Größe des Zimmers«, erläuterte Madame, »und den Alkoven! Und die ganz große Seltenheit, daß einem so viele Berge ins Zimmer schauen!«
»Ja«, sagte ich.
»Und dann das Essen! Es gibt vier Mahlzeiten täglich, und

wenn Sie es wünschen, wird Ihnen das Frühstück im Zimmer serviert!«

»Ja«, sagte ich, noch etwas schwächer.

»Und mein Mann ist Professor am Konservatorium – das ist auch eine Seltenheit!«

Der Mut ist wie ein ungehorsamer Hund: fängt er erst einmal an davonzulaufen, rennt er um so schneller, wenn man ihn zurückzurufen versucht.

»Hundertsechzig«, sagte ich.

»Wenn Sie einwilligen, es für zwei Monate zu nehmen, bin ich einverstanden«, sagte Madame sehr rasch. Ich willigte ein. Marie half mir, meine Koffer aufzuschnallen. Sie kniete auf dem Fußboden, grinste und kratzte sich ihre dicken roten Arme.

»Ach, wie ich mich freue, daß Madame gekommen ist!« sagte sie. »Jetzt werden wir wieder ein bißchen mehr Leben haben. Monsieur Arthur, der in dem Zimmer hier gewohnt hat, der war ein furchtbar Lustiger! Sang den ganzen Tag, und manchmal hat er auch getanzt. Wer weiß wie oft hat Mademoiselle Ambatielos für ihn gespielt, und er hat eine volle Stunde getanzt, ohne aufzuhören!«

»Wer ist Mademoiselle Ambatielos?« fragte ich.

»Eine junge Dame, die am Konservatorium studiert«, sagte Marie naserümpfend, aber sehr freundlich. »Und sie gibt auch Klavierstunden. *Ah, mon Dieu*, manchmal, wenn ich in ihrem Zimmer Staub wische, denk' ich, gleich fallen ihr die Finger ab! Sie spielt den ganzen Tag, aber das hab' ich gern – Lärm ist Leben, sag' ich immer. Sie werden sie schon bald hören – immer rauf und runter geht's!« erzählte Marie mit der größten Herzlichkeit.

»Wieviel andere Menschen wohnen denn noch hier?« rief ich und verabscheute Marie.

Sie zuckte die Achseln. »Nicht der Rede wert! Da ist noch der russische Herr, ein Priester ist er, und dann die drei Kinder von Madame, und das ist schon alles. Die Kinder sind lebhaft genug, aber«, sagte sie und füllte den Krug auf der Waschkommode, »das Baby – der Junge! Ach, was mit dem ist, mit dem armen Kleinen, werden Sie bald genug erfah-

ren!« Sie war mir so verhaßt, daß ich sie nicht weiter ausfragen mochte.
Ich wartete, bis sie weg war, lehnte mich gegen das Fensterbrett und beobachtete, wie die Sonne immer tiefer in die Baumkronen sank, bis sie vor lauter Gold zu zittern schienen, und wunderte mich, was wohl mit dem geheimnisvollen Baby los war.
Den ganzen Nachmittag kämpften Mademoiselle Ambatielos und das Klavier mit der Appassionata. Sie zerrissen sie in Stücke und setzten sie nach Herzenslust wieder zusammen — sie trennten sie auf und probierten verschiedene Macharten aus. Sie fügten eine kleine Verzierung hinzu — und griffen etwas auf. Schließlich fanden sie, daß von Wichtigkeit einzig das laute Pedal sei. Das geheimnisvolle Baby, das hinter weiß der Himmel wieviel Türen verborgen war, schrie mit so merkwürdiger Hartnäckigkeit, daß ich die Ohren spitzen mußte, um festzustellen, ob es ein Baby oder eine Maschine oder eine ferne Dampfpfeife war. In der Dämmerstunde brachte mir Marie, begleitet von zwei kleinen Mädchen, eine Lampe. Mein Äußeres überraschte die Kinder in einem solchen Maße, daß sie noch eine halbe Stunde hinterher wie die Verrückten den Flur auf und ab rasten, sich gegen die Wände schubsten und höhnisch lachten und kreischten.
Um acht erklang der Gong zum Abendessen. Ich war hungrig. Im Flur hing der starke, warme Geruch von gekochtem Fleisch. Ich dachte: ›Dem Geruch nach zu schließen, muß das Essen auf jeden Fall gut sein!‹ Und sehr verängstigt betrat ich das Speisezimmer.
Zwei Reihen Gesichter kehrten sich zu mir um und beobachteten mich. Madame Séguin stellte mich vor und klopfte mit der Suppenkelle auf den Tisch, und die beiden kleinen Mädchen schrien frech und verächtlich: »*Bon soir, Madame*«, während das von seiner Nachmittagsvorstellung halb erschöpfte Baby sich seinen Becher Milch über den Kopf goß und Madame Séguin mir meinen Platz zeigte. In der Verwirrung, die durch den Zwischenfall mit dem Baby entstand, das kreischend und vor Wut spuckend von Marie hinausbefördert wurde, setzte ich mich neben den russischen Priester

und gegenüber von Mademoiselle Ambatielos. Monsieur Séguin nahm einen Brotlaib aus einem dreibeinigen Korb, der neben ihm stand, und schnitt, das Brot an seine Brust pressend, Scheiben ab. Die Suppe wurde aufgetragen, in der Buchstaben aus Teigwaren schwammen. Das setzte den Tischmanieren der kleinen Séguins die Krone auf.
»Maman, Yvonne hat mehr Buchstaben als ich!«
»Maman, Hélène nimmt sich mit ihrem Löffel welche von meinen Buchstaben weg!«
»Kinder! Kinder! Seid still! Seid still!« mahnte Madame Séguin sanft.
Hélène packte Yvonnes Teller und riß ihn an sich.
»Schluß!« rief Monsieur Séguin, der einer Ratte glich und dessen Brillengläser von Suppendämpfen eingenebelt waren. »Hélène, du verläßt den Tisch! Geh zu Marie!« *Exit* Hélène, mit über den Kopf geworfener Schürze.
Auf die Suppe folgten Kastanien und Rosenkohl. Die ganze Zeit unterhielt sich der russische Priester, der zu seinem hochgeknöpften Gehrock eine hellblaue Krawatte und einen grimmigen Schnurrbart wie aus einem Gogol-Roman trug, ständig mit Mademoiselle Ambatielos. Sie sah sehr jung aus; sie war sehr kräftig. Ihr hoher, fester Busen war mit künstlichen Rosen geschmückt. Unablässig berührte sie die Rosen oder ihre Bluse oder ihr Haar, oder sie blickte auf ihre Hände, und immer schwebte ein Lächeln um ihre Lippen, und die blauen Augen hatte sie weit aufgerissen. Sie schien ganz berauscht von ihrem frischen jungen Körper.
»Ich habe Sie heute früh gesehen, als Sie mich nicht sahen«, sagte der Priester.
»Nicht möglich!«
»Doch!«
»Das kann nicht sein, nicht wahr, Madame?«
Madame Séguin lächelte, räumte die Kastanien ab und brachte eine Schüssel mit Birnen an.
»Hoffentlich kommen Sie nach dem Essen in den Salon!« sagte sie zu mir. »Wir plaudern immer ein wenig — wir sind eine richtige Familie!« Ich lächelte und wunderte mich, weshalb die Kastanien durch Birnen abgelöst wurden.

»Ich muß mich wegen des Babys entschuldigen«, fuhr sie fort. »Der Junge ist so nervös! Aber er ist den ganzen Tag in einem Zimmer, das am andern Ende der Wohnung liegt, entgegengesetzt von Ihrem Zimmer. Er wird Sie nicht stören. Aber stellen Sie sich nur vor: er verbringt ganze Tage damit, seinen kleinen Kopf gegen die Wände und auf den Fußboden zu hämmern! Die Ärzte können es nicht verstehen!«
Monsieur Séguin schob seinen Stuhl zurück und sprach ein Dankgebet. Ich folgte ihm voller Verzweiflung in den Salon.
»Sie haben vermutlich meine Häkelmatten bewundert«, sagte Madame Séguin mit mehr Lebhaftigkeit, als sie bisher bewiesen hatte. »Die Leute glauben immer, daß sie ein Ergebnis meines Fleißes sind. Leider nein! Meine Freundin, Madame Kummer, hat sie alle gehäkelt — sie besitzt die Pension im ersten Stock.«

Violet

*»Ich traf ein klein Jungfräulein.
das weint' und klagte sehr...«*

Ein schmalziges und ärgerniserregendes englisches Sprichwort behauptet: ›Jede Wolke hat einen Silbersaum.‹ Als ob es für jemanden, der bis über die Augenbrauen in Wolken steckt, ein Trost wäre, an den Silbersaum zu denken! Und was für ein unerfreulicher Ansichtspostkartenstempel wird damit unserm Kummer aufgedrückt, wenn er zu einer Groschengeschmacklosigkeit wird — mit einem Mond in der linken Ecke wie ein aufgeblasener Edamer Käse! Und trotzdem ist es wahr — wie alle schmalzigen und ärgerniserregenden Dinge! Der Silbersaum weckte mich nach meiner ersten Nacht in der Pension Séguin und zeigte mir jenseits des Federbetts ein Zimmer — so voller goldenen Sonnenscheins, als hätte jedes goldhaarige Baby im Himmel die Erde mit Butterblumensträußchen bombardiert. ›Was für ein reizender Einfall!‹ dachte ich. ›Wieviel hübscher als das Sprichwort! Wie ein Tag auf dem Lande mit Katherine Tynan!‹

Und im Geiste sah ich ein Bildchen von mir und Katherine Tynan, wie uns eine rotbackige Frau in einer ungeheuer bauschigen Schürze Gläser mit Buttermilch reichte, während wir die unbeirrbare Wahrheit von Sprichwörtern im Gegensatz zur holden Täuschung mutwilliger Babies erörterten. Doch in diesem Fall ergriff das imaginäre Ich für die Sprichwörter Partei. ›Eine Menge gesunder Hausverstand steckt in ihnen‹, sagte das unfeine Geschöpf, das ich war. ›Ich bewundere die Art, wie fest sie ihren Kollektivfuß auf das weibliche Gelüst stellen, alles auszuschmücken. ‚Der Krug geht so oft zum Brunnen, bis er bricht.' Also gut. Auf einem zerbrochenen Krug gibt's nicht mal ein Plätzchen für ein Gedicht. Keine erdenkliche Chance, daß der Brunnen eine rein symbolische Quelle ist, zu der alle Herzen in Form von Krügen getragen werden! Das einzige Sprichwort, das ich ablehne‹, sagte dieses unmögliche Geschöpf, zog sich eine Frühlingszwiebel aus

dem Gartenbeet und kaute darauf herum, ›ist das mit dem Vogel in der Hand! Natürlich sind mir Vögel in Büschen lieber!‹ — ›Aber‹, bemerkte Katherine Tynan sanft und nachdenklich, während sie eine kleine Blattlaus aus ihrer Buttermilch fischte, ›aber wenn du der heilige Franziskus wärst, würde es dem Vögelchen nichts ausmanchen, in deiner Hand zu sein. Ihm wäre das weiße Nest deiner Finger lieber als jeder Busch!‹
Ich sprang aus dem Bett und lief ans Fenster, stieß es weit auf und lehnte mich hinaus. Unten in der Allee wurden die Bäume vom Wind geschüttelt und geschaukelt; der Blätterduft hing in der aufsteigenden Luft. Die Häuser längs der Allee waren klein und weiß: reizende, keusch aussehende kleine Häuser, von denen man Spitzen und Bandschleifen zu sehen bekam — haargenau wie eine Reihe kleiner Kinder auf dem Lande, die Ringelreihen spielen wollen. Ich begann mir ein hinreißendes kleines Wesen namens Yvette vorzustellen, die in all und jedem dieser Häuser lebte ... Den Vormittag verbringt sie in einem Boudoirhäubchen aus weißer Spitze, mit Margeriten bestickt, und nippt Schokolade aus einer Sèvrestasse, die sie mit der einen Hand hält, während eine ergebene Dienerin die kleinen rosa Fingernägel der andern Hand poliert. Den Nachmittag verbringt sie in ihrem kleinen, weißgoldenen Boudoir, auf einem Sofa zusammengekuschelt, ein Angorakätzchen auf dem Schoß, während ihr feuriger, schöner Liebhaber sich über die Rückenlehne beugt und nicht aufhört, das betörende Grübchen auf ihrer linken Schulter zu küssen ... Bis eine der vielen Balkontüren aufflog und ein stämmiges Dienstmädchen, beladen mit Teppichen und Läufern, herausstolzierte. Mit einer Geste, die Wut und Ekel ausdrückte, schleuderte sie ihre Last auf das Geländer, verschwand und tauchte mit einem langstieligen Teppichklopfer wieder auf, womit sie über die armen Teppiche und Läufer herfiel. Peng! Schwapp! Schwapp! Peng! Und deren mattes, klägliches Zucken spornte sie zu immer größerer Anstrengung an. Wolken von Staub flogen auf und um sie her, und als ein kleiner Teppich entwischte und wie ein Fisch in die Allee hinunterschwänzelte, beugte sie sich über den Balkon

und drohte ihm mit der Faust und mit dem Teppichklopfer. Vom Lärm angelockt, trat ein alter Herr an ein gegenüberliegendes Fenster, warf einen mißbilligenden Blick auf das geschäftige Mädchen und gähnte dem schönen Tag ins Gesicht. Etwas Unbeschwertes und Bedächtiges lag in der Art, wie er aufmerksam die Muskeln seiner Arme und Beine befühlte, auf die Kehle drückte, hustete und einen kleinen Speichelstrahl aus dem Fenster jagte. Über diese Leistung schien niemand erstaunter als er selbst. Er schien sie in ihrer Art als einen kleinen Triumph zu betrachten, während er seinen gewaltigen Bauch mit allen Anzeichen der Genugtuung in eine weiße Piquéweste hineinknöpfte. In einem schwarzweißkarierten Kleid und Alpakaschürze, am Arm einen Marktkorb, schwebte meine reizende Yvette davon.

Ich zog mich an, aß ein Brötchen und trank etwas lauwarmen Kaffee — und fühlte mich ernüchtert. Ich dachte, wie wahr es doch sei, daß die Welt wunderschön ist — bis auf die Menschen, und wieviel wahrer noch, daß die Menschen es nicht wert sind, sich ihretwegen zu ärgern, und daß weise Leute ihre Zuneigung nichts Kleinerem als großen Städten zuwenden sollten, ob himmlisch oder sonstwie, und dem Land, das stets himmlisch ist.

Mit diesen Gedanken, die sowohl fromm wie selbstgefällig waren, setzte ich meinen Hut auf, tastete mich durch den dunklen Gang und lief die fünf Treppenfluchten zur Rue St. Léger hinab. An der gegenüberliegenden Straßenseite begann ein Park, durch den man zur Universität und zu den überheblicheren Alleen ging, die an der Place du Théâtre entlangführten. Obwohl der Herbst schon weit vorgerückt war, hatten die Bäume ihr Laub noch nicht abgeworfen; die kleinen Büsche und Sträucher waren rot und rostfarben überhaucht, und vor dem blauen Himmel hoben sich die in Gold gekleideten Bäume ab. Auf Steinbänken plapperten Kindermädchen in weißen Umhängen und steifen weißen Hauben und wackelten mit den Köpfen wie eine Versammlung von Kakadus. In der Sonne trieben vornehme Kindlein manierlich ihre Reifen hin und her. Was für ein einzigartiges Vergnügen es doch ist, durch eine fremde Stadt zu wandern und sich, ein Einzelspiel spielend, so zu amüsieren, wie es ein Kind tut!

»*Pardon, Madame, mais voulez-vous...*«, und dann schwankte die Stimme und rief meinen Namen, wie wenn man mich schon unzähligemal als verloren aufgegeben hätte oder wie wenn ich in fremden Meeren ertrunken oder in Feuersbrünsten amerikanischer Hotels verbrannt und in hundert einsamen Gräbern begraben worden sei. »Was in aller Welt tust *du* hier?« Vor mir stand Violet Burton, nicht um einen Tag verändert, nicht um eine Haarnadel anders. Ob ihrer Begeisterung fühlte ich mich maßlos geschmeichelt, drückte ihre kalte, kräftige Hand und sagte: »Erstaunlich!«

»Aber warum bist du *hier*?«

»... Die Nerven!«

»Oh, unmöglich, das kann ich einfach nicht glauben!«

»Es ist bestimmt wahr«, sagte ich, und meine Begeisterung verblaßte. Nichts kann eine Frau so ärgern, als wenn man ihr Nerven aus Stahl zutraut.

»Also jedenfalls siehst du *nicht so aus!*« sagte sie und musterte mich mit jener offenen englischen Freimütigkeit, bei der man sich vorkommt, als müsse man zur Frühstücksstunde in einem grell erleuchteten Fenster sitzen.

»Und warum bist *du* hier?« fragte ich und lächelte liebenswürdig, um den durchdringenden Blick etwas zu mildern. Daraufhin drehte sie sich um, blickte über den Rasen und fummelte mit ihrem Schirm wie eine Provinzschauspielerin herum, die ein Geständnis machen will.

»Ich« — mit einer sehr affektierten Stimme — »kam hierher, um zu vergessen. Aber«, und nun sah sie mich wieder an und lächelte energisch, »laß uns nicht davon sprechen! Noch nicht! Ich kann es nicht erklären. Nicht, bis ich dich wieder ganz und gar kenne.« Sehr feierlich: »Nicht, bevor ich sicher bin, daß ich dir trauen kann!«

»Oh, du mußt mir nicht trauen, Violet!« rief ich. »Ich bin nicht vertrauenswürdig! An deiner Stelle würde ich's nicht tun!« Sie zog die Brauen zusammen und starrte mich an.

»Wie schrecklich, so etwas zu sagen! Das kann nicht dein Ernst sein!«

»Doch, tatsächlich! Über nichts spreche ich lieber als über die Geheimnisse andrer Menschen!« Ich war sehr verwundert, als sie neben mich trat und sich bei mir einhakte.
»Danke!« sagte sie innig. »Ich finde es furchtbar nett von dir, mich so ins Vertrauen zu ziehen. Furchtbar nett! Und selbst wenn es wahr wäre ... aber nein, es kann nicht wahr sein, sonst hättest du's mir nicht gesagt! Ich meine, es kann psychologisch nicht wahr sein, daß derselbe Charakter gleichzeitig offen und unehrlich ist. Kann's das? Aber andrerseits ... Ach, ich weiß nicht. Ich vermute, daß es möglich ist. Findest du nicht, daß die russischen Romanschriftsteller all unsre Überzeugungen umgestürzt haben?« Wir gingen Arm in Arm den sonnigen Weg entlang.
»Wollen uns hinsetzen!« schlug Violet vor. »Nicht weit von dieser Bank ist ein Springbrunnen. Ich komme oft hierher. Man kann ihn die ganze Zeit hören.« Der leise Wasserlaut klang wie eine halbvergessene Melodie, halb listig, halb lachend.
»Ist es nicht wunderschön?« hauchte Violet. »Wie Weinen in der Nacht!«
»Oh, Violet!« sagte ich und war entsetzt über diese Wendung. »Wunderschöne Dinge weinen nicht bei Nacht. Sie schlafen wie Murmeltiere und wissen nichts von der Welt, bis es wieder Tag ist.«
Sie legte ihren Arm auf die Rückenlehne der Bank und schlug die Beine übereinander.
»Warum verleugnest du dauernd deine Gefühle? Warum schämst du dich ihrer?« forderte sie mich heraus.
»Das tu' ich nicht. Aber ich halte sie unter Verschluß und hole sie nur sehr gelegentlich hervor — wie etwa besondere kleine Marmeladetöpfchen, wenn Leute, die ich liebe, zum Tee kommen.«
»Da haben wir's wieder! Marmelade und Gefühle! Also ich bin völlig anders. Ich bin ganz Gefühl. Manchmal wünschte ich, es wäre nicht so; aber andrerseits mag ich doch lieber unter ihnen leiden — heftig leiden, meine ich, in die Tiefe mit ihnen gehen — wegen des wundervollen Aufschwungs zu den höchsten Höhen des Glücks!« Sie rückte näher an mich heran.

»Ich wünschte, ich wüßte, woher ich meinen Charakter habe«, fuhr sie fort. »Vater und Mutter sind völlig anders. Ich meine, sie sind ganz normal — ganz gewöhnlich.« Ich schüttelte den Kopf und zog die Brauen in die Höhe. »Aber es hat keinen Sinn, ihn zu bekämpfen. Er hat mich besiegt. Völlig — ein für allemal!« Eine Pause: sie wurde unangemessen durch das listige, lachende Wasser ausgefüllt. »Und jetzt«, sagte Violet eindrucksvoll, »weißt du, was ich gemeint habe, als ich sagte, ich sei hergekommen, um zu vergessen.«
»Nein, glaube mir doch, das weiß ich bestimmt nicht, Violet! Wie kannst du annehmen, daß ich so scharfsinnig bin? Ich kann gut verstehen, daß du es mir nicht erzählen willst, bis du mich besser kennst. Sehr gut!«
Sie riß Mund und Augen auf.
»Ich hab's dir doch gesagt! Ich meine — nicht geradeheraus. Nicht direkt in Worten. Denn — wie könnte ich das? Aber als ich dir von meinem emotionalen Charakter erzählt habe, und daß ich in den tiefsten Tiefen gewesen bin und zu den höchsten Gipfeln emporgerissen wurde... da mußt du doch begriffen haben, daß ich symbolisch sprach? Was sonst kannst du gedacht haben?«
Solche gymnastischen Leistungen verrichtet ein junges Mädchen nie ganz allein. Doch erfahrungsgemäß hatte ich angenommen, daß auf die Tiefen die Gipfel folgen. Ich wagte etwas Ähnliches anzudeuten.
»Das stimmt«, sagte Violet düster. »Wenn man hinschaut, sieht man sie — vorher und nachher.«
»Wie die Menschen in Shelleys *Skylark*«, sagte ich.
Violet blickte unsicher drein, und es tat mir leid. Aber ich wußte nicht, wie ich mein Mitgefühl äußern sollte, und ich hatte keine Ahnung von den diesbezüglichen Ausmaßen.
»Es war im Sommer«, erzählte Violet. »Ich war ganz entsetzlich niedergeschlagen. Ich weiß nicht, was es war. Jedenfalls war mir so zumute, als könne ich zu keinem Entschluß kommen. Ich fühlte mich so schrecklich unnütz und dachte, daß ich im großen ganzen keinen Standort hatte, und — was das schlimmste war — niemand verstand mich ... Es kam vielleicht von dem, was ich damals las ... aber ich glaube ...

nicht nur. Immerhin, man weiß ja nie. Nicht wahr? Und dann lernte ich ... Mr. Farr kennen, bei einem Tanz ...«
»Oh, nenne ihn bei seinem Vornamen, Violet! Du kannst nicht von dir und Mr. Farr ... auf den Gipfeln sprechen!«
»Warum nicht, um Himmels willen! Also meinetwegen — ich lernte Arthur kennen. An jenem Abend muß ich wohl verrückt gewesen sein. Erstens einmal hatte es Ärger wegen des Hingehens gegeben. Mutter wollte nicht, daß ich gehe, weil sie sagte, es sei niemand da, der mich nach Hause begleite. Und ich war ganz versessen darauf. Ich muß wohl eine Vorahnung gehabt haben. Glaubst du an Vorahnungen? ... Ich weiß nicht — man kann's nicht mit Bestimmtheit wissen, nicht wahr? Jedenfalls ging ich. Und *er* war dort.«
Sie wurde dunkelrot und biß sich auf die Lippe.
Oh, allmählich begann ich Violet Burton gern zu haben — sogar sehr gern.
»Weiter«, sagte ich.
»Wir tanzten siebenmal zusammen und sprachen die ganze Zeit. Die Musik war sehr gedämpft, und wir sprachen über all und jedes. Du weißt ja — zuerst von Büchern und Theatervorstellungen und dergleichen ... und dann — von unsrer Seele.«
»...Was?«
»Von unsrer Seele, hab' ich gesagt. Er verstand mich *vollkommen*. Und nach dem siebenten Tanz ... Nein, ich muß dir erzählen, was er als allererstes zu mir sagte. Er fragte mich: ›Glauben Sie an Pan?‹ Ganz gelassen. Einfach so. Und dann sagte er: ›Ich wußte, daß Sie's tun!‹ War das nicht ganz er-staunlich? Nach dem siebenten Tanz gaben wir's auf und saßen auf dem Treppenabsatz. Und ... soll ich weitererzählen?«
»Ja, nur zu!«
»Er sagte: ›Ich glaube, ich bin verrückt. Ich möchte Sie küssen.‹ Und ich — ließ es zu.«
»Nur weiter!«
»Ich kann dir einfach nicht sagen, wie mir zumute war. Stell dir bitte vor — ich hatte außer meinen Verwandten noch nie jemanden geküßt. Ich meine — natürlich — noch nie einen

Mann. Und dann sagte er: ›Ich muß es Ihnen sagen: ich bin verlobt.‹«
»Ja, und?«
»Was sonst kann's noch zu erzählen geben? Natürlich stürzte ich sofort die Treppe hinauf und durchwühlte alles in der Garderobe und fand meinen Mantel und ging nach Hause. Und am nächsten Morgen bat ich Mutter, mich hierherfahren zu lassen. Ich dachte«, sagte Violet, »ich dachte, ich müßte sterben vor Beschämung.«
»Ist das alles?« rief ich. »Du willst doch nicht behaupten, daß das alles ist?«
»Was sonst könnte es noch sein? Was hast du denn erwartet, um Himmels willen? Wie merkwürdig du bist — mich so anzuschauen!«
Und in der langen Pause, die nun folgte, hörte ich wieder den kleinen Springbrunnen — halb listig, halb lachend — über mich, fand ich, nicht über Violet.

Bains Turcs

— — — — — — — — — — — — —

»Im dritten Stock links, Madame«, sagte die Kassiererin und reichte mir eine rote Karte. »Einen Augenblick — ich lasse den Lift kommen!« Ihr schwarzseidener Rock raschelte durch die rotgoldene Halle, und dann stand sie zwischen künstlichen Palmen. Ihr weißer Hals und das gepuderte Gesicht wurden bekrönt von einer Fülle leuchtend apfelsinengelber Haare — wie ein überreifer Pilz, der aus einem dicken schwarzen Baumstamm herausquillt. Sie läutete und läutete. »Bitte tausendmal um Verzeihung, Madame! Es ist eine Schande! Ein neuer Fahrstuhlführer. Diese Woche geht er.« Mit den Fingern auf dem Klingelknopf spähte sie in den Lift, als erwarte sie, den Fahrstuhlführer wie einen toten Vogel auf dem Boden liegen zu sehen. »Es ist eine Schande!« Aus dem Nichts tauchte ein winziges Männchen auf, mit einer Schirmmütze und schmutzigen weißen Handschuhen ausstaffiert. »Da sind Sie endlich!« schalt sie. »Wo sind Sie gewesen? Was haben Sie gemacht?« Als einzige Antwort versteckte er sein Gesicht hinter einem seiner weißen Handschuhe und nieste zweimal. »Puh! Widerlich! Bringen Sie Madame in den dritten Stock!« Der Zwerg trat beiseite, verbeugte sich, trat nach mir ein und knallte die Türen zu. Wir fuhren hinauf — sehr langsam, und begleitet vom Niesen und in die Länge gezogenen, halb pfeifenden Schnüffeln. Ich fragte die Oberseite der Lackledermütze: »Sind Sie erkältet?« — »Es ist die Luft, Madame«, erwiderte das Geschöpf, durch die Nase sprechend, mit beherrschter, sehr genüßlicher Miene, »hier ist es niemals trocken! Dritten Stock — bitte sehr!« nieste er auf mein Zehn-Cents-Trinkgeld.

Ich ging durch einen gekachelten Korridor, der mit Reklameschildern für Unterwäsche und Büstenveredlern geschmückt war, und erhielt eine kleine Kabine und ein blaues Kattunhemd mit der Anweisung, mich auszuziehen und so bald wie möglich den Wärmeraum aufzusuchen. Durch die Bretterwand und vom Korridor drangen Rufe und Gelächter und Gesprächsfetzen.

»Bist du fertig?«
»Kommst du jetzt raus?«
»Warte, bis du mich siehst!«
»Berthe — Berthe!«
»Einen Augenblick — einen Augenblick! Sofort!«
Ich zog mich rasch und gleichgültig aus und kam mir wie ein Kind in einem Trupp kleiner Schulmädchen vor, die auf ein Schwimmbad losgelassen werden.
Der Wärmeraum war nicht groß. Er hatte rostrot gestrichene Wände mit einer Pfauenbordüre und einem Glasdach, durch das man den Himmel sehen konnte: er war so bleich und unwirklich wie die Hintergrundstaffage in einem Photographenatelier. Ein paar runde Tische waren mit schäbigen Modezeitungen übersät, in der Mitte war ein mit gelben Lilien gefülltes Marmorbecken, und auf den mit Handtüchern bedeckten Liegestühlen lagen hingegossen eine Anzahl Damen, die offensichtlich ebenso matt wie die Blumen waren. Ich legte mich zurück, über dem Kopf ein Tuch, und die Luft, die nach Dschungel und Zirkus und feuchter Wäsche roch, versetzte mich in Träumereien ... Ja, es wäre sicher hochinteressant gewesen, hätte ich einen Forschungsreisenden geheiratet ... und in einem Dschungel gelebt, vorausgesetzt, daß er nichts totschoß oder gefangennahm. Dressierte Tiere verabscheue ich. Oh ... die Zirkusvorstellungen zu Hause ... das Zelt auf der Koppel und die Kinder, die auf Zäune klettern, um die Wagen und den sich schminkenden Clown anzustarren ... und die Dampforgel, die viel zu schnell ›Geißblatt und Bienchen‹ spielt ... wieder und immer wieder. Ich weiß, woran mich diese Luft erinnert — an das Spiel ›Einer geht voran‹ zwischen zum Trocknen aufgehängter Wäsche...
Die Tür ging auf. Zwei große blonde Frauen in rotweißkarierten Kitteln kamen herein und belegten die Liegestühle gegenüber von meinem. Die eine trug ein in Silberpapier gewickeltes Kästchen Mandarinen und die andre ein Maniküreset. Sie waren sehr dick, hatten fröhliche, kecke Gesichter und eine Unmenge herrlich ausgebürsteter blonder Haare. Ehe sie sich hinsetzten, schauten sie ringsum, musterten die andern Frauen, sahen sich an und tuschelten und schnitten

Grimassen, und die eine bot der andern ihr Kästchen an und sagte: »Mandarine gefällig?« Daraufhin begannen sie beide zu lachen — sie lehnten sich zurück und schüttelten sich vor Lachen, und jedesmal, wenn sie einander erblickten, platzten sie wieder los.

»Ach, das war zu gut!« rief die eine und wischte sich die Augen, aber vorsichtig, nur um die Augenwinkel. »Du und ich kommen her, ganz ernst natürlich, sehr korrekt, und sehen uns hier um... und... und als Ergebnis unsrer *sorgfältigen* Inspektion — biete ich dir eine Mandarine an! Oh, es ist zu komisch! Ich darf's nicht vergessen! Sehr geeignet für ein Varieté! Mandarine gefällig?«

»Aber ich begreife nicht«, sagte die andere, »warum die Frauen im Dampfbad so häßlich aussehen müssen — wie Beefsteaks im Hemd! Liegt es an den Frauen — oder ist es die Luft? Sieh dir zum Beispiel mal die da an — die spindeldürre, die ein Buch liest und am Schnurrbart schwitzt — und die beiden andern drüben in der Ecke, die sich darüber unterhalten, ob sie ihren ungeborenen Babies erzählen sollen, wie Babies auf die Welt kommen — und... lieber Himmel! Sieh dir mal die an, die jetzt reinkommt! Nimm das Kästchen, Liebes! Nimm alle Mandarinen!«

Der Neuankömmling war eine stämmige kleine Frau mit platten weißen Füßen und einer schwarzen Gummikappe über dem Haar. Sie ging auf und ab und schwenkte in gewollter Sorglosigkeit die Arme, blickte verächtlich auf die lachenden Frauen und läutete der Bedienung. Sofort erschien Berthe, halb nackt und mit Seifenschaum betupft. »Was gibt's denn, Madame? Ich habe keine Zeit...«

»Bitte bringen Sie mir ein Handtuch«, sagte die Gummikappe auf Deutsch.

»Pardon? Ich verstehe Sie nicht. Sprechen Sie Französisch?«

»*Non*«, sagte die Gummikappe.

»Berthe!« kreischte die eine Blondine. »Nimm eine Mandarine! *Oh, mon Dieu*, ich sterbe noch vor Lachen!«

Die Gummikappe vollführte eine stumme Pantomime: sie deutete an, daß sie naß war, und rieb sich trocken. »*Verstehen Sie?*«

»*Mais non, Madame*«, sagte Berthe, die ihr mit großen Augen, aus denen der Schelm lachte, zugeschaut hatte. Sie ließ Gummikappe stehen, zwinkerte den Blondinen zu, trat zu ihnen, betastete sie, als wären sie preisgekröntes Federvieh, sagte: »Ihr sprecht gut an!«, und verschwand.
Die Gummikappe setzte sich auf die Stuhlkante, griff sich eine Modezeitung, schlug die Seiten laut klatschend um und gab vor zu lesen, während die blonden Frauen sich zurücklehnten, Mandarinen aßen und die Schalen in das Lilienbekken warfen. Frischer und durchdringender Obstgeruch verbreitete sich in der Luft. Ich blickte mich nach den andern Frauen um. Ja, sie waren häßlich, wie sie, rot und naß, angelehnt dalagen, mit stumpfen Augen und schlaffem Haar. Das einzige bißchen Energie hatten sie in empörter Zimperlichkeit für das Benehmen der beiden Blondinen aufgebraucht. Plötzlich entdeckte ich, wie aufmerksam mich Gummikappe über ihre Modezeitung hinweg anstarrte, so daß ich zu fliehen beschloß und in den Heißluftraum ging. Aber vergebens! Gummikappe folgte und pflanzte sich vor mir auf.
»Ich weiß«, sagte sie selbstsicher und vertrauensvoll, »daß Sie Deutsch sprechen können. Ich habe es Ihrem Gesicht angesehen. War das nicht ein Skandal, daß mir die Badefrau kein Handtuch geben wollte? Ich werde mich bei der Leitung beschweren! Mein Mann muß ihnen heute abend einen Brief schreiben. Was von einem Mann kommt, ist immer alles viel wirkungsvoller, nicht wahr?« Sie rieb ihre gelblichen Arme und sagte: »Nein, noch nie bin ich in einem so schandbaren Bad gewesen — und dafür soll man vier Francs fünfzig bezahlen! Selbstverständlich werde ich kein Trinkgeld geben — das würden Sie auch nicht tun, nicht wahr? Nicht nach dem Skandal mit dem Handtuch! Am liebsten würde ich mich auch über die beiden Frauen beschweren — die beiden, die dauernd lachen und essen. Kennen Sie sie?« Sie schüttelte den Kopf. »Es sind keine anständigen Frauen, das sieht man auf den ersten Blick. Ich wenigstens sehe es, jede verheiratete Frau sieht das. Nichts als ein paar Straßendirnen. Noch nie im Leben bin ich so beleidigt worden. Mich auszulachen, stellen Sie sich das vor! Diese großen, dicken, fetten Schweine! Und

ich bin nicht richtig zum Schwitzen gekommen, bloß derentwegen! Ich bin so zornig geworden, daß der Schweiß nach innen geschlagen ist statt nach außen: das passiert nämlich manchmal in der Aufregung, und anstatt meine Erkältung loszuwerden, bekomme ich jetzt bestimmt Fieber, das würde mich gar nicht wundern!«
Ich wanderte unglücklich im Heißluftraum herum, verfolgt von der Gummikappe, bis die zwei blonden Frauen hereinkamen und, als sie sie sahen, erneut in schallendes Gelächter ausbrachen. Ich war empört und angewidert, weil Gummikappe sich an mich herandrängte, bedeutungsvoll lächelte und ihren Mund verzog. »Mich kann's nicht treffen«, sagte sie mit ihrer häßlichen deutschen Stimme. »Ich erniedrige mich nicht, indem ich ein paar Straßendirnen beachte. Wenn mein Mann das wüßte, wäre er außer sich. Er ist furchtbar heikel. Wir sind seit sechs Jahren verheiratet. Wir kommen aus Pfalzburg. Es ist eine nette Stadt. Ich habe vier gesunde Kinder, und wir kamen eigentlich hierher, um den Schock wegen des fünften zu verwinden. Das fünfte«, flüsterte sie und trippelte hinter mir her, »ist als schönes, gesundes Kind auf die Welt gekommen, aber es hat nicht geatmet. Da muß eine Frau wohl enttäuscht sein, nach neun Monaten, was?«
Ich ging auf das Dampfbad zu. »Wollen Sie da rein?« fragte sie. »An Ihrer Stelle tät' ich das nicht! Die beiden sind da reingegangen! Die denken vielleicht sonst, Sie wollten sich an sie heranmachen! Man weiß nie, was so Frauen denken!«
In diesem Augenblick kamen sie heraus, wickelten sich in die groben Kittel und schritten wie hochmütige Königinnen an Gummikappe vorbei. »Werden Sie im Dampfbad Ihr Hemd ausziehen?« fragte sie. »An mir müssen Sie sich nicht stören! Frauen sind Frauen, und außerdem würde ich Sie nicht anschauen, falls es Ihnen lieber ist. Ich versteh's, ich war früher auch mal so. Ich könnte wetten«, fuhr sie boshaft fort, »daß die beiden widerlichen Weiber sich gründlich betrachtet haben. Puh! Frauen wie die da! Die kann man nicht schockieren! Und sehen sie nicht schrecklich aus? Frech — und mit all dem falschen Haar! Das Manküreset, das die eine hatte, war mit Gold beschlagen. Wird ja wohl kein echtes Gold gewe-

sen sein, aber ich finde es abscheulich, so was herzubringen! Seine Nägel sollte man immerhin bei sich zu Hause schneiden, finden Sie nicht? Ich verstehe einfach nicht«, fuhr sie fort, »was die Männer in solchen Frauen sehen! Nein, was eine Frau braucht, das ist ein Mann und Kinder und ein Haushalt, den sie besorgt. Das sagt mein Mann immer. Stellen Sie sich mal eins von diesen Flittchen vor, wie die Kartoffeln schält oder die besten Fleischstücke auswählt! Gehen Sie denn schon?«
Ich entfloh ihr und suchte Berthe. Die ganze Zeit über, während ich geseift und gepatscht und abgespritzt und in einen Zuber mit kaltem Wasser geworfen wurde, konnte ich das häßliche, gemeine Gesicht der kleinen Deutschen mit dem guten Ehemann und den vier Kindern nicht aus dem Sinn bekommen, wie sie über die beiden appetitlichen Schönheiten loszog, die noch nie Kartoffeln geschält oder die besten Fleischstücke ausgewählt hatten. Im Vorraum sah ich die beiden noch mal. Sie trugen blaue Kostüme. Die eine steckte sich einen Veilchenstrauß an, und die andre knöpfte sich ein Paar elfenbeinfarbene Wildlederhandschuhe zu. Mit ihren entzückenden Federhüten und Pelzstolen standen sie da und plauderten. »Ja, da sind sie!« sagte eine Stimme dicht hinter mir.
Es war die umgewandelte Gummikappe; jetzt trug sie eine blauweißkarierte Bluse mit Häkelkragen und hatte die schmale Taille und die breiten Hüften der deutschen Hausfrau — auf dem Kopf ein scheußliches Vogelnest, das die Pfalzburger zweifellos als Reisehut bezeichneten. »Was glauben Sie, wieso die sich solche Kleider leisten können? Diese greulichen, gewöhnlichen Geschöpfe! Nein, bei solchem Anblick muß sich's jedes junge Mädchen zweimal überlegen!« Und als die beiden den Vorraum verließen, starrte Gummikappe ihnen nach: ihr fahles Gesicht ganz Mund und Auge, wie das Gesicht eines hungrigen Kindes vor einer verbotenen Tafel.

Etwas Kindliches, aber sehr Natürliches

I.

Ob er vergessen hatte, was für ein Gefühl es war, oder ob sein Kopf seit dem letzten Sommer größer geworden war, konnte Henry nicht entscheiden. Doch sein Strohhut tat ihm weh: über der Stirn war er zu eng und verursachte in den Knochen über den Schläfen einen dumpfen Schmerz. Deshalb suchte er sich in einem Raucherabteil dritter Klasse einen Eckplatz, nahm den Hut ab und legte ihn nebst seiner großen schwarzen Pappkartonmappe und den Handschuhen — Weihnachtsgeschenk von Tante B. — ins Gepäcknetz. Das Abteil roch abscheulich nach feuchtem Gummi und Ruß. Bis zur Abfahrt des Zuges blieben ihm noch zehn Minuten, und Henry entschloß sich, rasch einen Blick auf die Bücherauslage zu werfen. Durch das Glasdach der Bahnhofshalle flutete die Sonne in langen blauen und goldenen Lichtbahnen; ein kleiner Junge lief mit einem Tablett voll Schlüsselblumen auf und ab; die Leute — vor allem die Frauen — hatten etwas Besonderes an sich, etwas Müßiges und doch Ungeduldiges. Der aufregendste Tag des Jahres, der erste wirkliche Frühlingstag, hatte seine warme, köstliche Schönheit entfaltet — selbst für Londoner Augen. Jeder Farbe hatte er ein neues Glitzern verliehen, jeder Stimme einen neuen Klang, und die Städter schritten aus, als hätten sie einen richtigen, lebendigen Körper unter ihren Kleidern und richtige, lebendige Herzen, die das erstarrte Blut hindurchpumpten.
Henry war ganz versessen auf Bücher. Er las nicht viele und besaß auch nicht mehr als ein halbes Dutzend, aber während der Mittagsstunde und zu jeder erdenklichen Zeit schaute er sich die Bücher der Charing Cross Road und andrer Läden in London an; die Anzahl, mit der er auf Grüßfuß stand, war erstaunlich. Nach der sorgfältigen, netten Art, mit der er sie anfaßte, und nach den treffend gewählten Worten, wenn er mit einem oder dem andern Buchhändler darüber sprach, hätte man glauben können, irgendein Wälzer habe

schon an der Brust seiner Kinderfrau geruht, wenn sie ihm seinen Babybrei gab. Doch da hätte man sich schwer getäuscht: es war einfach Henrys Art, wie er alles berührte oder ausdrückte. An diesem Nachmittag war es eine Sammlung englischer Gedichte, und er blätterte darin, bis ihm ein Titel ins Auge fiel: *Etwas Kindliches, aber sehr Natürliches.*

> Hätt' ich zwei kleine Flügel
> und wär' ein Vögelein,
> flög' ich zu dir, mein Liebchen!
> Doch was nützt alles Wünschen —
> ich bleib' allein, allein.
>
> Im Traume flieg' ich oft zu dir,
> die ganze Welt ist mein,
> bin bei dir stets in meinem Traum,
> doch wach' ich auf, ist's eitel Schaum,
> ich bin allein, allein.
>
> Dem Schlaf niemand gebieten kann,
> erwach' ich, Liebchen, so allein,
> schließ' ich die Augenlider
> und träume, träume wieder
> und bin mit dir allein.

Er konnte sich nicht satt sehen an dem kleinen Gedicht. Es waren nicht so sehr die Worte, sondern die ganze Stimmung, die ihn bezauberte. Jemand hatte es vielleicht ganz früh am Morgen geschrieben, als er im Bett lag und beobachtete, wie die Sonne über die Decke tanzte. ›Die gleiche Stille ist es‹, dachte Henry. ›Sicher hat er es geschrieben, als er noch nicht völlig wach war, denn das Lächeln eines Traumes liegt darüber.‹ Er überflog das Gedicht, blickte dann weg und wiederholte es auswendig, stockte bei einem Wort in der dritten Strophe und blickte wieder und wieder hin, bis er ein Rufen und Drängen gewahrte und beim Aufblicken sah, daß der Zug sich langsam in Bewegung setzte.
›Verflixt noch mal!‹ Henry sauste hin. Ein Mann mit einer

Signalflagge und einer Pfeife hatte die Hand auf einem Türgriff. Irgendwie bekam er Henry zu packen ... Die Tür flog zu, und Henry war drin, aber das Abteil war kein ›Raucher‹, und von seinem Strohhut oder der schwarzen Mappe oder den von Tante B. zu Weihnachten geschenkten Handschuhen war keine Spur zu sehen. Dafür saß in der Ecke ihm gegenüber und etwas an die Wand gepreßt ein junges Mädchen. Henry wagte es nicht, den Blick zu ihr zu erheben, aber er war überzeugt, daß sie ihn anstarrte. ›Sie muß mich für verrückt halten‹, dachte er, ›so in ein Abteil zu stürmen, noch dazu ohne Hut, und obendrein am Abend!‹ Es war ihm sehr seltsam zumute. Er wußte nicht, wie er dasitzen sollte und ob er die Beine ausstrecken dürfe. Er steckte die Hände in die Tasche und bemühte sich, sehr gleichgültig zu erscheinen und stirnrunzelnd eine große Photographie der Abtei in Bolton zu betrachten. Doch da er ihren Blick auf sich fühlte, schielte er sie verstohlen an. Schnell schaute sie aus dem Fenster, und nun betrachtete Henry sie etwas länger und ließ sich nicht die kleinste ihrer Bewegungen entgehen. Sie saß ganz dicht am Fenster, und Wange und Schulter waren hinter einer Flut rotgoldener Haare verborgen. Die eine kleine Hand — in einem grauen Baumwollhandschuh — hielt im Schoß ein Ledermäppchen mit den Initialen E. M. Die andre Hand hatte sie durch die Schlaufe des Fenstervorhangs gesteckt, und Henry sah an ihrem Handgelenk ein silbernes Armband mit einer Schweizer Kuhglocke und einem Silberschuh und einem Fisch. Sie trug einen grünen Mantel und einen Hut mit einer Ranke ringsherum. Und die ganze Zeit, während Henry es sah, ging ihm unaufhörlich der Titel des neuen Gedichts durch den Kopf: *Etwas Kindliches, aber sehr Natürliches*. ›Vermutlich geht sie in London in irgendeine Schule‹, dachte Henry. ›Oder in ein Büro. Aber nein, dafür ist sie zu jung. Außerdem hätte sie dann ihr Haar aufgesteckt. Es reicht nicht mal über den Rücken.‹ Er konnte die Augen nicht von dem schönen, gewellten Haar abwenden. ›,Meine Augen sind wie zwei trunkene Bienen ...' Möchte mal wissen, ob ich das gelesen oder selbst ausgedacht habe.‹
Im gleichen Augenblick drehte sich das Mädchen um, fing

seinen Blick auf und wurde rot. Sie ließ den Kopf sinken, um die Röte zu verstecken, die ihr in die Wangen gestiegen war, und Henry war entsetzlich verlegen und wurde ebenfalls rot. ›Ich muß es erklären – muß einfach!‹ Schon begann er die Hand zu heben, um den Hut zu ziehen, der nicht vorhanden war. Das fand er komisch, und es verlieh ihm etwas Selbstvertrauen.
»Es – tut mir furchtbar leid«, sagte er und lächelte den Hut des Mädchens an, »aber ich kann nicht in demselben Abteil mit Ihnen sitzen, ohne Ihnen zu erklären, weshalb ich so hereingestürzt kam, und noch dazu ohne Hut! Sicher habe ich Sie erschreckt, und eben habe ich Sie auch schon angestarrt – aber das ist nur eine üble Gewohnheit von mir – dauernd muß ich die Leute anstarren! Wenn Sie möchten, daß ich es Ihnen erkläre, wie ich hier reinschneite natürlich, nicht das Anstarren« – er lachte kurz auf –, »tu' ich's gern!«
Eine Minute lang sagte sie gar nichts, und dann – leise und schüchtern: »Es macht nichts!«
Der Zug war längst über Dächer und Schornsteine hinaus. Sie schwebten durchs freie Land, vorbei an dunklen kleinen Wäldern und verschwimmenden Feldern und Wassertümpeln, die den rötlichgelben Abendhimmel widerspiegelten. Henrys Herz begann zu hämmern und im Takt mit dem Zug zu pochen. So konnte er es nicht abbrechen lassen. Sie saß so still da, ganz in ihr herabfallendes Haar versteckt. Er fand, es sei unbedingt notwendig, daß sie aufblickte, um ihn zu verstehen – wenigstens ihn zu verstehen. Er beugte sich vor und legte die Hände um die Knie.
»Ich hatte nämlich all meine Sachen – auch meine Mappe – in ein Raucherabteil Dritter Klasse gelegt und war zur Bücherauslage gegangen!« erklärte er.
Als er ihr die Geschichte erzählte, hob sie den Kopf. Im Hutschatten sah er ihre grauen Augen und die Brauen, die goldenen Federchen glichen. Die Lippen standen leicht offen. Beinah unbewußt nahm er die Tatsache in sich auf, daß sie ein Schlüsselblumensträußchen trug und daß ihre Kehle weiß und der Umriß ihres Gesichts wundervoll zart in all dem lodernden Haar war. ›Wie schön sie ist! Wie unglaublich schön

sie ist!‹ sang Henrys Herz, und bei diesen Worten schwoll ihm das Herz und wurde größer und größer und zitterte wie eine schillernde Seifenblase, so daß er vor lauter Angst, sie könne zerspringen, nicht zu atmen wagte.
»Hoffentlich war nichts von Wert in Ihrer Mappe?« sagte sie sehr ernst.
»Ach, nur ein paar dumme Zeichnungen, die ich aus dem Büro mitgenommen hatte«, antwortete Henry leichthin. »Und — ich bin ziemlich froh, daß ich den Hut verloren habe! Er hat mich den ganzen Tag gedrückt!«
»Ja«, sagte sie, »er hat einen Einschnitt hinterlassen!«, und sie lächelte fast.
Warum in aller Welt machten ihre Worte Henry plötzlich so unbeschwert und glücklich und so wahnsinnig aufgeregt? Was spielte sich zwischen ihnen ab? Sie sprachen nicht, aber für Henry war dieses Schweigen lebendig und voller Wärme. Es hüllte ihn von Kopf bis Fuß in eine zitternde Woge ein. Ihre wunderbaren Worte: ›Er hat einen Einschnitt hinterlassen‹, hatte auf geheimnisvolle Weise ein Band zwischen ihnen geknüpft. Sie konnten nicht völlig Fremde füreinander sein, wenn sie so einfach und natürlich sprach. Und jetzt lächelte sie tatsächlich! Das Lächeln tanzte in ihren Augen, stahl sich über die Wangen zu den Lippen und blieb dort. Er warf sich zurück, und Worte entflohen ihm: »Ist das Leben nicht herrlich?«
Der Zug toste in einen Tunnel. Er hörte ihre wegen des Lärms erhobene Stimme; sie beugte sich vor.
»Das kann ich nicht finden. Aber ich bin schon lange Fatalistin —« eine Pause — »schon seit Monaten!«
Sie rasselten durch die Finsternis.
»Warum?« rief Henry.
»Oh...«
Dann zuckte sie die Achseln, lächelte und schüttelte den Kopf, um anzudeuten, daß sie wegen des Lärms nicht sprechen könne. Er lehnte sich zurück. Der Tunnel entließ sie in ein Gewirr von Lichtern und Häusern. Er wartete auf ihre Erklärung. Aber sie stand auf und knöpfte sich den Mantel zu, rückte ihren Hut zurecht und schwankte ein wenig. »Hier

muß ich aussteigen«, sagte sie. Das kam Henry völlig unmöglich vor.
Der Zug verlangsamte die Fahrt, und die Lichter draußen wurden heller. Sie ging auf das Ende des Abteils zu.
»Aber«, stammelte er, »darf ich Sie nicht wiedersehen?« Er erhob sich ebenfalls und stützte sich mit einer Hand am Gepäcknetz. »Ich *muß* Sie wiedersehen!« Der Zug wollte halten.
Hastig sagte sie: »Ich fahre jeden Abend von London hierher.«
»Oh — tun Sie das — wirklich?« Sein Eifer erschreckte sie. Rasch beherrschte er sich. Sollen wir uns die Hand geben? flog es ihm durch den Kopf. Die eine Hand lag auf dem Griff, die andre hielt die kleine Mappe. Jetzt hielt der Zug. Sie war weg — ohne einen Blick, ohne ein Wort.

II.

Dann kamen ihm der Samstag — ein Halbtag im Büro — und der Sonntag dazwischen. Am Montag gegen Abend war Henry ganz erschöpft. Er war viel zu früh auf dem Bahnhof, und eine Meute dummer Gedanken war ihm gewissermaßen auf den Fersen, die ihn hin und her hetzten. ›Sie hat nicht gesagt, daß sie mit diesem Zug fährt.‹ — ›Und angenommen, ich gehe auf sie zu, und sie schneidet mich?‹ — ›Kann sein, daß jemand bei ihr ist.‹ — ›Wieso bildest du dir ein, daß sie überhaupt noch an dich gedacht hat?‹ — ›Was willst du zu ihr sagen, wenn du sie siehst?‹ Er betete sogar: ›Lieber Gott, mach, daß wir uns wiedersehen!‹
Aber es half alles nichts. Weißer Rauch schwebte zum Dach der Bahnhofshalle auf — verging und erschien nochmals in flatternden Bändern. Als er ihn beobachtete, wie er so verletzlich und still und mit so geheimnisvoller Anmut über der Menge und dem Gedränge hintrieb, wurde er plötzlich ruhiger. Er war so müde, wollte sich nur noch setzen und die Augen schließen, denn sie kam nicht — kam nicht — die Worte hauchten Erleichterung und Verlassenheit aus. Und dann sah er sie ganz in der Nähe, wie sie mit der gleichen kleinen

Ledermappe in der Hand auf den Zug zuging. Henry wartete. Er wußte irgendwie, daß sie ihn bemerkt hatte, aber er setzte sich erst in Bewegung, als sie ganz nahe war und mit ihrer leisen, schüchternen Stimme fragte: »Haben Sie sie wiederbekommen?«

»O ja, danke, ich habe sie wiederbekommen.« Und mit einer lächerlich linkischen Bewegung zeigte er ihr die Mappe und die Handschuhe. Sie gingen Seite an Seite zum Zug und stiegen in ein leeres Abteil. Sie nahmen Platz, einander gegenüber, und lächelten schüchtern und stumm, während der Zug langsam anfuhr und allmählich in gleichmäßiger Geschwindigkeit hineilte. Henry sprach zuerst.

»Es ist so komisch, daß ich Ihren Namen nicht weiß«, sagte er. Sie schob eine dichte Haarwand zurück, die ihr auf die Schulter gefallen war, und er sah, daß ihre Hand in dem grauen Handschuh zitterte. Dann bemerkte er, daß sie sehr steif dasaß, mit zusammengepreßten Knien — und er übrigens auch —, beide bemüht, nicht so zu zittern. Sie sagte: »Ich heiße Edna.«

»Ich heiße Henry«, sagte er.

Eine Pause folgte, in der jeder vom Namen des andern Besitz ergriff und ihn hin und her drehte und — jetzt etwas weniger ängstlich — beiseite schob.

»Ich muß Sie noch etwas fragen«, sagte Henry. Er hatte den Kopf auf die Seite gelegt und blickte Edna an. »Wie alt sind Sie?«

»Sechzehn gewesen«, sagte sie. »Und Sie?«

»Beinah achtzehn!«

»Wie heiß es ist!« rief sie plötzlich und zog die grauen Handschuhe aus, legte die Hände an die Wangen und nahm sie nicht weg. Ihre Augen waren nicht länger verängstigt — sie blickten einander mit einer Art verzweifelter Ruhe an. Wenn nur ihre Körper nicht so dumm zittern würden, dachten beide. Edna war noch immer halb hinter ihrem Haar versteckt und fragte: »Waren Sie schon mal verliebt?«

»Nein, nie! Und Sie?«

»Nie im Leben, nein!« Sie schüttelte den Kopf. »Ich hätt's auch nie für möglich gehalten!«

Seine nächsten Worte sprudelten nur so hervor: »Was haben Sie seit letztem Freitagabend getan? Was haben Sie den ganzen Samstag und Sonntag und heute getan?«
Aber sie antwortete nicht darauf. Sie schüttelte nur den Kopf und sagte lächelnd: »Nein, das müssen *Sie* mir erzählen!«
»Ich?« rief Henry. Und dann merkte er, daß auch er ihr nichts erzählen konnte. Er konnte nicht noch einmal über das Gebirge von Tagen klettern, und auch er schüttelte den Kopf.
»Aber es war qualvoll«, sagte er mit strahlendem Lächeln, »einfach qualvoll!« Daraufhin mußte sie die Hände von den Wangen nehmen und loslachen, und Henry stimmte ein. Sie lachten beide, bis sie ganz erledigt waren.
»Es ist so — so erstaunlich!« sagte sie. »So plötzlich, nicht wahr? Und doch habe ich das Gefühl, Sie schon seit Jahren zu kennen!«
»Ich auch«, sagte Henry. »Ich glaube, daran ist der Frühling schuld. Mir ist, als hätte ich einen Schmetterling verschluckt und als zittere er hier mit seinen Flügeln!« Dabei legte er die Hand auf sein Herz.
»Und das Allererstaunlichste«, sagte Edna, »ist meine Überzeugung, daß ich mir nichts aus — aus Männern mache. Ich meine, die Mädchen im College...«
»Waren Sie im College?«
Sie nickte. »In einem Ausbildungscollege — um Sekretärin zu werden.« Es klang verächtlich.
»Ich bin in einem Büro«, erzählte Henry. »In einem Architekturbüro — eine komische kleine Kiste, hundertdreißig Stufen hoch! Wir sollten Nester statt Häuser bauen, finde ich immer.«
»Arbeiten Sie gern dort?«
»Nein, natürlich nicht. Ich möchte überhaupt nicht arbeiten — und Sie?«
»Oh, ich hasse es... Und weil meine Mutter Ungarin ist«, fügte sie hinzu, »hasse ich's wahrscheinlich um so mehr.«
Das fand Henry sehr begreiflich. »Sicher«, sagte er.
»Mutter und ich sind genau gleich. Mit meinem Vater habe ich gar nichts Gemeinsames; er ist bloß... ein kleiner Mann

in der City. Aber meine Mutter hat wildes Blut, und das hat sie auf mich vererbt. Sie haßt unser Leben ebensosehr wie ich.« Sie brach ab und runzelte die Stirn. »Und trotzdem kommen wir nicht gut zusammen aus — eigentlich komisch, nicht wahr? Aber zu Hause fühle ich mich gänzlich allein.«
Henry hörte ihr zu — einerseits hörte er ihr zu, aber andrerseits bedrängte ihn etwas, um das er sie bitten wollte. Sehr schüchtern fragte er: »Würden Sie wohl — Ihren Hut abnehmen?«
Sie sah überrascht aus. »Abnehmen? Meinen Hut?«
»Ja. Es ist wegen Ihres Haars. Ich gäbe alles drum, Ihr Haar einmal richtig zu sehen.«
Sie sträubte sich. »Es ist gar nicht...«
»Doch, es *ist*«, rief Henry, und dann, als sie den Hut abgenommen und den Kopf leicht aufgeworfen hatte, fuhr er fort: »Es ist das Schönste, was es auf der Welt gibt, Edna!«
»Gefällt es Ihnen?« sagte sie lächelnd und sehr zufrieden. Sie zog es sich wie einen goldenen Umhang um die Schultern. »Meistens lachen die Leute drüber. Es hat so eine ungewöhnliche Farbe.« Aber Henry war andrer Ansicht. Sie stützte die Ellbogen auf die Knie und schmiegte das Kinn in die Hände. »So sitze ich oft da, wenn ich wütend bin, und dann spüre ich, wie es mich aufzehrt. Ist das albern?«
»Nein, nein, überhaupt nicht«, sagte Henry. »Ich ahnte, daß Sie es tun. Es ist eine Art Waffe, die Sie gegenüber allen langweiligen und scheußlichen Dingen haben.«
»Wie konnten Sie das nur wissen? Ja, genau das ist es. Aber wie konnten Sie das bloß wissen?«
»Hab's eben geahnt«, lächelte Henry. »Mein Gott«, rief er, »wie dumm die Leute doch sind! All die kleinen Nachschwätzer, die Sie kennen und die ich kenne. Nehmen Sie uns dagegen! Hier sind wir — und mehr gibt's darüber nicht zu sagen. Ich weiß von Ihnen, und Sie wissen von mir — wir haben einander soeben gefunden — ganz einfach — bloß durch Natürlichsein. Das ist's, was das Leben ist — etwas Kindliches und sehr Natürliches. Stimmt's?«
»Ja — ja!« antwortete sie eifrig. »Das habe ich auch immer gedacht!«

»Es sind bloß die Leute, die alles so — töricht machen! Solange man sich von ihnen fernhalten kann, ist man sicher und ist man glücklich!«
»Oh, das habe ich schon lange gedacht!«
»Dann sind Sie ebenso wie ich!« sagte Henry. Es war ein so großes Wunder, daß er am liebsten geweint hätte. Statt dessen sagte er nur sehr ernst: »Ich glaube, wir beide sind die einzigen lebenden Menschen, die so denken. Ich bin sogar ganz überzeugt davon. Niemand versteht mich. Mir ist, als lebte ich in einer Welt voll seltsamer Geschöpfe — Sie auch?«
»Ja, immer!«
»In einer Minute sind wir wieder in dem abscheulichen Tunnel«, sagte Henry. »Edna, darf ich — darf ich Ihr Haar anfassen?«
Sie wich rasch zurück. »Oh nein, bitte nicht!« Und als sie ins Dunkel hineinfuhren, rückte sie ein bißchen von ihm weg.

III.

›Edna! Ich habe die Karten bekommen! Der Mann an der Konzertkasse war gar nicht verwundert, daß ich das Geld hatte. Erwarte mich um drei vor dem Aufgang zur Galerie und zieh die sahneweiße Bluse mit den Korallen an, ja? Ich liebe dich! Ich schicke die Briefe gar nicht gern ins Geschäft. Ich habe immer ein Gefühl, als hätten die Leute mit dem Schild ‚Briefannahme' in ihrem Fenster im Hofzimmer einen Teekessel, mit dessen Dampf sie jeden Brief öffnen könnten, und wär's ein Elefantenohr von Briefumschlag! Aber im Grunde ist es egal, nicht wahr, Liebling? Kannst du dich am Sonntag frei machen? Tu so, als wolltest du ihn bei einer deiner Bürokolleginnen verbringen! Dann treffen wir uns irgendwo draußen und wandern oder suchen uns eine Wiese, wo wir den Gänseblümchen beim Aufblühen zuschauen können. Ich liebe dich, Edna. Sonntage ohne dich sind einfach unmöglich. Laß dich vor dem Samstag nicht überfahren und iß nichts Schlechtes aus einer Büchse und trink nicht an öffentlichen Brunnen! Das ist alles, Liebling!‹
›Ja, Liebster, ich bin Samstag da, und mit dem Sonntag habe

ich's auch eingerichtet. Daß ich zu Hause so ungebunden bin, ist ein wahrer Segen. Ich bin gerade vom Garten hereingekommen: es ist ein so schöner Abend. Oh, Henry, ich liebe dich heute abend so sehr, daß ich gerade weinen könnte. Dumm — ja? Entweder bin ich so glücklich, daß ich nicht aufhören kann zu lachen, oder ich bin so traurig, daß ich dauernd weinen möchte — und beides aus dem gleichen Grund. Wir sind eben sehr jung, daß wir uns schon gefunden haben, nicht wahr? Ich schicke dir ein Veilchen. Es ist noch warm. Ich wünschte, du wärst jetzt hier, und wenn's auch nur eine Minute wäre. Gute Nacht, Liebster! Deine Edna.‹

IV.

»Heil und unbeschädigt!« sagte Edna. »Und was für herrliche Plätze, nicht wahr, Henry?«

Sie stand auf, um ihren Mantel auszuziehen, und Henry schickte sich an, ihr zu helfen. »Nein, laß, hab' ihn schon aus!« Sie stopfte ihn unter den Sitz und nahm neben ihm Platz. »Oh, was hast du da? Blumen?«

»Nur zwei winzig kleine Rosen!« Er legte sie ihr in den Schoß.

»Hast du meinen Brief bekommen?« fragte Edna und zog die Nadel aus dem Papier.

»Ja, danke«, sagte er. »Das Veilchen gedeiht prächtig. Du solltest mein Zimmer sehen! Ein kleines Stück Veilchen habe ich in jede Ecke gepflanzt, und eins auf mein Kopfkissen und eins in die Tasche meines Schlafanzugs.«

Mit einem Schütteln ihres Haars ging sie darauf ein. »Gib mir jetzt das Programm, Henry!«

»Hier ist es ja — du kannst es mit mir zusammen lesen — ich halte es für dich!«

»Nein, ich möcht's haben!«

»Dann werde ich's dir vorlesen!«

»Nein, du kannst es nachher haben!«

»Edna!« flüsterte er.

»O bitte nicht!« flehte sie. »Nicht hier! Denk an die Leute!«

Warum drängte es ihn so sehr, sie zu berühren, und warum

war sie so sehr dagegen? Immer, wenn sie zusammen waren, wollte er ihre Hand halten oder sich, wenn sie nebeneinandergingen, bei ihr einhängen oder gegen sie lehnen, nicht sehr — ganz leicht nur, so daß seine Schulter die ihre streifte—, und nicht einmal das wollte sie dulden. Die ganze Zeit, die er von ihr getrennt war, hungerte er nach ihrer Nähe und verzehrte er sich nach ihr. Anscheinend strömten Trost und Wärme von Edna aus, und die brauchte er, um ruhig zu bleiben. Ja, so war es. Und er konnte neben ihr nicht ruhig werden, weil sie ihm nicht erlaubte, sie zu berühren. Und doch liebte sie ihn. Er wußte es. Warum empfand sie in der Beziehung so sonderbar? Jedesmal, wenn er versuchte oder auch nur darum bat, ihre Hand halten zu dürfen, schreckte sie zurück und blickte ihn mit so flehenden, furchtsamen Augen an, als wollte er ihr weh tun. Sie konnten einander alles sagen. Und es stand außer Frage, daß sie zueinander gehörten. Und doch durfte er sie nicht berühren. Er durfte ihr ja nicht einmal aus dem Mantel helfen! Sein Grübeln wurde durch ihre Stimme unterbrochen.

»Henry!« Er beugte sich zu ihr, um besser zu hören, und seine Lippen waren aufeinandergepreßt. »Ich möchte dir etwas erklären. Ich tu's — bestimmt — nach dem Konzert — ich verspreche es.«

»Gut.« Er war noch gekränkt.

»Du bist doch nicht traurig, nicht wahr?« fragte sie.

Er schüttelte den Kopf.

»Oh, du bist traurig, Henry!«

»Nein, wirklich nicht!« Er blickte auf die Rosen, die in ihrem Schoß lagen.

»Bist du also glücklich?«

»Ja. Da kommen schon die Musiker!«

Als sie den Saal verließen, dämmerte es bereits. Ein blauer Lichtschleier hing über den Straßen und Häusern, und rosa Wolken trieben in einem blassen Himmel. Je weiter sie gingen, desto mehr spürte Henry, wie sehr klein und allein sie waren. Zum erstenmal, seit er Edna kennengelernt hatte, war ihm das Herz schwer.

»Henry!« Sie blieb plötzlich stehen und sah ihn an. »Henry,

ich komme nicht mit dir zum Bahnhof. Bitte — warte nicht auf mich! Bitte, laß mich allein!«

»Mein Gott!« rief Henry und erschrak, »was ist denn — Edna — Liebste — was habe ich getan?«

»Ach, nichts, geh nur!« Sie drehte sich um und lief über die Straße und zu einem kleinen Grünplatz, wo sie sich gegen den Gitterzaun lehnte und das Gesicht in den Händen verbarg.

»Edna! Edna — meine liebe Kleine — du weinst ja! Edna, mein Kindchen!«

Sie legte die Arme aufs Gitter und weinte hemmungslos.

»Edna — nicht! Es ist alles meine Schuld! Ich bin ein Dummkopf — ein verdammter Idiot! Ich habe dir den Nachmittag verdorben! Mit meinem dummen, verdammten Ungeschick habe ich dich gequält. Das ist es! Nicht wahr, Edna, das ist es doch? Oh, lieber Gott...«

»Ach«, weinte sie, »es ist mir schrecklich, dir so weh zu tun! Aber jedesmal, wenn du mich bittest, meine — meine Hand zu halten — oder mich zu küssen, könnt' ich mich umbringen dafür, daß ich's dich nicht tun lasse. Ich weiß nicht mal, warum ich's dich nicht tun lasse!« Aufgeregt fuhr sie fort: »Es ist nicht so, daß ich Angst vor dir hätte, Henry — das ist es gar nicht! Es ist nur ein Gefühl, Henry, das ich selbst nicht verstehen kann. Gib mir dein Taschentuch, Liebster.« Er holte es aus der Tasche. »Während des ganzen Konzerts hat es mich verfolgt, und ich weiß, daß es jedesmal wieder auftaucht, wenn wir uns treffen. Manchmal denke ich, wenn wir's täten — du weißt schon, uns bei der Hand hielten und uns küßten —, dann wäre alles anders, und wir wären dann nicht mehr frei, wie jetzt, denke ich —, weil wir etwas Verstohlenes täten. Wir wären dann keine Kinder mehr — komisch, nicht? Ich wäre dann befangen vor dir, Henry, und ich wäre scheu, und ich spüre es so sehr, daß wir so was gar nicht brauchen, gerade weil wir so sind, wie wir sind.« Sie wandte sich zu ihm um und sah ihn an und hatte die Hände an die Wangen gedrückt — auf die ihm so bekannte Art, während er hinter ihr und wie in einem Traum den Himmel und den weißen Halbmond und die Bäume auf dem Platz mit ih-

ren noch nicht aufgeborstenen Knospen sah. Seine Hände zerknitterten das Konzertprogramm. »Henry, du verstehst mich — ja?«
»Ich glaube — ja. Aber jetzt wirst du keine Angst mehr haben, nicht wahr?« Er versuchte zu lächeln. »Wir wollen's vergessen, Edna! Ich werd's nie mehr sagen! Wir wollen den Spuk hier begraben — hier auf dem Platz — du und ich — ja?«
»Aber«, fragte sie und blickte forschend in sein Gesicht, »wirst du mich nun weniger lieben?«
»Aber nein!« sagte er. »Nichts in der Welt — gar nichts — könnte das zuwege bringen!«

V.

London wurde ihr Tummelplatz. Samstagnachmittags gingen sie auf Entdeckungsreisen. Sie entdeckten ihre ganz persönlichen Geschäfte, wo sie Zigaretten und für Edna Bonbons kauften, und ihre private Teestube mit ihrem eigenen Tisch, ihre eigenen Straßen und — eines Abends, an dem Edna angeblich einen Vortrag im Polytechnikum hörte — sogar ihr eigenes Dörfchen. Der Name hatte es ihnen angetan. »In dem Namen sind weiße Gänse«, sagte Henry, der Edna davon erzählte. »Und ein Fluß und kleine Häuschen, vor denen alte Männer sitzen — alte Seebären mit einem Holzbein, die ihre Uhr aufziehen —, und kleine Läden mit Lampen in den Fenstern.«
Es war zu spät, um die Gänse oder die alten Männer zu sehen, aber der Fluß war da und die Häuschen und sogar die Läden mit den Lampen. In dem einen arbeitete eine Frau an einer Nähmaschine, die vor ihr auf dem Ladentisch stand. Sie hörten das Surren des Rädchens und sahen ihren riesigen Schatten, der den ganzen Laden ausfüllte. »Kein Platz mehr für auch nur einen Kunden«, sagte Henry. »Ein allerliebster Ort!«
Die Häuschen waren niedrig und mit Schlinggewächsen und Efeu überzogen. Vor einigen führten abgewetzte Holztreppen zur Haustür hinauf. Bei andern mußte man ein paar Stufen hinuntergehen, um einzutreten; und gleich auf der andern

Straßenseite, und von jedem Fensterchen sichtbar — war der Fluß, mit einem Pfad nebenher und ein paar hohen Pappeln.
»Das ist der Ort, wo wir wohnen sollten«, sagte Henry. »Hier ist ja auch ein Haus zu vermieten! Möchte mal wissen, ob es auf uns wartet, wenn wir's drum bitten. Bestimmt wird's das tun!«
»Ja, hier möchte ich gern wohnen«, sagte Edna. Sie überquerten die Straße, und Edna lehnte sich an einen Baumstamm und blickte mit verträumtem Lächeln zu dem leeren Haus auf.
»Auf der Rückseite ist ein kleiner Garten, Liebste«, sagte Henry, »ein Rasenplatz mit einem Bäumchen und Margeritenstauden längs der Mauer. Nachts hängen die Sterne wie winzige Kerzen im Baum. Und drin sind zwei Zimmer zu ebener Erde, und oben ist ein großes Zimmer mit einer Flügeltür, und darüber ist eine Mansarde. Und acht sehr dunkle Stufen führen zur Küche, Edna — da wirst du dich fürchten. ›Henry, Liebster, könntest du wohl die Lampe bringen? Bevor wir schlafen gehen, möchte ich nachsehen, ob Euphemia die Glut richtig auseinandergeschürt hat!‹«
»Ja«, sagte Edna. »Unser Schlafzimmer ist ganz zuoberst — das Zimmer mit den kleinen Schiebefenstern. Wenn es ruhig ist, können wir den Fluß vorbeifließen hören, Liebster, und ganz in der Ferne rauschen die Pappeln durch unsern Traum.«
»Du frierst doch nicht, nicht wahr?« fragte er plötzlich.
»Nein — ach nein. Ich bin nur sehr glücklich.«
»Das Zimmer mit der Flügeltür ist deins.« Henry lachte. »Es ist gar kein richtiges Zimmer, sondern ein Durcheinander. Es ist ganz voll von deinen Spielsachen, und ein großer blauer Sessel steht drin, in den du dich einkuscheln kannst, und die Flammen vom Kaminfeuer spielen über deine Locken — denn obwohl wir verheiratet sind, weigerst du dich, dein Haar aufgesteckt zu tragen, und während der Kirche versteckst du es unter dem Mantelkragen. Und auf dem Boden liegt ein Teppich, auf dem ich mich ausstrecken kann, weil ich ein Faulpelz bin. Euphemia — unser Mädchen — kommt nur tagsüber. Wenn sie weg ist, gehen wir in die Küche, setzen uns an den Tisch und essen einen Apfel, oder vielleicht ma-

chen wir uns Tee, nur um den Teekessel singen zu hören. Das sage ich nicht zum Scherz. Wenn man einem Teekessel von Anfang bis zu Ende zuhört, hört man den schönsten Frühlingsmorgen.«
»Ja, ich weiß«, sagte sie. »All die verschiedenen Vögel.«
Eine kleine Katze kam durch den Zaun des leeren Hauses auf die Straße geschlüpft. Edna lockte sie und bückte sich und streckte die Hände aus: »Pussi! Pussi!« Das Kätzchen lief zu ihr und rieb sich an ihren Knien.
»Falls wir spazierengehen wollen, nimm das Kätzchen und setz es hinter die Haustür«, sagte Henry, der ihren Traum noch weiter ausspann. »Ich hab' den Schlüssel!«
Sie trat auf die Straße, stand da und streichelte das Kätzchen auf ihrem Arm, während Henry die Stufen hinaufging und so tat, als schlösse er die Haustür auf.
Rasch kam er wieder zu ihr. »Laß uns sofort weggehen! Sonst zerfließt es und wird ein Traum!«
Es war ein dunkler, warmer Abend. Sie mochten noch nicht nach Hause gehen. »Ich weiß ganz genau, daß wir *jetzt* dort wohnen sollten«, sagte Henry. »Wir sollten nicht auf später warten. Was hat das Alter überhaupt zu bedeuten? Du bist so alt, wie du jemals sein wirst — und ich auch. Ich habe nämlich sehr, sehr oft ein Gefühl, daß es gefährlich ist, auf etwas zu warten, daß sich alles nur weiter und weiter entfernt, wenn man mit dem Abwarten beginnt.«
»Aber Henry — das Geld? Wir haben ja gar kein Geld!«
»Hm, ja — wenn ich mich vielleicht als alter Mann verkleidete, könnte ich eine Stelle als Hauswart in einem großen Haus bekommen. Das wäre doch lustig. Ich würde mir eine gruselige Geschichte des Hauses ausdenken, falls jemand es besichtigen wollte, und du könntest dich als Gespenst verkleiden und jammernd und händeringend durch die öde Bildergalerie ziehen, um die Leute abzuschrecken. Hast du noch nie gedacht, daß Geld mehr oder weniger Nebensache ist und daß, wenn man irgendwelche Dinge wirklich haben will, es entweder da ist, oder daß einem doch nichts an ihnen liegt?«
Sie antwortete nicht darauf. Sie blickte zum Himmel auf und sagte: »O je, ich möchte nicht nach Hause!«

»Sehr richtig — das ist der ganze Kummer — und wir sollten auch nicht nach Hause gehen! Wir sollten ins Häuschen zurückkehren und eine Untertasse suchen, in der wir der Katze den letzten Rest aus dem Milchkrug geben. Ich lache gar nicht — ich bin nicht mal glücklich! Ich sehne mich nach dir, Edna — und ich gäbe wer weiß was drum, könnte ich mich hinlegen und weinen...« Und hilflos schloß er: »...mit meinem Kopf in deinem Schoß und mit deiner süßen Wange in meinem Haar.«
»Aber Henry«, sagte sie und kam näher, »du hast doch Vertrauen, nicht wahr? Ich meine, du bist doch ganz überzeugt, daß wir so ein Haus haben werden, mit allem, was dazugehört — oder nicht?«
»Das genügt nicht — das genügt mir nicht! Ich will jetzt in dieser Minute dort auf der Treppe sitzen und mir dort die Schuhe ausziehen. Du etwa nicht? Genügt's dir, drauf zu vertrauen?«
»Wenn wir nur nicht so jung wären«, sagte sie unglücklich.
»Und doch«, seufzte sie, »ist mir gar nicht so jung zumute... sondern mindestens wie zwanzig.«

VI.

Henry lag im Wäldchen auf dem Rücken. Wenn er sich bewegte, raschelten unter ihm ein paar dürre Blätter, und ihm zu Häupten flirrte das junge Laub wie Springbrunnen grünen Wassers, das von Sonne durchtränkt ist. Irgendwo, und für ihn nicht sichtbar, pflückte Edna Schlüsselblumen. Er hatte sich am Vormittag so in seine Träumereien verloren, daß er ihr mit ihrer Freude an den Blumen nicht recht folgen konnte. »Ja, Liebste, geh du nur und hol mich dann. Ich bin zu faul.« Sie hatte ihren Hut hingeworfen und war neben ihm niedergekniet, und allmählich verhallten ihre Stimme und ihre Schritte. Jetzt war es still im Wald, bis auf die Blätter, aber er wußte, daß sie nicht allzu weit weg war, und er drehte sich so, daß seine Fingerspitzen an ihre rote Jacke stießen. Seit dem Erwachen war ihm so sonderbar zumute, als sei er gar nicht richtig wach, sondern träume nur. Die Zeit vor Edna war ein Traum, und jetzt träumten er und Edna gemeinsam weiter, und irgendwo in einer dunklen Gegend wartete noch ein anderer Traum auf ihn. ›Nein, das kann nicht wahr sein, weil ich mir die Welt ohne uns einfach nicht vorstellen kann. Ich weiß, daß wir beide zusammen etwas bedeuten, das vorhanden sein muß — genauso selbstverständlich wie Bäume oder Vögel oder Wolken.‹ Er versuchte sich zu erinnern, wie es ohne Edna gewesen war, aber er konnte sich nicht zu jenen Tagen zurücktasten. Sie überdeckte sie; Edna mit dem rotgoldenen Haar und dem seltsamen, verträumten Lächeln füllte ihn ganz und gar aus. Er atmete sie; er aß sie und trank sie. Er ging wie in einem schimmernden Mantel umher, der Edna war und der die Welt auf Abstand hielt oder alles, was ihm begegnete, mit seiner eigenen Schönheit ansteckte. Einmal erzählte er ihr: »Lange nachdem du zu lachen aufgehört hast, kann ich dein Lachen noch in meinen Adern hören, wo es auf und ab läuft ... und doch ... sind wir ein Traum?« Und plötzlich sah er sich und Edna als zwei sehr kleine Kinder durch die Straßen gehen, in Fenster schauen, Sachen kaufen und mit ihnen spielen, miteinander plaudernd und lächelnd —, er sah sogar ihre Gebärden und wie sie oft stehenblieben, ganz still, und einander ansahen —, und dann wälzte er sich herum und drückte sein Gesicht, schwach vor Sehnsucht, in die dürren Blätter. Er wollte Edna küssen und in seine Arme schließen und sie an sich drücken und ihre Wange heiß unter seinem Kuß spüren und sie küssen, bis er keinen Atem mehr hatte und so den Traum ersticken konnte.

»Nein, mit diesem Hunger kann ich nicht weiterleben«, sagte Henry und sprang auf und begann in die Richtung zu laufen, die sie eingeschlagen hatte. Sie war ziemlich weit weg. Er sah sie in einer grünen Mulde knien, und als sie ihn sah, winkte sie und rief: »O Henry, wie wunderschön sie sind! Noch nie habe ich so schöne gesehen! Komm! Schau sie dir an!« Doch bis er dann bei ihr war, hätte er sich eher die Hand abgehackt, als ihr die Freude zu verderben. Aber wie sonderbar Edna heute war! Die ganze Zeit, während sie mit Henry sprach, tanzten und lachten ihre Augen — reizend und spottlustig. Auf ihren Wangen brannten zwei kleine Farbflecke, rot wie Erdbeeren, und dauernd sagte sie: »Ich wünschte, ich wäre endlich müde. Ich möchte über die ganze weite Welt wandern, bis ich sterbe! Henry, komm doch! Geh ein bißchen schneller, Henry! Versprich mir, wenn ich plötzlich zu fliegen anfange, daß du mich dann an den Füßen festhältst, ja? Sonst komme ich nie wieder herunter!« Dann rief sie: »Ach, ich bin so glücklich! Ich bin ganz schrecklich glücklich!« Sie kamen zu einer verzauberten, ganz mit Heidekraut überwucherten Stelle. Es war früh am Nachmittag, und die Sonne strömte auf all den Purpur.

»Laß uns ein Weilchen hierbleiben!« bat Edna. Sie watete ins Heidekraut hinein und legte sich hin. »O Henry, es ist herrlich! Ich sehe nichts als den Himmel und die kleinen Glöckchen!«

Henry kniete neben ihr nieder, nahm ein paar Schlüsselblumen aus ihrem Korb und flocht eine lange Girlande für ihren Hals. »Ich könnte fast einschlafen«, sagte Edna. Sie schob sich näher an ihn heran und lag nun vor seinen Knien, dicht neben ihm, und unter ihrem Haar versteckt. »Es ist so freundlich und so still, als wäre man tief unten im Meer, nicht wahr, Liebster?«

»Ja«, sagte Henry mit merkwürdig heiserer Stimme. »Jetzt mache ich dir einen Veilchenkranz!« Aber Edna richtete sich auf. »Laß uns umkehren«, bat sie.

Sie fanden wieder auf die Landstraße zurück und wanderten lange Zeit. Edna sagte: »Nein, ich könnte doch nicht über die ganze weite Welt wandern — ich bin jetzt müde!« Sie schleppte sich auf dem Grasrand der Straße entlang. »Du und ich, wir sind beide müde, Henry! Ist es noch sehr viel weiter?«

»Ich weiß es nicht, nicht mehr sehr weit«, sagte Henry und spähte in die Ferne. Schweigend gingen sie weiter.

»Oh«, sagte sie schließlich, »es ist wirklich zu weit, Henry! Ich bin müde und hungrig! Trag mein dummes Schlüsselblumenkörbchen!« Er nahm es, ohne sie anzusehen.

Endlich kamen sie zu einem Dorf und zu einer Hütte, die auf einem Schild ›Tee und Kuchen‹ verhieß.

»Hier ist es richtig«, sagte Henry. »Hier bin ich schon oft gewesen. Setz dich auf die kleine Bank, und ich gehe hinein und bestelle Tee!« Sie setzte sich auf die Bank im schmucken Garten, wo alles gelb und weiß von Frühlingsblumen war. Eine Frau trat auf die Schwelle und sah ihnen zu, wie sie aßen. Henry war sehr nett zu ihr, aber Edna sagte kein Wort. »Sie sind sehr lange nicht hiergewesen«, meinte die Frau.
»Stimmt — und wie herrlich der Garten jetzt ist.«
»Es geht«, sagte sie. »Ist die junge Dame Ihre Schwester?« Henry nickte bejahend und nahm sich etwas Marmelade.
»Man sieht's gleich an der Ähnlichkeit«, sagte die Frau. Sie kam zu ihnen in den Garten, pflückte einen Stiel weißer Narzissen und schenkte ihn Edna. »Sie kennen wohl nicht zufällig jemand, der ein Häuschen sucht?« fragte sie. »Meine Schwester ist krank geworden und hat mir ihres überlassen. Ich möchte es vermieten.«
»Für lange?« erkundigte sich Henry höflich.
»Ach, das kommt drauf an«, antwortete die Frau unschlüssig. Darauf sagte Henry: »Vielleicht weiß ich jemanden — könnten wir hingehen und das Häuschen anschauen?«
»Ja, es ist nur ein paar Schritte die Straße hinab, das kleine mit den Apfelbäumen vor der Tür. Ich hole Ihnen den Schlüssel.«
Als sie fort war, wandte Henry sich an Edna und fragte: »Willst du mitkommen?« Sie nickte.
Sie gingen die Straße hinab und durch die Gartenpforte und einen kleinen Rasenweg zwischen rosa und weiß blühenden Bäumen hinauf. Es war sehr klein — zwei Zimmer unten und zwei Zimmer oben. Edna lehnte sich oben aus dem Fenster, und Henry stand auf der Schwelle. »Gefällt es dir?« fragte er.
»Ja«, rief sie, und dann machte sie ihm Platz am Fenster. »Komm und sieh selber! Es ist so reizend!«
Er trat zu ihr und beugte sich aus dem Fenster. Unter ihnen tanzten die Apfelbäume in einem leichten Lüftchen, das ihm eine lange Strähne von Ednas Haar über die Augen wehte. Sie bewegten sich nicht. Es war Abend geworden. Der blaßgrüne Himmel war schon mit Sternen bestickt.
»Sieh mal — die Sterne, Henry!« sagte sie.

»Und im Handumdrehen ist der Mond draußen«, sagte Henry.
Sie schien sich nicht zu rühren, und doch lehnte sie jetzt an Henrys Schulter. Er legte den Arm um sie, und sie fragte mit bebender Stimme: »Sind die Bäume hier unten — lauter Apfelbäume?«
»Nein, Liebste«, erwiderte Henry. »Ein paar sind voller Engel, und andre sind voll Zuckermandeln — aber das Abendlicht ist sehr trügerisch.« Sie seufzte. »Henry — wir dürfen nicht länger hierbleiben!«
Er ließ sie los, und sie richtete sich im dämmerigen Zimmer auf und strich sich übers Haar. »Was ist nur den ganzen Tag mit mir los gewesen?« fragte sie — und wartete dann nicht auf seine Antwort, sondern lief zu ihm, schlang ihm die Arme um den Hals und drückte seinen Kopf an ihre Halsgrube. »Oh, wie ich dich liebe!« flüsterte sie. »Halt mich fest, Henry!« Er umarmte sie, und sie schmiegte sich an ihn und blickte ihm in die Augen. »War's nicht furchtbar heute den ganzen Tag?« sagte Edna. »Ich wußte, was mit dir war, und wollte dir so brennend gern zu verstehen geben, daß du mich küssen solltest — daß ich das Gefühl ganz überwunden habe.«
»Du bist einzig, einzig, einzig!« sagte Henry.

VII.

›Die Frage ist nur‹, sagte sich Henry, ›wie halte ich das Warten bis zum Abend aus?‹ Er zog seine Uhr aus der Tasche und versenkte sie in eine Porzellanvase auf dem Kaminsims. Im Lauf von einer Stunde hatte er siebenmal drauf gesehen, und jetzt konnte er sich nicht erinnern, wieviel Uhr es war. Also gut, einmal würde er noch hinschauen! Halb fünf! Ihr Zug sollte um sieben ankommen. Um halb sieben mußte er sich auf den Weg zum Bahnhof machen. Also noch zwei Stunden Warten. Er ging wieder durchs Häuschen — unten und oben. »Es sieht reizend aus!« sagte er. Er ging in den Garten, pflückte einen kugelrunden Strauß weißer Federnelken und stellte ihn in eine Vase auf das Tischchen neben Ednas Bett. ›Ich glaube es nicht‹, dachte Henry. ›Keine Minute kann ich's glauben! Es ist zuviel! In zwei Stunden wird sie hiersein, und dann gehen wir nach Hause, und ich nehme den weißen Krug vom Küchentisch und gehe zu Mrs. Biddie hinüber, die Milch holen, und komme wieder, und bis ich zurück bin, hat sie die Lampe in der Küche angezündet, und ich schaue durchs Fenster und sehe sie im Lichtschein umhergehen. Und dann essen wir Abendbrot, und nach dem Essen (klar, daß *ich* abwasche!) lege ich noch etwas Holz aufs Feuer, und wir sitzen auf dem Kaminteppich und beobachten, wie es brennt. Kein Laut wird zu hören sein, ausgenommen vom Holz, und vielleicht stiehlt sich der Wind einmal ums Haus... Und dann zünden wir unsre Kerzen an, und sie geht zuerst hinauf — mit ihrem Schatten neben sich auf der Wand, und dann ruft sie ›Gute Nacht, Henry!‹, und ich antworte ›Gute Nacht, Edna!‹ Und dann sause ich die Treppe hinauf und springe ins Bett und beobachte den schmalen Lichtstreifen, der aus ihrem Zimmer unter meine Türritze fällt, und im Augenblick, wenn er verschwindet, mache ich die Augen zu und schlafe bis zum frühen Morgen! Dann haben wir morgen den ganzen Tag und den Abend! Ob sie sich das auch alles ausmalt? Edna, komm schnell!

> *Hätt' ich zwei kleine Flügel*
> *und wär' ein Vögelein,*
> *flög' ich zu dir, mein Liebchen...*

›Nein, doch nicht, Liebste! Denn das Warten ist auch eine Art Seligkeit. Falls du das begreifen kannst. Hast du schon gewußt, daß ein Häuschen auf Zehenspitzen stehen kann? Unser Häuschen kann es!‹
Er war wieder unten, saß auf der kleinen Außentreppe und umklammerte seine Knie. An jenem Abend, als sie ihr Dorf gefunden hatten, fragte Edna: »Hast du denn kein Vertrauen, Henry?« — ›Damals hatte ich's nicht — aber jetzt habe ich's‹, dachte er. ›Jetzt komme ich mir wie Gott vor.‹ Er lehnte den Kopf gegen den Türrahmen. Er konnte die Augen kaum noch offenhalten, nicht etwa, daß er schläfrig war, sondern... aus irgendeinem andern Grund... und viel Zeit verstrich.

Henry glaubte, einen großen weißen Nachtschmetterling die Straße entlangfliegen zu sehen, der sich auf der Gartenpforte niederließ. Aber nein, es war kein Nachtschmetterling. Es war ein kleines Mädchen in einer weißen Schürze. Was für ein nettes kleines Mädchen, dachte er und lächelte im Schlaf. Sie lächelte auch, und beim Gehen setzte sie die Füße einwärts. ›Sie kann doch nicht hier wohnen!‹ dachte Henry. ›Denn das ist unser Haus! Da kommt sie schon!‹

Als sie ganz nah herangekommen war, zog sie die Hand unter der Schürze hervor und gab ihm ein Telegramm und lächelte und ging wieder. Das ist ein komisches Geschenk, dachte Henry und sah darauf. ›Vielleicht ist es nur ein Scherzartikel — mit so einer Papierschlange drin, die einem ins Gesicht springt!‹ Im Traum lachte er leise und machte den Umschlag sehr vorsichtig auf. ›Es ist bloß ein zusammengefaltetes Papier!‹ Er holte es hervor und faltete es auseinander.

Der Garten war voller Schatten — sie webten ein dunkles Netz über das Häuschen und die Bäume und Henry und das Telegramm. Aber Henry rührte sich nicht.

Eine unbesonnene Reise

I.

Sie gleicht der heiligen Anna. Ja, mit dem schwarzen Kopftuch und den grauen, herunterhängenden Haarsträhnen und der kleinen, qualmenden Lampe in der Hand ist die Concierge das Ebenbild der heiligen Anna. Wirklich sehr schön, dachte ich und lächelte der ›heiligen Anna‹ zu, die streng betonte: »Sechs Uhr! Die Zeit reicht nur gerade eben! Auf dem Schreibtisch steht ein Napf mit Milch.« Ich sprang aus dem Schlafanzug und in eine Wanne mit kaltem Wasser, wie es in den französischen Romanen jede Engländerin tut. Die Concierge, überzeugt, daß ich auf dem Weg zur Gefängniszelle und zum Tod durch Bajonette war, stieß die Fensterläden auf, und kaltes, klares Licht fiel ins Zimmer. Auf dem Fluß tutete ein kleiner Dampfer; ein Wagen mit zwei galoppierenden Pferden flog vorbei. Geschwind strudelnde Wassermassen; am andern Ufer hohe schwarze Bäume, in Gruppen stehend, wie Neger, die sich unterhalten. Unheimlich, sehr, dachte ich, als ich meinen uralten Burberry zuknöpfte. (Der Burberry war sehr bedeutsam. Er gehörte nicht mir. Ich hatte ihn von einer Freundin geliehen. In ihrem kleinen, dunklen Flur war mein Blick auf ihn gefallen. Genau das richtige! Die einwandfreie und angemessene Verkleidung — ein alter Burberry! In einem Burberry ist man schon Löwen gegenübergetreten. Damen wurden, in nichts als einen Burberry gehüllt, bei turmhohem Seegang aus offenen Booten gerettet. Ein alter Burberry ist für mich das Zeichen und Merkmal des unbestrittenen, verehrungswürdigen Reisenden, fand ich und ließ meinen violetten Hänger mit Kragen und Manschetten aus echtem Seal als Entschädigung dort.) »Sie kommen niemals hin!« sagte die Concierge und sah mir zu, wie ich den Kragen hochstellte. »Niemals! Niemals!« Ich lief die hallende Treppe hinab — seltsam klangen die Treppenstufen, wie ein Klavier, das von einem schläfrigen Dienstmädchen angeschlagen wird — und weiter zum Quai. »Warum so schnell, *ma mignonne?*« rief mir ein kleiner Junge in bunten Socken nach, der von den elektrifizierten Lotusknospen tanzte, die sich über den Eingang zur Métro wölben. *Hélas!* Es war nicht einmal genug Zeit, um ihm eine Kußhand zuzuwerfen. Als ich auf dem großen Bahnhof eintraf, blieben mir nur noch vier Minuten, und an der vollgepferchten Bahnsteigsperre drängten sich Soldaten, in der Hand ihre gelben Papiere und große, unordentliche Bündel. Der Polizeikommissar stand auf der einen Seite und ein Geheimer auf der andern Seite. Ob er mich durchlassen wird? Ob er's tun wird? Er war alt und hatte ein dickes, aufgedunsenes, mit großen Warzen bedecktes Gesicht. Auf seiner Nase hockte eine Hornbrille. Zitternd machte ich einen Versuch. Ich setzte mein reizendstes Frühmorgenlächeln auf und übergab es zusammen mit den Papieren. Doch das zarte Gebilde prallte an der Hornbrille ab und fiel zu Boden. Trotzdem ließ er mich durch, und ich rannte, rannte in die Soldaten hinein und wieder heraus und den hohen Tritt des gelben Eisenbahnwagens hinauf.

»Fährt er direkt nach X?« fragte ich den Schaffner, der meine Fahrkarte mit einer Zange durchbohrte und sie mir wiedergab. »Nein, Mademoiselle, in XYZ müssen Sie umsteigen!«
»Wo?«
»In XYZ.«
Wieder hatte ich es nicht gehört. »Wann kommen wir dort an, bitte?«
»Um eins!« Aber das nützte mir nichts. Ich hatte keine Uhr. Ach was — später!
Oho, der Zug setzte sich in Bewegung! Der Zug war auf meiner Seite. Er glitt aus dem Bahnhof, und bald fuhren wir vorbei an Gemüsegärten, vorbei an hohen, blinden Häusern, die zu vermieten waren, und vorbei an Dienstmädchen, die Teppiche klopften. Die Sonne war schon auf, und rosig von den Flüssen und den schilfumsäumten Teichen wanderte sie durch die Felder und ließ sich auf dem schaukelnden Zug nieder, streichelte meinen Muff und mahnte mich, den Burberry auszuziehen. Ich war nicht allein im Abteil; eine alte Frau saß mir gegenüber; den Rock hatte sie über die Knie

zurückgeschlagen, auf dem Kopf trug sie ein schwarzes Spitzenhäubchen. In ihren dicken, mit einem Ehering und zwei Trauringen geschmückten Händen hielt sie einen Brief. Langsam, langsam schlürfte sie einen Satz und blickte dann auf und sah aus dem Fenster; die Lippen zitterten ein wenig, und dann kam der nächste Satz an die Reihe, und wieder wandte sich das alte Gesicht zum Licht, es schmeckend ... Zwei Soldaten lehnten sich aus dem Fenster; ihre Köpfe berührten sich fast. Der eine pfiff, der andre hatte seine Jacke mit ein paar rostigen Sicherheitsnadeln zusammengesteckt. Und auf einmal waren überall Soldaten da, die an der Bahnstrecke arbeiteten, sich gegen Lastwagen lehnten oder mit in die Seite gestemmten Händen dastanden, die Augen starr auf den Zug geheftet, als erwarteten sie an jedem Fenster mindestens einen Photoapparat. Und jetzt fuhren wir an großen Holzschuppen vorbei, die rasch errichteten Tanzlokalen oder Strandpavillons glichen, jeder mit einer wehenden Fahne. Rot-Kreuz-Sanitäter gingen ein und aus; die Verwundeten saßen längs der Wände und sonnten sich. An allen Brücken, Kreuzungen und Stationen ein *petit soldat*, ganz Stiefel und Bajonett. Verlassen und einsam sah er aus, wie ein kleines Witzblattbildchen, das auf den darunter zu schreibenden Witz wartet. So etwas wie Krieg — gibt es das wirklich? Ziehen all diese lachenden Stimmen wirklich in den Krieg? Diese dunklen, so geheimnisvoll von weißen Birken- und Eschenstämmen aufgehellten Wälder, diese überschwemmten, von großen Vögeln belebten Wiesen, diese im Licht grünen und und blauen Flüsse — sind das Orte, wo Schlachten geschlagen wurden?
An was für wunderschönen Friedhöfen fahren wir vorbei! Heiter leuchten sie in der Sonne auf. Sie scheinen voller Kornblumen und Mohnblumen und Margeriten zu sein. Wie kann es um diese Jahreszeit so viele Blumen geben? Aber es sind überhaupt keine Blumen! Es sind Bandschleifen, um die Grabkreuze der Soldaten gewunden ...
Ich blickte hoch und zog die Aufmerksamkeit der alten Frau auf mich.
Sie lächelte und faltete den Brief zusammen.

»Er ist von meinem Sohn – der erste, den wir seit Oktober bekommen haben! Ich bringe ihn meiner Schwiegertochter.«
» . . . ?«
»Ja, sehr gut«, sagte die alte Frau, stieß ihren Rock hinunter und steckte den Arm durch den Henkel ihres Korbes. »Ich soll ihm Taschentücher und ein Ende guten Bindfaden schicken.«
Wie heißt der Bahnhof, wo ich umsteigen muß? Vielleicht erfahre ich ihn niemals. Ich stand auf und lehnte die Arme auf den Fensterrahmen und hatte die Füße verschränkt. Die eine Wange brannte mir wie in der Kinderzeit auf der Fahrt ans Meer. Wenn der Krieg vorbei ist, will ich einen Kahn haben und mich auf diesen Flüssen treiben lassen, mit einer weißen Katze und einem Topf Reseda, die mir Gesellschaft leisten.
Die Flanke des Hügels hinab marschierten die Truppen, blinkten rot und blau im Licht. In der Ferne, sehr deutlich sichtbar, flogen andere auf Fahrrädern dahin. Nein wirklich, *ma France adorée,* diese Uniform ist lächerlich! Deine Soldaten sind dir wie leuchtende, respektlose Abziehbildchen auf den Busen gedrückt!
Der Zug verlangsamte die Fahrt, hielt an . . . Alle stiegen aus, nur ich nicht. Ein großer Junge, der sich die Stiefel mit einem Stück Schnur auf dem Rücken befestigt hatte und dessen blecherner Weinbecher innen zu einem schönen, unmöglichen Rosa verfärbt war, sah sehr freundlich aus. »Steigt man hier vielleicht um, wenn man nach X will?« Ein andrer Soldat, dessen Käppi aus einem feuchten Knallbonbon stammte, stellte meinen Koffer mit Schwung auf die Erde. Was für liebe Kerls die Soldaten sind! *»Merci, Monsieur, vous êtes tout à fait aimable . . .«* – »Nicht hier entlang«, sagte ein Bajonett. »Hier auch nicht!« sagte ein anderes. Daher folgte ich der Menschenmenge. »Ihren Paß, Mademoiselle . . .« – *»We, Sir Edward Grey . . ,«* Ich rannte über den verschlammten Platz und ins Café hinein.
Ein grünes Zimmer mit einem in den Raum vorspringenden Ofen und Tischen auf jeder Seite. Über die Bar mit den hübschen bunten Flaschen lehnt sich eine Frau, die Brüste auf

den verschränkten Armen. Durch eine offenstehende Tür kann ich eine Küche und die Köchin in weißem Überkleid sehen, wie sie Eier in eine Schüssel schlägt und die Schalen in die Ecke wirft. Die blauen und roten Jacken der essenden Männer hängen an den Wänden. Ihre Gehänge und kurzen Säbel sind auf Stühlen aufgehäuft. Himmel, was für ein Lärm! Die sonnige Luft scheint davon wie aufgerissen und zittert. Ein kleiner, sehr blasser Junge schwenkte von Tisch zu Tisch, nahm die Bestellungen entgegen und goß mir ein Glas rötlichbraunen Kaffee ein. Zschsch! machten die Eier. Sie waren in einer Bratpfanne. Die Frau eilte hinter der Theke hervor und begann dem Jungen zu helfen. *Toute de suite, tout' suite!* zirpte sie den lauten, ungeduldigen Stimmen zu. Dann klapperten die Teller, und plopp-plopp wurden die Korken gezogen.

Plötzlich sah ich in der Tür einen Mann mit einem Eimer voller Fische stehen — braungesprenkelte Fische, wie man sie in Glasbehältern sieht, wo sie durch Wälder schönen, gepreßten Seetangs ziehen. Er war ein alter Mann in einer zerlumpten Jacke — demütig stand er da und wartete, daß jemand ihn abfertigte. Ein schütterer Bart fiel ihm über die Brust; die Augen unter den buschigen Brauen waren auf den Eimer geheftet, den er trug. Er sah aus, als sei er einem frommen Bild entstiegen und erflehe die Verzeihung der Soldaten, daß er überhaupt da war.

Aber was hätte ich tun können? Ich konnte nicht mit zwei an einem Strohstrang baumelnden Fischen in X erscheinen; und ich bin überzeugt, daß es in Frankreich eine strafbare Handlung ist, Fische aus dem Abteilfenster zu werfen, dachte ich, als ich betrübt in einen kleineren, armseligeren Zug stieg. Vielleicht hätte ich sie mitnehmen sollen für — *ah, mon Dieu!* —, schon wieder hatte ich den Namen meines Onkels und meiner Tante vergessen. Buffard — Buffon — wie war er doch gleich?

Wieder las ich den unvertrauten Brief in der vertrauten Handschrift.

Meine liebe Nichte,
Da sich das Wetter jetzt beruhigt hat, würden dein Onkel und ich erfreut sein, wenn du uns einen kleinen Besuch abstatten könntest. Telegraphiere mir, wenn du kannst. Ich werde dich draußen vor dem Bahnhof treffen, wenn ich frei bin. Andernfalls wird unsre gute Freundin, Madame Grinçon, die im kleinen Zollhaus an der Brücke wohnt, *juste en face de la gare,* dich zu unserm Haus führen. *Je vous embrasse bien tendrement.*
Julie Boiffard

Eine Visitenkarte war beigefügt: *M. Paul Boiffard.*
Boiffard! Natürlich, das war der Name! *Ma tante Julie et mon oncle Paul* — plötzlich standen sie mir vor Augen, wirklicher und greifbarer als alle Verwandten, denen ich je begegnet war. Ich sah *ma tante Julie,* stolz mit der Suppenterrine in beiden Händen, und *mon oncle Paul,* wie er mit einer rotweiß karierten, um den Hals geknoteten Serviette am Tisch sitzt. Boiffard — Boiffard — ich muß mir den Namen einprägen. Angenommen, der *Commissaire Militaire* fragt mich, wer die Verwandten sind, zu denen ich reise, und ich vermassele den Namen — oh, wie verhängnisvoll das wäre! Buffard — nein Boiffard! Und dann, als ich den Brief zusammenfaltete, sah ich zum erstenmal, was in eine Ecke der leeren Rückseite gekritzelt war: *Venez vite, vite!* Was für eine merkwürdige, impulsive Frau! Mein Herz begann zu hämmern...
»So, jetzt haben wir's nicht mehr weit«, sagte die Dame mir gegenüber. »Sie fahren also nach X, Mademoiselle?«
»*Oui, Madame.*«
»Ich auch... Sind Sie schon einmal dort gewesen?«
»Nein, Madame. Es ist das erstemal.«
»Eigentlich ist es eine merkwürdige Zeit für einen Besuch.«
Ich lächelte matt und versuchte, nicht dauernd auf ihren Hut zu starren. Es war eine ganz einfache kleine Frau, aber sie trug eine schwarze Samttoque, auf der sich zuoberst eine unbeschreiblich erstaunt aussehende Möwe niedergelassen hatte. Ihre runden, so forschend auf mich gerichteten Augen waren fast nicht zu ertragen. Ich verspürte einen unwider-

stehlichen Drang, sie wegzuscheuchen oder mich vorzubeugen und Madame von dem Vorhandensein der Möwe zu berichten: ›*Excusez-moi, Madame,* aber vielleicht haben Sie nicht bemerkt, daß ein *espèce de mouette est couchée sur votre chapeau?*‹
Ob der Vogel absichtlich dort saß? Ich darf nicht lachen... Ich darf nicht lachen. Ob sie sich jemals im Spiegel betrachtet hatte — mit dem Vogel auf ihrem Kopf?
»Es ist gegenwärtig sehr schwierig, nach X hineinzugelangen und den Bahnhof zu passieren«, sagte sie und nickte mir mit dem Kopf und mit der Möwe zu. »Ah, was für Umstände! Man muß seinen Namen aufschreiben und den Zweck des Besuchs erklären.«
»Oh, ist es wirklich so schlimm?«
»Ja, natürlich! Verstehen Sie, die ganze Ortschaft ist vom Militär besetzt, und« — sie zuckte die Achseln — »da müssen sie eben streng sein. Manche Leute kommen überhaupt nicht über den Bahnhof hinaus. Sie kommen an, sie werden in den Warteraum gesteckt, und dort bleiben sie.«
Konnte ich aus ihrer Stimme eine seltsame, kränkende Schadenfreude heraushören?
»Ich denke, daß diese Strenge durchaus notwendig ist«, sagte ich kalt und streichelte meinen Muff.
»Notwendig?« rief sie. »Das wollte ich meinen! Mademoiselle, Sie können sich nicht vorstellen, wie es sonst zugehen würde. Sie wissen ja, wie die Frauen sich Soldaten gegenüber benehmen« — sie machte eine Handbewegung, die unabänderlich war —, »verrückt, völlig verrückt! Aber —« und nun stieß sie ein kleines, triumphierendes Lachen aus — »sie können nicht nach X hinein! *Mon Dieu,* nein! Das ist außer Frage!«
»Wahrscheinlich versuchen sie es gar nicht erst«, sagte ich.
›Meinst du?‹ sagte die Möwe.
Madame sagte zuerst gar nichts. »Natürlich gehen die Vorgesetzten sehr streng gegen die Soldaten vor. Es bedeutet sofortige Haft — und dann ohne weiteres raus an die Front!«
›Warum gehst *du* nach X?‹ fragte die Möwe. ›Was um alle Welt hast *du* hier zu suchen?‹

»Bleiben Sie lange in X, Mademoiselle?«
Sie hatte gewonnen, sie hatte gewonnen. Ich war entsetzt. Ein Laternenpfahl mit dem verhängnisvollen Namen flog am Zug vorüber. Ich konnte kaum Luft bekommen — der Zug hielt. Ich lächelte Madame freundlich zu und hüpfte den Tritt zum Bahnsteig hinab.
Es war sehr heiß in dem kleinen Raum, der vollständig möbliert war: an den beiden Tischen saßen zwei Colonels. Es waren stämmige Männer mit grauem Schnurrbart und auf den Wangen einen Hauch sonnenverbrannter Röte. Pompös und allmächtig sahen sie aus. Der eine rauchte etwas, was Damen gern als schwere ägyptische Zigarette bezeichnen, eine Zigarette mit langer, sahnefarbener Asche; der andre spielte mit einer vergoldeten Feder. Ihre Köpfe rollten wie große, überreife Früchte auf ihrem engen Uniformkragen. Als ich meinen Paß und meine Fahrkarte abgab, hatte ich ein gräßliches Gefühl, daß ein Soldat vortreten und mir sagen würde, ich müsse knien. Ich hätte mich widerspruchslos hingekniet.
»Was ist denn das?« sagte Gott Nummer I verdrossen. Mein Paß gefiel ihm ganz und gar nicht. Der bloße Anblick schien ihn zu ärgern. Er bedachte ihn mit einer ablehnenden Geste, mit einer Miene, die bedeutete: ›*Non, je ne peux pas manger ça!*‹
»Nein, das geht nicht! Das genügt keineswegs! Hier — lesen Sie selbst!«, und er blickte mit äußerstem Widerwillen auf meine Photographie, und dann blickten seine Kieselsteinaugen mit noch größerem Widerwillen auf mich.
»Ja, die Photographie ist erbärmlich«, sagte ich und wagte vor Entsetzen kaum zu atmen, »aber sie wurde mehrfach mit einem Visum versehen.«
Er wuchtete seine Körperfülle hoch und ging zu Gott Nummer II hinüber.
»Courage!« sagte ich zu meinem Muff und drückte ihn fest an mich. »Courage!«
Gott Nummer II hielt mir einen Finger entgegen, und ich holte Tante Julies Brief und die Visitenkarte hervor. Doch er schien sich nicht im mindesten für sie zu interessieren. Trä-

ge stempelte er meinen Paß ab, kritzelte ein Wort auf meine Fahrkarte — und ich stand wieder auf dem Bahnsteig.
»Hier entlang — hier ist der Ausgang!«

Schrecklich blaß, mit einem matten Lächeln um die Lippen, die Hand zum Gruß erhoben, stand der kleine Korporal da. Ich ließ mir nichts anmerken, ich bin sicher, daß ich mir nichts anmerken ließ. Er trat hinter mich.
»Und dann folgst du mir, als ob du mich nicht siehst«, hörte ich ihn halb flüstern, halb singen.
Wie schnell er ging — durch den schlüpfrigen Schlamm und auf die Brücke zu. Auf dem Rücken trug er einen Postbeutel, in der Hand ein eingewickeltes Paket und den *Matin*. Wir schienen uns durch ein Labyrinth von Polizisten zu winden, und ich konnte mit dem kleinen Korporal, der zu pfeifen begann, nicht mehr Schritt halten. Vom Zollhaus beobachtete ›unsre gute Freundin, Madame Grinçon‹, die Hände in einen Schal gewickelt, unser Näherkommen, und ans Zollhaus lehnte sich eine sehr kleine, verwitterte Droschke. *Montez vite, vite!* sagte der kleine Korporal und schleuderte meinen Koffer, den Postsack, das Paket und den *Matin* auf den Boden.
»A-ie! A-ie! Nur nicht so verrückt! Hetzen Sie sich nicht! Man wird Sie sehen!« jammerte ›unsre gute Freundin, Madame Grinçon‹.
»*Ah, je m'en f...*«, sagte der kleine Korporal.
Der Kutscher fuhr mit einem Ruck los. Er peitschte den knochigen Gaul, und wir flogen auf und davon, während beide Türen, die den vollen Seitenteil der Droschke bildeten, auf- und zuklapperten und — knallten.
»*Bon jour, mon amie.*«
»*Bon jour, mon ami.*«
Und dann schossen wir beide vor und packten die klappernden Türen. Sie wollten nicht geschlossen bleiben. Es waren dumme Türen.
»Lehn dich zurück! Laß mich's tun!« rief ich. »Hier wimmelt's nur so von Polizisten!«
Vor der Kaserne bäumte sich der Gaul auf und blieb stehen.

Eine Menge lachender Gesichter füllte die Fenster aus.
»*Prends ça, mon vieux*«, sagte der kleine Korporal und reichte das Paket hinaus.
»In Ordnung«, rief jemand.
Wir winkten und sausten wieder los. Einen Fluß entlang, eine seltsame weiße Straße hinab, kleine Häuser auf jeder Seite, die heiter im späten Nachmittagslicht dastanden.
»Spring raus, sobald er wieder hält! Die Tür steht offen. Lauf sofort hinein! Ich komme nach. Der Kutscher ist schon bezahlt. Ich bin sicher, daß dir das Haus gefallen wird. Es ist schlohweiß. Und das Zimmer ist auch weiß. Und die Leute sind—«
»So weiß wie Schnee!«
Wir blickten uns an. Wir begannen zu lachen. »Jetzt!« sagte der kleine Korporal.
Ich flog hinaus und zur Tür hinein. Dort stand (wahrscheinlich) meine Tante Julie. Und im Hintergrund wartete (vermutlich) mein Onkel Paul.
»*Bon jour, Madame!*« »*Bon jour, Monsieur!*«
»Alles in Ordnung, Sie sind in Sicherheit!« sagte meine Tante Julie. Mein Himmel, wie ich sie liebte! Und sie öffnete die Tür zum weißen Zimmer und schloß sie hinter uns. Runter mit dem Koffer, mit dem Postbeutel, mit dem *Matin!* Ich warf meinen Paß in die Luft, und der kleine Korporal fing ihn auf.

II.

Was für eine erstaunliche Sache! Wir waren jeden Tag dort gewesen, zum Mittagessen und zum Abendessen, doch jetzt, allein und in der Dämmerung, konnte ich es nicht finden. In meinen geliehenen *sabots* stiefelte ich durch den zähen Schlamm—bis ganz ans Ende des Dorfes—, und keine Spur davon zu sehen. Ich konnte mich nicht mehr erinnern, wie es aussah oder ob draußen ein Schild mit dem Namen hing oder ob im Fenster Flaschen oder Tische zu sehen waren. Die Häuser des Dörfchens hatten schon mit schweren Holzläden für die Nacht dichtgemacht. Im zerfetzten, flirrenden Licht und dem dünnen Regen sahen sie sonderbar und geheimnisvoll aus, wie eine Kompanie von Bettlern, die sich auf der Anhöhe niedergelassen hatte, die Jacken prall von widerrechtlich angeeignetem Gold. Doch niemand war unterwegs, bloß die Soldaten. Eine Gruppe Verwundeter stand unter einem Laternenpfahl und tätschelte einen räudigen, zitternden Hund. Vier große Burschen kamen singend die Straße herauf: »*Dodo, mon homme, fais vit' dodo* . . .« und bogen ab, die Anhöhe hinunter zu ihren Schuppen hinter dem Bahnhof. Sie schienen den letzten Tagesschimmer mitzunehmen. Ich begann langsam zurückzugehen.

›Es muß eins von diesen Häusern gewesen sein! Ich erinnere mich, daß es weit von der Straße zurücktrat, und es war keine Treppe da, nicht mal ein Vorflur — man schien durch die Glastür unmittelbar ins Haus zu fallen.‹

Und dann kam ganz plötzlich der kleine Aufwärter aus genau so einem Haus. Er sah mich, griente vergnügt und begann durch die Zähne zu pfeifen.

»*Bon soir, mon petit.*«

»*Bon soir, Madame.*« Und er folgte mir durchs Café zu ›unserm‹ Tisch, am Fenster, ganz am andern Ende, und mit einem Veilchenstrauß gekennzeichnet, den ich gestern dort in einem Glas stehengelassen hatte.

»Sind Sie zu zweien?« fragte der Aufwärter und wedelte mit einem rotweißen Lappen über den Tisch. Seine langen, weit ausholenden Schritte hallten über den kahlen Fußboden. Er verschwand in der Küche und kam wieder, um die Lampe anzuzünden. Unter einem weiten Schirm, der dem Hut eines Heuers glich, hing sie von der Decke. Warmes Licht füllte den leeren Raum, der eigentlich eine Scheune mit wackligen Tischen und Stühlen war. Ein schwarzer Ofen ragte ins Zimmer hinein. Seitlich von ihm war ein Tisch mit einer Reihe Flaschen, hinter denen die Madame saß, die das Geld einkassierte und Eintragungen in ein rotes Buch machte. Gegenüber von ihrem Pult führte eine Tür in die Küche. Die Wände waren mit einer Tapete bedeckt, deren sahneweißer Untergrund mit grünen, kugelrunden Bäumen geschmückt war. Hunderte und Aberhunderte von Bäumen reckten ihre

Pilzköpfe zur Decke auf. Ich überlegte, wer wohl gerade diese Tapete ausgesucht hatte, und weshalb. Ob die Madame dachte, daß es schön aussah oder lustig und hübsch war, wenn man zu allen Jahreszeiten sein Essen mitten in einem Wald verzehren konnte... Zu beiden Seiten der Uhr hing je ein Bild: das eine zeigte einen jungen Herrn in engen schwarzen Hosen, der über die Lehne einer Gartenbank hinweg mit einer birnenförmigen Dame in Gelb flirtete: *Premier Rencontre;* das andre zeigte ›Schwarz‹ und ›Gelb‹ in verliebtem Durcheinander: *Triomphe d'Amour.*
Die Uhr tickte ihren beruhigenden Vers: *C'est ça, c'est ça.* In der Küche spülte der Aufwärter das Geschirr ab. Ich hörte das gespenstische Geschnatter der Teller.
Und Jahre verstrichen. Vielleicht ist der Krieg schon längst vorbei... vielleicht ist draußen überhaupt kein Dorf... und die Straßen liegen still unterm Rasen. Ich stelle mir vor, daß man genau das am allerletzten aller Tage tun wird: in einem leeren Café sitzen und auf das Ticken einer Uhr lauschen, bis...
Madame kam aus der Küchentür, nickte mir zu und nahm ihren Platz hinter dem Tisch ein, die dicken Hände um das rote Buch gefaltet. *Ping!* machte die Tür. Eine Handvoll Soldaten kam herein. Sie zogen ihre Jacken aus und begannen Karten zu spielen und den hübschen jungen Aufwärter zu necken und ihn aufzuziehen, doch er warf seinen kleinen Rundkopf in den Nacken, rieb sich seine dicken Ponyhaare aus den Augen und entgegnete keck mit stimmbrüchigen Lauten. Manchmal brummte seine Stimme dunkel und rauh aus tiefster Kehle, und dann wieder—mitten in einem Satz— brach sie und zerspillerte in einem komischen Gequieke. Es schien ihm selbst Spaß zu machen. Man hätte sich nicht gewundert, wenn er auf Händen in die Küche spaziert wäre und einem das Essen radschlagend aufgetragen hätte.
Ping! machte die Tür wieder. Noch zwei Männer traten ein. Sie setzten sich an den Tisch gleich neben dem von Madame, und sie lehnte sich mit vogelähnlicher Bewegung, den Kopf auf die Seite gelegt, zu ihnen hinüber. Oh, sie platzten vor Ärger! Ihr Leutnant war ein Dummkopf, schnüffelte her-

um, überfiel sie — und dabei hatten sie sich doch bloß Knöpfe angenäht. Ja, das war alles gewesen, Knöpfe angenäht — und schon erscheint dieser junge Stutzer. »Heda, was macht ihr denn da?« Sie imitierten seine törichte Stimme. Madame ließ die Mundwinkel hängen und nickte teilnahmsvoll. Der junge Aufwärter stellte ihnen Gläser hin. Er nahm eine Flasche mit rötlichgelbem Inhalt und stellte sie auf die Tischkante, doch als einer der Kartenspieler aufschrie, drehte er sich heftig um, und krach!, kippte die Flasche und ergoß sich auf den Tisch und auf den Fußboden und zerbrach in klimpernde Bruchstücke. Betroffenes Schweigen. Nur das Tropftropf des Weins vom Tisch auf den Fußboden. Es sah sehr merkwürdig aus, dieses langsame Niedertropfen — als weinte der Tisch. Dann brüllte einer von den Kartenspielern los: »Da hast du's, mein Junge! So muß man's machen! Jetzt hast du's geschafft!... *Sept, huit, neuf.*« Sie begannen wieder zu spielen. Der junge Aufwärter sagte kein einziges Wort. Er stand mit gesenktem Kopf und geöffneten Händen da, und dann kniete er nieder und sammelte das Glas ein, Scherbe für Scherbe; ein Tuch saugte den Wein auf. Erst als Madame fröhlich rief: »Warte nur ab, bis *er* es entdeckt!«, hob er endlich den Kopf.

»Er kann mir nichts sagen, wenn ich's bezahle!« murrte er mit zuckendem Gesicht und stolzierte mit dem tropfnassen Tuch in die Küche.

»*Il pleure de colère*«, sagte Madame entzückt und richtete sich mit ihren molligen Händen das Haar.

Langsam füllte sich das Café. Es wurde sehr warm. Blauer Rauch stieg von den Tischen auf und hing in Nebelschwaden über dem Hut des Heuers. Es roch erstickend nach Zwiebelsuppe und Stiefeln und feuchtem Stoff. Wieder klimperte die Tür durch das Getöse. Sie öffnete sich, um einen schmächtigen Wicht einzulassen, der mit dem Rücken an der Tür lehnte und die Hand über die Augen hielt.

»Hallo — bist du deinen Verband los?«

»Wie geht's jetzt, *mon vieux?*«

»Laß sie mal anschauen!«

Aber er gab keine Antwort. Er zuckte die Achsel und ging

unsicher auf den Tisch zu, setzte sich und lehnte sich an die Wand. Langsam ließ er die Hand sinken. Aus seinem weißen Gesicht glommen seine Augen so rot wie die eines Kaninchens. Sie liefen randvoll und flossen über, liefen randvoll und flossen über. Er zog ein weißes Tuch aus der Tasche und wischte sich die Augen.
»Es ist der Rauch«, sagte einer. »Der Rauch ätzt dir die Augen!«
Seine Kameraden beobachteten ihn ein Weilchen; sie sahen, wie sich seine Augen wieder füllten. Das Wasser rann ihm übers Gesicht, über das Kinn und auf den Tisch. Er rieb die Stelle mit dem Jackenärmel ab, und dann, wie selbstvergessen, fuhr er fort, mit seiner Hand wieder und wieder über den Tisch zu wischen, und starrte dabei vor sich hin. Und dann begann er, gleichzeitig mit der Handbewegung, seinen Kopf zu schütteln.
Er stieß ein lautes, seltsames Ächzen aus und zog wieder das Tuch hervor.
»*Huit, neuf, dix*«, sagten die Kartenspieler.
»*P'tit*«, noch mehr Brot!«
»Zwei Kaffee!«
»*Un Picon!*«
Der junge Aufwärter lief hin und her: er war wieder zu sich gekommen, nur seine Wangen glühten noch. Zwischen den Kartenspielern loderte ein fürchterlicher Streit auf, wütete zwei Minuten lang und erlosch in flackerndem Gekicher.
»Uuuuf!« ächzte der Mann mit den Augen und wiegte sich und wischte die Augen ab. Doch niemand beachtete ihn, ausgenommen Madame.
Sie sah zu den zwei Soldaten in ihrer Nähe und verzog das Gesicht.
»*Mais vous savez, c'est un peu dégoutant, ça*«, sagte sie streng.
»*Ah, oui, Madame*«, antworteten die Soldaten und beobachteten ihren gesenkten Kopf und die hübschen Hände, als sie zum hundertstenmal eine Spitzenrüsche auf ihrem hochgestellten Busen zurechtzupfte.
»*V'là Monsieur!*« krächzte mir der junge Aufwärter über seine Schulter hinweg zu. Aus irgendeinem albernen Grund

tat ich, als hätte ich es nicht gehört, beugte mich über den Tisch und roch an den Veilchen, bis die Hand des kleinen Korporals sich über meine Hand legte.
»Sollen wir zur Eröffnung *un peu de charcuterie* nehmen?« fragte er zärtlich.

III.

»In England«, sagte der blauäugige Soldat, »trinkt man Whisky zu den Mahlzeiten! *N'est-ce pas, Mademoiselle?* Ein Gläschen unverdünnten Whisky vor dem Essen, Whisky-Soda zum *biftek* und hinterher noch mehr Whisky mit heißem Wasser und Zitrone.«
»Ist das wahr?« fragte mich sein Freund, der gegenübersaß, ein großer, rotgesichtiger Bursche mit einem schwarzen Bart und großen, feuchten Augen und mit Haaren, die wie von der Mähmaschine geschnitten aussahen.
»Nicht so ganz«, sagte ich.
»*Si, si*«, rief der blauäugige Soldat. »Ich muß es doch wissen. Ich bin Geschäftsmann. Englische Handelsreisende besuchen mich, und immer ist es das gleiche.«
»Bah, Whisky kann ich nicht ausstehen«, sagte der kleine Korporal. »Am Morgen danach ist er einfach widerlich. Erinnerst du dich, *ma fille*, an den Whisky in der kleinen Bar auf dem Montmartre?«
»*Souvenir tendre*«, seufzte der Schwarzbärtige, steckte zwei Finger in seine zugeknöpfte Jacke und ließ den Kopf hängen.
Er war sehr betrunken.
»Aber ich kenne etwas, was Sie noch nie getrunken haben«, sagte der blauäugige Soldat und zeigte mit dem Finger auf mich, »etwas wirklich Gutes!« Er schnalzte mit der Zunge. »*E-patant!* Und was so seltsam ist: man kann's kaum von Whisky unterscheiden, nur ist es« – seine Hand suchte nach dem richtigen Wort – »feiner, süßer vielleicht, nicht so scharf, und am Morgen danach ist man so vergnügt wie ein Kaninchen!«
»Wie heißt es?«

»Mirabelle!« Er rollte das Wort im Mund herum, unter der Zunge. »Ah-ha, das ist der wahre Stoff!«

»Ich könnte noch einen Pilz essen«, sagte der Schwarzbart. »Ich möchte sehr gern noch einen Pilz essen. Ich könnte bestimmt noch einen Pilz essen, wenn ihn mir Mademoiselle eigenhändig gäbe!«

»Sie sollten ihn probieren«, sagte der blauäugige Soldat, legte beide Hände auf den Tisch und redete so eindringlich, daß ich mich zu fragen begann, wieviel nüchterner er als der Schwarzbart war. »Sie sollten ihn probieren, gleich heute abend! Ich möchte gern von Ihnen hören, ob Sie nicht auch finden, daß Mirabelle wie Whisky schmeckt!«

»Vielleicht haben sie ihn hier«, sagte der kleine Korporal und rief den jungen Aufwärter. »*P'tit!*«

»Non, Monsieur«, sagte der Junge, der überhaupt nicht zu lächeln aufhörte. Er stellte Dessertteller vor uns hin, die mit blauen Papageien und Hirschkäfern bemalt waren.

»Wie heißt der da auf Englisch?« fragte Schwarzbart und zeigte auf den Papagei. Ich sagte es ihm: »*Parrot.*«

»*Ah, mon Dieu!* ... Pär-rott!« Er legte die Arme um seinen Teller. »Ich liebe dich, ma petite Pär-rott! Du bist süß, du bist blond, du bist englisch! Du kennst nicht den Unterschied zwischen Whisky und Mirabelle!«

Der kleine Korporal und ich blickten einander lachend an. Er kniff, wenn er lachte, die Augen so zusammen, daß man nichts als die langen, gebogenen Wimpern sah.

»Ich kenne aber ein Lokal, wo sie Mirabelle haben«, sagte der blauäugige Soldat. »Im *Café des Amis!* Wollen dort hingehen — ich zahl's — ich halte euch alle frei!« Seine Geste deutete Tausende von Pfund an.

Doch mit einem lauten, schnarrenden Geräusch schlug die Uhr an der Wand halb neun — und kein Soldat darf nach acht Uhr abends in einem Café sitzen.

»Die geht vor«, sagte der blauäugige Soldat. Die Uhr des kleinen Korporals gab auch halb neun an. Ebenso die riesige Rübe, die der Schwarzbart hervorzog und behutsam auf den Kopf eines Hirschkäfers legte.

»Ach was«, sagte der blauäugige Soldat, »wir wollen's ris-

kieren!« Er steckte die Arme in seine klobige Rauhhaarjacke. »'s ist die Sache wert!« sagte er. »'s ist die Sache wert! Ihr werdet's schon merken!«
Draußen schienen die Sterne zwischen strähnigen Wolken, und der Mond flackerte wie eine Kerzenflamme über einem spitzen Kirchturm. Die Schatten der dunklen Bäume spielten zierlich wie Federflaum auf weißen Häusern. Nicht ein Laut war zu hören außer dem Hsch! Hsch! eines fernen Zuges, einer großen Bestie gleich, die sich im Schlaf herumwälzt.
»Du frierst!« flüsterte der kleine Korporal. »Du frierst, *ma fille!*«
»Nein, bestimmt nicht!«
»Aber du zitterst!«
»Ja. Aber ich friere nicht.«
»Wie sind die Frauen in England?« fragte Schwarzbart. »Wenn der Krieg vorbei ist, gehe ich nach England. Ich suche mir eine kleine englische Frau und heirate sie, sie und ihren Pär-rott.« Er stieß eine laute, würgende Lache aus.
»Dummkopf!« sagte der blauäugige Soldat, schüttelte ihn und wandte sich an mich. »Erst nach dem zweiten Glas kommt man richtig auf den Geschmack«, flüsterte er. »Das zweite Gläschen, und dann — ah! — dann wissen Sie Bescheid!«
Das *Café des Amis* leuchtete im Mondschein. Wir blickten rasch die Straße hinauf und hinab. Dann rannten wir die vier Holzstufen hinauf und öffneten die klirrende Glastür, die in einen niedrigen, von einer Hängelampe beleuchteten Raum führte, in dem zehn Leute zu Abend aßen. Sie saßen auf zwei Bänken an einem schmalen Tisch.
»Soldaten!« kreischte eine Frau und sprang hinter einer weißen Suppenterrine hervor — ein Gerippe von einer Frau in einem schwarzen Tuch. »Soldaten! Um diese Zeit! Seht auf die Uhr! Seht mal hin!« Und mit der tropfenden Suppenkelle zeigte sie auf die Uhr.
»Die geht vor!« sagte der blauäugige Soldat. »Die geht vor, Madame! Und machen Sie nicht soviel Lärm, bitte ich Sie! Wir wollen was trinken, und dann gehen wir wieder.«
»So, wollt ihr?« rief sie, rannte um den Tisch herum und pflanzte sich vor uns auf. »Genau das werdet ihr nicht tun!

Zu dieser Nachtstunde in das Haus einer anständigen Frau eindringen — eine Szene machen — und mir die Polizei ins Haus locken! O nein! O nein! Es ist eine Schande, das ist's!«
»Pst!« machte der kleine Korporal und hielt die Hand hoch. Totenstille.
In dieser Stille hörten wir vorbeigehende Schritte.
»Die Polizei!« flüsterte Schwarzbart und zwinkerte einem hübschen Mädchen mit Ringen an den Ohren zu, die ihn als Antwort frech anlachte. »Scht!«
Die Gesichter richteten sich auf und lauschten. ›Wie schön sie sind!‹ dachte ich. ›Sie sind wie eine Familie aus dem Neuen Testament, die gemeinsam Abendbrot ißt.‹ ... Die Schritte verhallten.
»Das wäre euch ganz recht geschehen, wenn sie euch erwischt hätten!« geiferte die zornige Frau. »Euretwegen tut's mir leid, daß die Polizisten nicht reingekommen sind. Ihr hättet's verdient — ihr hättet's verdient!«
»Ein Gläschen Mirabelle, und wir gehen wieder!« bat der blauäugige Soldat beharrlich.
Noch schimpfend und murrend holte sie vier Gläser und eine große Flasche aus einem Schrank. »Aber denkt bloß nicht, daß ihr's hier trinken könnt!« Der kleine Korporal rannte in die Küche. »Nicht dorthin, Idiot, nicht dorthin! Können Sie nicht sehen, daß da ein Fenster ist, und eine Mauer gegenüber, wo die Polizisten jeden Abend hingehen ...«
»Scht!« Wir erschraken wieder.
»Ihr seid verrückt, und ihr werdet im Gefängnis landen, ihr alle vier!« sagte die Frau. Sie stürmte aus dem Zimmer. Wir gingen auf Zehenspitzen hinter ihr in eine dunkle, übel riechende Spülkammer voller Kochtöpfe mit fettigem Wasser und Salatblättern und Fleischknochen.
»Da!« sagte sie und stellte die Gläser hin. »Trinkt und geht!«
»Ah! Endlich!« Die zufriedene Stimme des blauäugigen Soldaten tröpfelte durch die Finsternis. »Was meint ihr? Ist es nicht genauso, wie ich's gesagt habe? Hat es nicht ein Aroma wie erstklassiger, *erst-klas-siger* Whisky?«

Frühlingsbilder

I.

Es regnet. Große, weiche Tropfen klatschen den Leuten auf Hände und Wangen; riesige warme Tropfen wie geschmolzene Sterne. »Frische Rosen! Frische Lilien! Frische Veilchen!« krächzt das alte Weib in der Gosse. Doch die in einer Krause aus Grün zusammengebündelten Lilien sehen eher wie welker Blumenkohl aus. Auf und ab zieht sie ihren quietschenden Handkarren. Er strömt einen schlechten, widerlichen Geruch aus. Niemand will etwas kaufen. Man muß mitten auf der Fahrbahn gehen, denn auf dem Bürgersteig ist kein Platz. Jeder einzelne Laden schäumt förmlich über; jeder Laden weist eine zerfetzte Rüsche aus schmuddeliger Spitze und schmutzigen Bändern auf, um zu bezaubern und anzulocken. Tische sind auf die Straße hinausgestellt worden, Tische mit Spielzeugkanonen und Soldaten und Zeppelinen und Photorahmen, komplett mit liebäugelnden Schönheiten. Dort sind riesige Körbe mit gelben Strohhüten wie Pyramiden aus Backwerk, Schnüre mit bunten Stiefeln und Schuhe, die so klein sind, daß kein Mensch sie tragen kann. Ein Geschäft ist voll von kleinen Gummiquadraten, blau für die Mädchen und rosa für die Knaben, in der Mitte *Bébé* aufgedruckt...

»Frische Lilien! Frische Rosen! Schöne frische Veilchen!« kräht das alte Weib und stößt gegen einen andern Karren. Doch dieser Karren steht still. Er ist vollbepackt mit Lattich. Seine Eigentümerin, eine dicke alte Frau, räkelt sich quer darüber; sie schläft fest; ihre Nase steckt zwischen den Lattichwurzeln... Wer wird hier jemals irgend etwas kaufen?... Die Verkäufer sind Frauen. Sie sitzen auf kleinen Klappstühlchen und schauen verträumt und geistesabwesend drein. Hin und wieder steht eine von ihnen auf und nimmt einen kleinen Staubwedel, einer qualmenden Fackel gleichend, läßt ihn quer über ein paar Sachen hinschnellen und setzt sich wieder. Selbst der alte Mann mit der gelben Brille und einem

Ballon von Bauch, der den Drehstand mit Juxpostkarten um und um dreht, kann sich nicht entscheiden ...
Plötzlich erklingt aus dem leeren Geschäft an der Ecke ein Klavier, und eine Geige und eine Flöte fallen ein. Die Fenster des Geschäfts sind ganz und gar bekritzelt. *Neue Lieder. Erster Stock. Eintritt frei.* Da aber die Fenster des ersten Stockwerks offenstehen, bemüht sich niemand, hinaufzugehen. Grinsend lungern sie herum, während die rauhen Stimmen in die warme Regenluft hinausschweben. In der Tür steht ein magerer Mann in einem Paar aufgeplatzter Filzpantoffeln. Durch seine aufgeplatzte Hutkrempe hat er sich eine Feder gesteckt — und mit was für einer Miene trägt er sie! Die Feder ist prachtvoll. Sie bedeutet goldene Epauletten, Schoßrock, weiße Glacéhandschuhe und vergoldeten Stab. Unter ihr kann er großtun, und seine Stimme quillt volltönend und üppig aus seinem Brustkorb.
»Heraufspaziert! Heraufspaziert! Die neuen Lieder sind da! Jeder Sänger ist ein Künstler von europäischem Ruf. Das Orchester ist berühmt und unübertroffen. Bleibt, solange ihr wollt! Die Chance eures Lebens — einmal verpaßt, kommt sie nie wieder!« Aber niemand rührte sich. Warum sollte man auch? Jedermann kennt die Mädchen — die berühmten Künstlerinnen! Die eine ist in sahneweißen Kaschmir gekleidet, die andre in blauen. Beide haben dunkle, gekreppte Haare und eine hinters Ohr gesteckte Rose ... Jedermann kennt die Knopfstiefel des Klavierspielers und weiß, daß der linke, der das Pedal betätigt, über der ›Zwiebel‹ an der großen Zehe aufgeplatzt ist. Die abgekauten Fingernägel des Geigers, die langen, viel zu langen Manschetten des Flötisten — all das ist so alt wie die neuen Lieder.
Die Musik spielt noch lange, und die stolze Stimme orgelt weiter. Dann ruft einer etwas die Treppe hinab, und der Schausteller, immer noch mit seinen großartigen Allüren, verzieht sich. Die Stimmen brechen ab. Das Klavier, die Geige und die Flöte vertröpfeln und sind still. Nur die Spitzengardine sendet ein flatterndes Lebenszeichen aus dem ersten Stockwerk. Es regnet immer noch; es wird dämmerig ... Frische Rosen! Frische Lilien! Kauft meine Veilchen ...

II.

Hoffnung! Du elendes — du sentimentales, welkes Weibsbild! Zerreiß deine letzte Saite und laß mich endlich in Ruhe! Dein endloses Geklimper macht mich noch wahnsinnig; mein Herz pocht im Takt dazu. Es ist Morgen. Ich liege im leeren Bett — diesem breiten Bett, groß wie eine Wiese und ebenso kalt und ungeschützt. Durch die Jalousie dringt Sonnenschein vom Fluß herauf und flutet in zitternden Wellen über die Stubendecke. Draußen höre ich einen Hammer klopfen, und tief unten im Haus fliegt eine Türe auf und fällt ins Schloß. Ist das mein Zimmer? Sind das meine über einen Sessel gelegten Sachen? Unter dem Kopfkissen tickt meine Uhr — Zeichen und Symbol einer einsamen Frau. Die Glocke läutet! Oh! Endlich! Ich springe aus dem Bett und laufe an die Tür. Spiel schneller, schneller, Hoffnung!
»Ihre Milch, Mademoiselle«, sagte die Concierge und sieht mich streng an.
»Oh, besten Dank!« rufe ich und schwenke vergnügt die Milchflasche. »Keine Briefe für mich?«
»Nichts, Mademoiselle.«
»Aber der Briefträger — war der schon da?«
»Vor mindestens einer halben Stunde, Mademoiselle.«
Schließ die Tür. Steh einen Augenblick im kleinen Vorflur. Höre — höre auf ihr verhaßtes Saitengetön. Schmeichle ihr, buhle um ihre Gunst, flehe sie an, nur noch einmal die reizende kleine Musik für nur eine einzige Saite zu spielen. Vergebens.

III.

Jenseits des Flusses auf dem schmalen Steinweg, der dem Ufer entlangläuft, geht eine Frau. Sie kam die Treppe vom Quai herunter und geht langsam, eine Hand auf der Hüfte. Es ist ein schöner Abend; der Himmel hat die Farbe von Fliederbüschen und der Fluß die Farbe von Veilchenblüten. Hohe, helle Bäume voll zitternden Lichts stehen längs des Pfades, und die auf und ab tanzenden Boote schicken schwe-

re Schaumlocken aus, die fast um ihre Füße plätschern. Jetzt ist sie stehengeblieben. Jetzt hat sie sich plötzlich umgedreht. Sie lehnt sich an einen Baum, das Gesicht in den Händen; sie weint. Und jetzt geht sie auf und ab und ringt die Hände. Wieder lehnt sie sich an den Baum, diesmal mit dem Rücken, mit erhobenem Kopf und die Hände umklammert, als lehne sie sich gegen einen lieben Menschen. Um ihre Schultern trägt sie einen kleinen grauen Schal; mit seinen Zipfeln bedeckt sie das Gesicht und wiegt sich hin und her.
Aber man kann nicht ewig weinen, deshalb wird sie endlich ernst und ruhig, ordnet ihr Haar und streicht über ihre Schürze. Sie geht ein paar Schritte. Nein, zu bald, zu bald! Wieder fliegen ihre Arme auf, sie rennt zurück, wieder preßt sie sich gegen den hohen Baum. In den Häusern flammt in Vierekken goldenes Licht auf; die Straßenlaternen schimmern durch die jungen Blätter; Fächer aus gelbem Licht folgen den tanzenden Booten. Einen kurzen Augenblick hebt sie sich weiß, grau und schwarz wie ein Tupfen von dem Baum ab, schmilzt in die Steine und Schatten hinein. Und dann ist sie verschwunden.

Spät abends

(Virginia sitzt am Kaminfeuer. Mantel und Hut hat sie auf einen Stuhl geworfen; die Überschuhe stehen, leicht dampfend, am Kamingitter.)
VIRGINIA *(legt den Brief hin)*: Der Brief gefällt mir nicht – ganz und gar nicht. Ich möchte mal wissen, ob er absichtlich so abweisend klingt oder ob das einfach seine Art ist. *(Sie liest)*: ›Vielen Dank für die Socken. Da mir letzthin fünf Paar Socken geschickt wurden, freut es Sie bestimmt zu hören, daß ich die Ihrigen einem Freund in meiner Kompanie schenkte.‹ Nein, es kann keine Einbildung sein; er muß es so gemeint haben: es ist eine furchtbare Zurückweisung!
Oh, ich wünschte, ich hätte ihm nicht den Brief geschickt, in dem ich ihm schrieb, er solle sich schonen. Ich gäbe wer weiß was dafür, könnte ich den Brief zurückbekommen! Außerdem hatte ich ihn an einem Sonntagabend geschrieben – das war so verhängnisvoll! Niemals sollte ich sonntagabends Briefe schreiben – dann lasse ich mich immer so gehen! Ich verstehe nicht, weshalb die Sonntagabende immer einen so komischen Einfluß auf mich haben. Dann sehne ich mich einfach, jemanden zu haben, dem ich schreiben – oder den ich lieben kann. Ja, das ist es: sie stimmen mich traurig und liebebedürftig. Komisch, nicht wahr?
Ich sollte wieder anfangen, in die Kirche zu gehen; es ist verhängnisvoll, vor dem Kaminfeuer zu sitzen und zu grübeln. Und dort hat man immer die Choräle: in den Chorälen kann man sich unbesorgt gehen lassen. *(Sie summt)*: ›Und nun für unsre Liebsten, Teuersten‹ – *(aber ihr Blick fällt auf die nächste Seite im Brief)*: ›Es war überaus liebenswürdig von Ihnen, sie selber zu stricken.‹ Nein, so etwas! Wirklich, das ist zuviel! Männer sind abscheulich eingebildet. Er glaubt tatsächlich, daß ich sie selbst gestrickt habe! Ich kenne ihn ja kaum; ich habe nur ein paarmal mit ihm gesprochen. Warum zum Kuckuck sollte ich ihm Socken stricken? Er muß ja denken, daß ich ganz verknallt in ihn bin, wenn ich mich ihm so an den Kopf werfe. Denn man wirft sich doch bestimmt

einem Mann an den Kopf, wenn man ihm Socken strickt — wo er fast ein Fremder ist! Ihm mal ein Paar kaufen — das ist was ganz anderes. Nein, ich werde ihm nicht wieder schreiben — das steht fest. Und außerdem — was für einen Zweck hätte es? Ich könnte mich wirklich in ihn verlieben — und er würde sich nicht die Bohne aus mir machen, so sind die Männer.
Ich möchte mal wissen, warum ich anscheinend nach einem gewissen Zeitpunkt die Leute verscheuche. Komisch, nicht wahr? Zuerst mögen sie mich gern; sie finden mich ungewöhnlich und originell; doch sowie ich ihnen zeige — und ihnen sogar zu verstehen gebe, daß ich sie gern habe, scheinen sie zu erschrecken und fangen an, sich zu verkrümeln. Vielleicht werde ich deswegen später mal verbittert. Vielleicht wissen sie irgendwie, daß ich zuviel zu geben habe. Das ist's vielleicht, was sie erschreckt. Oh, ich weiß, daß ich eine so grenzenlose, grenzenlose Liebe zu verschenken habe — ich würde mich so restlos und so völlig um jemanden kümmern — ihn behüten — ihm alles Schreckliche fernhalten — und ihn fühlen lassen, daß, wenn er jemals irgend etwas getan haben will, ich da bin, es zu tun. Wenn ich nur merkte, daß jemand mich braucht, daß ich jemandem von Nutzen bin, würde ich ein andrer Mensch werden. Ja, das ist für mich das Geheimnis des Lebens: spüren, daß man geliebt und gebraucht wird, wissen, daß jemand sich für alles gänzlich auf mich stützte — ewig so! Und ich bin stark und viel, viel reicher als die meisten Frauen. Ich bin überzeugt, daß die meisten Frauen nicht dieses ungeheure Sehnen haben, sich — zu verwirklichen. Vermutlich ist es beinah so etwas wie — zu erblühen! Ich bin ganz zusammengefaltet und ins Dunkle gestellt, und niemand beachtet es. Das ist vermutlich der Grund, weshalb ich eine so ungeheure Zärtlichkeit für Pflanzen und kranke Tiere und Vögel verspüre — es ist eine Möglichkeit, diesen Überfluß, diese Last an Liebe loszuwerden. Und dann natürlich auch, weil sie so hilflos sind — das kommt hinzu. Aber ich habe so ein Gefühl, daß ein Mann, wenn er wirklich liebt, genauso hilflos wäre. Doch, ich bin überzeugt, daß die Männer sehr hilflos sind ...

Ich weiß nicht, warum, aber heute abend ist mir sehr nach Weinen zumute. Es ist bestimmt nicht wegen des Briefs — der ist bei weitem nicht wichtig genug. Aber ich muß mich dauernd fragen, ob es niemals anders wird oder ob ich immer so weitermachen soll, bis ich alt bin — immer sehnen und sehnen. Selbst jetzt bin ich nicht mehr die jüngste. Ich habe Falten, und meine Haut ist schon gar nicht mehr so, wie sie früher war. Richtig hübsch war ich niemals, nicht auf die übliche Art, aber ich hatte eine schöne Haut und schöne Haare — und einen guten Gang... Gerade heute habe ich in einem Spiegel einen Blick auf mich geworfen — ich sah schlampig und ältlich aus. Also nein — vielleicht nicht ganz so schlimm; ich übertreibe immer, wenn es mich betrifft. Doch ich bin jetzt schrullig wegen mancher Dinge, und das ist bestimmt eine Alterserscheinung. Der Wind zum Beispiel — ich kann es jetzt nicht ertragen, mich vom Wind durchblasen zu lassen, und nasse Füße sind mir furchtbar. Nie habe ich mich um derlei Dinge gekümmert — im Gegenteil, ich genoß sie beinah —, irgendwie ließen sie mich das Einssein mit der Natur spüren. Doch jetzt werde ich verdrießlich und möchte heulen und sehne mich nach etwas, was mir drüber hinweghilft. Vermutlich ist das der Grund, weshalb Frauen sich das Trinken angewöhnen. Komisch, nicht wahr?
Das Feuer ist ausgegangen. Ich werde den Brief verbrennen. Was bedeutet er mir schon? Pah! Er ist mir egal. Was bedeutet er mir schon? Mögen ihm die fünf andern Frauen Socken schicken! Und vermutlich war er gar nicht das, was ich mir eingebildet habe. Ich kann es richtig hören, wie er sagt: ›Es war überaus liebenswürdig von Ihnen, sie selbst zu stricken.‹ Er hat eine bezaubernde Stimme. Ich glaube, seine Stimme war's, die mich so angezogen hat — und seine Hände; sie sahen so stark aus — es waren richtige Männerhände. Ach, werde nur nicht sentimental — verbrenne ihn... Nein, jetzt kann ich's nicht — das Feuer ist ausgegangen. Ich werde zu Bett gehen. Ich wüßte nur zu gern, ob er wirklich abweisend sein wollte. Oh, ich bin so müde. Jetzt kommt es oft beim Zubettgehen vor, daß ich mir die Decke über den Kopf ziehe — und einfach heulen möchte. Komisch, nicht?

Im Autobus

DAME: Doch, es geht, Liebes, es ist reichlich Platz da! Wenn die Dame neben mir sich auf den Platz gegenüber setzen könnte ... würde es Ihnen etwas ausmachen? Dann könnte meine Freundin neben mir sitzen! Vielen Dank! Ja, Liebes, beide Wagen im Kriegsdienst; ich habe mich richtig ans Busfahren gewöhnt. Wenn wir ins Theater wollen, rufe ich natürlich Cynthia an. *Einen* Wagen hat sie noch. Ihr Chauffeur ist einberufen ... Eine Ewigkeit her ... Inzwischen gefallen, denke ich. Ich kann mich nicht recht erinnern. Ihr neuer Chauffeur gefällt mir gar nicht. Ein angemessenes Risiko macht mir nichts aus, aber er ist so dickköpfig — er geht auf alles los, was er sieht. Weiß der Himmel, was passieren würde, wenn er in etwas hineinsaust, das ihm nicht ausweichen will. Aber das arme Wesen hat einen verkümmerten Arm, und mit einem seiner Füße ist etwas nicht in Ordnung, hat sie mir, glaube ich, erzählt. Das ist wohl schuld dran, daß er so unbekümmert ist. Ich meine — wirklich — also nicht wahr?
FREUNDIN: ...?
DAME: Ja, sie hat es verkauft. Es war viel zu klein, meine Liebe. Es hatte ja nur zehn Schlafzimmer. Erstaunlich! Von außen würde man es nicht geglaubt haben, nicht wahr? Und mit den Gouvernanten und den Kinderfrauen — und so weiter. Alle männlichen Diener mußten außer Haus schlafen... Du weißt ja, was das bedeutet!
FREUNDIN: ...!
SCHAFFNER: Fahrgeld bitte! Das Fahrgeld zahlen!
DAME: Wieviel macht es: Tuppence, nicht wahr? Zweimal Tuppence, bitte! Laß nur, ich habe ein paar Kupfer, irgendwo müssen sie sein.
FREUNDIN: ...!
DAME: Doch, es geht schon. Ich habe welche. Wenn ich sie nur finden könnte!
SCHAFFNER: Fahrgeld zahlen, bitte!
FREUNDIN: ...!
DAME: Wirklich? Ja, das stimmt. Ich erinnere mich jetzt.

Ja, ich habe auf der Herfahrt bezahlt. Also gut, dann lass' ich dich, nur dies eine Mal. Im Krieg, meine Liebe ...
SCHAFFNER: Wie weit wollen Sie fahren?
DAME: Bis Boltons.
SCHAFFNER: Noch ein 'a'penny für jede!
DAME: Nein – o nein! Auf der Herfahrt habe ich nur Tuppense bezahlt. Sind Sie ganz sicher?
SCHAFFNER *(wütend):* Lesen Se's doch selber auf'm Brett!
DAME: Oh, also meinetwegen! Da ist noch ein Penny. *(Zur Freundin):* Ist es nicht erstaunlich, wie ungefällig diese Männer sind? Er wird ja schließlich dafür bezahlt, seinen Posten auszufüllen. Aber sie sind fast alle so. Ich habe gehört, daß die Autobusse nach einiger Zeit die Wirbelsäule angreifen. Das wird's sein, vermute ich ... Über Teddy hast du wohl gehört, nicht wahr?
FREUNDIN: ...
DAME: Er hat seinen ... er hat seinen ... Na, was ist es denn? Was kann es bloß sein? Wie lächerlich von mir!
FREUNDIN: ...?
DAME: O nein! Major ist er schon seit einer Ewigkeit!
FREUNDIN: ...?
DAME: Oberst? O nein, meine Liebe, es war etwas viel Höheres. Nicht seine Kompanie – seine Kompanie hat er schon lange. Nicht sein Bataillon ...
FREUNDIN: ...?
DAME: Regiment! Ja, ich glaube, er hat ein Regiment bekommen. Aber was ich eigentlich sagen wollte: er wurde ernannt zum ... oh, wie dumm ich bin! Was ist höher als ein Brigadegeneral? Ja, das war's, glaube ich. Generalstabschef! Seine Frau ist natürlich selig.
FREUNDIN: ...?
DAME: Ach, meine Liebe, heutzutage schlägt doch jeder über die Stränge, einerlei, was für eine Stellung er einnimmt. Und Teddy ist so ein Schatz, da seh' ich wirklich nicht ein, wieso ... Zu schrecklich, nicht wahr?
FREUNDIN: ...
DAME: Das hast du nicht gewußt? Sie arbeitet im Kriegsministerium, und zwar sehr zufriedenstellend. Ich glaube, sie

hat neulich eine Gehaltserhöhung bekommen. Sie hat irgendwas damit zu tun, die Todesfälle bekanntzugeben oder die Vermißten zu suchen. Ich weiß nicht genau, was es ist. Jedenfalls sagt sie, es sei unvorstellbar deprimierend, und sie müsse die herzzerreißendsten Briefe von Eltern lesen, und so weiter. Glücklicherweise hat sie in ihrem Zimmer eine sehr vergnügte Gruppe — alles Offiziersfrauen, sie kochen sich ihren Tee und holen reihum den Kuchen von Stewarts. Jede Woche hat sie einen freien Nachmittag, da geht sie einkaufen und läßt sich frisieren. Letztesmal haben wir beide uns Yvettes Frühlingsmodenschau angesehen.
FREUNDIN: ...?
DAME: Nein, eigentlich nicht. Diese Mantelkleider habe ich allmählich furchtbar satt, du auch? Ich meine — und das habe ich auch zu ihr gesagt —, was hat es für einen Sinn, eine ungeheure Summe für ein bei Yvette gearbeitetes Kleid zu zahlen, wenn man schlußendlich keinen Unterschied zwischen dem und einem billigen, fertiggekauften sieht. Natürlich hat man die Genugtuung, selber zu wissen, daß das Material gut ist und so weiter, aber man sieht es nicht. Nein, ich habe ihr geraten, ein gutes Schneiderkostüm zu nehmen. Es sieht schließlich immer anständig aus, nicht wahr?
FREUNDIN: ...!
DAME: Nein, das habe ich ihr nicht gesagt, aber das hatte ich im Sinn. Sie ist viel zu dick für diese Mantelkleider. Ihre Hüften sind viel zu breit geworden. Ich hätte mir beinah ein ziemlich hübsches von unbestimmbarem Blau für mich selbst bestellt, eingefaßt mit dem neuen Hummerrot... Denk dir, ich habe meine gute Kate nicht mehr!
FREUNDIN: ...!
DAME: Ja, ist es nicht ärgerlich? Gerade, als ich sie mehr oder weniger eingearbeitet hatte! Aber sie hatte rein den Verstand verloren — wie ja alle heutzutage — und beschlossen, in die Munitionsfabrik zu gehen. Als sie mir kündigte, habe ich ihr gesagt, falls sie einen Posten bekäme (was ich für höchst unwahrscheinlich halte), ginge sie selbstverständlich unter der Voraussetzung, daß sie nicht wiederkommen und die andern Diener durcheinanderbringen dürfe.

SCHAFFNER *(wütend):* Jede noch einen Penny, wenn Sie weiterfahren wollen!
DAME: Oh, wir sind da! Wie erstaunlich! Ich hätte es nie gemerkt!
FREUNDIN: ...?
DAME: Am Dienstag? Bridge am Dienstag? Nein, meine Liebe, Dienstag kann ich's leider nicht einrichten. Jeden Dienstag beschäftige ich nämlich die Verwundeten. Ich lasse sie von der Köchin zum Zoo oder dergleichen bringen, nicht wahr? Mittwoch — Mittwoch bin ich gänzlich frei!
SCHAFFNER: Wenn Sie sich nicht beeilen, wird's Mittwoch sein, eh' Sie vom Bus runter sind!
DAME: Das genügt jetzt, Sie!
FREUNDIN: ...!!

Die schwarze Mütze

— — — — — — — — — — — — — — — —

(Eine Dame und ihr Mann sitzen beim Frühstück. Er ist ganz ruhig, liest die Zeitung und ißt; doch sie ist merkwürdig aufgeregt, reisefertig angezogen und gibt nur vor, zu essen.)
SIE: Oh, falls du deine Flanellhemden brauchst, sie liegen im Wäscheschrank im untersten Fach rechts.
ER *(bei einer Vorstandssitzung der Fleisch-Export-Gesellschaft):* Nein.
SIE: Du hast nicht gehört, was ich gesagt habe. Ich habe gesagt, falls du deine Flanellhemden brauchst, sie liegen im Wäscheschrank im untersten Fach rechts.
ER *(zustimmend):* Bin sehr dafür!
SIE: Es kommt mir ziemlich merkwürdig vor, daß du selbst am Morgen des Tages, an dem ich weggehe, deine Zeitung nicht mal fünf Minuten beiseite legen kannst!
ER *(freundlich):* Mein liebes Weib, ich möchte nicht, daß du gehst. Ich habe dich sogar gebeten, nicht zu gehen. Ich kann nicht um die Welt einsehen ...
SIE: Du weißt ganz genau, daß ich nur gehe, weil ich unbedingt gehen muß. Ich habe es dauernd aufgeschoben und aufgeschoben, und das letztemal sagte der Zahnarzt ...
ER: Ja! Ja! Laß uns das nicht noch mal erörtern. Wir haben es gehörig durchgekaut, was?
DIENSTMÄDCHEN: Die Droschke ist da, M'm.
SIE: Stellen Sie bitte mein Gepäck hinein!
DIENSTMÄDCHEN: Ja, M'm.
SIE *(stößt einen abgrundtiefen Seufzer aus):* ...
ER: Dir bleibt nicht mehr sehr viel Zeit, wenn du den Zug erreichen willst.
SIE: Ich weiß. Ich gehe ja. *(In verändertem Tonfall:)* Liebster, laß uns nicht so auseinandergehen! Es macht mich so unglücklich. Wie kommt es bloß, daß es dir immer einen ausgesprochenen Genuß zu bereiten scheint, mir ein Vergnügen zu verderben?
ER: Ich glaube nicht, daß es so vergnüglich ist, zum Zahnarzt zu gehen.

SIE: Oh, du weißt, daß ich es nicht so meine. Das sagst du bloß, um mich zu verletzen. Du weißt, daß du dem wahren Sachverhalt ausweichst.
ER *(lachend)*: Und daß du den Zug verpaßt! Am Donnerstagabend bist du wieder zurück, ja?
SIE *(mit leiser, verzweifelter Stimme):* Ja, am Donnerstagabend. Also leb wohl! *(Tritt auf ihn zu und nimmt seinen Kopf in die Hände.)* Besteht wirklich etwas zwischen uns? Sieh mich wenigstens an! Ist dir — alles — ganz — einerlei?
ER: Mein liebes Mädchen! Das ist ja wie der Abgang in einem Film!
SIE *(läßt die Hände sinken):* Also gut. Leb wohl. *(Sieht sich mit raschen, tragischen Blicken im Eßzimmer um und geht.)*

(Auf dem Weg zum Bahnhof.)

SIE: Wie seltsam das Leben ist! Ich hatte keineswegs erwartet, daß mir so zumute sein würde. Der ganze Glanz scheint irgendwie weggewischt. Oh, ich gäbe wer weiß was drum, wenn die Droschke umkehrte und zurückführe. Und das Seltsamste ist, daß ich glaube, wenn er mich wirklich von seiner Liebe überzeugt hätte, wäre es mir viel leichter gefallen, ihn zu verlassen. Aber das ist verrückt. Wie stark das Heu duftet! Sicher wird es sehr heiß. Die Wiesen hier werde ich also nie wiedersehen! Nie, nie! Doch andrerseits bin ich froh, daß es sich so abgespielt hat: dadurch bin ich ein für allemal gerechtfertigt, endgültig und gänzlich! Eine Frau will er überhaupt nicht haben. Für ihn ist eine Frau bedeutungslos. Er ist nicht der Typ, der für irgendeinen Menschen — sich selbst ausgenommen — tief empfindet. Ich bin für ihn die Person geworden, die daran denkt, die Manschettenknöpfe aus seinen Hemden zu nehmen, ehe sie in die Wäsche gehen — und weiter nichts. Und das ist nicht genug für mich! Ich bin jung — ich bin zu stolz! Ich bin nicht der Typ, der auf dem Lande dahinvegetiert und verzückt über ›unsern‹ Salat redet . . .
Seit du mich geheiratet hast, wolltest du ständig nur eins: mich unterwerfen, mich zu deinem Schatten machen und so völlig auf mich zählen, daß du nur aufblicken mußt, um mir

gewissermaßen die richtige Zeit vom Gesicht abzulesen, als wäre ich eine Uhr. An mir persönlich warst du nie interessiert, hast nie meine Seele entdecken wollen. Nein, du wolltest bloß, daß ich mich in dein friedliches Dasein einfüge. Oh, wie mich deine Blindheit empört hat! Wie ich dich deswegen hasse! Ich bin froh, bin dankbar, so dankbar, daß ich dich verlassen habe! Ich bin kein naives Mädchen — ich bin nicht eingebildet, aber ich kenne meine Möglichkeiten. Nicht ohne Grund habe ich mich immer nach Reichtum und Leidenschaft und Freiheit gesehnt und gewußt, daß sie mir rechtmäßig zustehen! *(Sie lehnt sich gegen das Wagenpolster und murmelt:)* »Du bist eine Königin! Gönne mir die Freude, dir dein Königreich zu schenken!« *(Sie blickt lächelnd auf ihre königlichen Händchen.)* Ich wünschte, mein Herz würde nicht so heftig klopfen! Es tut mir geradezu weh! Es macht mich müde und aufgeregt. Es ist wie jemand, der in furchtbarer Eile ist und gegen eine Tür hämmert... Die Droschke schleicht ja nur! In diesem Tempo kommen wir nie rechtzeitig zum Bahnhof! Schneller! Schneller! Mein Geliebter, ich komme, so schnell ich nur kann. Ja, ich leide ebenso wie du. Es ist furchtbar, es ist unerträglich, diese letzte halbe Stunde, in der wir einander nicht haben... O Gott, das Pferd ist wieder in Schritt gefallen! Warum peitscht er nicht ein auf das große, dicke Biest?... Unser wundervolles Leben: zusammen werden wir die ganze Welt bereisen! Die ganze Welt wird uns gehören — dank unsrer Liebe! Oh, sei geduldig! Ich komme, so schnell ich irgend kann!... Ah, jetzt geht's bergab! Jetzt kommen wir tatsächlich schneller voran. *(Ein alter Mann versucht die Straße zu überqueren.)* Geh mir aus dem Weg, du alter Dummkopf! Er verdiente, überfahren zu werden... Liebster — Liebster; ich bin beinah da. Sei nur geduldig!

(Auf dem Bahnhof)

Stellen Sie es in ein Raucherabteil Erster Klasse! Nun ist's doch noch reichlich Zeit. Volle zehn Minuten, bis der Zug abfährt. Kein Wunder, daß er noch nicht hier ist. Es darf

nicht so aussehen, als hielte ich Ausschau nach ihm. Aber ich muß gestehen, daß ich enttäuscht bin. Ich hätte nicht im Traume gedacht, daß ich die erste wäre. Ich hatte gedacht, er wäre vor mir hier und hätte ein Abteil belegt und Zeitungen und Blumen gekauft... Wie merkwürdig! Im Geist hatte ich wirklich schon seinen Strauß rosa Nelken gesehen... Er weiß, wie sehr ich Nelken liebe. Aber rosa liebe ich nicht so besonders. Dunkelrote oder blaßgelbe sind mir lieber. Wenn er jetzt nicht kommt, wird er es bestimmt nicht mehr schaffen. Der Schaffner fängt schon an, die Türen zu schließen. Was kann nur geschehen sein? Etwas Schreckliches! Vielleicht hat er sich im letzten Augenblick erschossen... Den Gedanken, dein Leben zerstört zu haben, könnte ich nicht ertragen... Aber du zerstörst mein Leben ja gar nicht. Oh, wo bist du? Ich werde wohl einsteigen müssen... Wer ist das? Das ist nicht er! Er kann's nicht sein — doch, er ist es! Um Himmels willen, was hat er nur auf dem Kopf? Eine schwarze Mütze! Wie scheußlich! Er ist völlig verändert! Warum trägt er denn eine schwarze Mütze? Ich hätte ihn fast nicht erkannt.
Ganz albern sieht er aus, wie er jetzt in dieser entsetzlichen Mütze lächelnd auf mich zukommt.
ER: Mein Liebstes, ich kann's mir nie verzeihen — aber etwas Lächerliches, Tragikomisches ist passiert! *(Sie steigen ein.)* Ich habe meinen Hut verloren. Er ist einfach verschwunden. Ich habe das halbe Hotel danach absuchen lassen. Keine Spur! Deshalb habe ich mir schließlich in meiner Verzweiflung das hier von einem andern Mann leihen müssen, der auch dort wohnte. *(Der Zug setzt sich in Bewegung.)* Du bist mir doch nicht böse? *(Er versucht sie zu umarmen.)*
SIE: Nicht! Wir sind ja noch nicht aus dem Bahnhof heraus!
ER *(leidenschaftlich)*: Großer Gott! Was kümmert's mich, wenn uns die ganze Welt sähe? *(Versucht wieder, sie zu küssen.)* Mein Wunder! Meine Wonne!
SIE: Bitte nicht! Es ist mir unangenehm, mich in der Bahn küssen zu lassen.
ER *(tief gekränkt)*: Oh, dann nicht! Du bist mir also böse. Es ist ernst. Du kommst nicht darüber hinweg, daß ich mich

verspätet hatte. Aber wenn du nur wüßtest, was für Qualen ich ausgestanden habe ...
SIE: Wie kannst du nur glauben, daß ich so kleinlich bin! Ich bin dir überhaupt nicht böse.
ER: Warum läßt du dich dann nicht küssen?
SIE *(lacht hysterisch):* Du siehst so anders aus – fast wie ein Fremder!
ER *(springt auf, stellt sich vor den Spiegel und betrachtet sich besorgt – und einfältig, wie sie findet):* Aber sie ist doch gut.
SIE: Oh, sehr gut! Tadellos! Oh! Oh! Oh! *(Sie beginnt vor Wut zu lachen und zu weinen.)*

(Sie kommen an)

SIE *(während er ein Taxi holt):* Ich muß damit fertig werden. Es ist eine fixe Idee. Unglaublich, daß ein Mann dadurch so verändert werden kann. Ich muß es ihm sagen. Es ist doch sicher ganz einfach, ihm zu sagen: Findest du nicht, daß du dir lieber einen Hut kaufen solltest, da wir jetzt in der Großstadt sind? Das wird ihm klarmachen, wie gräßlich die Mütze gewesen ist. Und das Erstaunliche ist, daß er es nicht selbst einsieht. Ich meine, wenn er sich im Spiegel betrachtet und die Mütze nicht völlig lächerlich findet, dann müssen unsre Ansichten ja sehr verschieden sein ... Abgrundtief verschieden! Ich meine, wenn ich ihn auf der Straße gesehen hätte, würde ich gesagt haben: in einen Mann, der so eine Mütze trägt, könnte ich mich unmöglich verlieben. Ich hätte ihn nicht mal kennenlernen wollen. Er ist überhaupt nicht mein Stil. *(Sie blickt sich um.)* Alle lachen darüber. Es wundert mich gar nicht. Was für abstehende Ohren er dadurch bekommt ... und überhaupt keinen Hinterkopf.
ER: Das Taxi ist da, mein Liebstes! *(Sie steigen ein.)*
ER *(versucht ihre Hand zu nehmen):* Was für ein Wunder, daß wir zwei hier fahren, einfach so, miteinander!
(Sie zupft ihren Schleier zurecht.)
ER *(sehr verliebt, versucht ihre Hand zu fassen):* Ich nehme nur ein Zimmer, mein Liebstes!

SIE: O nein! Natürlich mußt du zwei Zimmer nehmen!
ER: Aber findest du nicht, es wäre klüger, keinen Argwohn zu erregen?
SIE: Ich muß mein eigenes Zimmer haben! *(Für sich:* Du kannst deine Mütze hinter deine eigene Tür hängen!) *(Fängt an zu lachen)*
ER: Ah! Gott sei Dank! Meine Königin ist wieder ihr eigenes glückliches Selbst!

(Im Hotel)

MANAGER: Ja, Sir, ich verstehe. Ich habe genau das Richtige für Sie, Sir, glaube ich. Bitte hier entlang! *(Er führt sie in ein kleines Wohnzimmer mit einem anschließenden Schlafzimmer.)* Das würde Ihren Wünschen entsprechen, nicht wahr? Und wenn Sie wollen, können wir Ihnen das Sofa in ein Bett umwandeln.
ER: Oh, ausgezeichnet! Ausgezeichnet!
(Der Manager geht.)
SIE *(wütend)*: Ich habe dir doch gesagt, daß ich mein eigenes Zimmer haben will! Mich so zu überlisten! Ich habe dir gesagt, daß ich kein gemeinsames Schlafzimmer wünsche! Wie kannst du es wagen, mich so zu behandeln? *(Sie macht ihn nach.)* ›Oh, ausgezeichnet!‹ Das werde ich dir nie verzeihen!
ER *(überwältigt)*: Großer Gott, was ist denn nur? Ich verstehe es nicht... Ich tappe im dunkeln. Warum hast du plötzlich, an diesem schönsten aller Tage, aufgehört, mich zu lieben? Was habe ich getan? Sag's mir!
SIE *(sinkt auf das Sofa)*: Ich bin sehr müde. Wenn du mich wirklich liebst, laß mich bitte allein! Ich — ich möchte nur ein wenig allein sein.
ER *(zärtlich)*: Natürlich! Ich werde versuchen, es zu verstehen. Ich fange an, es zu verstehen. Ich werde eine halbe Stunde weggehen, und dann wirst du dich vielleicht ruhiger fühlen, mein Liebstes! *(Er blickt sich verwirrt um.)*
SIE: Was ist?
ER: Mein Herz — du sitzt — auf meiner Mütze. *(Sie stößt*

einen durchdringenden Schrei aus und eilt ins Schlafzimmer hinüber. Er geht. Sie wartet einen Augenblick, dann zieht sie ihren Schleier herunter und hebt ihren Koffer auf.)

(Im Taxi)

SIE: Ja, zum Waterloo-Bahnhof! *(Sie lehnt sich an.)* Oh, ich bin entkommen – ich bin entkommen! Den Nachmittagszug für meine Heimkehr werde ich gerade noch rechtzeitig erreichen. Oh, es ist wie ein Traum – vor dem Abendessen bin ich wieder zu Hause! Ihm werde ich erzählen, daß es in der Stadt zu heiß war – oder daß der Zahnarzt weg war. Kommt ja nicht darauf an. Ich habe ein Recht auf mein Heim... Es wird wundervoll sein, vom Bahnhof heimzufahren – die Wiesen werden köstlich duften. Fürs Abendbrot ist noch kaltes Huhn von gestern da, und Orangengallert... Ich bin verrückt gewesen, aber jetzt bin ich wieder normal. Oh, mein Gatte!

Ein Vorstadtmärchen

Mr. und Mrs. B. saßen im behaglichen roten Eßzimmer ihrer ›gemütlichen kleinen Bude kaum eine halbe Stunde Wegs von der City‹ und frühstückten.
Im Kamin brannte ein tüchtiges Feuer – denn das Eßzimmer war gleichzeitig Wohnzimmer –, die beiden Fenster, die auf den kalten, leeren Vorgarten blickten, waren geschlossen, und die Luft roch angenehm nach Eiern und Speck und Toast und Kaffee. Seit die Sache mit der Rationierung endgültig vorbei war, bestand Mr. B. auf einer vollständigen und guten Verpflegung, bevor er den sehr handgreiflichen Gefahren des Tages gegenübertrat. Es war ihm gleich, wer darum wußte; im Hinblick auf sein Frühstück war er ein waschechter Engländer – er mußte es haben; ohne sein Frühstück würde er zusammenbrechen, und wenn man ihm erzählte, daß die Kerls auf dem Kontinent nach einer Semmel und einer Tasse Kaffee die Hälfte der Vormittagsarbeit erledigten, die er leistete, dann wußte man einfach nicht, wovon man redete.
Mr. B. war ein stämmiger, noch jugendlicher Mann, dem es – leider – nicht gelungen war, seinen Posten hinzuwerfen und ins Heer einzutreten; vier Jahre lang hatte er versucht, jemanden zu besorgen, der seinen Platz einnehmen könnte, aber es hatte nie geklappt. Er saß am Kopfende des Tisches und las die *Daily Mail*. Mrs. B. war eine noch jugendliche kleine Dickmadam, einem Täubchen nicht unähnlich. Sie saß ihm gegenüber, hinter der spiegelnden Kaffeemaschine, zupfte an sich herum und achtete gleichzeitig liebevoll ermahnend auf Klein B., der, in eine Serviette gehüllt, zwischen ihnen thronte und auf die Spitze eines weich gekochten Eies klopfte.
O weh, Klein B. war keineswegs das Kind, das solche Eltern mit Fug und Recht erwarten durften. Er war kein herumwackelndes Dickerchen, kein Fettmops, kein fester kleiner Pudding. Er war zu klein für sein Alter, hatte Beine wie Makkaroni und winzige Pfötchen, dünnes, weiches Haar, das sich wie Mäusefell anfühlte, und große, weit offene Augen.

Aus irgendeinem seltsamen Grund schien alles, was das Leben bot, für Klein B. die unrechte Nummer zu sein: zu groß und zu wild für ihn. Alles rannte ihn über den Haufen, nahm ihm den Wind aus den matten Segeln und ließ ihn keuchend und erschrocken zurück. Mr. und Mrs. B. waren völlig machtlos, es zu verhindern: sie konnten ihn nur noch aufsammeln, nachdem das Unglück geschehen war, und versuchen, ihn wieder in Gang zu bringen. Und Mrs. B. liebte ihn so, wie nur schwächliche Kinder geliebt werden, und wenn Mr. B. dachte, was für ein großartiger kleiner Bursche er doch auch war, und an den Mumm des kleinen Männchens dachte, dann — mußte er — weiß der Himmel ...
»Warum gibt es nicht zwei Sorten Eier?« fragte Klein B. »Warum gibt es nicht kleine Eier für Kinder und große Eier wie das hier für die Erwachsenen?«
»Schottische Hasen«, las Mr. B. vor. »Prächtige schottische Hasen für fünfeinhalb Shilling. Wie wär's, wenn wir einen kauften, liebes Kind?«
»Es wäre eine nette Abwechslung, nicht wahr?« entgegnete Mrs. B. »Geschmort.«
Und über den Tisch hinweg sahen sie einander an, und zwischen ihnen schwamm der schottische Hase in seiner köstlichen Soße, und dazu die Kügelchen von der Füllung und ein weißer Topf Johannisbeergelee.
»Wir hätten ihn fürs Wochenende nehmen können«, sagte Mrs. B. »Aber der Metzger hat mir ein nettes kleines Lendenstück versprochen, und es ist eher schade ...« Ja, das stimmte, und doch ... Lieber Himmel, es war sehr schwer zu entscheiden. Der Hase wäre eine wundervolle Abwechslung gewesen — andrerseits: war ein gutes kleines Lendenstück nicht unübertrefflich?
»Und dann die Hasensuppe«, sagte Mr. B. und trommelte mit den Fingern auf den Tisch. »Die beste Suppe von der Welt!«
»O-oh«, rief Klein B. plötzlich und so laut, daß sie richtig zusammenschraken, »seht mal die Unmenge Spatzen, die auf unsern Rasen geflogen sind!« Er schwenkte seinen Löffel. »Seht bloß mal!« rief er. »Seht!« Und während er sprach, und obwohl die Fenster geschlossen waren, hörten sie das

laute und schrille Piepsen und Zwitschern, das aus dem Garten kam.

»Iß jetzt dein Frühstück auf, sei ein artiger kleiner Junge!« sagte seine Mutter, und sein Vater sagte: »Kümmere dich um dein Ei, alter Junge, und trödle nicht so!«

Tschilp-tschelp, tschilp-tschelp! riefen die Spatzen.

»Am besten, wir verschieben es auf nächste Woche«, sagte Mr. B., »und vertrauen auf unser Glück, daß sie dann noch zu haben sind!«

»Ja, das wäre vielleicht gescheiter«, sagte Mrs. B.

Mr. B. entdeckte noch eine Rosine in seiner Zeitung.

»Hast du schon welche von den inspizierten Datteln gekauft?« fragte er.

»Gestern ist es mir geglückt, zwei Pfund zu bekommen«, sagte Mrs. B.

»Oh, ein Dattelpudding ist etwas sehr Gutes!« sagte Mr. B. Und sie blickten einander über den Tisch hinweg an, und zwischen ihnen schwamm ein dunkler, runder, mit einer Sahnesoße bedeckter Pudding. »Es wäre eine nette Abwechslung, nicht wahr?« meinte Mrs. B.

Draußen auf dem gefrorenen grauen Gras hopsten und flatterten die komischen, eifrigen Spatzen. Nicht einen Augenblick waren sie still. Sie riefen und schlugen mit ihren unbeholfenen Flügeln. Klein B., der sein Ei aufgegessen hatte, kletterte von seinem Stühlchen hinunter und nahm sein Marmeladebrot, um es am Fenster zu essen.

»Wir wollen ihnen ein paar Krümchen geben«, sagte er. »Bitte, mach das Fenster auf, Vater, und wirf ihnen etwas hinaus! *Bitte,* Vater!«

»Oh, quängele nicht so, Kind!« sagte Mrs. B., und sein Vater sagte: »Ich kann das Fenster nicht aufmachen, alter Junge. Sie würden dir den Kopf abbeißen!«

»Aber sie sind hungrig!« rief Klein B., und die Stimmen der Spatzen klirrten, wie wenn lauter kleine Messer gewetzt würden. *Tschilp-tschelp, tschilp-tschelp!* schrien sie.

Klein B. ließ sein Marmeladebrot in den Porzellanblumentopf fallen, der am Fenster stand. Er schlüpfte hinter die dicken Vorhänge, um besser sehen zu können, und Mr. und Mrs.

B. lasen sich laut vor, was man jetzt ohne Rationierungsbüchlein bekommen konnte — ab Ende Mai keine Marken mehr; eine Käseschwemme — ein Überangebot — ganze Käselaiber kreisen wie Himmelskörper zwischen ihnen in der Luft.
Während Klein B. die Spatzen auf dem grauen, gefrorenen Gras beobachtete, wurden sie plötzlich — noch immer flügelschlagend und zwitschernd — größer und veränderten sich. Sie verwandelten sich in winzig kleine Jungen in braunen Röckchen, die draußen vor dem Fenster auf und ab tanzten und hüpften und piepsten: ›Möcht' was zu essen! Möcht' was zu essen!‹ Klein B. hielt sich mit beiden Händen am Vorhang fest. »Vater — es sind keine Spatzen! Es sind kleine Jungen! Hör doch, Vater!« Aber Mr. und Mrs. B. wollten nicht hören. Er versuchte es noch einmal. »Mutter!« flüsterte er. »Sieh doch die kleinen Jungen! Es sind keine Spatzen, Mutter!« Aber niemand beachtete seine Albernheiten.
»All dies Gerede von einer Hungersnot«, rief Mr. B., »ist nichts als Schwindel und nichts als Vorwand!«
Mit weiß schimmernden Gesichtern und Ärmchen, die in den zu großen Röcken flatterten, hüpften die kleinen Jungen.
›Möcht' was zu essen! Möcht' was zu essen!‹
»Vater!« stammelte Klein B. »Hör doch, Vater! Mutter, bitte, hör doch!«
»Nein, so etwas!« sagte Mrs. B. »Was für einen Lärm diese Vögel machen! Noch nie habe ich so etwas gehört!«
»Hol mir meine Schuhe, alter Junge!« sagte Mr. B.
Tschilp-tschelp, tschilp-tschelp! riefen die Spatzen.

Wo war denn das Kind hingeraten? »Komm und trink deinen guten Kakao aus, mein Liebling!« sagte Mrs. B.
Mr. B. hob die schwere Tischdecke auf und flüsterte: »Komm her, Rover!«, aber kein Hündchen war zu sehen.
»Er ist hinter dem Vorhang!« sagte Mrs. B.
»Er ist bestimmt nicht aus dem Zimmer gegangen«, sagte Mr. B.
Mrs. B. trat ans Fenster, und Mr. B. folgte ihr. Und sie schauten hinaus. Draußen auf dem grauen, gefrorenen Gras waren

die kleinen Jungen mit weißen, weißen Gesichtern und schlugen mit den Ärmchen wie mit Flügeln, und der kleinste, der winzigste von ihnen allen — war Klein B. Mr. und Mrs. B. hörten seine Stimme lauter als all die andern Stimmen. ›Möcht' was zu essen! Möcht' was zu essen!‹
Irgendwie, irgendwie brachten sie das Fenster auf. »Du sollst zu essen bekommen! Ihr alle! Kommt *sofort* herein! Alter Junge! Kleiner Mann!«
Aber es war zu spät. Die kleinen Jungen waren wieder in Spatzen verwandelt und flogen fort — außer Sicht — außer Rufweite.

Nelke

— — — — — — — — — — — —

Während jener heißen Tage hatte Eve — die seltsame Eve — stets eine Blume bei sich. Immer wieder roch sie daran, zwirbelte sie zwischen den Fingern, legte sie an ihre Wange, hielt sie an die Lippen und kitzelte Katies Hals damit, um die Blüte zu guter Letzt zu zerrupfen und sie — ein Blütenblatt nach dem andern — zu essen.

›Rosen schmecken köstlich, meine liebe Katie‹, sagte sie oft, wenn sie in der halb dunklen Kleiderablage standen, wo hinter ihr an den Huthaken blumenverzierte Hüte wie ein sonderbarer Wandschmuck hingen, ›aber Nelken sind einfach himmlisch! Sie schmecken wie — wie — ach, nun ja!‹ Und ihr kleines, dünnes Lachen flog fort und zerflatterte zwischen den riesengroßen, sonderbaren Blütenköpfen auf der Wand hinter ihr. (Aber wie grausam war doch ihr kleines, dünnes Lachen! Es hatte einen langen, scharfen Schnabel und Krallen und zwei Knopfaugen, fand Katies einfallsreiche Phantasie.)

Heute war es eine Nelke. In die Französischstunde nahm sie eine Nelke mit, eine tief, tief dunkelrote, die aussah, als wäre sie in Wein getaucht worden, um nachher im Dunkeln zu trocknen. Mit halb geschlossenen Augen hielt sie sie vor sich auf dem Pult und lächelte.

»Ist sie nicht ein Schatz?« fragte sie. Aber: »*Un peu de silence, s'il-vous-plaît*«, ertönte es von Monsieur Hugo. Oh, blöd! Es war zu heiß! Gräßlich heiß! Der reinste Backofen! Die beiden Schiebefenster des französischen Klassenzimmers standen unten offen, und die dunklen Stores waren zur Hälfte heruntergezogen. Obwohl keine Luft hereinkam, schwang die Kordel an dem Store hin und her, und der Store hob sich. Doch kein Lüftchen regte sich draußen über dem grellen Licht. Im dämmerigen Klassenzimmer schienen sogar die Mädchen in ihren hellen Blusen und steifen Schmetterlingsschleifen (als Haarband zuoberst im Haar) einen warmen, schwachen Lichtschimmer auszuströmen, und Monsieur Hugos weiße Weste glomm wie ein Haifischbauch.

Ein paar Mädchen waren sehr rot im Gesicht, und manche waren blaß. Vera Holland hatte sich ihre schwarzen Locken *à la japonaise* mit einem Federhalter und einem roten Bleistift aufgesteckt; sie sah reizend aus. Francie Owen schob ihre Ärmel fast bis zu den Achseln hinauf, und dann tuschierte sie die kleine blaue Ader in ihrer Ellbogenbeuge, preßte den Arm zu und sah nach, was aus dem Tintenklecks geworden war; es war eine Grille von ihr, sich mit Tinte zu bekleckern; auf ihrem Daumennagel hatte sie stets ein Gesicht mit schwarzen Struwwelpeterhaaren gemalt. Sylvia Mann band Krawatte und Kragen ab und legte sie vor sich aufs Pult, so gelassen, als wollte sie sich in ihrem Schlafzimmer zu Hause die Haare waschen. Wenn das nicht frech war! Jennie Edwards riß eine Seite aus ihrem Heft und schrieb darauf: ›Wollen wir den alten Hugo-Wugo bitten, uns für einen Dreier Vanilleeis für den Heimweg zu stiften?‹, und reichte ihn Connie Baker, die dunkelrot anlief und beinah losgeschrien hätte. Alle samt und sonders räkelten sich und gähnten und blickten auf die runde Uhr, die anscheinend auch blasser geworden war; die Zeiger krochen kaum weiter.

»*Un peu de silence, s'il-vous-plaît*«, ertönte es von Monsieur Hugo. Er hob seine gedunsene Hand auf. »Meine Damen, da es so heiß ist, wollen wir heute nicht weitere Notizen machen, sondern ich werde Ihnen« — er hielt inne, und sein Gesicht verzog sich in einem breiten, sanften Lächeln — »ein kleines französisches Gedicht vorlesen!«

»All-mäch-tiger!« stöhnte Francie Owen.

Monsieur Hugos Lächeln wurde noch herzlicher. »Oh, Miss Owen, Sie brauchen nicht zuzuhören! Sie können sich anmalen! Sie können neben Ihrer schwarzen Tinte auch noch meine rote Tinte verwenden.«

Wie gut sie das kleine blaue Buch mit den roten Ecken kannten, das er aus der Tasche in seinem Rockschoß zog. Es hatte ein grünseidenes, mit Vergißmeinnicht besticktes Lesezeichen. Sie kicherten oft darüber, wenn er das Buch herumreichte. Der arme alte Hugo-Wugo! Er liebte es so, Gedichte vorzulesen! Sanft und ruhig begann er, und dann schwoll seine Stimme allmählich an und vibrierte und nahm zu an Laut-

stärke, dann bat und bettelte und flehte sie, dann schwang sie sich siegessicher auf und hinauf, bis sie gewissermaßen ins Licht barst, um dann — wieder allmählich — zu verebben, sanft und ruhig zu werden und ins Nichts zu ersterben.
Falls man sich ohnehin schwach fühlte, war es natürlich überaus schwierig, nicht den schlimmsten Lachkrampf zu bekommen. Nicht etwa, weil es im Grunde komisch war, sondern weil man sich so unbehaglich und seltsam und töricht vorkam und sich irgendwie für den alten Hugo-Wugo schämte. Aber — mein Himmel — wenn er's einem doch in dieser Hitze aufdrängte ...!
»Mut, mein Schatz!« sagte Eve und küßte die verschmachtete Nelke.
Er begann, und die meisten Mädchen sackten vornüber aufs Pult, den Kopf auf den Armen, beim ersten Schuß getroffen. Nur Eve und Katie saßen aufrecht und still da. Katie konnte noch nicht genug Französisch, um ihn zu verstehen, doch Eve hörte zu, die Brauen in die Höhe gezogen, die Augen halb verschleiert, und mit einem Lächeln, das wie der Schatten ihres grausamen kleinen Lachens war, wie der Flügelschatten jenes grausamen kleinen Lachens, das ihre Lippen umspielte. Mit ihren Fingern machte sie einen warmen weißen Kelch — darin die Nelke. Oh, dieser Duft! Er wehte zu Katie hinüber. Es war zuviel! Katie wandte sich ab und zum grellen Licht draußen vor dem Fenster.
Tief unten war, wie sie wußte, ein gepflasterter Hof mit Stallungen. Das war der Grund, weshalb das Französische Klassenzimmer stets leicht nach Ammoniak roch. Es war nicht unangenehm — für Katie war es sogar ein Teil der französischen Sprache: etwas Scharfes und Lebhaftes und — und Beißendes!
Jetzt konnte sie hören, wie ein Mann über die Pflastersteine polterte und wie die Eimer klirrten, die er trug. Und jetzt hörte sie: *Hu-horr-hörr! Hu-horr-hörr!*, da er die Pumpe bearbeitete und Wasser hervorsprudelte. Jetzt schleuderte er das Wasser auf irgend etwas — vielleicht gegen die Räder eines Wagens. Und im Geiste sah sie das vom Boden abgestemmte Rad, wie es kreiselte und mit seinen roten und schwarzen

Speichen blinkte, während dicke Wassertropfen wegspritzten. Und die ganze Zeit, die der Mann arbeitete, pfiff er laut und keck, und sein Pfeifen schwebte über dem Lärm des Wassers wie ein Vogel, der über das Meer gleitet. Er ging weg; als er wiederkam, führte er ein hufeklapperndes Pferd. *Hu-horr-hörr! Hu-horr-hörr!* quiekte die Pumpe. Jetzt schleuderte er das Wasser über die Vorderfüße des Pferdes und fiel darüber her, um sie zu striegeln.

Sie konnte ihn tatsächlich sehen — in einem verschossenen Hemd, die Ärmel hochgekrempelt, die Brust entblößt, ganz mit Wasser besprizt —, und während er laut und unbekümmert pfiff und umherging und sich duckte und bückte, begann Hugos Stimme sich zu erwärmen, voller zu tönen, an Lautstärke zuzunehmen, sich aufzuschwingen und zu erheben — um irgendwie mit dem Mann draußen (oh, dieser Duft von Eves Nelke!) Takt zu halten, bis ein einziges großes, brausendes, stürmendes, siegessicheres Etwas ins Licht barst, und dann ...

Der ganze Raum zerbrach in Stücke.

»Besten Dank, meine Damen!« rief Monsieur Hugo und hüpfte auf seinem hohen Katheder wie ein Kork über Schiffstrümmern.

Und Eve sagte: »Behalt sie, Liebes! *Souvenir tendre!*«, und steckte Katie die Nelke tief in ihren Blusenausschnitt.

Wipp-wapp

Frühling. Wenn die Leute die Straße verlassen und aufs Gras treten, werden ihre Blicke starr und träumerisch, wie die Blicke von Leuten, die ins warme Meer hinauswaten. Es sind noch keine Gänseblümchen da, aber der süße Geruch des Grases steigt auf, steigt in kleinen Wellen auf, je weiter sie gehen. Die Bäume stehen in vollem Laub. So weit man blicken kann, entfalten sie ihre Fächer und Reifröcke und hohen, üppigen Straußfedern in mannigfaltigstem Grün. Ein leichter Wind fährt über sie hin, weht sie zueinander und weht sie wieder frei; am blauen Himmel treibt ein Trupp kleiner weißer Wolken wie eine Brut junger Entchen. Die Leute wandern übers Gras – die alten neigen eher dazu, nach ihrem langen Winternickerchen zu schnaufen und zu watscheln; die jungen aber fassen sich plötzlich bei der Hand und streben der Baumwand in der Mulde oder dem Schutz einer dunklen, goldgetupften Ginstergruppe zu – und gehen sehr schnell, rennen beinah, als hätten sie ein niedliches kleines Tier gehört, das sich im Dickicht verfangen hat und ihnen zuruft, es zu erretten.

Ganz oben auf einer kleinen grünen Anhöhe steht eine sehr beliebte Bank. Daneben ragt eine junge Kastanie auf, die in den Umrissen einem Pilz gleicht. Die Erde darunter ist weggebröckelt und eingestürzt und bildet jetzt drei oder vier Erdlöcher – Gruben – Vertiefungen, und in einer von diesen hatten zwei kleine Leutchen mit einer winzigen Spitzhakke, einer leeren Streichholzschachtel, einem stumpfen Nagel und einer Schaufel als Mobiliar Wohnung bezogen. Er hatte rotes Haar, als lange Ponyfrisur geschnitten, hellblaue Augen, eine verwaschene rote Kittelschürze und braune Knöpfstiefel. Ihre luftigen Locken wurden von einem blauen Band zusammengehalten, und sie trug zwei Kleider, zuunterst das von dieser Woche und obendrüber das von der vergangenen Woche. Dadurch sah sie ziemlich pummelig aus.

»Wenn du mir keine Stöckchen für mein Feuer besorgst«, sagte sie, »dann gibt's kein Essen!« Sie verzog die Nase und sah ihn streng an. »Anscheinend hast du vergessen, daß ich Feuer machen muß.« Er schien es sehr leicht zu nehmen und wippte auf den Zehen. »Aber — wo kann ich denn Stöcke finden?«

»Oh«, sagte sie und warf die Hände auf, »irgendwo natürlich.« Und dann flüsterte sie laut genug, daß er es hören konnte: »Es brauchen keine richtigen zu sein — du weißt doch!«

»Uuuh«, hauchte er als Antwort. Und dann schrie er mit lauter, deutlicher Stimme: »Gut, dann werde ich mal gehen und ein paar Stöckchen besorgen.«

Im Nu kehrte er mit einem ganzen Armvoll zurück.

»Ist das alles für einen Penny?« sagte sie und breitete ihre Röcke aus, um die Stöcke in Empfang zu nehmen.

»Oh, ich weiß nicht«, antwortete er, »weil sie mir ein Mann gegeben hat, der gerade umziehen wollte.«

»Vielleicht sind's Reste von zerbrochenen Sachen«, sagte sie. »Als wir umgezogen sind, gingen zwei Bilder kaputt, und mein Daddy hat sie zum Feuermachen genommen, und meine Mummy hat gesagt — hat sie gesagt —«, eine kleine Pause —, »das sind Soldatenmanieren!«

»Was'n das?«

»Meine Güte!« Sie sah ihn mit großen Augen an. »Weißt du das nicht?«

»Nein«, sagte er. »Was bedeutet es?«

Sie zwirbelte an einem Endchen ihres Rocksaums, quetschte ihn zusammen und blickte weg. »Oh, plag mich nicht, Kind!« sagte sie. Es macht ihm nichts aus. Er nahm die Spitzhacke und hackte ein kleines Stück aus dem Küchenfußboden.

»Hast du eine Zeitung?«

Er zupfte eine aus der Luft und reichte sie ihr. *Zt! Zt! Zt!* Sie zerriß sie in drei Stücke, kniete nieder und legte die Stöckchen darüber. »Die Streichhölzer bitte!« Die handgreifliche Schachtel war eine glänzende Errungenschaft, ebenso der stumpfe Nagel. Aber komisch, *zip, zip, zip*, es wollte nicht brennen. Sie sahen einander bestürzt an.

»Versuch's mal auf der andern Seite«, sagte sie. *Zip*. »Ah, jetzt geht es!« Die Glut war wunderbar, und sie setzten sich auf die Erde und begannen die Pastete zu backen.

Zur Bank neben der Kastanie kamen zwei fette alte Babies und plumpsten sich hin. Sie trug eine mit Flieder herausgeputzte Haube, die mit lila Samtbändern festgebunden war, dazu einen schwarzseidenen Mantel und eine Spitzenschleife — und ihre in schwarze Glacéhandschuhe gezwängten Hände ließen ein bißchen blaurotes Fleisch sehen. Die Haut seines geschwollenen alten Gesichts war stramm und blank, und als er sich hinsetzte, umklammerte er seinen riesigen weichen Bauch so vorsichtig, als dürfe er ihn nicht stauchen oder beunruhigen.

»Sehr heiß«, sagte er und stieß einen tiefen, seltsamen Trompetenton aus, der ihr offenbar vertraut war, denn sie ging nicht darauf ein. Sie blickte über die herrliche Weite hin und sagte zitterig: »Nelly hat sich gestern abend in den Finger geschnitten!«

»Oh, wirklich?« erwiderte der alte Schnaufer. Dann: »Wie hat sie denn das gemacht?«

»Beim Abendbrot«, antwortete sie. »Mit einem Messer.«

Sie blickten beide vor sich hin und schnauften.

Dann: »Schlimm?«

Die schwache, erschöpfte alte Stimme, die irgendwie an ein Endchen etwas muffig riechender dunkler Spitze erinnerte, sagte: »Nicht sehr.«

Wieder stieß er den tiefen, seltsamen Ton aus. Er nahm den Hut ab, wischte über das Schweißband und setzte ihn wieder auf.

Die Stimme neben ihm sagte mit einem Anflug von Gehässigkeit: »Ich glaube, sie war unachtsam«, und er erwiderte, die Backen aufblasend: »Mußte ja so kommen.«

Doch dann flog ein kleiner Vogel auf einen Ast der jungen Kastanie über ihnen — und verströmte eine große Sangesflut auf die alten Köpfe.

Er nahm den Hut ab, hievte sich in die Höhe und schwenkte ihn dorthin, wo der Vogel saß. Weg war er.

»Möchte nicht, daß uns Vogeldreck auf den Kopf fällt«, sagte er und ließ seinen Bauch vorsichtig, vorsichtig wieder auf die Bank sinken.

Das Feuer brannte.

»Steck deine Hand in den Backofen«, sagte sie, »und fühle, ob er warm ist!«

Er steckte die Hand hinein, zog sie aber quietschend wieder heraus und tanzte auf und ab. »Er ist furchtbar heiß!«

Das schien ihr sehr zu gefallen. Sie stand ebenfalls auf, ging zu ihm und tippte ihn mit einem Finger an.

»Spielst du gern mit mir?« Und er antwortete mit seiner energischen kleinen Stimme: »Ja!« Daraufhin rannte sie von ihm weg und rief: »Ich kann nie fertig werden, wenn du mich ewig mit deinen Fragen plagst!«

Während sie im Feuer stocherte, sagte er: »Unser Hund hat Kätzchen.«

»Kätzchen?« Sie ließ sich auf die Fersen fallen. »Kann ein Hund Kätzchen haben?«

»Natürlich«, sagte er. »Kleine, verstehst du?«

»Aber Katzen haben Kätzchen!« rief sie. »Hunde nicht. Hunde haben« — sie verstummte — starrte vor sich hin, suchte das Wort — konnte es nicht finden — es war weg! »Sie haben . . .«

»Kätzchen«, sagte er. »Unser Hund hat zwei bekommen.«

Sie stampfte mit dem Fuß auf. Sie wurde rot vor Ärger. »Es heißt *nicht* Kätzchen«, jammerte sie, »es heißt . . .«

»Es heißt — es heißt — es heißt«, schrie er und schwenkte die Schaufel.

Sie warf sich ihr oberstes Kleid über den Kopf und begann zu weinen. »Es heißt nicht — nicht — nicht . . .«

Plötzlich und ganz unvermittelt hob er seine Kittelschürze und machte Pipi.

Bei dem Geräusch trat sie wieder in Erscheinung.

»Sieh dir mal an, was du gemacht hast!« rief sie, zu entsetzt, um noch länger zu weinen. »Du hast mein Feuer ausgelöscht!«

»Ach, macht nichts! Woll'n umziehen! Du kannst die Spitzhacke und die Streichholzschachtel nehmen.«

Sie zogen um — in die nächste Grube. »Hier ist es viel hübscher«, sagte er.

»Fort mit dir!« rief sie. »Hol mir ein paar Stöckchen für mein Feuer!«

Den beiden alten Babies oben begann der Magen zu knurren, und dem Zeichen Folge leistend, standen sie schweigend auf und watschelten von dannen.

Die Blume Sicherheit

› *Aber ich sage Euch, Mylord Fool, aus dem Nesselbusch Gefahr holen wir uns die Blume Sicherheit.*‹

Als sie dort lag und zur Decke aufblickte, hatte sie ihren großen Augenblick — ja, da hatte sie ihn! Und er stand in keinem Zusammenhang mit irgendetwas, was sie vorher gedacht oder gefühlt hatte, auch nicht mit den Worten, die der Arzt kaum erst zu äußern aufgehört hatte. Einzigartig und leuchtend und vollkommen war er — wie eine Perle, die zu makellos ist, um ihr eine zweite an die Seite zu stellen ... Könnte sie beschreiben, was geschehen war? Unmöglich. Selbst wenn es ihr nicht bewußt gewesen wäre (und bestimmt war es ihr nicht dauernd bewußt gewesen), daß sie gegen den Lebensstrom — ja, den Strom des Lebens selbst! — angekämpft hatte, war es nun so, als hätte sie plötzlich zu kämpfen aufgehört. Oh, weit mehr als das! Sie hatte nachgegeben, restlos nachgegeben, bis herunter zum winzigsten Puls und Nerv, und hatte sich an des Stroms leuchtende Brust fallen lassen, und er hatte sie getragen ... Sie war nun selbst ein Teil ihres Zimmers, ein Teil des herrlichen Anemonenstraußes und der weißen Tüllvorhänge, die von der leichten Brise unaufhörlich hereingeweht wurden, und der Spiegel und der weißen Seidenteppiche; sie war ein Teil des schrillen, bebenden, zitternden Lärms, der draußen, unterbrochen von kleinen Glocken und rufenden Stimmen, unaufhörlich vorüberflutete — ja, ein Teil der Blätter und des Lichts.
Vorbei. Sie setzte sich auf. Der Arzt war wieder hereingekommen. Dieser seltsame kleine Mann, dem das Stethoskop noch um den Hals hing — denn sie hatte ihn gebeten, ihr Herz zu untersuchen — und der jetzt seine frisch gewaschenen Hände rieb und knetete, hatte ihr gesagt ...
Es war das erstemal, daß sie ihn je erblickt hatte. Roy, der sich natürlich nie die kleinste dramatische Gelegenheit entgehen lassen konnte, hatte seine ziemlich zweifelhafte Adresse in Bloomsbury von dem Mann erfahren, dem er immer al-

les anvertraute und der, obwohl er sie selbst gar nicht kannte, ›über sie beide genau im Bilde war‹.
»Liebste«, hatte Roy gesagt, »wir wollen lieber einen uns völlig unbekannten Arzt zuziehen — nur für den Fall, daß es — nun ja, daß es das ist, was wir beide nicht hoffen. In solchen Dingen kann man nicht vorsichtig genug sein. Die Ärzte reden eben *doch!* Zu behaupten, daß sie schweigen, ist ein verdammter Unsinn.« Und dann: »Obwohl es mir im Grunde gänzlich einerlei ist, wer in aller Welt es erfährt. Wenn du es wolltest, würde ich's in alle vier Winde aussaunen oder den *Daily Mirror* beauftragen, unsre beiden Namen auf die Titelseite zu drucken, in einem pfeildurchbohrten Herzen, nicht wahr?«
Trotz alledem hatten seine Vorliebe für Heimlichkeiten und Vertuschen und sein Wunsch, ›unser Geheimnis in Schönheit zu belassen‹ (sein Ausdruck!), den Sieg davongetragen, und er war in einem Taxi weggefahren, um diesen etwas verblasen aussehenden kleinen Arzt zu holen.
Sie hörte ihre gleichmütige Stimme sagen: »Würden Sie bitte Mr. King nichts davon erzählen? Nur, daß ich etwas herunter bin und daß mein Herz Ruhe braucht. Denn über mein Herz hatte ich mich beklagt.«
Roy hatte nur allzu recht gehabt, was für ein Mensch dieser Arzt sei. Er warf ihr einen sonderbaren, raschen, lauernden Blick zu, nahm mit zitternden Säuferfingern das Stethoskop ab und verwahrte es in seiner Besuchstasche, die wie ein zerschlissener alter Leinenschuh aussah.
»Keine Sorge, meine Liebe«, sagte er heiser, »ich stehe Ihnen bei.«
Daß man von einer so widerlichen kleinen Kröte einen Gefallen erbitten mußte! Sie sprang auf, riß ihr violettes Tuchjäckchen an sich und ging vor den Spiegel. Es klopfte leise, und Roy — er sah wirklich blaß aus und hatte sein schiefes Lächeln aufgesetzt — kam ins Zimmer und fragte den Arzt nach dem Befund.
»Eigentlich«, erwiderte der Arzt, nahm seinen Hut, hielt ihn vor die Brust und trommelte mit den Fingern darauf, »habe ich nichts weiter zu sagen, als daß Ihre — hm — Madam etwas

Ruhe braucht. Sie ist etwas heruntergewirtschaftet. Das Herz ist etwas überanstrengt. Sonst fehlt ihr nichts.«
Eine Drehorgel auf der Straße unten stimmte eine lustige, lachende, spöttisch losstürmende Melodie mit kleinen Trillern und durcheinanderpurzelnden Tönen an.

*Nichts weiter ist zu sagen,
nichts weiter ist zu sagen,*

spottete sie. So nah klang es, daß sie nicht überrascht gewesen wäre, wenn der Arzt die Kurbel gedreht hätte.
Sie sah, wie sich das Lächeln über Roys ganzes Gesicht ausbreitete und wie seine Augen aufleuchteten. Das ›Ah!‹, das er ausstieß, klang erleichtert und glücklich. Und einen einzigen kurzen Augenblick gestattete er sich sogar, sie anzusehen, ohne sich auch nur die Spur darum zu kümmern, ob der Arzt es bemerkte: mit dem Blick, den sie so gut an ihm kannte, trank er sie förmlich in sich ein, während sie die blassen Bänder ihres Unterhemds schloß und in ihr violettes Tuchjäckchen schlüpfte. Rasch wandte er sich wieder dem Arzt zu: »Sie muß weg! Sie muß sofort ans Meer!« sagte er, und dann, schrecklich besorgt: »Aber wie ist's mit dem Essen?«
Daraufhin mußte sie ihn, während sie vor dem langen Spiegel ihr Jäckchen zuknöpfte, unweigerlich auslachen.
»Lache du nur!« wehrte er sich und lachte den Arzt und sie nun hingerissen an. »Aber wenn ich mich nicht um ihr Essen kümmerte, würde sie nichts als Kaviarsandwich und – weiße Trauben essen! Und wie ist's mit Wein? Darf sie Wein trinken?«
Wein würde ihr nicht schaden.
»Champagner!« bat Roy. Wie er es alles genoß!
»Oh, soviel Champagner, wie sie nur mag«, sagte der Arzt, »und einen Brandy-Soda zum Mittagessen, falls sie Lust darauf hat!«
»Hast du das gehört?« fragte er ernst und zog die Wangen ein, um nicht laut herauszulachen. »Hast du Lust auf einen Brandy-Soda?«
Und in der Ferne flehte die Drehorgel leise und abgekämpft:

Brandy-Soda bitte!
Brandy-Soda bitte!

Der Arzt schien es auch herauszuhören. Er reichte ihr die Hand und folgte Roy auf den Flur, wo das Honorar beglichen wurde.
Sie hörte, wie die Haustür ins Schloß fiel, und dann — schnelle, schnelle Schritte im Flur. Diesmal stürmte er geradezu in ihr Zimmer, und sie lag in seinen Armen, zerdrückt und klein, während er sie mit warmen, raschen Küssen überschüttete und dazwischen murmelte: »Mein Liebstes, meine Schöne, meine Wonne! Du bist mein, du bist in Sicherheit!« Und dann stöhnte er dreimal leise: »Oh! Oh! Oh! Was für eine Erlösung!« Er hatte noch immer seine Arme um sie geschlungen, lehnte aber nun wie erschöpft den Kopf an ihre Schulter. »Wenn du wüßtest, was für Angst ich ausgestanden habe!« murmelte er. »Ich hatte schon geglaubt, diesmal ginge es uns an den Kragen! Wirklich! Und das wäre so — fatal gewesen — so fatal!«

Das falsche Haus

»Zwei links — zwei rechts — Wollevordienadel — zweizusammenstricken!« Sie murmelte ihr Strickmuster vor sich hin wie ein altes Lied, ein Lied, so oft gesungen, daß schon das bloße Atmen gleichbedeutend mit dem Singen war. Wieder war ein Jäckchen für das Missionspaket beinah fertig geworden!
»Ihre Jäckchen, Mrs. Bean, sind so willkommen! Sehen Sie doch die armen kleinen Würmchen an — ohne einen Fetzen auf dem Leibe!« Und die Missionsdame zeigte ihr eine Photographie widerlicher schwarzer Dingerchen mit zitronenförmigen Bäuchen...
»Zwei links — zwei rechts!« Das Strickzeug sank ihr in den Schoß; sie stieß einen langen, tiefen Seufzer aus, starrte einen Augenblick vor sich hin und nahm dann das Strickzeug auf und strickte weiter. Woran dachte sie, wenn sie so seufzte? An gar nichts. Es war eine Gewohnheit. Sie seufzte immer. Vor allem auf der Treppe, wenn sie treppauf und treppab ging, blieb sie stehen, raffte mit der einen Hand ihr Kleid zusammen, hielt sich mit der andern am Geländer fest, starrte auf die Stufen — und seufzte.
»Wollevordienadel...« Sie saß am Eßzimmerfenster, das auf die Straße hinausblickte. Es war ein eisig kalter Herbsttag; der Wind rannte wie ein magerer Hund durch die Straße; die Häuser gegenüber sahen aus, als wären sie mit einer häßlichen Stahlschere ausgeschnitten und auf den grauen Papierhimmel geklebt worden. Keine Menschenseele war zu sehen.
»Zweizusammenstricken.« Die Uhr schlug dreimal. Erst drei? Es schien schon zu dämmern; die Dämmerung schwebte ins Zimmer, eine schwere, pulvergraue Dämmerung, die sich auf die Möbel senkte und den Spiegel überzog. Jetzt schlug die Küchenuhr dreimal — sie ging also zwei Minuten nach —, denn *das* hier war die Uhr, nach der sie sich richtete, und *nicht* die Küchenuhr. Sie war allein im Haus. Dollicas war einkaufen gegangen; seit Viertel vor zwei war sie schon weg.

Sie wurde wirklich immer langsamer! Was stellte sie nur mit ihrer Zeit an? Man kann doch nicht mehr als eine bestimmte Zeitspanne brauchen, um ein Hühnchen zu kaufen... Und dann hatte sie auch die Gewohnheit, die Herdringe hinfallen zu lassen, wenn sie Feuer machte! Wegen dieser Gewohnheit Dollicas' preßte sie jetzt die Lippen zusammen, wie sie es schon seit fünfunddreißig Jahren tat.
Von der Straße drang ein schwaches Geräusch herauf, das Getrappel von Pferdehufen. Sie lehnte sich weiter vor, um nachzuschauen. Barmherziger Himmel! Es war ein Leichenzug! Zuerst der gläserne Leichenwagen, der mit dem glänzenden, lackierten Sarg (aber ohne Kränze) flott einherrollte, mit drei Männern vorne und zweien, die hinten standen, dann einige Kutschen, manche mit Rappen, manche mit Braunen bespannt. Der Staub wälzte sich die Straße herauf und verhüllte den Leichenzug beinah. Sie musterte die Häuser gegenüber, um zu sehen, bei welchem die Markisen heruntergezogen waren. Wie greulich die Männer aber aussahen! Sie lachten und machten Späße. Einer beugte sich auf die Seite hinaus und schnaubte sich mit seinem schwarzen Handschuh die Nase – gräßlich! Sie wickelte ihr Strickzeug zusammen und versteckte die Hände darin. Dollicas hätte sicher gewußt, wer... Jetzt kamen sie hier vorbei... Es war wohl am andern Ende...
Was war denn das? Was ging da vor sich? Was konnte es bedeuten? Gott steh mir bei! Ihr altes Herz sprang wie ein Fisch hoch und rutschte dann weg, während der gläserne Wagen vor ihrer Tür hielt und die drei Männer vom Bock herunterkletterten und die andern beiden sich hinaufschwangen und der Längste nach einem erstaunten Blick auf die Fenster rasch und geduckt den Gartenweg heraufkam.
»Nein!« ächzte sie. Aber ja, der Schlag fiel, und für einen kurzen Moment schlug er sie nieder. Sie keuchte, es überlief sie eiskalt und setzte sich in ihren Händen und Knien fest. Sie sah, wie der Mann einen Schritt zurücktrat und wieder so verwundert zu den nicht heruntergezogenen Markisen aufblickte – und dann –
»Nein!« ächzte sie, und stolpernd, sich an Sachen festhaltend,

gelang es ihr, zur Tür zu kommen, bevor der Schlag noch einmal fiel. Sie öffnete, ihr Kinn zitterte, ihre Zähne klapperten, und irgendwie konnte sie hervorstoßen: »Das falsche Haus!« Oh! Er war entsetzt. Als er zurücktrat, sah sie hinter ihm die an der Gartentür zusammengedrängten schwarzen Hüte. »Das falsche Haus!« stotterte er. Sie konnte nur nikken. Sie war im Begriff, die Tür zu schließen, da fischte er aus seinem Rockschoß ein schwarzes, messingbeschlagenes Notizbuch und öffnete es flink.
»Shuttleworth Crescent Nummer zwanzig?«
»S-straße! Der Crescent ist um die Ecke!« Ihre Hand hob sich, um es ihm zu zeigen, sank aber zitternd herunter.
Er zog den Hut, während sie schon die Tür schloß und sich dagegenlehnte und im dämmerigen Flur wimmerte: »Gehen Sie! Gehen Sie!«
Trapp-trapp-trapp! Trapp und trapp! Trapp-trapp-trapp! drang es von draußen herein, und dann ein schwaches *Trapp-trapp!*, und dann Stille. Sie waren weg. Sie waren außer Sicht. Aber noch immer lehnte sie gegen die Tür, starrte in den Flur, starrte auf den Mantelständer, der wie ein großer Hummer aussah, und Huthaken waren seine Fühler. Aber sie dachte an nichts; sie dachte nicht einmal an das, was sich abgespielt hatte. Ihr war, als sei sie in eine Höhle gefallen, deren Wände Finsternis waren ...
Als sie die Gartentür zuklappen und kurze, schnelle Schritte über den Kies knirschen hörte, kam sie, zutiefst erschüttert, wieder zu sich. Es war Dollicas, die ums Haus herum zur Hoftür eilte. Dollicas durfte sie nicht hier finden; und schwankend, wie eine Kerzenflamme schwankend ging sie ins Eßzimmer und zu ihrem Fensterplatz zurück.
Dollicas war in der Küche. *Peng!* fiel eine der eisernen Ringe auf die Herdplatte. Dann erklärte ihre Stimme: »Ich setze gerade den Teekessel auf, M'm!« Seit sie beide allein waren, hatte sie sich's angewöhnt, von Zimmer zu Zimmer zu rufen. Die alte Frau räusperte sich und versuchte, sich zu beherrschen. »Bitte bring die Lampe, Dollicas!«
»Die Lampe?« Dollicas kam auf den Flur und blieb in der Tür stehen. »Aber es ist ja erst vier, M'm?«

»Einerlei!« sagte Mrs. Bean matt. »Bring sie her!« Und einen Augenblick später erschien die ältliche Magd und trug in beiden Händen die sanfte Lampe. Ihr breites, weiches Gesicht hatte denselben Ausdruck wie immer, wenn sie etwas trug: den einer Schlafwandlerin. Sie stellte die Lampe auf den Tisch, schraubte den Docht tiefer, dann höher und dann wieder tiefer. Dann richtete sie sich auf und blickte zu ihrer Herrin hinüber.
»Je, M'm, worauf treten Sie denn da?«
Es war das Missionsjäckchen.
»Tz!Tz!« Als Dollicas es aufhob, dachte sie: ›Die alte Dame hat geschlafen. Sie ist noch nicht ganz wach.‹ Tatsächlich, die alte Dame sah ganz trübe und benommen drein, und als sie ihr Strickzeug wiederaufnahm, zog sie die Nadel heraus und begann aufzurebbeln, was sie gestrickt hatte.
»Vergiß die Muskatblüte nicht!« rief sie. Ihre Stimme klang dünn und hohl. Sie dachte an das Huhn fürs Abendbrot. Und Dollicas verstand es und antwortete: »Es ist ein schönes junges Tierchen!«, und zog die Markise herunter, ehe sie wieder in die Küche ging . . .

Sixpence

Kinder sind unberechenbare kleine Wesen. Warum mußte ein kleiner Junge wie Dicky, der meistens so brav und gutherzig, zärtlich, gehorsam und für sein Alter bewundernswert vernünftig war, ohne die geringste Warnung plötzlich Anwandlungen bekommen und ›tollwütig‹ werden, wie seine Schwestern es nannten, so daß nichts mit ihm anzufangen war?

»Dicky, komm her! Sofort kommst du her, Dicky! Hörst du nicht, daß deine Mutter dich ruft? Dicky!«

Aber Dicky kam nicht. Oh, natürlich hatte er es gehört. Seine einzige Antwort war ein helles, klingendes kleines Lachen. — Und dann sauste er weg, versteckte sich, rannte durch das hohe Gras auf dem Rasen, stürmte am Holzschuppen vorbei, flitzte in den Küchengarten und duckte sich dort, um hinter den bemoosten Stämmen der Apfelbäume nach seiner Mutter Ausschau zu halten und dann wie ein wilder Indianer auf und ab zu springen.

Während der Teestunde hatte es angefangen. Dickys Mutter und Mrs. Spears, die den Nachmittag bei ihr verbrachte, hatten ruhig über ihrer Näherei im Wohnzimmer gesessen, als sich beim Kindertee folgendes abspielte, wie das Mädchen berichtete. Sie aßen alle ganz friedlich und manierlich ihr erstes Butterbrot, und das Mädchen hatte gerade Milch und Wasser in die Becher eingeschenkt, als Dicky plötzlich den Brotteller genommen und ihn sich verkehrtherum auf den Kopf gestülpt und das Brotmesser an sich gerissen hatte.

»Schaut mich mal an!« hatte er geschrien.

Seine Schwestern blickten erschrocken auf, und ehe das Mädchen zu ihm laufen konnte, wackelte der Brotteller, rutschte herunter, flog zu Boden und zerschellte. In diesem entsetzlichen Moment erhoben die kleinen Mädchen ihre Stimmen und kreischten, so laut sie nur konnten.

»Mutter, komm! Dicky hat was angestellt!«

»Dicky hat einen schönen großen Teller zerbrochen!«

»Mutter, komm! Verbiet's ihm!«

Natürlich kam Mutter angeflogen. Aber es war zu spät. Dikky war vom Stuhl gesprungen, war durch die Glastür auf die Veranda gelaufen und — ja, da stand sie nun und spielte hilflos mit dem Fingerhut. Was sollte sie tun? Sie konnte nicht hinter dem Kind herrennen. Sie konnte nicht zwischen Apfel- und Pflaumenbäumen die Verfolgungsjagd aufnehmen. Das hätte ihrer Würde geschadet. Es war mehr als ärgerlich — es war zum Verzweifeln, besonders deshalb, weil Mrs. Spears — ausgerechnet die Mutter der zwei Musterknaben — im Salon auf sie wartete.

»Warte nur, Dicky!« rief sie. »Mir wird schon was einfallen, wie ich dich bestrafe!«

»Ist mir egal!« piepste die helle Stimme, und wieder ertönte das klingelnde kleine Lachen. Der Junge war richtig außer sich ...

»Oh, Mrs. Spears, verzeihen Sie bitte, daß ich Sie so lange allein gelassen habe!«

»Das macht doch nichts, Mrs. Bendall«, entgegnete Mrs. Spears mit ihrer sanften, zuckersüßen Stimme und zog, wie bei ihr üblich, die Brauen in die Höhe. Sie schien vor sich hinzulächeln, als sie die Falten glattstrich. »Von Zeit zu Zeit kommt es eben mal zu einem kleinen Mißgeschick. Hoffentlich war es nichts Ernstes?«

»Es war Dicky!« sagte Mrs. Bendall und suchte ziemlich krampfhaft nach ihrer einzigen feinen Nadel. Dabei erklärte sie Mrs. Spears den ganzen Vorfall. »Und das schlimmste ist, daß ich nicht weiß, wie ich ihn zur Vernunft bringen kann. Wenn er so eine Anwandlung hat, macht ihm nichts den geringsten Eindruck.«

Mrs. Spears riß ihre blassen Augen auf. »Selbst Schläge nicht?« fragte sie.

Aber Mrs. Bendall, die jetzt ihre Nadel einfädelte, verzog die Lippen. »Wir haben unsere Kinder nie geschlagen!« sagte sie. »Bei den Mädchen war es wohl auch niemals nötig. Und Dicky ist noch so ein Baby — und unser einziger Junge. Da finden wir ...«

»Oh, meine Liebe«, sagte Mrs. Spears und legte ihre Näherei hin, »dann wundert's mich gar nicht, daß Dicky seine klei-

nen Anwandlungen hat. Hoffentlich macht es Ihnen nichts, wenn ich mich einmische? Aber Sie begehen bestimmt einen großen Fehler, wenn Sie Ihre Kinder ohne Schläge erziehen. Es kann wirklich keinen Ersatz dafür geben. Und ich spreche aus Erfahrung, meine Liebe. Ich habe es mit sanfteren Mitteln versucht« — Mrs. Spears zog, ein wenig zischend, den Atem ein —, »habe den Jungen die Zunge mit Schmierseife eingerieben oder sie den ganzen Samstagnachmittag auf dem Tisch stehen lassen. Doch nichts, glauben Sie mir, nichts ist so wirksam, wie wenn man sie ihrem Vater übergibt.«
Mrs. Bendall war im Grunde ihres Herzens empört, als sie von der Schmierseife erfuhr. Doch Mrs. Spears schien gar nichts darin zu finden, deshalb ließ sie es dabei bewenden.
»Dem Vater?« fragte sie. »Also schlagen Sie sie nicht selbst?«
»Niemals!« Mrs. Spears schien den Gedanken entrüstet von sich zu weisen. »Ich finde nicht, daß es Aufgabe der Mutter ist, die Kinder zu verprügeln. Das ist die Pflicht des Vaters. Und außerdem macht es sehr viel mehr Eindruck!«
»Ja, das kann ich mir vorstellen«, sagte Mrs. Bendall zaghaft.
Mrs. Spears lächelte Mrs. Bendall freundlich und ermutigend zu: »Meine beiden Jungen würden sich genauso wie Dicky benehmen, wenn sie nicht Angst hätten. Da sie aber...«
»Oh, Ihre Jungen sind ja wirklich Musterknaben!« rief Mrs. Bendall.
Und das waren sie. In Gegenwart von Erwachsenen konnte man keine ruhigeren und manierlicheren Jungen finden. Mrs. Spears' Gäste machten sogar oft die Bemerkung, man würde nie vermuten, daß Kinder im Haus seien. Und das traf auch sehr oft zu.
Denn in der Halle, unter einem großen Bild mit dicken, vergnügten Mönchen, die am Flußufer angelten, hing eine schwere schwarze Reitpeitsche, die schon Mr. Spears Vater gehört hatte. Und aus leichtverständlichen Gründen spielten die beiden Jungen lieber nicht in Sicht der Reitpeitsche — lieber hinter der Hundehütte oder im Werkzeugschuppen oder beim Kehricht.
»Es ist ein Fehler«, seufzte Mrs. Spears, als sie leise atmend ihre Näherei zusammenlegte, »den Kindern gegenüber schwach

zu sein, nur weil sie klein sind. Es ist ein trauriger Fehler, in den man nur zu leicht verfällt. Aber es ist unfair am Kind gehandelt. Das muß man nie vergessen. Was Dicky zum Beispiel heute nachmittag angestellt hat, kommt mir ganz so vor, als hätte er es absichtlich getan. Auf diese Art zeigt Ihnen das Kind, daß es Schläge braucht!«
»Glauben Sie wirklich?« Mrs. Bendall war eine hilflose kleine Frau, die sich leicht beeinflussen ließ.
»Allerdings. Ich bin ganz überzeugt davon! Und dann und wann ein kräftiger, vom Vater verabreichter Denkzettel«, dozierte Mrs. Spears, »wird Ihnen in Zukunft viel Ärger ersparen. Sie können es mir glauben, meine Liebe!« Ihre trokkene, kalte Hand legte sich nachdrücklich auf Mrs. Bendalls Hand.
»Sowie Edward nach Hause kommt, spreche ich mit ihm!« erklärte Dickys Mutter sehr entschieden.
Die Kinder lagen schon im Bett, als die Gartentür zuklappte und Dickys Vater mit dem Fahrrad unter dem Arm die steile Betontreppe heraufschwankte. Im Büro hatte er einen schlimmen Tag gehabt, und jetzt war er erhitzt und staubig und abgespannt. Doch Mrs. Bendall war inzwischen über ihren neuen Plan in Aufregung geraten und machte ihrem Mann selbst die Tür auf.
»O Edward, ich bin ja so dankbar, daß du nach Hause gekommen bist!« rief sie.
»Warum? Was ist passiert?« Edward stellte sein Fahrrad hin und nahm den Hut ab. Wo der Rand in die Stirn eingeschnitten hatte, war eine dunkelrote Rille zu sehen. »Was ist denn nur los?«
»Komm — komm in den Salon!« sprudelte Mrs. Bendall in größter Eile hervor. »Du glaubst gar nicht, wie unartig Dicky gewesen ist! Du kannst es dir einfach nicht vorstellen — da du ja den ganzen Tag im Büro sitzt —, wie ein Kind von seinem Alter sich benehmen kann. Er ist einfach fürchterlich. Ich habe keine Macht über ihn, gar keine. Ich habe alles versucht, Edward, aber es nützt alles nichts! Das einzige, was wir tun können«, schloß sie außer Atem, »ist, ihn zu verprügeln — du mußt ihn verprügeln, Edward!«

In der Ecke des Salons stand eine Etagere, und auf dem obersten Bord befand sich ein brauner Porzellanbär mit einer roten Zunge. Im Dämmerlicht schien er Dickys Vater anzugrinsen und ihm zuzurufen: ›Hurra, dafür bist du also nach Hause gekommen!‹
Edward starrte den Bären an und sagte: »Aber warum, zum Kuckuck, soll ich ihn denn schlagen? So etwas haben wir ja noch nie getan?«
»Verstehst du denn nicht«, sagte seine Frau, »es ist das einzige, was wir tun können. Ich kann mit dem Kind nicht fertig werden!...« Die Worte flogen ihr über die Lippen, sie umschwirrten ihn, schwirrten um seinen müden Kopf. »Ein Kindermädchen können wir uns unmöglich leisten. Das Dienstmädchen hat schon mehr als genug zu tun. Und seine Ungezogenheit übersteigt alle Begriffe. Du verstehst es nicht, Edward — du kannst es nicht verstehen —, du bist den ganzen Tag im Büro.«
Der Bär streckte ihm die Zunge heraus. Die scheltende Stimme ereiferte sich mehr und mehr. Edward sank in einen Sessel. »Womit soll ich ihn denn schlagen?« fragte er matt.
»Mit deinem Pantoffel natürlich!« Und sie kniete sich hin, um ihm die staubigen Schuhe aufzuschnüren.
»Oh, Edward!« jammerte sie. »Du hast noch deine Radfahrklammern an — hier im Salon! Nein, wirklich...«
»Also das reicht jetzt!« Edward stieß sie fast beiseite. »Gib mir den Pantoffel her!« Er ging die Treppe hinauf und fühlte sich wie in einem dunklen Netz eingefangen. Und jetzt wollte er selber Dicky schlagen. Ja, verdammt, irgend etwas mußte er schlagen! Mein Gott, was für ein Leben! Die Augen waren noch voll Staub und brannten, und die Arme fühlten sich schwer an.
Er stieß die Tür zu Dickys Kämmerchen auf. Dicky stand im Nachthemd auf dem Fußboden. Bei seinem Anblick stieg jählings der Zorn in ihm hoch.
»Du weißt ja wohl, weshalb ich gekommen bin, Dicky?« sagte Edward.
Dicky antwortete nicht.
»Ich bin gekommen, um dich zu schlagen!«

Keine Antwort.
»Hebe dein Nachthemd hoch!«
Jetzt sah Dicky auf. Er wurde dunkelrot. »Muß ich?« flüsterte er.
»Los jetzt, los! Mach ein bißchen schnell!« sagte Edward, packte den Pantoffel und verabreichte Dicky drei derbe Klapse.
»Das laß dir jetzt zur Lehre dienen, damit du dich ordentlich zu Mutter benimmst!«
Dicky stand da und ließ den Kopf hängen.
»Mach jetzt und geh zu Bett!« sagte sein Vater.
Er rührte sich noch immer nicht. Aber eine etwas wackelige Stimme sagte: »Ich habe mir noch nicht die Zähne geputzt, Daddy.«
»Was ist noch?«
Dicky blickte auf. Seine Lippen zitterten, aber seine Augen waren trocken. Er hatte keine Träne vergossen und keinen Mucks hören lassen. Er schluckte nur und sagte heiser: »Ich habe mir noch nicht die Zähne geputzt, Daddy!«
Beim Anblick des kleinen Gesichts drehte sich Edward heftig um und stürzte, ohne zu wissen, was er tat, aus dem Kinderzimmer und die Treppe hinunter in den Garten. Großer Gott! Was hatte er getan? Er schritt aus und stellte sich in den Schatten des Birnbaums an der Hecke. Er hatte Dicky geschlagen, hatte sein kleines Männchen mit einem Pantoffel geschlagen — und weshalb, zum Teufel? Er wußte es nicht einmal. Er war plötzlich in sein Kämmerchen gestürmt — und da hatte der kleine Kerl in seinem Nachthemd gestanden. Dickys Vater ächzte und griff in die Hecke. Und er hatte nicht geweint! Nicht eine Träne hatte er vergossen! Wenn er wenigstens geweint hätte oder wütend geworden wäre! Aber nein — nur: ›Daddy!‹ Wieder hörte er die zitternde Flüsterstimme. Hatte ihm wortlos verziehen! Aber er selbst würde sich's nie verzeihen — nie! Feigling! Dummkopf! Rohling! Und plötzlich erinnerte er sich, wie Dicky, als sie einmal zusammen gespielt hatten, von seinem Knie gefallen war und sich das Handgelenk verstaucht hatte. Da hatte er auch nicht geweint! Und diesen kleinen Helden hatte er soeben verprügelt!

Etwas muss geschehen, dachte Edward. Er ging steifbeinig ins Haus zurück, die Treppe hinauf und in Dickys Kämmerchen. Der kleine Junge lag im Bett. Im dämmerigen Licht hob sich sein dunkler Kopf mit der Ponyfrisur deutlich vom weissen Kissen ab. Er lag ganz still da, und selbst jetzt weinte er noch nicht. Edward schloss die Tür und lehnte sich dagegen. Am liebsten hätte er sich vor Dickys Bett niedergekniet und selbst geweint und ihn um Verzeihung gebeten. Aber so etwas tat man natürlich nicht. Er war verlegen, und sein Herz verkrampfte sich.
»Noch nicht eingeschlafen, Dicky?« fragte er leichthin.
»Nein, Daddy.«
Edward ging zu ihm und setzte sich auf sein Bett, und Dikky schaute ihn durch seine langen Wimpern an.
»Alles in Ordnung, mein Kleiner?« flüsterte Edward.
»J-ja, Daddy«, antwortete Dicky.
Edward streckte die Hand aus und griff behutsam nach Dikkys heisser kleiner Pfote.
»Du musst nicht mehr an das denken, was vorhin gewesen ist, mein Kleiner!« sagte er heiser. »Das ist jetzt vorbei, verstehst du? Vorbei und vergessen! So was soll nie wieder passieren, nicht wahr?«
»Ja, Daddy.«
»Du kannst also wieder vergnügt sein und lachen, mein Kleiner«, sagte Edward. Und er probierte selbst einen erstaunlichen, zitternden Ersatz eines Lächelns. »Und alles vergessen — hm? Mein Kleiner ... Mein alter Junge ...«
Dicky lag noch immer wie zuvor. Das war schrecklich. Dikkys Vater sprang auf und trat ans Fenster. Im Garten war es beinah dunkel. Das Mädchen kam aus dem Haus gerannt, riss und rupfte weisse Wäschestücke von den Büschen und türmte sie sich über den Arm. Doch am grenzenlosen Himmel glänzte der Abendstern, und ein hoher Eukalyptus zeichnete sich schwarz gegen das blasse Glühen ab und bewegte leise die langen Blätter. Das alles sah er, während er in der Hosentasche nach Geld tastete. Er holte es hervor, wählte unter den Münzen ein neues Sixpencestück und ging damit zu Dicky.

»Da hast du was, mein Kleiner! Kauf dir was dafür!« sagte Edward weich und legte die Silbermünze auf Dickys Kopfkissen.
Aber konnte selbst das — konnte selbst ein ganzes Sixpencestück austilgen, was geschehen war?

Gift

Der Briefträger hatte sich sehr verspätet. Als wir von unserm Vormittagsspaziergang zurückkamen, war er noch nicht dagewesen.
»*Pas encore, Madame*«, sang Annette und lief rasch wieder in die Küche.
Wir trugen unsre Päckchen ins Eßzimmer. Der Tisch war gedeckt. Beim Anblick des für zwei Personen gedeckten Tisches — nur für zwei, aber so vollendet und makellos vollkommen, daß für einen dritten schlechterdings kein Platz war —, durchrieselte es mich wie immer mit einer so sonderbaren, jähen Erregung, als hätte mich der silberne Blitzstrahl getroffen, der über das weiße Tischtuch, die funkelnden Gläser und die dunkle Schale mit Freesien hinzuckte.
»Hol der Kuckuck den alten Briefträger! Wo kann er denn bloß abgeblieben sein?« sagte Beatrice — und zu mir: »Leg die Sachen hin, Schatz!«
»Wo soll ich sie hinlegen?«
Sie hob den Kopf und lächelte ihr süßes, neckendes Lächeln.
»Irgendwohin, Dummerchen!«
Doch ich wußte nur zu gut, daß es für sie kein ›Irgendwohin‹ gab, und hätte lieber noch Monate und Jahre dagestanden und die bauchige Likörflasche und die Bonbons hochgehalten, statt es zu wagen, ihrem erlesenen Ordnungssinn einen kleinen Schock zu versetzen.
»Komm — ich nehme sie dir ab!« Sie stellte beides achtlos auf den Tisch — neben ein Körbchen Feigen und ihre langen Handschuhe. »Der Mittagstisch. Kurzgeschichte von — von —« Sie nahm meinen Arm. »Wollen auf die Terrasse gehen!« Ich fühlte, wie sie schauderte. »*Ça sent de la cuisine*«, sagte sie, als würde ihr übel.
Letzthin — wir lebten seit zwei Monaten im Süden — war es mir aufgefallen, daß sie immer ins Französische verfiel, wenn sie vom Essen oder vom Klima oder scherzend von ihrer Liebe zu mir sprechen wollte.
Wir saßen auf der Brüstung, über uns das Sonnensegel. Bea-

trice beugte sich weit vor und blickte auf die weiße Landstraße mit der Schutzwehr aus Kakteenspießen. Die Schönheit ihres Ohrs, ja schon allein ihres Ohrs war ein so großes Wunder, daß ich mich, hingerissen von seinem Anblick, am liebsten an die Weite des Meers gewendet hätte, um ihm vorzustammeln: ›Also ihr Ohr — Ohren hat sie — die sind so...!‹ Sie war ganz in Weiß gekleidet und trug Perlen um den Hals und einen Maiglöckchenstrauß im Gürtel. Am dritten Finger ihrer linken Hand trug sie einen Perlring — einen Trauring trug sie nicht.

›Warum sollte ich, *mon ami?* Warum wollen wir etwas vortäuschen? Und wen würde es interessieren?‹

Natürlich gab ich ihr recht, obwohl ich insgeheim, im innersten Herzenswinkel, meine Seele dafür gegeben hätte, wenn ich ihr meinen Trauring auf den Finger hätte stecken dürfen — neben ihr in einer großen, ja in einer großen und eleganten Kirche voller Leute stehend, mit einem alten, verehrungswürdigen Pfarrer und *Braust der Engel Jubelchor* und Palmen und Weihrauchduft, wissend, daß draußen ein roter Teppichläufer und Konfetti uns erwarteten, und irgendwo ein Hochzeitskuchen und ein Atlasschuh, der unserm Wagen nachgeworfen wurde.

Nicht etwa, daß ich mir aus so greulichen Schaustellungen etwas machte, sondern weil ich glaubte, daß dadurch vielleicht das Gefühl völliger Freiheit — *ihrer* völligen Freiheit natürlich — etwas verringert werden könnte.

O Gott! Was für ein Martyrium das Glück ist — was für eine Qual! Ich blickte an der Villa hoch, zu den Fenstern unsres Zimmers, das sich so geheimnisvoll hinter den grünen Strohmatten versteckte. War es möglich, daß sie jemals durch das grüne Licht zu mir gekommen war und ihr verstohlenes Lächeln aufgesetzt hatte, das sehnsüchtige, strahlende Lächeln, das nur für mich war? Sie legte mir die Hand auf den Nakken; die andre Hand strich mir sanft, grauenhaft sanft die Haare aus der Stirn.

›Wer bist du?‹ — Wer war sie? Sie war — *das* Weib.

... Am ersten warmen Frühlingsabend, wenn die Lichter wie Perlen durch die fliederfarbene Luft schimmern und die Stim-

men in der jungen Blütenfülle der Gärten murmeln, war *sie* es, die im hohen Haus mit den Tüllvorhängen sang. Fuhr man bei Mondschein durch die fremde Stadt, war es ihr Schatten, der auf das zitternde Gold der Jalousie fiel. Wenn die Lampe angezündet war, gingen in der neugeborenen Stille *ihre* Schritte an deiner Tür vorüber. Und sie war es, die, blaß in Pelze gehüllt, aus dem vorbeigleitenden Auto ins herbstliche Dämmerlicht blickte...
Kurz gesagt: ich war damals vierundzwanzig. Und wenn sie auf dem Rücken lag und die Perlen unter ihr Kinn geschlüpft waren und sie seufzte: ›Ich bin durstig, Schatz! *Donne-moi un orange!*‹, wäre ich eilfertig und freudig selbst in den Rachen eines Krokodils gesprungen – falls Krokodile Orangen essen –, um ihr eine zu holen.

*»Hätt' ich zwei kleine Flügel
und wär' ein Vögelein...«*

sang Beatrice.
Ich nahm ihre Hand. »Du würdest doch nicht davonfliegen?«
»Nicht weit. Nicht weiter als bis zum Beginn der Straße.«
»Warum denn dorthin, um Himmels willen?«
Sie deklamierte: »›Er kommt nicht, ach, er kommt nicht!‹«
»Wer? Der dumme alte Briefträger? Du erwartest doch keinen Brief!«
»Nein – aber es ärgert einen trotzdem. Oh!« Plötzlich lachte sie und lehnte sich bei mir an. »Da ist er – siehst du ihn – wie ein kleiner blauer Käfer?«
Und wir schmiegten unsre Wangen aneinander und beobachteten den blauen Käfer, der bergauf zu krabbeln begann.
»Liebster!« hauchte Beatrice, und das Wort schien in der Luft zu verweilen und die Luft wie Geigenton zu durchzittern.
»Was ist?«
»Ich weiß es nicht«, lachte sie leise. »Eine Anwandlung von – von Zärtlichkeit, nehme ich an.«
Ich legte meinen Arm um sie. »Dann willst du also nicht wegfliegen?«

Und sie erwiderte schnell und leise: »Nein, nein! Nicht um die Welt! Nicht im Ernst. Mir gefällt es hier. Ich bin so gerne hier. Ich glaube, ich könnte noch Jahre hierbleiben. Ich bin nie so glücklich gewesen wie in diesen zwei letzten Monaten, und du warst so reizend zu mir, Liebster, in jeder Beziehung.«
Sie so sprechen zu hören, war so beseligend — war so außergewöhnlich und überraschend, daß ich versuchen mußte, es ins Scherzhafte zu ziehen.
»Still! Es klingt, als wolltest du dich von mir verabschieden!«
»Ach Unsinn, Unsinn! So etwas darfst du nicht mal im Scherz sagen!« Ihre kleine Hand glitt unter meine weiße Jacke und umklammerte meine Schulter. »Du warst glücklich, nicht?«
»Glücklich? Glücklich? O Gott, wenn du wüßtest, wie mir in diesem Augenblick zumute ist... Glücklich! Meine Wonne! Meine Seligkeit!«
Ich sprang von der Brüstung und umarmte sie und hob sie hoch. Und während ich sie so hielt, drückte ich mein Gesicht an ihre Brüste und flüsterte: »Bist du *mein?*« Und zum erstenmal in all den verzweifelten Monaten, seit ich sie kannte, selbst den letzten Monat sicherlich himmlischen Glücks mitgerechnet, glaubte ich ihr restlos, als sie antwortete: »Ja, ich bin dein.«
Das Knarren der Gartenpforte und die knirschenden Schritte des Briefträgers im Kies rissen uns auseinander. Einen kurzen Moment war ich wie betäubt. Ich stand einfach da und muß, wie ich meinte, ziemlich dumm gelächelt haben. Beatrice ging zu den Liegestühlen hinüber.
»Geh — geh und hol die Briefe!« sagte sie.
Ich — also — ich wirbelte fast davon. Aber ich kam zu spät. Annette lief mir entgegen: »*Pas de lettres!*« sagte sie.
Mein übermütiges Lächeln, mit dem ich ihr dankte, als sie mir die Zeitung gab, muß sie überrascht haben. Ich war verrückt vor Freude. Ich warf die Zeitung in die Luft und jubilierte: »Keine Briefe! Keine Briefe, Schatz!«, und trat an den Liegestuhl, auf dem die geliebte Frau lag.
Eine Sekunde antwortete sie nichts.
Dann — während sie den Streifverband von der Zeitung riß —

sagte sie langsam: »Die Welt vergessend — *von* der Welt vergessen!«

Manchmal ist eine Zigarette genau das richtige, das einem über gewisse Momente hinweghilft. Sie ist sogar mehr als eine Verbündete: sie ist eine verschwiegene, zuverlässige kleine Freundin, die über alles Bescheid weiß und gänzlich versteht. Während man raucht, blickt man auf sie hinunter — lächelt oder zieht die Brauen zusammen, wie es der Anlaß erfordert; man macht einen Lungenzug und entläßt den Rauch in einem trägen Fächer. Ein solcher Moment hatte sich jetzt ergeben. Ich ging zur Magnolie und roch mich satt. Dann kehrte ich zu ihr zurück und beugte mich über ihre Schulter. Doch sie schleuderte die Zeitung rasch auf die Fliesen.

»Es steht nichts drin«, sagte sie. »Nichts! Nur ein Giftmordprozeß. Ein Mann hat seine Frau umgebracht — oder auch nicht —, und zwanzigtausend Menschen haben jeden Tag im Gerichtssaal gesessen, und nach jeder Verhandlung sind zwei Millionen Worte in die Welt hinaustelegraphiert worden!«

»Törichte Welt!« sagte ich und warf mich auf den andern Liegestuhl. Ich wollte die Zeitung vergessen, wollte — natürlich behutsam — zu dem Augenblick zurückkehren, bevor der Briefträger kam. Doch als sie antwortete, konnte ich es ihrer Stimme anhören, daß der Augenblick einstweilen verflogen war. Einerlei. Ich wartete gern — fünfhundert Jahre, wenn's sein mußte —, jetzt, da ich wußte . . .

»Gar nicht so töricht«, sagte Beatrice. »Schließlich ist es bei den zwanzigtausend nicht nur eine krankhafte Neugier!«

»Was denn, Schatz?« Weiß der Himmel, es war mir egal.

»Schuldgefühl!« rief sie. »Schuldgefühl! Begreifst du das nicht? Sie sind so fasziniert, wie Kranke von jedem Fetzen Neuigkeit über ihren eigenen Fall fasziniert sind. Der Mann auf der Anklagebank mag ganz unschuldig sein, aber die Leute im Gerichtssaal sind fast allesamt Giftmischer. Hast du nie darüber nachgedacht« — vor Aufregung war sie bleich —, »was für eine Unzahl Vergiftungen täglich vorkommen? Es ist eine Ausnahme, wenn man auf Ehepaare stößt, die einander nicht vergiften — Ehepaare und Liebespaare. Oh«, rief sie, »was für eine Unzahl Tassen Tee, Gläser Wein und Tas-

345

sen Kaffee, die angetastet wurden! Die Unzahl, die ich bekam — und trank —, ohne es zu wissen, oder — wissend — es riskierte! Der einzige Grund, weshalb so viele Paare« — sie lachte —, »es überleben, ist Angst: weil der eine Teil es nicht wagt, dem andern die tödliche Dosis zu geben. Denn diese Dosis erfordert Mut! Aber früher oder später kommt es unweigerlich dazu. Es gibt kein Zurück, wenn erst einmal die erste kleine Dosis verabreicht wurde. Es ist schon der Anfang vom Ende. Findest du nicht? Verstehst du, was ich meine?«
Sie wartete meine Antwort nicht ab. Sie lehnte sich zurück, öffnete die Nadel, mit der sie die Maiglöckchen befestigt hatte, und strich sich mit dem Strauß über die Augen.
»Meine beiden Männer haben mich vergiftet«, sagte Beatrice. »Mein erster Mann gab mir beinah sofort eine Riesendosis, doch mein zweiter Mann war auf seine Art wirklich ein Künstler. Nur dann und wann eine winzige Prise, schlau maskiert — oh, so schlau! —, bis ich eines Morgens aufwachte und in jeder Muskelfaser bis in die Fingerspitzen und Zehen ein winziges Körnchen spürte. Es war in der letzten Minute...«
Ich verabscheute es, sie so gelassen von ihren Männern sprechen zu hören — ganz besonders heute. Es kränkte mich. Ich wollte etwas erwidern, aber plötzlich rief sie schmerzlich: »Warum — warum mußte es mir zustoßen? Was hatte ich denn getan? Warum mußte ich mein Leben lang verfolgt werden von... Es ist die reinste Verschwörung!«
Ich versuchte ihr zu erklären, sie sei zu vollkommen für unsre scheußliche Welt, zu kostbar, zu fein — und das sei der Grund. Es erschrecke die Leute. Ich begann zu scherzen: »Aber ich — ich habe nie versucht, dich zu vergiften!«
Beatrice ließ ein seltsames kleines Lachen hören und zerbiß das Ende eines Maiglöckchenstiels: »Du!« sagte sie. »Du kannst keiner Fliege etwas zuleide tun!«
Merkwürdig. Es schimmerte nämlich. Ganz gräßlich.
Gerade da kam Annette mit unsern *apéritifs* auf die Terrasse. Beatrice beugte sich vor, nahm ein Glas vom Tablett und reichte es mir. Ich bemerkte das Schimmern der Perle an

ihrem Perlfinger, wie ich ihn nannte. Wie konnte ich gekränkt sein über das, was sie gesagt hatte?
»Und du«, sagte ich und nahm das Glas in Empfang, »du hast noch nie jemanden vergiftet!«
Das brachte mich auf einen Gedanken, und ich versuchte es zu erklären. »Du — du bist genau das Gegenteil von Giftmischern. Aber wie bezeichnet man jemanden wie dich, die du — statt die Leute zu vergiften — sie alle, den Briefträger, unsern Fahrer, unsern Bootsmann, die Blumenverkäuferin und mich — mit neuem Leben beschenkst, ihnen etwas von deinem eigenen strahlenden Wesen, deiner Schönheit abgibst, deiner ...«
Sie lächelte verträumt; verträumt sah sie mich an.
»Woran denkst du, mein reizender Liebling?«
»Ich habe mich nur gefragt«, antwortete sie, »ob du wohl nach dem Mittagessen zum Postamt hinuntergehen könntest, um dich nach Briefen von der Nachmittagspost zu erkundigen. Würde es dir etwas ausmachen, Liebster? Nicht etwa, daß ich einen Brief erwarte, aber — ich dachte nur, für den Fall ... Es ist doch dumm, die Briefe nicht zu bekommen, wenn sie schon dort sind. Nicht wahr? Dumm, bis morgen früh zu warten!« Ihre Finger drehten den Stiel des Glases herum. Den schönen Kopf hatte sie gesenkt. Ich aber hob mein Glas und trank oder nippte vielmehr, schlürfte langsam und nachdenklich, blickte auf den dunklen Kopf und dachte an — Briefträger und blaue Käfer und Abschiedsworte, die keine Abschiedsworte waren und ...
Gütiger Himmel! Bildete ich's mir ein? Nein, es war keine Einbildung! Mein Drink schmeckte scharf und bitter und *seltsam*.

Mutige Liebe

I.

Als Mitka in den Windham Square einbog, hörte er eine wundervolle Uhr die zehnte Stunde schlagen. Der Ton schien aus weiter Ferne zu kommen, wie von hoch oben in der Luft. Mitka blieb stehen, um zu lauschen und hoch- und umherzublicken. Es war eine warme, stille Nacht. Der Himmel war mit großen Sternen übersät, und der Mondschein lag auf den weißen Häusern und auf den Bäumen und den schmalen Rasenflächen des Gevierts. Bei einigen Häusern stülpten sich rot und weiß gestreifte Markisen über die Balkons. Und überall vor den Fenstern standen Kästen mit blühenden Pflanzen, und durch die geöffneten, hellen Fenster drangen Stimmengeräusche und Gelächter. Im warmen weißen Licht sah der Platz merkwürdig heiter und schön — jedoch nicht ganz wirklich aus. Er glich einem Platz in einem Traum, denn er hatte die Unnahbarkeit eines Traums und den Glauben an seine Unwirklichkeit. Aber für mich, dachte Mitka, während er seinem eigenen deutlichen Schatten nachschritt, ist das feste Land stets wie ein Traum. Ich werde mich mein Leben lang danach sehnen, auf dem Land zu leben, und während meines Sehnens wird mein Leben auf kleinen Schiffen und auf großen Schiffen verstreichen...

Als er zur Nummer vierunddreißig kam, hörte er den Klang eines Klaviers, und dann schwebte Mildred Wests Stimme zu ihm hinaus. »Es ist alles vergeblich — ich flehe dich an!« Oh, dachte Mitka, sie singt für meinen Bruder! Mein Bruder ist da, mein geliebter Paddy! Und er sprang die Treppe hinauf und zog so kräftig an der Klingel, daß der deutsche Diener aus den schmutzigen Eingeweiden des Hauses hinaufgestürzt kam. Noch ehe Mitka Zeit hatte, seinen Bruder zu verlangen, hörte er Mildreds Stimme vom Flur vor dem Salon rufen: »Wer ist da? Hans, wer ist es?«

Mitka lief am deutschen Diener vorbei in den Flur hinein und rief vergnügt: »Ich bin's! Mitka!«

»Mitka!« Mildreds Stimme klang hoch erfreut. Sie kam die Treppe heruntergerauscht und auf den Flur: »Wirklich, der Mitka! Wo kommst du her?« Sie legte ihm ihre duftenden, nackten Arme um den Hals und küßte ihn, und dann hielt sie ihn ein Stückchen von sich weg. »Laß dich anschauen!« Was gleichzeitig bedeutete: ›Du darfst mich anschauen — ich bin so schön wie immer!‹ Sie trug ein schwarzes Kleid und keinen andern Schmuck außer einem Paar schwarzer Perlen in den Ohren und einer schwarzen Rose, die aus ihrem hellen Haar nickte. Ihre roten Lippen und ihre herrlich geschminkten Augen lächelten Mitka zu, und er roch das Parfüm, das stets seinem Bruder anhaftete — ein Parfüm wie wohlriechendes, trockenes Holz. »Lieber Himmel, Kind, wie braun du bist! Du bist so braun wie eine Nuß!« sagte Mildred. Sie legte ihre Hand unter sein Kinn und hob sein Gesicht auf. »Hast dir auch einen Schnurrbart wachsen lassen, Mitka! Aber dem kann ich nicht recht Glauben schenken — du siehst so jung wie nur je aus!«

Er kniff die Augen zusammen. »Oh, du willst mich wieder zum besten haben«, sagte er. »Aber jetzt macht's mir nichts mehr aus. Seit ich hier fort bin — seit drei Jahren hat mich niemand mehr gehänselt. Ich habe ganz vergessen, wie einem dabei zumute ist.«

»Komm in den Salon hinauf«, sagte sie und lachte über ihn. »Dein Englisch ist schlechter denn je! Komm in den Salon hinauf! Paddy ist da. Er wird staunen, wenn er dich sieht!« Mitka zauderte. »Könnte ich ihn nicht zuerst für mich alleine sehen?« schlug er vor.

Aber Mildred blieb fest.

»Nein, damit sollst du nicht durchkommen! Wir schauen dir liebend gern zu, wenn du Paddy küßt! Es ist niemand da, vor dem du dich fürchten müßtest! Komm mit!«, und sie nahm seine Hand und lief mit ihm die Treppe hinauf und rief: »Paddy! Paddy! Rate mal, wer hier ist! Schau, wen ich dir bringe!«

Im ersten Augenblick vergaß Mitka alles außer seinem großen, schönen Bruder, der, ganz in Schwarz und Weiß, quer durch das Zimmer auf ihn zukam. Tränen sprangen ihm in die Augen. Er lief Paddy entgegen und umarmte ihn und drückte ihn fest an sich.

»Warum hast du's mich nicht wissen lassen, mein Kleiner?« fragte Paddy und war beinah ebenso gerührt wie Mitka.

»Ach«, antwortete Mitka, »ich wollte, daß es eine Überraschung für dich ist. Wenn ich so plötzlich auftauche, ist es, als wäre ich nie ganz weggewesen!«

»Hört euch das an!« Mildred legte ihm den Arm um die Schulter und kniff ihn ins Ohrläppchen. »Jetzt mußt du ein kleiner Gentleman sein und meiner Mutter ›guten Abend‹ sagen und dich deinem Publikum vorstellen lassen!«

Der Salon war genauso, wie er ihn in Erinnerung hatte: alles Rosa und Weiß, mit Lampenschirmen wie aufgeplusterte Rosen und Dutzenden von Photographien in Silberrahmen. Die alte Mrs. Farmer, Mildreds Mutter, saß mit einem Gewirr aus Wolle und Stricknadeln auf dem Schoß in ihrer gewohnten Ecke, und genau wie früher stand auf dem kleinen Tisch neben ihr der Papageienkäfig, der mit einem rot und weiß karierten Tuch zugedeckt war. Sie sah gelb und zitterig aus, als er sich über ihre winzige gelbe Hand beugte.

»Aber nein!« stammelte sie. »Aber, aber, aber! Ich kenne Sie, junger Mann, ich kenne Sie!«, und aus ihren verwirrten Augen spähte sie listig zu ihm auf.

»Miss Valerie Brandon!« — und Mitka verbeugte sich vor einem großen Mädchen, das am Flügel stand und *sordino* Akkorde anschlug. Sie war in einen Chiffonschal gehüllt, und Kerzenlicht schimmerte auf ihrem Hals und Haar. »Colonel Foster!« — ein alter Mann am Kamin, die Füße dem leeren Feuerrost zugewandt, die dicken rötlichen Hände über dem runden Bauch gefaltet. »Und das sind meine beiden Jungen!« Mildred deutete scherzend auf zwei sehr dunkelhäutige junge Männer, die in einer Ecke Cribbage spielten. Sie grinsten Mitka an, schurrten mit den Füßen, erhoben sich halb und gaben es dann auf. »Das wäre erledigt!« Mildred stieß einen affektierten Seufzer aus, steckte die Hand in Paddys Jackentasche und holte sich sein Zigarettenetui. »Setz dich aufs Sofa und spiel Händchenhalten mit Paddy!« Sie stand neben der hohen Lampe und blickte auf sie hinunter, und jedesmal, wenn sie den Rauch über die Lippen blies, hob sie den Kopf und schien ihnen ihre milchweiße Kehle und Brust darzubieten.

»Zuallererst«, sagte Mitka und betrachtete sie auf seine kindlich-bewundernde Art, »muß ich mich unendlich wegen meines Anzugs entschuldigen. Aber weil ich so selten an Land bin, besitze ich keinen Abendanzug. Ich weiß, es ist ein empörendes Geständnis!«

»Wir wollen dir verzeihen!« lachte Mildred. »Jedenfalls ist es ein sehr hübscher blauer Sergeanzug. Wo kommst du her? Wie lange bleibst du?«

»Ich bin aus Alexandrien gekommen«, sagte er, »und ich bleibe fünf Tage. Dann gehe ich nach Marseille, und dann« — er zuckte die Achseln — »wieder nach Alexandria. Hin und her, verstehst du — die ganze Zeit!«

»Und hast du wundervolle Erlebnisse gehabt?« neckte ihn Mildred.

»Ach nein«, antwortete Mitka treuherzig. »Auf See geht es sehr ruhig zu.« Er rieb sich die Hände. »Wirklich sehr ruhig!« Als er schwieg, hörten sie die leisen, gedämpften Akkorde, die vom Flügel herkamen, und den Papagei, der unter dem Dach seines Käfigs herumspazierte.

»Bleibe bei uns, ja?« bat Paddy. »Bleib die fünf Tage hier! In meinem Zimmer steht ein unbenutztes Bett, das kannst du haben!«

»Was? Darf ich tatsächlich? O Paddy, wie lieb von dir!« Mitka hätte ihn am liebsten wieder umarmt. Er überlegte, ob Paddy sich wirklich verändert hatte oder ob es nur die Leute und das englische Zimmer waren, die ihn so weit weg und so fremdländisch erscheinen ließen.

»Ich leihe dir für heute nacht ein Nachthemd«, sagte Mildred. Von den dunkelhäutigen jungen Männern in der Ecke wehte ein Gekicher und das Hops-hops-hops der elfenbeinernen Cribbagepflöckchen her. Aber niemand beachtete es. Der Colonel schlief; sein Doppelkinn steckte in seinem Kragen; Mrs. Farmers kleine Augen flogen von Mildred zu den Brüdern und wieder auf Mildred; vor lauter Anstrengung, zu hören, was sie sagten, war ihr Gesicht verzerrt, und Valerie Brandon setzte sich auf den Klavierhocker und begann leiser denn je zu spielen; sie war ganz in ein goldenes Netz zitternden Kerzenschimmers gehüllt.

»Oh«, sagte Mitka, »wie ich mich freue, hierzusein! So schön ist es! So voller Frieden!« Er lächelte Mildred und Paddy zu. »Du bist leicht zufriedengestellt, mein Sohn«, sagte Mildred und verzog ihr Gesicht ein wenig.

»Er ist jung!« mischte sich Mrs. Farmer plötzlich mit schriller Stimme ein. »Laß ihn in Ruhe, Mildred! Er wird noch früh genug lernen! Er ist jung!« Während sie sprach, zitterte ihre Spitzenhaube, und sie schnellte einen großen schwarzen Fächer auf und drosch die Luft damit.

»Meine *Güte*, Mutter!« nörgelte Mildred, »du bist aber heute abend im Schwung!« Mitka sah, wie Paddy die Stirn runzelte, und hörte ihn flüstern: »Laß sie in Ruhe, Mildred!« — »Ach was, sie braucht sich nicht einzumischen!« Mildred zuckte die Achseln, als Mrs. Farmer von neuem anhob und losplatzte: »Passen Sie nur auf, junger Mann«, sagte sie, »passen Sie nur ein bißchen auf, ehe Sie sich so über die Außenseite vom Glas freuen!« Mitka war es sehr unbehaglich zumute. ›Wie dumm ich bin!‹ dachte er. ›Aus meinem törichten Glücksgefühl entsteht immer ein Auftritt! Jetzt wird Paddy ärgerlich auf mich sein. Ich weiß es genau!‹

Aber Paddy legte seine Hand auf Mitkas Knie, als hätte er Mitkas Gedanken erraten und wollte ihn beruhigen, und freundlich sagte er: »Nun ist also mein kleiner Bruder wieder mal da!«

Mildred lehnte sich in ihren Sessel zurück und rauchte mit halbgeschlossenen Augen. »O Val«, nörgelte sie, »hör auf mit dem melancholischen Zeug! Du schmilzt mir alle Knochen, Liebes! Bitte hör auf!« Mitka blickte zum Flügel hinüber. Das junge Mädchen hörte zu spielen auf. Sie wickelte sich in ihren weißen Chiffonschal, kreiselte auf dem Klavierhocker herum und blickte sie an.

»Gerne«, sagte sie. »Ich höre auf. Ich weine schon selber seit einer halben Stunde!« Während sie sprach, lächelte sie leise und hatte den Kopf ein wenig auf die Seite gelegt. Sie sah sehr schlank und jung aus, wie sie da auf dem Hocker saß. Sie hatte schwarze Haare und graue Mandelaugen. »Ich möchte mal wissen«, sagte sie, noch immer spöttelnd, »ob der Papagei schläft!« Seidig raschelnd glitt sie vom Hocker, ging zum Käfig und hob das Tuch auf. »Polly, Polly!« rief sie, und der Papagei antwortete und machte ihre leise Stimme nach: ›Polly, Polly!‹

»Valerie, laß das! Er wird dich zerfetzen!« begann Mildred Einspruch zu erheben. Aber das junge Mädchen öffnete den Käfig und steckte ihre Hand hinein und zog sie wieder heraus, den grau und rot gefleckten Papagei auf dem Finger. Sie kauerte sich auf die Fersen, hielt den Vogel in der Hand und streichelte ihn und lüpfte seine Flügel.

»Haßt er seinen dummen, alten Käfig?« sagte sie. »Und haßt er das dumme, alte Licht, weil er deshalb blinzeln muß?« Der Papagei spazierte auf ihrem Arm bis zu ihrer Schulter hinauf und klatschte mit den Flügeln.

»Da hast du's! Hab's dir ja gesagt! Er wird dir deinen Schal verderben!« rief Mildred.

»Nein, tut er gar nicht«, erwiderte Valerie Brandon, »und ich mag's noch recht gern, seine scharfen alten Krallen auf meiner Schulter zu spüren. Es *amüsiert* mich!« fügte sie langsam hinzu, und langsam drehte sie sich um und lächelte Mitka an, der ganz still dasaß und das merkwürdige Mädchen beobachtete. »Würden *Sie* den hübschen Papagei gern streicheln?« fragte sie.

»Oh, Val, sei kein Dummerchen!«

»Wer möchte unsern hübschen Polly verhätscheln?« lachte sie und biß sich auf die Unterlippe.

»Oh, halt bloß den Mund!« sagte Mildred. Aber Valerie wandte ihre Augen nicht von Mitka ab. Das Zimmer und die Lampen und die Leute verblaßten alle vor dem Mädchen mit dem Papagei, das ihn immer weiter so seltsam anblickte, bis ihm das Herz erschauerte.

»Hübscher Polly!« spottete sie und schmeichelte dem Papagei. »In der nächsten Minute wird er Sie bekleckern!« kreischte Mrs. Farmer mit äußerster Befriedigung.

»Schlafenszeit für dich, Mutter!« sagte Mildred. »Komm jetzt!«

Paddy zog seine Uhr hervor.
»Ich gehe auch, und Mitka ebenfalls.«
Mildred nickte. »Ich werde den alten Colonel wecken und auf Trab bringen! Und ihr, Jungens«, sagte sie zu den zwei dunkelhäutigen jungen Herren, »verzieht euch! Und laßt euer Fenster auf!« Valerie steckte den Papagei in den Käfig und breitete das karierte Tuch darüber. Sie stand lächelnd da und hatte den Finger auf die Lippen gelegt, als lausche sie auf das, was innen im Käfig vor sich ging, bis Mildred zu ihr kam und den Arm um sie legte. »Komm in mein Zimmer hinauf, wir wollen etwas trinken, wir vier!« sagte sie.
Die Zimmer im obersten Stock des Hauses gehörten Mildred und Paddy. Als die beiden Brüder eintraten, saß sie in einem blauseidenen, mit weißen Flügeln bestickten Kimono auf der Bettkante. Valerie Brandon saß neben ihr, und beide lächelten einander zu. Auf einem kleinen Tisch standen vier Gläser und eine Flasche Wein. »Zu Ehren von Mitka«, erklärte Mildred. »Mach sie auf, Paddy!« Aus irgendeinem törichten Grund wurde Mitka scheu. Er brachte es kaum fertig, die beiden jungen Frauen und das Zimmer anzuschauen, das so von einer ihm unbekannten Mildred erfüllt zu sein schien. Ihre Abendschuhe und ihr Kleid lagen auf einer Couch. Auf dem Tisch mit den Gläsern lag eine Puderquaste, und das große, weiche Bett war halb zurückgeschlagen. »Ich muß euch was verraten«, sagte Mildred. »Mitka ist scheu! Stimmt's? Du bist ziemlich erschrocken, nicht wahr, Mitka? Du hältst uns für unsittlich.«
»Necke ihn nicht!« sagte Paddy. »Du bist heute abend greulich, Mildred!«
»Bin ich das?« fragte Mildred, und als er ihr ein Glas reichte, legte sie ihre Finger über die seinen. »Bin ich das tatsächlich, Paddy?«
»Ach — nein — nicht tatsächlich«, und Mitka hörte das seltsam zufriedene Lachen, das Paddy für sein Weibchen hatte. Ganz allmählich, und ohne recht zu wissen, weshalb er Valerie mied und doch sehen wollte, blickte er sie an. Sie sah ihn wieder an, aber ihre Augen waren verändert. Freundlich und liebevoll und sanft schaute sie zu ihm her, als wollte sie sa-

gen: ›Seien Sie nicht scheu! Wir machen nur Spaß!‹ Sie trank ihren Wein in winzigen Schlückchen, und während sie trank, trank auch er aus seinem Glas und fühlte sich wieder ganz frei und glücklich.

Plötzlich war das Geräusch von Schritten auf der Treppe zu hören. Jemand pfiff. »Da ist Evershed nach Haus gekommen«, sagte Mildred leichthin und blickte Valerie an. Das junge Mädchen stellte ihr Glas hin.

»*Bon soir, mes amis*«, sagte sie.

»Wer ist Evershed?« fragte Mitka.

II.

Als Mitka am nächsten Morgen zum Frühstück hinunterging, war im Eßzimmer niemand außer Mildred und dem alten Colonel Foster. Der Colonel saß am sonnigen Fenster und hatte die Morgenausgabe der *Post* auf seinen Knien ausgebreitet; doch Mildred goß sich gerade erst ihren Tee ein.

»Hallo, du liebes Kind — hast auf mich gewartet«, sagte sie.

»Warum? Sind alle schon weg?« fragte Mitka.

»Ja, Gott sei Dank! In diesem Haus ist das Frühstück ein elender Moment. Die Jungen müssen rechtzeitig ins Büro, und Paddy muß in die City. Später kommt Evershed und will alles speziell zubereitet haben, und der« — sie deutete zum Fenster hinüber — »muß beinah mit einem Löffel gefüttert werden. Ich warte, bis alle weg sind, und esse dann in Frieden. Greif zu, mein Lieber! Hast du gut geschlafen?«

»Erstklassig!« antwortete Mitka.

»Fein«, sagte Mildred zerstreut. Sie sah müde und blaß aus. »Schau mich nicht so an, mein Kind!« bat sie. »Am Morgen sehe ich immer wie ein alter Lappen aus. Den Morgen hasse ich — besonders, falls er so ist wie heute — so unanständig strahlend, wenn die Sonne zu einem Malermeister wird!«

Mitka blickte sie besorgt an. »Mir scheint, du hast schlechte Nerven. Der Morgen ist doch wirklich wunderschön, aber du fühlst dich nicht kräftig genug, um dich im Einklang mit dem Morgen anzukleiden, wie du es mit dem Abend tust.«

»Wie meinst du das?«

»Etwa so«, begann Mitka. »Wenn ich dich abends sehe, denke ich immer, die Frau da trägt die Nacht, als wäre sie ihr Schutzmantel, und ihre Stimme ist beschwingt ... du weißt, wie aufregend die Nacht ist und wie unbekannt. Auch du siehst so aus. Gestern abend im Bett habe ich es Paddy erzählt, und er hat gesagt, ja, ich hätte recht. Er sagt, er hätte bei dir auch immer dieses Gefühl. Und« — er zuckte mit der Achsel und zwinkerte ihr zu — »du solltest den Tag auf die gleiche Art und Weise tragen. Ich bin nämlich der Ansicht, daß Frauen, schöne Frauen, auf diese Art zu Geistern der Natur werden. Ich meine, daß sich die Natur in ihnen spiegelt, wie sie es in Teichen oder in Blumen tut.«

Mildred hörte ihm zu und lachte dabei. »Wie wunderlich du bist«, sagte sie, aber in ihre Gebärden und in ihr Lächeln floß die Anmut zurück, und sie blickte Mitka sehr liebevoll an. »Mitka, verrate mir etwas!«

»Was?«

»Bist du schon verliebt gewesen?«

»Hier bin ich offenbar fehl am Platz«, sagte die Stimme einer Frau, und Valerie Brandon schlenderte an den Tisch und stützte sich mit den Händen darauf. »Guten Morgen!« sagte sie, beugte sich vor und küßte Mildreds Haar.

»Guten Morgen! Wie interessant du in dem weißen Kleid mit dem schwarzen Spitzenschal aussiehst!«

»Ja, nicht wahr? Wie eine spanische Kellnerin in einem *Café chantant*. Ist es nicht heiß? Schon heiß!« Sie setzte sich an den Eßtisch und legte die Hände an die Wangen.

»Kann ich Ihnen Ihr Frühstück geben?« fragte Mitka höflich.

Sie schüttelte den Kopf. »Nein, ich esse nichts. Mildred, worüber hast du dich denn nur bei Toast und Speck mit Mr.« — sie zauderte — »Mr. Mitka unterhalten? Über den Unterschied zwischen Liebe und Leidenschaft — oder daß Frauen ebenso frei wie die Männer sein sollen? Ich weiß nicht, was ich nicht gehört habe, als ich ins Zimmer trat!«

»Nein, das nicht!« Mildred stieß ihren Stuhl zurück. »Hast du eine Zigarette, Mitka? Danke! Sie duften köstlich! Die gleiche Sorte, die du früher hattest.«

»Geben Sie mir auch eine«, bat Valerie und nahm Mildred das Etui weg.
»Ich habe ihn mir heute gründlich angeschaut«, fuhr Mildred fort. »Und ich fand, daß Mitka wirklich etwas überaus Reizvolles an sich hat. Ich meine, obwohl er jung aussieht – trotz des Schnurrbarts –, sieht er so aus, als könnten ihm die erstaunlichsten Dinge zustoßen. Findest du nicht?«
»Ich bin nicht sicher«, antwortete Valerie und musterte ihn ernst.
Mitka blickte zu ihr auf und lächelte. »Ach«, sagte er, »Mildred hänselt mich wieder! Sie liebt es, mich zu necken. Im Grunde ist ihre Ansicht von mir so: das ist kein übler kleiner Bursche. Ein paar Tage ertrage ich ihn.«
»Vermutlich haben Sie recht!« antwortete Valerie. »Oh, was tu' ich denn da? Ich mause Ihr Zigarettenetui!«
»Geh in den Salon und rauche dort weiter«, sagte Mildred. »Ich muß das hier alles aufräumen lassen. Geht alle beide!« Sie ging an die Tür und rief: »Hans! Hans!«
»Madame?« sagte der deutsche Diener und tauchte mit einem dicken Verband um den Hals aus dem Nichts auf.
»Was ist denn mit Ihnen los?« fragte Mildred mit angewiderter Stimme. »Noch mehr Furunkel, Hans? Puh! Wie greulich Sie aussehen!«
»Kommen Sie mit!« sagte Valerie zu Mitka.
»Entschuldigen Sie bitte, Madame«, murmelte der deutsche Diener.
»Nein, so etwas entschuldige ich nicht, Hans! Es kommt bestimmt daher, weil Sie sich nicht waschen!« Sie schalt ihn mit harter, zorniger Stimme, die für Valerie und Mitka noch die ganze Treppe hinauf zu hören war.
»Bei Tage kann man dieses Zimmer einfach nicht aushalten!« sagte Valerie. »Kommen Sie auf den Balkon hinaus!« Dort klappte sie einen Liegestuhl auf und legte sich hin, den einen Arm hinter dem Kopf. Mitka saß auf einem kleinen Schemel und rauchte. Sie waren still. Dann sprach Valerie: »Ich bin gern mit Ihnen zusammen«, sagte sie. »Bei Ihnen wird mir so wohl zumute. Nein, ich scherze nicht. Ich meine es ganz ernst. Sie können sich nicht vorstellen« – sie riß eine Blume

hinter dem Balkongeländer ab und biß auf den Stiel —, »was für eine Wohltat Sie sind und wie selten es ist, jemanden wie Sie zu sehen, der weder falsch — noch häßlich ist.«
Mitka riß die Augen weit auf. »Scherzen Sie wirklich nicht?« fragte er.
»Natürlich nicht!« Es klang sehr verdrießlich, und sie begann, der Blume den Blütenkopf abzubeißen. »Warum sollte ich mir die Mühe machen? Wenn Sie nur wüßten, wie wir alle sind — mein Himmel, dann würden Sie jemanden wie Sie als schöne Abwechslung begrüßen. Es ist nicht etwa so, daß wir schlecht oder boshaft wären«, sagte sie und warf den Blütenstiel weg, »aber wir sind so furchtbar abgestumpft — so abseits vom wirklichen Leben!«
»Was bedeuten die letzten Worte?« fragte Mitka leise.
»Wir sind nicht lebendig«, sagte sie. »O Gott, was für ein Haus voll Menschen sind wir! Was für eine Belegschaft! Sie können sich nicht vorstellen«, wandte sie sich lächelnd an Mitka, »wie komisch Sie gestern abend im Salon neben Mrs. Farmer und dem Colonel und den beiden Südamerikanern und Mildred und mir wirkten! Ich werde es nie vergessen, wie Sie mit Ihren tanzenden Augen ins Zimmer stürmten — oder wie Sie sich umschauten und sagten: ›So schön ist es hier!‹ Ich hätte schreien können!«
»Aber«, sagte Mitka mit verblüffter Stimme, »was ist denn los mit dem Haus? Ist es nicht wie andre Häuser?«
»Oh, *vermutlich!*« erwiderte sie. »Vermutlich wie eine Unmenge andrer Häuser! Ja, das bestimmt! Ich kann den Staub von Hunderten ihresgleichen in meinem Rocksaum spüren.«
»Aber warum bleiben Sie hier, wenn Sie es so verabscheuen?« fragte Mitka, der sich immer mehr wunderte.
»Ach«, lachte Valerie, »das ist eine ganz andre Geschichte! Das können Sie wohl fragen! Ich wüßte gern...« Sie erhob sich aus ihrem Liegestuhl, lehnte sich gegen das Balkongeländer und blickte auf Mitka herunter. »Eigentlich ist es doch eine ziemlich dumme Frage. Warum tut überhaupt jeder, was er tut? Weil er nicht anders kann, vermute ich. Man wird von einem Rad erfaßt und rundherum gekreiselt.«
»Das glaube ich nicht«, sagte Mitka. »Ich glaube nicht an

Räder. Wenn Sie sich wirklich offen ins Gesicht blicken und sich sagen, was Sie tun wollen, dann können Sie es tun. Sonst könnte man ja gleich vom Balkon springen! Was für einen Sinn hätte sonst alles?«
»Glauben Sie wirklich, daß die Menschen tun können, was sie wollen?« fragte Valerie langsam. »O je, ich fürchte, Mildred hat recht, wenn sie Sie jung nennt! Ich habe das auch mal geglaubt und dementsprechend gehandelt. Das war *tatsächlich* komisch!«
Mitka sagte: »Das hängt ganz davon ab, was man tun will, nicht wahr?«
»Nein«, sagte sie. »Es gibt nur eins: frei zu werden und frei zu bleiben! O je«, rief sie verbittert, »ich sehe mich schon, wie ich's versuche! Aber ich glaube, daß es das ist, was mir an Ihnen auffiel: Sie sehen wirklich und wahrhaftig frei aus!«
Mitka nickte: »Ja, das ist wahr«, sagte er. »Ja, das bin ich!«
»Aber angenommen«, begann sie und verstummte dann. »Ach je, was nützt es? Warum rede ich denn nur so? Es ist ja Unsinn, hoffnungsloser Unsinn!« rief sie verzweifelt. »Dort unten fährt die alte Mrs. Farmer in ihrem Rollstuhl spazieren. Winken Sie dem Baby!«
»Nicht!« bat Mitka bekümmert. »Bitte, bitte nicht! Sie machen mich furchtbar traurig!« Er ergriff die Enden ihres Schals und spielte damit, während er mit gesenktem Kopf weitersprach. »Den Gedanken, daß jemand so unglücklich ist, finde ich unerträglich! Vielleicht bin ich, wie Sie sagten, sehr jung — ein dummer Junge —, aber ich würde alles in meiner Macht Stehende tun, um Ihnen zu helfen. Glauben Sie mir bitte!« Wenn er aufgeblickt hätte, würde er sich über ihr Gesicht gewundert haben. Es spiegelte eine sonderbare Mischung aus Erleichterung und Spott und Verachtung wider. Aber er blickte nicht auf.
»Dann seien Sie doch mein Freund!« sagte sie leise und nachdenklich. »Ich weiß nicht, warum, aber sowie ich Sie sah, wünschte ich, Sie wären mein Freund. Ich wußte, daß Sie mir irgendwie unermeßlich helfen könnten, unermeßlich, und daß ich irgendwie — das müssen Sie aber nicht mißverstehen — auf Ihre Hilfe gewartet hatte. Seien Sie mein Freund, mein«—

sie ließ die Stimme sinken –, »mein heimlicher Freund! Wollen Sie?«

›O Gott, was für eine Glückseligkeit!‹ dachte Mitka. ›Endlich bittet mich jemand um meine Freundschaft! Mich, der ich nie einen Freund hatte, der nie jemanden hatte, den er ganz und gar lieben konnte!‹ Er ergriff ihre Hand und küßte sie innig und demütig. »Ich will von ganzem Herzen Ihr Freund sein«, sagte er.

III.

»Val? Bist du da? Kann ich reinkommen?«
»Ja, komm! Ich maniküre mich. Wieviel Uhr ist es, Mildred?«
»Ungefähr halb vier. Paddy hat gerade aus der Stadt angerufen. Er möchte, daß ich mit ihm aufs Land hinausfahre. Er hat ein Auto gemietet!«
»Meine Güte, was für ein Luxus!« sagte Valerie und tupfte ein wenig Rot auf jeden Nagel.
»Ja, nicht wahr? Ich glaube, er tut es hauptsächlich wegen Mitka. Kommst du als vierte mit? Zum Abendessen sind wir wieder zurück!«
»Ja, ich käme gern«, erwiderte das junge Mädchen langsam.
»Du gehst doch heute abend nicht mit Evershed aus, nicht wahr?« Das junge Mädchen schüttelte den Kopf.
»Nein, es wurde nichts abgemacht. Doch, ich würde gern mitkommen. Um wieviel Uhr?«
»Er bricht jetzt auf. In etwa einer halben Stunde wird er vermutlich hier sein. Zieh dich lieber jetzt an! Ich weiß, daß es bei dir stundenlang dauert! Wie furchtbar heiß es noch ist! Du glückliches kleines Wesen hast, glaube ich, das kühlste Zimmer im Haus.«
»Letzte Nacht wurde ich jedenfalls hier geschmort«, erwiderte Valerie und blickte vom Polieren der Nägel auf. Sie und Mildred lachten laut heraus.
»Wie findest du Mitka?« fragte Mildred, »Halt, leih mir die Dinger! Ich kann was für meine Hände tun, während du dich anziehst!«
»Mitka ist ein netter kleiner Junge«, sagte Valerie leichthin.

»Ja, nicht wahr? Paddy hängt sehr an ihm. Er ist auch amüsant, findest du nicht?«
»Ja, ziemlich.«
»Du hast tollen Eindruck auf ihn gemacht«, sagte Mildred.
»Ich? Ach, Unsinn!«
»Mein Liebes, es ist die reine Wahrheit! Ich habe ihn heute beim Mittagessen beobachtet. Er konnte den Blick nicht von dir abwenden!«
»Nächstens wirst du den Colonel mit deiner lieben Mutter verheiraten«, sagte Valerie und puderte sich Hals und Arme.
»Auch kein schlechter Gedanke! Aber wegen Mitka meine ich's völlig ernst. Ich könnt's beschwören!«
»Ach was, ist ja einerlei. In fünf Tagen ist er fort. Ich werde mit ihm flirten. Wäre nicht abgeneigt. Was soll ich anziehen? Ich habe nie einen Fetzen anzuziehen! Ich bin schrecklich wütend auf Evershed.«
»Mag ja sein«, sagte Mildred. »Aber du bist dumm, so zu reden! Wo wärst du denn ohne Evershed? Ich will nicht behaupten, daß er besonders interessant ist, aber er ist unvorstellbar reich und in dich verschossen und wahnsinnig anständig, und beklage dich nicht, daß er dich nicht verwöhnt! Setz dein Glück nicht aufs Spiel, liebes Kind! Die Eversheds wachsen nicht auf Bäumen!«
»Aber Mildred, ich langweile, langweile, langweile mich so maßlos! Du weißt ebensogut wie ich, daß ich nie in ihn verliebt war, und er weiß es auch. Deshalb ist er vermutlich so scharf auf mich. Aber... vielleicht ist's das heiße Wetter, das bei mir eine Krise auslöst. Ich sehne mich nach einer romantischen Liebe...«
»Und Mitka soll das Opfer sein«, sagte Mildred schlau.
»*Merci, Madame!*« Valerie schnitt eine kleine Grimasse. »*Je n'aime pas les petits bébés!*«
»Ich glaube dir nicht. Aber du hörst ja nicht auf mich!«
»Doch, ich will, Liebling!« Valerie küßte Mildred sehr behutsam auf die Augenlider. »Ich höre immer auf dich, besonders, wenn du deinen blauen Schleier trägst und wie eine Pariser Madonna aussiehst!«
»Ach, beeil dich lieber!«

»Halt ihn bei der Jacke, Paddy! Laß ihn nicht auf dem Sitz stehen!« rief Mildred. »Mitka, du solltest dich schämen! Die Leute glauben ja, du wärst noch nie in einem Auto gefahren! Sieh ihn bloß an, Valerie!«
Mitka konnte nicht aufhören zu lächeln, sosehr er sich auch bemühte. Es machte ihm nichts, daß Mildred ihn hänselte. Niemand konnte sein Glück zunichte machen. Er saß sehr still neben Paddy. Seine Freundin ihm gegenüber, die ihre kleinen, behandschuhten Hände im Schoß gefaltet hatte, spürte er mehr, als daß er sie sah. So eine wundervolle Verwandlung innerhalb von wenigen Stunden, dachte er. Wer bin ich? Bin ich der gleiche Mann, der gestern abend hierherkam? Ich bin bestimmt nicht der gleiche. Ich gehöre zu jemandem – die Frau, die mir gegenübersitzt, hat mich gebeten, ihr – ihr heimlicher Freund zu sein. Wenn ich jetzt wieder auf See bin, habe ich immer jemanden, mit dem ich in Gedanken sprechen kann und der mit mir zusammen zu den Sternen aufblickt und meine Traurigkeit teilt. Aber ich kann gar nie mehr auf *jene* Art traurig sein – immer kann ich das kostbare, herrliche Wissen haben: wo ich auch sein mag, denkt meine Freundin vielleicht an mich, und wann immer ich zurückkomme, ist sie da, zu der ich zurückkomme. In der größten Eile werde ich von meinem Schiff herkommen. Und eins muß ich lernen – wie ich sie glücklich machen kann. Und dann wird sie eines Tages sagen: das hast du für mich getan, Mitka. Du hast mir diese Freude geschenkt! Ja, Valerie, so wird es geschehen, glaube mir, so wird es sein.
Im Herzen wiederholte er ihren Namen so oft, daß er überzeugt war, sie müsse es hören. Aber sie saß ruhig da, mit halb geschlossenen Augen; die leise Brise spielte mit ihrem langen, rötlichen Schal. Auch Mildred lehnte sich lächelnd an; die Luft und die rasche Bewegung hatten sie besänftigt und in schläfriges Entzücken versetzt.
»Sehen sie nicht reizend aus?« sagte Mitka zu Paddy.
Paddy nickte. »Ja, reizend!« Er beugte sich vor und legte seine Hand über Mildreds Hand. »Bist du glücklich, Dredy?« fragte er. Ich weiß, warum er das tut, dachte Mitka. Er sehnt sich danach, daß sie ihn einen Augenblick anschaut. Und er

freute sich für seinen Bruder, als Mildred Paddys Hand drückte und ihm zulächelte. Sie waren auf dem offenen Land und flogen silbrig bestäubte Wege entlang, immer wieder an Feldern und an Wiesen mit Heu vorbei. Der Heugeruch hing wie Honig in der Luft. Mir ist ein bißchen trunken zumute, dachte Mitka. Ob das Land, das ich hier sehe, Wirklichkeit ist? Wenn ja, dann ist es das schönste . . .
Sie hielten vor großen, eisernen Torflügeln.
»Wo sind wir, Paddy?«
»Hier ist ein Haus, wo man Tee bekommen kann.«
Obwohl er wirklich so mutig war und seiner Freundin in Gedanken lange Reden hielt und sie bei ihrem Namen nannte, war Mitka doch scheu. Sie schien ihn auf Abstand zu halten und sich Mildred anzuschließen, um ihn wie einen kleinen Jungen zu hänseln. Ganz, ganz anders als das Mädchen vom Vormittag. Der Nachmittag hätte ein Fehlschlag sein können, wenn Mildred ihn nicht so sehr gehänselt hätte.
»Jetzt kommt deine Chance«, sagte sie zu ihm, als sie den Tee hinter sich hatten. »Führe Valerie in den Park und verirrt euch dort! So eine Chance bekommst du nie wieder — sie vergeht vor Sentimentalität!«
»Meinetwegen«, sagte Valerie. »Kommen Sie, Mitka! Wir bleiben nicht lange. Wir treffen euch beide wieder hier!« Und er wanderte tatsächlich mit ihr zusammen von den andern fort und kleine, blumenumsäumte Pfade entlang. Sie kamen an einen Rasenplatz, der ringsum von Stechpalmen eingeschlossen war. In einer Ecke stand ein Baum mit gelben Blüten. Valerie ging über den Rasen und setzte sich unter den Baum. »War es nicht klug von mir, Mildred beim Wort zu nehmen?« sagte sie.
»Wunderbar!« Mitka lag neben ihr und stützte das Gesicht in die Hände. Sonnen- und Schattenflecke spielten aus dem Baum über sie hin, und sie nahm ein paar der kleinen, glöckchenartigen Blüten, die ins Gras gefallen waren, und ließ sie von einer Hand in die andre rieseln. »Und jetzt«, sagte Mitka, »erzählst du mir alles über dich, ja? Denn verstehst du, seit heute morgen zittere ich ständig, weil ich nur fünf Tage vor mir habe. Es tickt wie eine Uhr in mir: fünf Tage, fünf

Tage, und dann bin ich fort. Ich muß also sehr viel über dich erfahren. In fünf Tagen kann ich nicht genug über eine Freundin erfahren, nicht wahr?«

»Zuviel«, sagte sie und ließ die Blumen durch ihre Finger rieseln.

»Bitte, du darfst nicht lachen«, sagte Mitka ernst.

Sie biß sich auf die Lippen und sah ihn von der Seite an. »Aber was soll ich dir erzählen?«

»Alles«, sagte er eifrig. »Soviel wie möglich!«

Sie schüttelte den Kopf. »Das würde dich traurig machen.«

»Nein, bestimmt nicht. Ich kann's nicht sein. Ich kann nur froh sein. O bitte, fang an – die Zeit ist so knapp!«

Danach schwieg sie und ließ die Blumen in ihren Schoß fallen und las sie wieder auf und schloß sie in ihre Hände ein.

»Es ist nichts da, was ich dir erzählen könnte, Mitka«, sagte sie.

Sein Herz pochte, als sie seinen Namen aussprach. »Es ist das erstemal, daß du mich unter diesem Baum bei meinem Namen nennst«, sagte er und blickte zu den hellen Zweigen des gelben Blütenwunders auf. »O bitte, bitte, sei lieb zu mir! Erzähle mir von dir!«

»Was möchtest du wissen?« sagte sie. »Frage mich, und ich verspreche dir zu antworten.« Damit mußte er sich zufriedengeben.

Als sie ihm einiges erzählt hatte – und es war wenig genug und während des Erzählens zurechtgebogen und ausgeschmückt –, lag er still im Gras und blickte sie nicht an. Ganz langsam und nah am Boden spürte er sein Herz pochen.

»Und du verabscheust ihn«, flüsterte er.

»Ich kann ihn nicht ertragen!« Sie schauderte.

Mitka streckte die Hand aus und streichelte ihren kleinen Schuh. »Meine arme Freundin, meine arme Freundin«, sagte er. »Wie furchtbar mutig du bist! Aber es muß doch bestimmt einen Ort geben, wohin du dich retten kannst?« sagte er.

Sie schüttelte den Kopf. »Es gibt keinen. Unmöglich! Glaubst du nicht, daß ich mittlerweile selbst darauf verfallen wäre, wenn es einen gäbe?«

»Dich so in seiner Gewalt zu halten! Mein Gott!« rief Mitka, setzte sich auf und ballte die Fäuste. »Was für ein Teufel muß dieser Mensch sein!«
Sie senkte den Kopf. »Und es wird dadurch so schrecklich, daß er... daß er...«
»Oh«, sagte Mitka. »Ja, ich verstehe! O Valerie, meine Freundin! Wie kann ich dich glücklich machen?« Sie schüttelte den Kopf und sah ihn mit ihren grauen Mandelaugen an.
»Wie wunderschön du bist!« sagte Mitka. »Wie herrlich! Und du bist bestimmt meine Freundin?«
»Bestimmt.« Dann dämpfte sie seinen Eifer. »Aber Mitka, du mußt verstehen, daß ich vorsichtig sein muß. Wir müssen *heimliche* Freunde sein. Die Welt darf uns nichts anhaben. Wenn du glaubst, daß ich verändert und kalt bin, mußt du begreifen, daß ich gezwungen bin, so zu sein.«
»Nachdem du's mir erklärt hast, werde ich dich natürlich nie mißverstehen, und — und —« Er lächelte schüchtern. »Glaube mir, liebe Freundin, wir finden einen Ausweg!«
Sie fegte sich die Blütenblätter vom Schoß, stand auf und blickte von ihm weg. »Und du — verachtest mich nicht?« fragte sie.
»Ich verehre dich«, sagte er, »wie Gott!« Langsam gingen sie durch den schattigen Park zurück. »Ist es unter Freunden sonderbar«, fragte Mitka, »wenn ich dir sage, wie schön du bist, und in Worten bewundere, wie du gehst und deinen kleinen Kopf hebst und dann mit deinen Augen lächelst — all das?«

IV.

Als Paddy am nächsten Abend in sein Zimmer hinaufging, um sich zum Essen umzuziehen, fand er seinen kleinen Bruder im Dunkeln auf der Bettkante sitzen. Als er das Licht anschaltete, legte Mitka den Arm über die Augen. »Was ist? Was machst du?« fragte Paddy neugierig. »Fehlt dir etwas, Mitka?«
»Nein«, antwortete eine erstickte Stimme. »Es ist nur das grelle Licht, Paddy. Da muß ich blinzeln.« Aber Paddy gab

sich nicht zufrieden. Er bückte sich und hob Mitkas Taschentuch vom Fußboden auf, zog die Brauen in die Höhe, als er es befühlte, und setzte sich neben ihn. Es war wie in der Vergangenheit, Mitka so anzutreffen — wie in den Jahren, an die zu denken Paddy weder Zeit noch Lust hatte, ausgenommen, wenn er seinen kleinen Bruder sah. Was für ein Kind er ist, dachte Paddy, und Mitka, als hätte er seine Gedanken gehört, sagte: »Ja, Paddy, vor dir schäme ich mich nicht. Ich habe geweint.« Er richtete sich auf und umklammerte Paddys Arm. »Aber nicht, weil ich traurig bin«, stammelte er. »Nein, deshalb nicht! Nur, weil ich jemanden so hasse — so verrückt hasse. Ich habe vor Wut geweint!«
»Ich hatte geglaubt, du würdest mir genau das Gegenteil erzählen«, sagte Paddy. »Ich hatte geglaubt, du hättest geweint, weil du verliebt bist. Bestimmt nicht?«
»O nein«, sagte Mitka, und seine Lippen zitterten, »kein bißchen — nicht so, wie du es meinst. Das könnte ich nicht. Nein, ich habe aus lauter Verzweiflung geweint, Paddy, aus so furchtbarer Wut. Ah« — er hob die Hände und umklammerte seinen Kopf —, »es ist schrecklich, schrecklich!«
»Du willst mir wohl nicht sagen, wer es ist, den du so haßt?« Und bei sich fügte Paddy hinzu: natürlich weiß ich's!
»Nein!« Mitka schüttelte den Kopf. »Das kann ich nicht tun. Frage mich nicht! Aber, Paddy — das Süße und das Bittere sind im Leben eine so furchtbare Mischung, nicht wahr? Ich könnte fast glauben, es wäre besser, wenn man nicht beides gleichzeitig hätte — entweder alles Bittere oder alles Süße — es wäre besser und gerechter, finde ich. Ja, wirklich!« Durch sein wirres schwarzes Haar blickte er zu Paddy auf. »Es ist so — unmöglich«, sagte er, »wenn man gleichzeitig am Kopf und an den Füßen gezogen wird — man kann sich in keiner Richtung wehren. Heute abend«, sagte er, »finde ich nicht, daß Gott grausam oder barmherzig oder liebevoll ist — ich finde, er ist richtig dumm, Paddy, und es ist abscheulich, einen dummen Gott zu haben. Ich würde gern die Hände zu ihm aufwerfen und sagen: ›Was für ein alter Narr du bist — du Dummkopf!‹ Wahrscheinlich — findest du — das niemals?«
Paddy schüttelte den Kopf.

»Niemals, Mitka. Ich bin zu hart. Ich habe zuviel damit zu tun, an mich selbst zu denken, um mir Sorgen wegen Gott zu machen. Begreifst du, kleiner Bruder«, sagte Paddy und legte Mitka den Arm um die Schultern, »du bist wirklich in einer unseligen Lage: du hast dir nie einen Panzer wachsen lassen. Damit man durchs Leben gehen kann, muß man aber einen haben, und obendrein einen dicken! Alles, was dich berührt, hinterläßt ein Mal — verletzt dich — oder entzückt dich —, und da das Leben nicht immer süß ist, wie du es nennst, wirst du unweigerlich ebenso leicht verletzt wie entzückt sein. Ich dagegen bin fast ganz und gar eingepanzert, Mitka; ich könnte der Welt nicht, wie du, mein offenes Herz entgegenbringen. Ich will mächtig sein, das heißt, reich, und von einer einzigen Frau geliebt werden — und für diese beiden Dinge kämpfe ich heimlich und schütze mich gegen alles, was sich ihnen in den Weg stellen kann. Daher ist das Leben für mich ziemlich einfach. Aber für dich«, sagte er — »oh, Mitka, du bist wie ein nacktes Baby auf einem Schlachtfeld!«

Mitka rieb sich die Wange an Paddys Ärmel. »Nein«, sagte er, »du hast nicht völlig recht. Ich werde dir erklären, wie es sich mit mir verhält, Paddy. Mein ganzes Leben, so lange ich denken kann, Paddy, habe ich das gehabt, was du ›Panzer‹ nennst: es war die Einsamkeit. Manche Dinge haben mich verletzt und entzückt, das stimmt, doch nie wirklich sehr stark, weil ich ihnen nicht zu nahe kam. Ich habe mich ganz für mich gehalten, Paddy — und war einsam. Denn begreifst du, das Leben, das ich gewählt habe — zur See zu gehen —, habe ich deshalb gewählt, weil es meine einsamen Gefühle besser als alles andre ausdrückte. Nicht etwa, daß ich das Ding, das mich abkapselte, nicht gehaßt und verabscheut hätte — auf gewisse Weise tat ich es. Aber auf eine andere Weise war es, wenn du mir folgen kannst, das Kostbarste, das ich besaß. Denn weißt du, obwohl ich so sehr viele Leute kannte, habe ich nie Freunde gehabt, weil ich — abgesehen vom Lachen und Scherzen und dem allgemeinen Umgang mit ihnen — die Menschen nie richtig verstehen kann. Die Menschen sind mir zu kompliziert, und ich selbst bin gar

nicht kompliziert. Ich empfinde einfach so oder so, wie ich es als kleiner Junge tat, und das ist alles.«
»Und jetzt«, sagte Paddy, »bist du nicht mehr einsam, ja?«
»Irgendwie — ja, ich nehm's an.«
»Und du haßt die Person, die dir das angetan hat?«
»O mein Gott, nein!« rief Mitka rasch. »Wie könnte ich wohl? Nein, nein, das ist es nicht!«
»O Mitka«, lachte Paddy, »wenn ich hier noch länger bei dir sitze, wird mir ein weißer Bart über die Brust wallen. Bei dir fühle ich mich ein paar hundert Jahre alt! Ich glaube, ich sollte dich lieber in eine Kiste sperren und auf dein Schiff zurückbringen.«

V.

Und dann kam der Sonntag. Mitka erinnerte sich der Sonntage am Wyndham Square — ein schlampiger, fauler Vormittag, und dann das große Mittagessen um halb zwei, wo jeder bei Tisch erschien, und danach die schläfrige Stille, die sich bis zur Teezeit auf das Haus senkte. Er pflegte den Sonntag für einen sehr ergötzlichen Tag zu halten. Aber heute war es aus irgendeinem Grunde kein solcher Sonntag. Das Mittagessen war dasselbe, von halb zwei bis halb drei: sie saßen an der langen, sauberen Tafel, während der deutsche Diener weiß und schwitzend die dampfenden Gerichte herumreichte. Die alte Mrs. Farmer in einer hohen weißen Haube — mit einem buntseidenen Schmetterling darauf — naschte von ihrem Essen, wie es immer ihre Gewohnheit gewesen war. Die zitterigen Hände des Colonels, das Getuschel der jungen Südamerikaner und Mildreds helles, schallendes Lachen zerrten an seinen Nerven. Was ist mit mir los, dachte er. Warum ist alles so häßlich? Und Valerie saß stolz und spöttisch neben Evershed. Mildred konnte Mitka nicht in Ruhe lassen.
»O Mitka, du bringst mich heute so zum Lachen! Ich kann einfach nicht ernst bleiben, wenn ich dich anschaue. Was ist mit dir? Paddy, hast du ihn ausgescholten?«
Paddy unterbrach sie nicht.

»Mitka, dein Gesicht ist so lang wie – eine Baßgeige. Stimmt's nicht, Evershed?«
»Er ist verliebt«, gackerte die alte Mrs. Farmer und bekleckerte ihre schwarzseidene Taille mit Custardpudding. »Das ist der einzige Grund, weshalb junge Leute schlechte Laune bekommen!«
»Kluge Mutter!« spottete Mildred. »Sieh auch mal, was für ein Ferkel du aus dir selber gemacht hast!«
»Wartet nur!« Es war ihre ständige Erwiderung. »Wartet's nur ab!« Es war ihre einzige Verteidigung, und sie schien sie als einen Triumph zu empfinden. Schmatzend wiederholte es ihr alter Mund, wieder und wieder. »Warte nur! Wartet's nur ab, junge Frau — mehr sage ich nicht.«
Soll das ewig so weitergehen? dachte Mitka verzweifelt. Doch endlich war es vorbei, und allmählich wurde es still im Haus, genau wie an den einstigen ergötzlichen Sonntagen. Was soll ich jetzt tun? Er ging zu Paddy hinauf — aber dort war Mildred. Er spähte in den Salon — die alten Leute waren am Einnicken, und auf dem Balkon lasen Evershed und die jungen Südamerikaner Bruchstücke aus den Sonntagszeitungen vor. Kein Platz für mich, dachte Mitka. Sein Herz sagte: ›Wo ist sie? Wo ist Valerie?‹ Ja, er war unglücklich und obendrein müde. Er wollte sich auflehnen gegen alles. Ich würde mich gern auf die Treppe setzen, mit meinem Kopf an der Wand, dachte er. Dann wäre ich sicher, daß . . .
Er hörte, daß ihre Tür aufging, und dann das leise Rascheln ihrer seidenen Röcke. Mit einem roten Sonnenschirm und einem Buch in der Hand kam sie die Treppe herunter.
»Was tust du?« fragte sie.
»Ich weiß nicht recht.«
»Ich gehe auf den Square, um zu lesen. Würdest du gern mitkommen?« Und sie gingen aus dem Haus und in die heiße Nachmittagssonne auf dem Square. Valerie setzte sich auf eine kleine grüne Bank, wo ihr roter Sonnenschirm Schatten spendete. »Du hast keinen Hut«, sagte sie. »Ist es nicht zu heiß?«
»O nein, nicht für mich«, sagte Mitka und blickte blinzelnd zur Sonne auf. »Ich habe einen sehr dicken Schädel!«

Sie lächelte ihm zu.

»Du sagst wirklich sehr komische Dinge.«

»Ja?« fragte er besorgt. »Du meinst – törichte Dinge?«

»Nein, nein, nein – ich meine komische und bezaubernde Dinge. Ich hätte es nicht gern, wenn du irgendwie anders sprechen wolltest... Was war heute nachmittag mit dir los?«

»Oh«, begann Mitka, »da muß ich mich erst besinnen. Es ist so lange her, ich hab's ganz vergessen... Ja, ich erinnere mich. Ich weiß es nicht. Ich fühlte mich einfach elend.«

»Aber warum?« fuhr sie hartnäckig fort. »Warum?«

»Ich glaube, daß ein kleiner Brocken deines Hasses auf dieses Haus in mein Herz gefallen ist. Und gleichzeitig – war es noch etwas anderes.«

»Was?« fragte ihre leise freundliche Stimme. »Sag's mir, Mitka!«

»Ich bin ein so widerlicher Zweifler«, sagte er. »Seit wir in jenem Park waren, wollte ich dich die ganze Zeit wieder fragen: ›Bist du noch meine Freundin? Bist du nicht verändert?‹ Ich weiß, du bist es nicht. Ich verabscheue mich, weil ich es hören will, und doch, wenn ich dich mit andern Leuten zusammen sehe – und obwohl ich verstehe, daß du anders sein mußt –, überfällt mich trotzdem eine Art Angst, und ich denke: sie hat dich vergessen! Es war alles ein Traum! Und dann ist mir so, als müßte ich zu dir laufen und dich fragen und bitten, es wieder und immer wieder zu sagen: ›Nein, nicht verändert – noch ganz dieselbe – ich bin deine Freundin, Mitka‹, und dir versichern, daß ich nicht ewig so dumm sein werde«, schloß Mitka. – »Aber vielleicht ist es das Neue, wodurch es gleichzeitig so furchtbar süß und schrecklich wird. Bitte sei mir nicht böse!«

»Das bin ich nicht«, sagte sie. »Aber, Mitka« (was für einen himmlischen Namen ich habe, dachte er), »du bist doch zufrieden mit meiner Freundschaft, nicht wahr? Ich meine, wenn ich glaubte, daß ich dich traurig gemacht hätte...«

»O mein Gott, nein! O Valerie – wenn ich dir nur sagen könnte, wie das ganze Leben für immer anders geworden ist!« Mit dieser Antwort schien sie nicht ganz zufrieden zu sein. Sie zog die Brauen ein wenig zusammen und machte die

Augen halb zu, als wäre sie ein bißchen verwirrt. Ohne es zu bemerken, sagte er: »Aber dann ist da noch etwas anderes. Ich stehe Ängste aus, wenn ich an die Briefe denke, die ich dir schreiben möchte – du schreibst mir doch – oft und oft?«
»Oft«, versprach sie einsilbig.
»Und du erzählst mir wirklich etwas?«
»Natürlich.«
Seine Bewegungen wurden unruhig. »Ich gehe am Dienstag weg – am Dienstag früh«, sagte Mitka.
»Für wie lange?« fragte sie zerstreut und drehte ihre Ringe herum.
»Für... Oh, du hast gelogen!« rief Mitka, als er ihre zusammengezogenen Brauen bemerkte. »Du bist müde, Valerie!«
»Ja, ich glaube auch. Es kommt von der Sonne.« Und Mitka sah sich plötzlich als einen unermeßlichen Riesen, der die Sonne vom Himmel holte und zerschmetterte, weil sie zu heiß auf Valerie niederprallte.
Der Abend jenes Tages war wie der erste Abend. Sie waren alle im Salon – ausgenommen Evershed –, und Valerie war wieder am Flügel. Mitka aber saß allein in einer Ecke und gab acht – müde und glücklich. Manchmal sah sie während ihres Spiels zu ihm hinüber. ›Ich bin deine Freundin‹, sagten ihre grauen Augen – bis Evershed in den Salon trat und sich über den Flügel beugte und mit leiser Stimme mit ihr sprach. Sie hatte den Kopf gesenkt. Mitka hörte ihre Stimme, dann sah er sie aufblicken und Evershed zulächeln und mit der Achsel zucken. Mitka beobachtete die beiden von seiner Ecke aus. All das ist nichts, sagte er sich. Sie ist deine Freundin. Sie hat es dir heute gesagt. All das hat nichts zu bedeuten – wirklich überhaupt nichts. Es hat nichts mit dir und ihr zu tun. Du fährst am Dienstag weg, und dann brauchst du sie nie wieder mit andern Leuten zusammen zu sehen. Deine Gedanken können ganz allein mit ihr sein. Er schalt und tröstete sein Herz, aber es nützte alles nichts. Das Herz in seinem zitternden kleinen Körper begann zu jammern und zu weinen und dann in Verzweiflung zu geraten.

VI.

»Du willst uns also heute verlassen«, sagte Mildred. »Ich finde, daß du nicht sehr nett bist, Mitka! Was hast du gestern den ganzen Tag gemacht? Du mußt nach dem Frühstück weggegangen sein — und wann bist du zurückgekommen?«

»Ich bin *herumgelaufen*«, sagte Mitka. »Ich hatte früh am Morgen einen Entschluß gefaßt und bin durch ganz London gelaufen.«

»Warum denn bloß?«

»Um es mir anzuschauen. Es ist aber nichts dran. Altes Spinnweb ohne Spinnen«, sagte er und lächelte ihr zu.

»Also dann — meinen mütterlichen Segen«, sagte Mildred. »Dann mach dich auf den Weg. Ich muß mich anziehen. Ich sehe dich wohl nicht mehr, nicht wahr?« Sie hatte im Bett gefrühstückt und Mitka zu sich gerufen, um ihm Lebewohl zu sagen.

»Nein, wahrscheinlich nicht.«

»Dann geh und verabschiede dich von deinem kleinen Schatz!« sagte Mildred.

Er hatte seine Ledertasche schon gepackt. Er trug sie hinunter und stellte sie in die Halle, dann ging er in den Salon hinauf. Er wußte, daß Valerie dort sein würde. Sie saß auf dem Sofa und hatte die Hände im Schoß liegen. Die Stores waren heruntergezogen, und der Salon war sehr kühl und dunkel. Mitka schloß die Tür und ging zu ihr und stand wie ein kleiner Junge vor ihr, der seine Lektion aufsagen will.

»Du gehst also«, sagte Valerie.

»Willst du mich nicht fragen, was ich gestern den ganzen Tag gemacht habe?« sagte er mit heiserer Stimme. »Dann werde ich's dir erzählen. Ich entschloß mich, dir zu sagen: Bitte schreibe mir keine Briefe! Bitte nimm diese Freundschaft zurück! Ich will sie nicht. Es tut mir sehr leid.«

Valerie blickte ihn mit großen Augen an. »Warum?« flüsterte sie und beobachtete ihn scharf, während eine Art entzückten Staunens in ihrem Gesicht aufdämmerte.

»Weil —« Er zuckte die Achseln. »Ich habe keinen Grund«, sagte er mit leiser Stimme. »Ich habe überhaupt keinen Grund,

außer, daß ich nicht der bin, für den du mich gehalten hast, sondern ein Schwindler.«
»Mitka!« Er trat an den Flügel und lehnte sich dagegen, ihr den Rücken zukehrend.
»Mitka, wenn du dich anders besonnen hast und mich nicht mehr willst, wenn ich meinen Freund verlieren soll«, sagte sie und stieß ein kurzes, atemloses Lachen aus, »dann kann ich's nicht ändern, nicht wahr? Ich kann dich nicht anflehen, nicht wahr, Mitka? Aber ich finde doch, daß ich das Recht habe, zu erfahren, weshalb du unsre — heimliche Freundschaft aufgibst!«
Er schüttelte schnell den Kopf. »Nein, das kann ich dir nicht sagen. Es nützt nichts, mich zu fragen. Mir bleibt weiter nichts zu tun«, sagte er und sprach langsam, »als mich zu verabschieden und zu gehen. Lebwohl zu sagen, nur das. Ohne mich umzudrehen.« Er drehte sich um, und die Worte erstarben ihm auf den Lippen. Sie saß sehr ruhig da und hatte den Blick auf ihn gerichtet. Er konnte sehen, wie ihre kleine Brust sich hob und senkte, und er konnte ihre halb unter dem schwarzen Spitzenschal verborgenen Hände sehen. Während er sie ansah, schien sie langsam größer zu werden und die ganze Welt zu füllen. Was hätte alles übrige zu bedeuten? Was blieb? Nichts blieb als sie. »Es nützt nichts!« rief er heftig. »Ich kann's dir nicht sagen«, und er schwankte vorwärts und setzte sich neben sie und legte seinen Kopf in ihren Schoß. »Ich liebe dich, liebe dich, liebe . . .«
»Oh!« hauchte sie. Sie lächelte dem strahlend lieblichen Gesicht im Spiegel ihr gegenüber zu, das sie anlächelte, und dann beugte sie sich über Mitka und legte ihre Hand ganz, ganz leicht auf seinen dunklen Kopf. »Mitka, bist du sicher?«
Er hob den Kopf und blickte furchtsam und verzweifelt zu ihr auf. Seine Augen standen voll Tränen, und seine Lippen waren zusammengepreßt. Er konnte nicht sprechen, nur mit dem Kopf nicken; sein Atem war ein zitterndes Schluchzen.
»Nicht!« sagte sie zärtlich. Unendlich zart und liebevoll blickte sie auf Mitka. »Ich liebe dich auch«, flüsterte sie.
»Was hast du gesagt?« stammelte er. »Sag's noch einmal! Rasch! Rasch!«

»Ich liebe dich auch.«
Er ergriff ihre Hände und küßte sie wieder und wieder, ohne je seine Augen von ihrem Gesicht abzuwenden. Voller Furcht und Liebe sagte er: »Du liebst mich«, und noch einmal, indem er ihre Hand auf sein Herz drückte: Du *liebst* mich!«
Sie nickte. Ein Lächeln nach dem andern flog über ihre Lippen. Wie sie strahlte, und doch war eine müde Bangigkeit in ihren Gesten und in ihrer Stimme. »Oh, schon seit langem! Hast du es — wirklich nicht gewußt?«
»Wenn Gott mir erschienen wäre und es mir gesagt hätte, würde ich es nicht geglaubt haben. Wie hätte ich glauben können, daß die Welt einen solchen Himmel birgt?« Er stieß ein komisches Spitzbubenlachen aus. »Ich träume doch nicht, oder? Das bin ich, der Mitka, und du bist Valerie — und du hast gesagt, daß du mich liebst!« Plötzlich warf er die Arme um sie. Sie lehnte sich an ihn, und sie küßten sich. Mit diesem langen Kuß übergab Mitka sich und sein mutiges Herz und seine Hoffnungen und sein ganzes Wesen in ihre Obhut. »Verzeih mir«, sagte er, »verzeih mir!«
»Weshalb?« flüsterte sie und blickte ihn hingerissen an — und doch war sie ruhig, und er zitterte heftig.
»Ich bin so unwert, und ich bin so schwach. Ich kann meine Freude kaum ertragen. Was habe ich getan, um dieser Glückspilz zu sein? Oh«, rief er, »wie schön du bist, meine Liebste, wie wunderbar schön — ein Leuchten geht von jedem deiner Finger aus, wie das Licht von einer Heiligen. Valerie! Valerie!« Sie lag zwischen den Kissen und lächelte ihn an. Er beugte sich über sie. »Und du willst meine Frau werden?« Eine winzige Pause trat ein — gerade lange genug für ein überraschtes Pochen in Valeries Brust. Dann sagte sie: »Ja, deine Frau, Mitka.«
Er schickte sich an, sie wieder zu küssen, und dann wich er zurück und umklammerte seine Hände. »Nein, nein!« rief er mit verkrampfter Stimme. »Laß mich's nicht tun, Valerie! Hilf mir, Valerie! Laß es nicht zu, daß ich dich zuviel küsse! Wenn ich's tue, werde ich wahnsinnig und kann dich nicht verlassen — und wir müssen uns jetzt trennen! Ja, ja, wir

müssen, wenn auch nur, um uns wiederzusehen, Liebste! Ich muß dich bald verlassen!«
»So bald schon?« flüsterte sie, und sie legte die Arme um ihn und zog ihn näher und drückte seinen Kopf an ihre Brust. »Vergiß alles«, flüsterte sie, »alles, nur nicht, daß wir uns lieben, mein Liebster, mein Liebster!«
Er riß sich aus der Umarmung. »Gerade das kann ich nicht tun«, stammelte er. »Begreifst du's nicht?« Und er stand auf und schritt rasch im Zimmer auf und ab. »Wenn ich das tue, bin ich verloren. Versteh doch, die unerwartete Freude, und du, so süß zu mir, und meine Gedanken in Aufruhr, und die ganze Zukunft in genau diesem Atemzug zu regeln — plötzlich, verstehst du? Mein Engel«, sagte Mitka, »mein geliebtes Herz, ich muß dich verlassen, und auf unsre Zärtlichkeiten und unser Glück müssen wir warten, bis ich wiederkomme, schnell, so schnell ich kann, und dich wegführe und wir verheiratet sind. Jetzt«, sagte er, »müssen wir alles entscheiden und Pläne machen!« Er blieb vor ihr stehen und nahm ihre Hände, die er wieder zu küssen begann. »Mein Kopf ist schon voller Pläne, Valerie! Ich kann sogar schon unser Haus sehen und unser Kind.« Unbeweglich und mit gesenktem Kopf saß sie da. »Hör mir zu, mein Liebling« — und er begann zu sprechen und diese wunderbaren Ereignisse zu ordnen und zu planen und festzulegen. Er würde jetzt nach Alexandria gehen, um Geld zu besorgen. Dann würde er nach Marseille gehen. Dort hatte er Freunde. Er konnte sich Arbeit in Marseille beschaffen. Unterdessen könnte er sich genügend Geld für sie beide leihen, und sie könnte zu ihm kommen. Das war das beste. Gemeinsam würden sie ein neues Leben beginnen, weit weg von jedermann und allem. Evershed und seine Bedrohung hatten jetzt nichts zu bedeuten. Nichts und niemand konnte ihnen schaden oder ihnen Leid zufügen.
Während er sprach, entfaltete sich das Leben wie eine liebliche Blüte. Er roch ihren Duft, er beugte sich darüber, und das überwältigende Wunder ihrer Schönheit und Farbe berauschten ihn. Er redete immer weiter — jahrelang, wie es der zuhörenden Valerie vorkam, die sich nie regte oder aufblickte und deren Hände ohne Wärme und Gegendruck in

seinen Händen lagen. Nur ein einzigesmal, als er neben ihr kniete und sagte: »Ach, Valerie, unser gemeinsames Leben, unsre Kinder!«, verzerrte ein kleines Lächeln ihre Lippen, und sie zog die Brauen leicht in die Höhe. Im übrigen rührte sie sich nicht.

VII.

Ein paar Wochen später trat Mildred eines Morgens in Valeries Zimmer. Das junge Mädchen lag im Bett und schlief. Mildred stand da und blickte auf sie nieder, und halb unbewußt fragte sie sich, wie oder warum Valerie ihr kindliches Aussehen bewahrte. Sie lag auf dem Rücken. Die Ärmel ihres Nachthemds waren hinaufgerutscht, so daß ihre Arme bis zu den Schultern entblößt waren. Lange schwarze Haarlocken lagen zu beiden Seiten ihrer Wangen; ihre Augenwimpern warfen einen feinen Schatten, und die Lippen öffneten sich unter ihren sanften Atemzügen. ›Ja, sie ist schön!‹ dachte Mildred. ›Lieber Himmel, wie unschuldig sie aussieht! Vermutlich ist sie das leidenschaftlichste Teufelchen, das es nur geben kann.‹ Mildred schob die Vorhänge von den Fenstern fort, aber Valerie rührte sich nicht. Auf dem Frisiertisch lagen ihre langen weißen Handschuhe, ein Fächer und ein großer Strauß verwelkter gelber Rosen. Das Zimmer war nordentlich und ganz übersät mit ihren Kleidungsstücken und Toilettensachen, aber Mildred sah, daß die Unordnung als etwas Sorgloses und Bezauberndes zu Valeries Wesen gehörte. ›Ja, wenn ich ein Mann wäre, würde ich mich auch in diese kleine Hexe verlieben! Sie ist so selbstsicher und so gänzlich unbekümmert, und doch hütet sie ihr Geheimnis. Ja, sie ist kalt und leidenschaftlich.‹ Mildred schnippte mit Daumen und Zeigefinger gegen den Briefumschlag, den sie in der Hand hielt, blickte auf die Schrift und die Briefmarke und verzog das Gesicht. Valerie seufzte, reckte die Arme, rollte sich halb herum und setzte sich kopfschüttelnd hoch. »Ich bin noch gar nicht wach«, sagte sie mit heller, unwirklicher Stimme (bei Kindern, die im Schlaf sprechen, klingt es ebenso).

»Na, es ist höchste Zeit!« sagte Mildred. »Es ist schon nach elf! Hier ist ein Brief für dich«, und sie gab Valerie den Brief.

»Du bist ein Engel«, sagte Valerie und warf nur einen flüchtigen Blick auf den Brief. »Wir sind erst um vier nach Hause gekommen. Waren in einem dieser blöden Klubs.« Sie lächelte. »Ach komm, setz dich eine winzig kleine Minute zu mir!« schmeichelte sie. Mildred setzte sich, und Valerie schlang die Arme um sie.

»Es ist also immer noch im Gange?« fragte Mildred und fuhr mit dem Finger durch eine von Valeries Locken.

»Was? Meinst du diese rührenden Ergüsse?« sagte Valerie.

»Hm. Ich war neulich in deinem Zimmer, als das Mädchen gründlich putzte, und sie holte Dutzende der gleichen Art unter der weißen Kaminrüsche hervor. Ich wußte, daß sie von demselben waren — das arme Kind benutzt so komisches Briefpapier. Liest du sie?«

Aber Valerie antwortete nicht darauf. Statt dessen sagte sie: »Was soll ich denn tun? Ich kann ihn nicht daran hindern. Ich habe ihm unzähligemal geschrieben und ihm gesagt, daß es hoffnungslos ist. Du hast gut lachen — aber es ist so langweilig — und so dumm! Es ist so etwas Demütigendes in den Briefen des Jungen. Ungeschick kann ziemlich reizvoll sein, wenn man mit dem Betreffenden zusammen ist: bezaubernde Augen, ein Babymund und seidiges Haar machen es wett. Aber im Brief — meine Güte, nein! Worüber lachst du?«

»Über dich! Ich lache, weil du dich bemühst, mir etwas vorzumachen. Ich weiß ganz genau, daß du mit Mitka etwas im Schilde führst. Ich wüßte gar zu gern, was es ist! Er ist ein seltsames kleines Menschenkind. Ich bin überzeugt, daß er nicht mehr schreiben würde, wenn du ihm gesagt hättest, damit aufzuhören. Er ist zu stolz und zu empfindlich, um es nicht zu beachten. Ich glaube daher nicht, daß du's ihm gesagt hast. Aber du bist doch nicht in ihn verliebt, weshalb hältst du ihn also an der Angel?«

Valerie legte sich wieder hin, warf den Brief in die Luft und fing ihn auf. »Plag mich nicht«, sagte sie leichthin, »*ich* weiß

es nicht. Aber wenn ich mal etwas in der Hand gehabt habe, kann ich's nicht aufgeben, bis ich versucht habe, es zu zerbrechen oder zu sehen, ob ich's zerbrechen kann. Das ist mein einziger Grundsatz — einer langweiligen Welt abgeluchst.«
Sie setzte sich hoch und riß den Brief auf. Der Umschlag glitt vom Laken auf den Fußboden. Es waren zahllose, mit einer feinen Handschrift bedeckte Seiten. »Willst du's lesen?« fragte sie Mildred und verzog das Gesicht. Aber Mildred wich zurück.
»Nein, nein! Mir ist es gräßlich zu hören, wie etwas umgebracht wird, und Babies schreien schlimmer als Ferkel. *Bon appétit*, du kleines Scheusal!« Sie schwebte aus dem Zimmer.

Herzallerliebste!
Sei nicht erschrocken: ich schreibe im Bett. Ich habe außer einer Brustfellentzündung noch eine Art Fieber erwischt und fühle mich deshalb nicht wohl. Entschuldige mein Ungeschick! Was für ein Dummkopf ich bin! Ich glaube, meine Unruhe war schuld. Es ist so lange her, seit ich einen Brief von dir bekommen habe, und seit dem ersten hat mich das Warten und Denken ein bißchen müde gemacht. Es gibt so vieles zu erledigen, und ich bin nicht ein Geschäftsmann, wie Paddy es ist. Aber die Leute sind reizend zu mir gewesen. Das kommt daher, weil ich dich liebe. Wohin ich auch ging, habe ich dich in meinem Herzen getragen, und ich glaube, kein Mensch hat *mich* gesehen, sondern in meinem Äußeren haben sie *dich* gesehen, und um deinetwillen sind sie nett zu mir gewesen. Wie ich dir vorige Woche schrieb, hat mir mein Vater das Geld geschickt. Alles ist bereit und wartet auf dich. Ich bleibe hier, bis du kommst und wir gemeinsam etwas suchen, wo du wohnen möchtest. Wo ich jetzt wohne, ist es natürlich nicht gut genug für dich, doch für mich geht es, und ich spare Geld dabei. Außerdem ist — mit dir im Herzen — für mich überall der Himmel. In den ersten Tagen meiner Krankheit war das Zimmer so voll von dir, daß ich dem Zimmer meine Arme entgegenstreckte, wie ein Kind einem Garten. Ich weiß, daß es einen guten Grund gibt, weshalb du nicht schreibst. Ich weiß, ich darf dich nicht plagen —

und du bist weise —, und doch bin ich so dumm; jedesmal, wenn ich unten auf der Straße den Briefträger höre, stürze ich an die Treppe, und mein Herz klopft heftiger. Ich kenne seine Schritte jetzt, obwohl ich hier inmitten von lauter Schritten liege. Selbst wenn ich schlafe, hört mein Herz sie und weckt mich, und ich springe aus dem Bett. Komm her, mein Liebling! Alles wartet auf dich! Komm bald! Es wird nicht schwer sein. Ich weiß, daß du sehr zart und fein bist, aber fürchte dich nicht! Was für eine Dummheit, dir zu schreiben, aber mir glüht der Kopf. Valerie, Valerie! Ich küsse deine kleinen Füße. Ich flehe sie an, dich rasch zu mir zu tragen. Ich liebe dich heiß.

Ich werde ihn verbrennen, dachte sie. Sie stieg aus dem Bett und ließ auch diesen Brief hinter die weiße Papierrüsche des Kamins fallen. Ja, sie war wirklich neugierig, und der Gedanke an Marseille war bestimmt aufregend. Natürlich hatte sie nie beabsichtigt, hinzugehen; nicht richtig, sondern nur für kurze Zeit. Und sie sah sich in einem weißen Zimmer, das auf einen Garten mit roten, wächsernen Blumen blickte, der sich bis zum Meer hinabdehnte. Mitka war bei ihr, er lag auf dem Rücken, mit geschlossenen Augen, fiebrig heiß, und die Ohren und Lippen sehr rot. Ja, genauso würde er aussehen! ›Er würde ein ganz bezaubernder Liebhaber sein — nach meiner handeltreibenden Bulldogge! Aber du könntest es nicht durchhalten, mein Kind‹, sagte sie sich und betrachtete sich im Spiegel. ›Denn du weißt, meine Dame, wie es mit dir steht!‹ Ihre Lippen lächelten fröhlich, aber ihre Augen sagten: ›Ja, das ist wahr! Du bist zu klug, um dich ertappen zu lassen, doch du würdest ihn umbringen, du weißt, daß es dahin käme, und oh, was für Komplikationen! Aber Marseille! *Well* — und vielleicht kann ich von einem dunkelhäutigen, nach Moschus riechenden Blumenhändler weiße Nelken kaufen, von einem Mann, der seine Augen nicht abwenden kann von ihrem Weiß.‹

VIII.

Wieder hörte er die vertrauten Schritte. Wieder stürzte er an die Tür, öffnete sie und hängte sich über das eiserne Treppengeländer. Sie kamen die Treppe herauf — jetzt waren sie ganz nah. Wieder wagte er die ungeheure Anstrengung, trotz seines wild pochenden Herzens zu sprechen: »Etwas für mich?« O mein Gott, was war geschehen? Der Briefträger blickte zu ihm empor, grinste, kam weiter herauf, langte in seine Posttasche — Mitka beugte sich vor und griff zwischen den Geländerstäben nach dem Brief.
»*V'là M'sieu'*« sagte der Briefträger und legte den Brief in die zitternden Hände, als wäre es Brot, das er austeilte.
Aber Mitka antwortete nicht. Er richtete sich auf, hielt sich am Geländer fest und kehrte langsam, langsam in sein Zimmer zurück. Er schloß die Tür, lehnte sich dagegen und drückte den Brief an sein Herz. An der Wand, der Tür gegenüber, hing ein Spiegel. Als er die Augen hob, sah er dort sein Spiegelbild — so verwandelt, so geheimnisvoll glücklich. Mitka ist tot, dachte er. Mitka ist ein Heiliger. Lange Zeit stand er dort, und Seltsames geschah. Den Brief, der auf seinem Herz lag, vergaß er völlig. Mit staunenden Augen blickte er auf sein kleines Zimmer. Ein komisches kleines Zimmer unter dem Dach eines riesigen Gebäudes. In einer Ecke stand ein Bett mit einer roten Steppdecke mit gelbem Blumenmuster. In einer andern Ecke ein eiserner Waschständer. Ein Tisch stand in der Mitte des Zimmers, und ein Stuhl war davorgeschoben. Sein Gepäck war an der Wand aufgestapelt. Auf einem Bord neben dem Bett waren Flaschen — Flaschen in allen Farben. Ein bleistiftdünner Sonnenstrahl fiel auf die Flaschen und machte sie wunderbar schön. Vor dem Fenster hing eine zerschlissene Markise, aber sie sperrte die Sonne nicht aus. Die Sonne tanzte in Bahnen und großen, sanften Flächen goldenen Lichts über den Fußboden und die Wände. Zärtlich lächelte er dem Zimmer zu und trat an den Tisch und setzte sich davor. Ja, hier habe ich gewohnt, sagte Mitka. Er klopfte mit dem Brief auf den staubigen Tisch. Es ist recht hübsch, sagte er träumerisch. Ein Lüftchen hob die Markise und klap-

perte mit ihr. Durchs Fenster drang das Geräusch weit hinhallender Rufe und schleppender Schreie. AAAAI, näselte eine Stimme, und dann IIIIIIie! Genau derselbe Laut, den ihr alter Gärtner machte, wenn er einen Schwarm Bienen scheuchte. AAAAI, erklangen die schleppenden Rufe, und dann antwortete der alte Gärtner zornig und geschäftig. Mitka wollte sich sehr gern vom Stuhl erheben und aus dem Fenster schauen, aber nein, sein Körper rührte sich nicht. Alles Versuchen nützte nichts. Er saß still. Ihm war sehr friedlich zumute, fast, als wäre er wieder auf See. Ja, sein kleines Zimmer mit den Sonnenflecken und den schönen Flaschen schwamm im Meer, und was er hörte, waren die Stimmen der Matrosen. Warum fühle ich mich so schwach? Ach, ich weiß. Es kommt daher, weil ich so lange nicht geschlafen habe — und bei diesem Gedanken begann er langsam zu atmen, jedoch nicht zu tief, weil durch einen tiefen Atemzug ein Messer bewegt wurde, das auf den Grund seiner Lunge gefallen war. Doch es tat wohl, auch so zu atmen. Wie lange war es her, seit er geschlafen hatte? Oh, er konnte sich nicht entsinnen. Vielleicht hatte er seit Jahren nicht mehr geschlafen. Jetzt konnte er sich bewegen. Er stand vom Tisch auf und hob die Arme über den Kopf, und behutsam gehend, um nicht auf die zitternden Flecke des schönen Sonnenlichts zu treten, das über den Fußboden tanzte, erreichte er das Bett, legte sich nieder und drückte seinen Kopf ins Kissen. Auf und davon schwebte Mitka mit seinem Zimmer unter dem Dach. Auf und davon schwebte er. AAAA-iiii, klang es jetzt leiser und leiser, und die Sonne tanzte über Valeries Brief.
Und so fand sie ihn. Eine afrikanische Dienerin mit einem Schmutzeimer war ihr am Fuß der Treppe begegnet und hatte sich vor ihr die fünf Treppen hinaufgemüht, den stinkenden Eimer in der Hand. Valerie öffnete die Tür und trat sehr leise ein. Doch als sie Mitka auf dem Bett liegen sah, lief sie zu ihm und war einen Augenblick furchtbar erschrocken. Nein — *nichts dergleichen* war passiert! Er lag nur in tiefem Schlaf, das Gesicht mit Schweißperlen bedeckt — so lag er auf dem Rücken, und seine Lippen und Ohren waren sehr rot. Hatte sie das geträumt? Jedoch nicht dieses ekelhafte

Zimmer, nicht das abscheuliche Haus, nicht die gräßliche Afrikanerin und der Gestank. Das war es also: hierherzukommen hatte er ihr zugemutet — in dieses Zimmer! Sie blickte auf die Blumen, die sie trug — weiße Nelken, bei einem nach Moschus riechenden Blumenhändler gekauft. Sie hielt sie an ihr Gesicht. Sie sah die roten und blauen Flaschen, die häßlichen Sonnenflecke, die durch die zerschlissene Markise fielen — und dann sah sie auf dem staubigen Tisch ihren Brief an ihn liegen — ungeöffnet. Ihre Geistesgegenwart verließ sie nicht einen Augenblick. Entschlossen und ohne einen Versuch, ihre Schritte zu dämpfen, ging sie zum Tisch und hob ihren Brief auf. Sie nahm sich sogar Zeit, um nachzusehen, ob Blütenblätter von ihren Blumen abgefallen waren. Ich verabscheue die billigen Requisiten der Tragödie, dachte Valerie und zog die Tür hinter sich ins Schloß.

IX.

Evershed wartete im Hotelzimmer und ging mit dunkelrotem Gesicht und weit geöffneten, glasigen Augen hin und her. Als sie die Tür öffnete, fuhr er heftig zusammen. »Wo zum Teufel bist du gewesen?« fragte Evershed. »Du hast mir einen schlimmen Streich gespielt! Ich gehe für eine Sekunde weg, um Zigaretten zu besorgen, und als ich wiederkomme, finde ich das hier — das verdammte Zettelchen *In einer Stunde wieder da*. Hör mal, Valerie, so etwas darfst du einfach nicht tun, hörst du? Es ist — es ist unfair! Einem Mann so einen verdammten Streich zu spielen!« Er zitterte am ganzen Leibe und wischte sich mit einem zusammengefalteten Taschentuch über die Augenlider und den Schnurrbart. Warum hast du das getan? Warum hast du's mir nicht gesagt? Wolltest du etwas kaufen? Was war es?«
Sie blickte ihn erstaunt an, ein kindliches Lächeln auf den Lippen. »Du armer alter Junge, ich hab's mir nicht träumen lassen, daß dir so zumute ist. Ich habe nur gedacht, solange du weg wärst, würde ich nach der Bahnfahrt gerne spazierengehen. Ich hatte Kopfschmerzen. Und ich war schlechter Laune. Ich wollte an die Luft, und ich wollte meinen Ärger

durch den Spaziergang vertreiben. Habe ich dir wirklich bange gemacht?« Sie hob die Hände, um ihren Schleier aufzuknoten. »Du machst Spaß!«
»Schöner Spaß!« Er stieß einen Seufzer großer Erleichterung aus und ließ sich aufs Bett fallen. »Ich hätte nie geglaubt, daß sich ein Mann wegen einer Frau so dumm anstellen könnte! Ich hätte fast geheult! Ich war halb wahnsinnig, Valerie! Alles, was man sich nur ausdenken kann, sauste mir durch den Kopf. Ich habe sogar gedacht, du hättest es absichtlich getan. Hättest mich hergelockt und wärst dann abgehauen — nein, nicht ganz so schlimm, aber immerhin — ach, nützt ja nichts, es noch mal durchzukauen! War das wirklich alles: Du warst nicht wütend auf mich oder sonstwas? In der Bahn kamst du mir ein bißchen still vor, fand ich. Donnerwetter«, sagte Evershed, »das war ein übler Schreck!«
»Im Gegenteil«, sagte Valerie. Sie hatte ihren Hut abgenommen. Sie strich sich das Haar aus dem Gesicht und ging zu ihm, setzte sich ihm aufs Knie und blickte mit einem seltsam nachdenklichen Lächeln zu ihm auf. Sie legte ihre Hände auf seine heißen Wangen. »Ich glaube, daß ich mich tatsächlich in dich verliebe«, flüsterte sie.
»Valerie, meine Königin«, sagte Evershed. »Ich wußte ja, daß du nachgeben würdest, kleines Mädchen!«

NACHWORT

von Elisabeth Schnack

Katherine Mansfield – Eine biographische Skizze

Etwas erschaffen, was es vorher nicht gab – das ist Katherine Mansfield mit ihren Erzählungen gelungen. Nachdem die englische Kurzgeschichte dem verheerenden Einfluß eines O. Henry entronnen war und sich von der starren Form der kommerziellen amerikanischen Short Story gelöst hatte, blieb der Einfluß der englischen Realisten Kipling, Hardy, Conrad, Wells und Galsworthy auf längere Zeit maßgebend, bis auch diese Form zu erstarren drohte. Wie Kipling als Führer der älteren Generation englischer Erzähler angesehen wird, so wirkte Katherine Mansfield in noch weit größerem Ausmaß als Bahnbrecherin auf die jüngere, die Nachkriegsgeneration. Sie befreite die englische Erzählung aus der Haft des Realismus und erschuf einen völlig neuen Stil. Ihr Anliegen war nicht so sehr das *plot*, die ›Fabel‹ im herkömmlichen Sinn. Aber wenn ein Plot manchmal nicht offen zutage liegt, heißt das noch nicht, daß es nicht vorhanden ist. Auch ein Schluß ist immer vorhanden – ein Mansfieldscher Schluß. Auf impressionistischer Manier erreichte sie ein Maximum nicht nur an Stimmung, sondern auch an Bedeutung. Eingeschobene Grübeleien nehmen den ›inneren Monolog‹ ihrer Nachahmer vorweg. Ihre Details verdankt sie einer unerhört starken Beobachtungsgabe und Aufnahmefähigkeit: ihr Auge sieht alles, ihr Ohr hört alles, mit allen Sinnen nimmt sie schon von frühester Jugend an die Eindrücke ihrer Umwelt in sich auf und bewahrt sie Jahrzehnte hindurch in einem erstaunlich getreuen Gedächtnis. Diese sinnenhaften Eindrücke erfahren in ihren Erzählungen eine magische Beseelung und Vergeistigung.

In ihren größten Erzählungen ist jeder Satz bedeutungsschwer. Die unscheinbarste Bemerkung darf nicht ›überlesen‹ werden, will man in den vollen Genuß ihrer Kunstwerke kommen und die ›Botschaft‹ erfassen, die sie mitzuteilen hat. Ein ›well‹ oder ›hm‹ kann eine lange Charakterbeschreibung ersetzen. Ebenso aufmerksam muß man den Gefühlen nachgehen, auf denen ihre Stories aufgebaut sind: der Ironie, der Grausamkeit, dem Mitleid, der Bewunderung und dem Zorn. Ihre Ausdrucksweise hat zur Zeit der Entstehung ihrer Geschichten völlig neu und frisch und erfrischend gewirkt. Mit scheinbar einfachsten Mitteln beschreibt sie scheinbar mühelos einen ›Ausschnitt Leben‹ — und erreicht es, den Leser an ihren Erkenntnissen teilhaben zu lassen und ihn zu überzeugen.

Das Neue in ihren Stories war nicht nur die Übermittlung einer so stark empfundenen Umwelt, sondern auch die Eigenheit in der Aufeinanderfolge der Ereignisse. Katherine Mansfield fügte sich nicht dem Gesetz der zeitlichen Folge, sondern dem des inneren Erlebens. Von Rückblenden zu sprechen, erscheint da fast als Lästerung gegenüber einer Kunst, die alles Geschehen ineinander verwebt, die abbricht, um neue Fäden aufzugreifen — Geschichten, aus Erlebnisfragmenten zusammengesetzt und doch zu einem Muster gefügt wie das scheinbar starre, stets wechselnde, ineinanderrieselnde Muster eines Kaleidoskops.

Unter diesen Erzählungen gibt es viele, die den Leser rein atmosphärisch bezaubern, und andere, die ihn verblüffen, amüsieren, erzürnen, und wieder andere, die zu drängenden Fragen Anlaß geben. Man möchte mehr über die Entstehung dieser Kunstwerke erfahren, über ihren Schauplatz und den Zusammenhang mit dem Leben und Wesen ihrer Verfasserin, da sie fast alle autobiographischen Hintergrund haben. Katherine Mansfields Leben war in der Tat überquellend reich und vielseitig — erfüllt von innig erlebten Herrlichkeiten wie auch von abgründig durchlittenen, oft selbstgeschaffenen Qualen. Erst in den letzten Jahrzehnten sind sachliche Beschreibungen ihres Lebens erschienen, die mit der sentimentalen Legende aufräumten, welche gleich nach ihrem Tode auf Grund von allzu zahlreichen Veröffentlichungen ihres zweiten Mannes, John Middleton Murrys, entstand: daß sie nur eine engelhafte, ätherische Dulderin sei und nicht von dieser Welt. Trotz aller Enttäuschungen und Schmerzen sah Katherine das Leben als Gnadengeschenk an, in welchem es für sie ein einziges Ziel gab: ihre Kunst mehr und mehr zu vervollkommnen.

So läßt sich auch ihre sehr komplexe Persönlichkeit verstehen: als die einer sensiblen, feinnervigen *Künstlernatur*, die nicht mit der gleichen Elle gemessen werden darf wie die Natur eines nichtschöpferischen Menschen. Wichtig sind noch zwei weitere Handikaps in ihrer Entwicklung: erstens die jedem Schwindsüchtigen anhaftende emotionale Exaltiertheit und Unausgeglichenheit, die ihn von den höchsten Höhen des Lebensgefühls in Abgründe der Verzweiflung stürzen läßt,

Katherine Mansfield
in Barons Court, 1913

wobei es gerade bei Katherine als bewunderswert auffällt, wie selbstironisch sie sich in die Hand zu nehmen lernte, um leidenschaftlichen Wutausbrüchen nicht mehr nachzugeben — zum Besten ihrer Kunst.

Der andere Aspekt zur Deutung ihres Wesens ist das Außenseitertum, zu dem sie nicht nur als Künstler, sondern auch durch ihre Geburt in den Kolonien ›verurteilt‹ war. Nie konnte sie das Gefühl überwinden, Außenseiter zu sein, wie es zwangsläufig entstehen mußte, wenn man unter Engländern lebte, die — für uns Festlandeuropäer kaum faßlich — jeden nicht in England geborenen Engländer als *colonial-born* bezeichnen und behandeln. Doch schon in ihrer frühesten Jugend, wenn auch unter anderen Bedingungen, war Katherine die Außenseiterin, wenn nicht gar die Verfemte, die sich gegen den konventionellen Rahmen auflehnte, den ihr Elternhaus für unabdingbar hielt. Bei ihrem starken Liebesbedürfnis ergab das oft schmerzlichste Situationen. Auf der einen

Seite standen ihr alle Reichtümer einer intensiv empfindenden Künstlerin zu Gebote, andrerseits stieß sie während ihres kurzen Lebens überall auf Behinderungen, Hemmnisse, Frustrierungen und Hintansetzung. Mit einem Mut und einer Entschlossenheit sondergleichen nahm sie den Kampf auf, den ihr Künstlerehrgeiz gebot.
Als Kathleen Mansfield Beauchamp verlebte sie ihre Kindheit in Wellington in New Zealand, geboren am 14. Oktober 1888 als Tochter des Geschäftsmannes und Bankiers Harold

Frau Beauchamp, die Mutter Katherines

Beauchamp und seiner Frau Annie Burnell Dyer. Katherines Vater stammte aus einer alten Londoner Silberschmiedfamilie, war aber selbst schon bei den Antipoden zur Welt gekommen, geboren 1859 auf den Goldfeldern Australiens. Mit neunzehn Jahren war er in Wellington in New Zealand in eine Importfirma eingetreten, lernte die Schwester seines Kollegen kennen, ein Mädchen von auffallend vornehmer Schönheit. Er heiratete sie 1884, nachdem er sechs Jahre auf sie gewartet hatte. Er war das Urbild eines strebsamen Kaufmannes, der bald Teilhaber der Firma und später Direktor der Bank of New Zealand war und schließlich geadelt wurde. Er galt als einer der sechs reichsten Männer New Zealands. In Katherines New-Zealand-Stories tritt er uns als der haushälterische, sparsame und herrschsüchtige Familienvater entgegen, doch im Grunde war er von großer Verletzlichkeit und seiner Frau ergeben. In der Erzählung *An der*

Bucht erscheint er idealisiert, ehrlich und leicht verwundbar. Mit seinem Pflichtgefühl plagte er seine Familienangehörigen und besonders seine dritte Tochter Katherine, die seinem Ideal nicht entsprach und anders als die übrigen fünf Geschwister war. Seine Frau Annie war von den häufigen Geburten ermattet, und ein chronisch schwaches Herz und Gelenkrheumatismus ließen ihr die Aufgaben der Mutterschaft unerträglich erscheinen. In ihr Merkbüchlein schrieb Katherine Jahre später: ›Ich werde immer mehr wie Mutter: aus Menschen mache ich mir nichts.‹ Das war eine Folge körperlicher Schwäche. In Katherines Erzählungen wirkt die Mutter meistens als zarte Invalidin, die allem Familientrubel und der täppischen Liebe ihres ›Neufundländers‹, das heißt ihres Mannes, entfliehen möchte, oder die abends im nachtdunklen Garten dem Geheimnis der Aloe nachsinnt, in deren Krone sie ein Schiff zu sehen glaubt, das sie entführen wird. Doch als sie 1918 an einer Operation starb, die ihr als lebensgefährlich bekannt war und der sie sich mutig unterzog, schrieb Katherine über ihre Mutter: ›Nie habe ich jemanden gekannt, der jeden Augenblick seines Lebens so bewußt und umfassend auslebte wie sie. Ihre Heiterkeit war nicht weniger echt, weil sie einem Mut entsprang, der es mit allem aufnahm. Dadurch wurde mir erst richtig klar, daß ich Mut und Kampfgeist und Haltung über alles liebe.‹

Kurz vor Katherines Geburt ließ sich Harold Beauchamp in der Tinakori Road sein erstes Haus bauen, ein erdbebensicheres, quadratisches, weißgestrichenes Holzhaus mit rotem Wellblechdach und Buntglasscheiben in der Haustür, in das auch Annies Mutter, Margaret Mansfield Dyer, und Annies jüngere Schwester Belle Dyer einzogen – zum Glück für die ganze Familie, besonders aber für die kleine Katherine, deren Eltern ein paar Wochen nach ihrer Geburt für mehrere Monate nach England fuhren. Katherine hatte gerade Gelbsucht und blieb der Pflege ihrer ›Grandma‹ überlassen, die auch die beiden älteren Schwestern hütete: die 1885 geborene Vera und Charlotte Mary, 1887 geboren und ›Chaddie‹ gerufen.

Katherine Mansfields Geburtshaus, Tinakori Road 11, Wellington

Ihr halbes Leben verbrachte Katherine in New Zealand. Die größte Zeit davon in Wellington, einer typischen Kolonialstadt, eingebettet in Hügel oberhalb des schönen Hafens — unter dem Namen Wilton wird die Hafenstadt reizvoll in der Story *Daphne* beschrieben. Viele Erzählungen Katherines sind in Wellington und Umgebung angesiedelt und spielen sich, leicht erkennbar, dort ab, allerdings dichterisch umgestaltet und verwandelt. Die drei Hauptschauplätze sind die Stadt mit den Wohngegenden Tinakori Road und Fitzherbert Terrace und der Esplanade am Meer, sodann das Bergdorf Karori und schließlich die Buchten und Strände auf der andern Seite des Hafens. In ihrem Tagebuch schrieb die Neunzehnjährige verbittert von engen, armseligen, regennassen und schmutzigen Holzhäusern — bis auf das stumpfe, gewöhnliche Rot der Blechdächer ohne Farbe — und von der langen Kette grauer Berge, die unwegsam und gespenstig aufragen. Doch das schrieb sie in den schlimmen achtzehn Monaten, in denen sie sich nach London zurücksehnte. In der Geschichte *Ein Geburtstag* wird eine Straße — die Tinakori Road — in der deprimierenden Häßlichkeit eines Sonntagmorgens auf-

Fitzherbert Terrace 47, Wellington

gezeigt, und in derselben Story kommt eine Häuserzeile vor, wo eine Hängebrücke eine Schlucht überspannt, in die zum Ärger des Helden (Katherines Vater) ständig Abfall geworfen wurde.

Sir Harold Beauchamp, der gefürchtete und doch auch geliebte Vater, kann im Urbild eines Frühwerks, des unvollendeten Romans *Juliet*, erblickt werden: da liest man von einem hochgewachsenen, grauhaarigen Mann mit Bart und hervorstehenden blauen Augen, großen, ungeschickten Händen und einer zur Fülle neigenden Figur. In einem Brief an Murry, ihren zweiten Mann, beschreibt Katherine 1913 ihren Vater als heiter und sehr liebevoll. Sie fühle sich vor ihm wie ein kleines Mädchen, und sie hätte Lust, ihm auf die Brust zu hämmern und zu rufen: ›Du sollst mich lieben!‹ Die Entfernung hatte Katherines Einstellung zu ihrem Vater bereits gemildert, ebenso das Bild der Mutter, von der man im *Prélude*, im *Puppenhaus*, im *Gartenfest* und anderen Erzählungen einen fast schockierenden Eindruck empfängt. Sicher kann man diese Frauengestalt nicht vollständig mit Katherines Mutter gleichsetzen. Katherines Schwestern regten sich später auf, sie habe ihre Mutter verzeichnet, ohne zu bedenken, daß Katherine ihre Heldinnen von Geschichte zu Geschichte anders gestaltete — dem Thema und ihrer Vision entsprechend.

Wie sehr sie an ihrer Großmutter hing, geht ebenfalls aus den Erzählungen hervor, auch aus einer Stelle im Tagebuch von 1922, als Katherine sich am Geburtstag der Großmutter plötzlich an eine alte Photographie erinnerte und sich fragte, wo sie hingeraten sein könne. Ein Photo, wo ›sich die Liebste, Beste als ganz junge Frau zärtlich an die Schulter ihres Mannes lehnt und das Haar sanft gescheitelt trägt: ich liebe es, ich würde es so gern wiederhaben! Erstens, weil Mutter es mir schenkte, als sie mich noch liebte, und zweitens — viel wichtiger —, weil es so ganz meine liebe Großmama ist, so jung und reizend, mit diesem Arm, diesem kindlichen Ärmel mit dem Samtbändchen!‹

Daß Katherine ihre Eltern und die Großmutter, ihre Schwestern und Tante Belle und das irische Faktotum Pat in ihren Stories lebendig werden ließ, hatte sie für ihre Pflicht gehalten. Nach dem Tode ihres Bruders Leslie heißt es in ihrem Tagebuch: ›Ich muß die schöne Zeit nachvollziehen, als wir

Tinakori Road, Wellington

beide am Leben waren. Ich wünsche darüber zu schreiben, und er wünscht, daß ich es tue.‹

Doch die beschützende Liebe ihrer Großmutter schien ihr verloren, als sie nicht länger das Nesthäkchen war. Es gibt ein Bild, wo die Großmutter ein zartes Baby auf dem Schoß hält (die früh verstorbene Gwen). Katherine erzählt darüber: ›Meine Großmutter flüsterte: ‚Komm und schau dir deine kleine Schwester an!' Ich ging auf Zehenspitzen durchs Zimmer und sah ein rundes Köpfchen mit einem goldenen Haarschopf und einem schneeweißen Gesicht mit geschlossenen Augen. ‚Ist sie lebendig?' fragte ich. ‚Natürlich', sagte Großmama. ‚Sieh doch, wie sie meinen kleinen Finger festhält!' — ‚Wird sie mit dem Puppenhaus spielen?' — ‚Mit der Zeit, ja', erwiderte Großmama, und ich freute mich. Das Puppenhaus hatte uns Mrs. Heywoodges geschenkt, es war ein schönes Puppenhaus mit Veranda und Balkon und zwei Schornsteinen. ‚Sie heißt Gwen', sagte Großmama. ‚Gib ihr einen Kuß!' Ich bückte mich und küßte sie auf den goldenen Haarschopf. Aber sie kümmerte sich nicht drum. Sie lag ganz still und hatte die Augen geschlossen. ‚Jetzt geh und gib deiner Mutter einen Kuß!' Aber meine Mutter wollte meinen Kuß nicht. Sehr müde und schmächtig lag sie in ihren Kissen und aß einen Brei. Am nächsten Tag erschien ein komischer kleiner Mann, dessen Kopf in einem schwarzen Sack steckte. Er sagte: „Jetzt!" zur Großmutter, und ich sah, wie sich ihr Gesichtsausdruck veränderte, als sie sich über die kleine Gwen beugte. ‚Danke!' sagte der kleine Mann. Das Foto hing nachher über dem Kamin des Kinderzimmers. Auch das Puppenhaus ist darauf zu sehen.‹

Es war das erstemal, daß Katherine sich verlassen fühlte, weil ein andres Wesen ihren Platz bei der Großmutter einnahm.

Die Großmutter war immer der Schutzengel gewesen. Im alten Haus an der Tinakori Road, dessen Eindunkeln Kezia in *Prélude* erlebt, seufzt der Wind und ängstigt sie, und ein Angsttraum aus der Welt der Erwachsenen quält auch das *Töchterchen* der gleichnamigen Story.

Chesney Wold, Karori

Im Jahre 1903 kaufte Katherines Vater ein Grundstück mit vierzehn Morgen Land und einem stattlichen, wenn auch etwas alten Haus, das sich ein ehemaliger Premierminister hatte bauen lassen. Es lag im Bergdorf Karori, 250 Meter über dem Meer. Er hatte es der Gesundheit seiner Kinder wegen gekauft, freute sich aber auch, wie es in *Prélude* heißt, an dem billigen Erwerb. Das Haus, an dem die Poststraße vorbeiführte, hieß Chesney Wold. Zerklüftete, mit Ginster überwachsene Hügel und der ›Busch‹ gleich hinter dem Haus schlossen es ein. Vor der Zufahrt wuchs die wiederholt beschriebene und bestaunte Aloe. In ihrem Merkbüchlein schildert Katherine das Haus als ein weitläufiges Gebäude mit Erkern und Veranden. Um in sein Büro zu gelangen, ließ sich der Vater in einem Einspänner, den der Ire Pat Sheehan kutschierte, in die Stadt fahren. Mit diesem Faktotum war die ganze Familie — weil er sich auf seine kuriose irische Art auch den Kindern widmete — so zufrieden, daß sie ihn nur betrübt scheiden sahen, als es ihn zu den Goldfeldern trieb. Die Kinder besuchten die Dorfschule von Karori, ein einfaches Haus mit nur drei Zimmern. Im *Gartenfest* liest man, welchen Standesdünkel Katherines Eltern und andere ›bessere Leute‹ hegten: aber da es weit und breit nur die eine

Schule gab, mußten sie die Kinder zunächst einmal dorthin schicken, wo sie mit den Kindern des Milchmanns und der Waschfrau zusammentrafen. Im Schatten der Kiefern auf dem Schulhof erzählten die Burnell-Kinder vom *Puppenhaus*. Die kleine, mit Katherine identische Kezia trat eines Morgens mutig für den Jungen des Milchmanns ein, als er bestraft werden sollte, weil er während des Unterrichts eingeschlafen war: sie erklärte der Lehrerin, daß der Junge schon um drei Uhr aufstehen und Milch austragen müsse. Katherine war also bereits mit jungen Jahren, anders als die andern Kinder, ein schwieriges Kind und angeblich schwer zu verstehen und träumerisch, während sie im Grunde nachdenklich war und scharf beobachtete. Sie rebellierte auch gegen die Eltern, nahm sich Pat zum Verbündeten und ritt einfach davon, denn Reiten war für sie dasselbe wie Gehen. Heimlich litt sie aber darunter, daß ihre Schwestern, die süß und sanft waren, ihr vorgezogen wurden.
Die Wälder hinter Karori waren damals noch dichter ›Busch‹, und in ihrem späteren Leben wurde sie durch Kiefern an New Zealand erinnert. An Murry schrieb sie 1920 von der französischen Riviera, daß sie die dortige Gegend mehr und

Der Karori Store, 1893

In der Schule von Karori, 1898: von links, Vera, Charlotte Mary, Kathleen, Jeanne, Leslie

mehr liebe, weil ihr alles so tief ins Bewußtsein dringe wie einst in Karori. ›Wenn ich dort spazierenging und mich unter eine Kiefer legte und durch die Zweige zu den Wolkenschleiern aufblickte, kam ich ‚mit der Kiefer' nach Hause — verstehst du?‹

In der Nähe von Chesney Wold wohnte im Monkey-Tree-Haus der Schwager von Katherines Mutter, Frederick Waters, mit seiner Frau und den Söhnen Pip und Rags, ein freundlicher, musikalisch sehr begabter Mann, der kinderlieb war und mit den Kindern Scharaden veranstaltete, geschäftlich aber kein Erfolgsmensch war. Als Jonathan Trout in der Story *An der Bucht* legt ihm Katherine wunderbar weise Worte in den Mund. Er ist der denkbar größte Gegensatz zu Harold Beauchamp — kein Wunder, daß er Katherines Lieblingsonkel war.

Als Katherine (oder Kass, wie jedermann sie nannte) fünf Jahre alt war, reiste die Großmama mit den drei kleinen Mädchen zum erstenmal nach Anikiwa, der Farm und dem Stammsitz der Familie inmitten von ausgedehnten Koppeln, wo die Kinder dann alljährlich die großen Ferien verbrachten. Sie gelangten mit dem Picton-Dampfer dorthin, um ihren Großvater väterlicherseits zu besuchen, der nach einem rastlosen Wanderdasein in Australien endlich in New Zealand zur Ruhe gekommen und seßhaft geworden war. Übers Meer zu fahren war ein herrliches Abenteuer. Der Busch erstreckte sich in üppigem Wildwuchs mit Baumfarnen und anderem Gehölz bis zum Wasser hinunter.

Anikiwa war der alte Maori-Name und bedeutete Grotte der Seevögel. Kass konnte sie in ihrem Bett hören, wenn sie vor Tagesanbruch zu singen begannen. Die drei Schwestern spielten mit ihren Vettern, die entweder auf der Farm arbeiteten oder mit ihnen fischen und baden und rudern gingen. Kass war dabei immer die Stillste. Sie war ein Dickerchen und

Von links: Vera, Marie, Kathleen, Jeanne

wirkte auf die andern eher langweilig, aber wenn der Großonkel oder ihre Tante Eithel von den eingeborenen Maori erzählte, leuchteten ihre großen moosbraunen Augen auf. Die alte Armena arbeitete für die Familie: sie war die Tochter eines Stammeshäuptlings von bestem Eingeborenenblut. Kass unterhielt sich gern mit ihr, wenn sie die Wäsche bügelte. Armena hing sehr an Tante Eithel und wollte ihr die Besitzurkunden ihres Landes schenken, doch das ließ der Großonkel nicht zu, weil er es unrecht fand, den Maori etwas wegzunehmen. Eines Tages aber brannte das alte Maori-Gehöft ab und mit ihm die Urkunden. Später fiel das wertvolle Land in die Hände von weißen Spekulanten. Auf der Rückreise von Picton bekamen sie einmal sogar den sagenhaften weißen Delphin zu sehen, der riesengroß und bläulichweiß vor dem Bug des Dampfers einhertollte.

Als Katherine zehn Jahre alt war, zog die Familie wieder nach Wellington, diesmal in die Tinakori Road mit der Nummer 75. In ihrem Tagebuch beschrieb Katherine 1916 das Haus. Es war der Schauplatz für das *Gartenfest* und stand weit von der Straße zurück, ein großes, weiß gestrichenes Haus mit Balkons und Veranden, die sich auf schlanken Pfeilern um das ganze Haus zogen. ›Vorne senkte sich der Garten in Terrassen und Steintreppchen von der Veranda bis zu der mit Kapuzinerkresse bewachsenen Mauer, in die drei Pforten eingelassen waren: eine für Besucher, eine für Lieferanten und ein eisernes Tor mit Torflügeln, das nie benutzt wurde und quietschte und knarrte, wenn Bogey und ich darauf hin- und herschwangen. Die Tinakori Road war keine besonders vornehme Straße — alle möglichen Leute wohnten dort. Natürlich gab es auch ein paar gute alte Häuser wie das unsre, die sich in verwilderten Gärten versteckten, denn bestimmt würde der Grund und Boden eines Tages äußerst wertvoll sein, wenn man, wie Vater sagte, ›genug kaufte und abwartete.‹ Viele Jahre später schrieb Katherine über eine andre Straße an ihren Vater: ›Seltsam, wenn einem plötzlich einfällt, wie man am Lambton Quay eine Nummer des *Native Companion* kaufte und sich unter einen Laternenpfahl stellte, wo der liebe Leslie dann nachsah, ob meine Geschichte abgedruckt war.‹
Als die Familie Beauchamp wegen der Schule Karori verließ und wieder nach Wellington zog, besuchte Katherine drei Jahre lang das Städtische Mädchengymnasium. In der Schulzeitung wurde ihre erste Geschichte unter dem Namen Enna Blake abgedruckt und von den Herausgebern belobigt. Ab Juni 1900 besuchten die drei Schwestern Miss Swainsons

Privatschule an der Fitzherbert Terrace, die als vornehmer galt. In der Story *Ein schwaches Herz* hofft ein junges Mädchen, in die vornehme Schule aufgenommen zu werden. Dort gab Katherine eine — handgeschriebene — Schulzeitung heraus. Sie interessierte sich weniger für den Unterricht als für die Lehrerinnen, die sie später in zwei Erzählungen benutzte. Sie hatte einen Kreis von sechs bis acht aufsässigen Mädchen um sich versammelt, die auf die andern Schülerinnen als ›provinzlerisch‹ herabsahen. Katherines Klassenlehrerin erwähnte nicht ihre scharfe Beobachtungsgabe, die das junge Mädchen für sich behielt, sondern ihre Phantasie, die ›fast an Unwahrheit streifte‹. Den Lehrerinnen erschien sie als mürrisch, gleichgültig und hochmütig und durchaus nicht sonderlich begabt: vor allem ihre Aufsätze ließen zu wünschen übrig. Sie galt als ungeschliffener Diamant — im Gegensatz zu den Schwestern, die so konventionell wie die Eltern waren.

Der Schrecken auf dem Schulweg war *Ole Underwood*, der sich im Gebüsch versteckte und den Kindern bange machte, wenn sie ihn nicht in Ruhe ließen. Er war dunkelhäutig, ein ehemaliger Goldschürfer, der goldene Ohrringe trug. An sich war er harmloser als in Katherines Geschichte, aber Harold Beauchamp ließ ihn einlochen. — Katherine hatte damals zwei Jahre lang Klavierunterricht bei einem Musiklehrer, der sich nach Veröffentlichung der Story *Wenn der Wind weht* darüber wunderte, wie genau sich Katherine an die Einzelheiten seines Zimmers erinnert hatte.

Zu Miss Swainsons Schülerinnen gehörte auch Maata Mahupuka, eine selbstbewußte, elegante Maori-Prinzessin, die aus einer wichtigen und wohlhabenden Familie stammte. Sie war ein Halbblut — ihr Onkel war eng mit dem damaligen Premier befreundet. Zu diesem temperamentvollen Mädchen fühlte sich Katherine erotisch hingezogen, und Maata wurde ihre erste lesbische Freundin, an der sie in masochistischer Sinnlichkeit hing, während sie in ihren späteren Männerfreundschaften ihre männliche Seite hervorkehrte. In einem *Maata* betitelten Romanversuch beschrieb sie Maatas Schönheit und ihr kultiviertes Wesen. In der Schule war

Maata zwei Klassen höher als Katherine; sie war als Engländerin erzogen worden. Die Maori sagten von ihr, sie besäße *mana*, das heißt eine faszinierende Ausstrahlung. Katherine liebte sie, weil Maata ihr eine Wärme schenkte, die sonst niemand ihr gab. Ihre Begegnungen mußten sie verheimlichen. Nach dem Umzug von Karori zurück in die Stadt verbrachten die Kinder der Beauchamps die kleinen Ferien in Island Bay, einem Vorort, wo sie badeten, in Klippen und Höhlen spielten und schwimmen und tauchen lernten. Doch für die Sommerferien nahm Harold Beauchamp ein Bungalow in Day's Bay, das nur mit dem Fährboot erreichbar war. Wie es aus der Erzählung *An der Bucht* hervorgeht, liebte Katherine das Meer, aber auch den Wald und die Berge dahinter mit den kleinen Bächen und dem Farnkraut und der Stille. Auch in England sehnte sie sich nach dem Meer, denn, so schrieb sie, ›der englische Sommer am Meer ist nicht das, was ich meine. Ich meine das wilde, ungezähmte Wasser, das gegen meine einsame Insel brandet und wo man so lange am Strand steht, bis das Land hinter einem in Stille vergeht und die lauten, anschwellenden Brandungswogen über dem Ich zusammenschlagen‹.
Als Katherine im Jahre 1900 bei einem Fest ihrer Eltern zum erstenmal ein Wunderkind, den fünfzehnjährigen Arnold Trowell, Cello spielen hörte, überredete sie ihren Vater, ihr ein Cello zu kaufen. Sie durfte bei Arnolds Vater Thomas, einem Organisten und Geiger, der für sie zur Vaterfigur wurde, Cellostunden nehmen und übte mit Hingabe, kleidete sich rotbraun wie ihr Cello — ›wurde‹ zum Cello. In den alles andere als hübschen Arnold verliebte sie sich, nannte ihn Cäsar und fühlte, daß er sie in ihren künstlerischen Plänen verstand. Er bestärkte sie in der Vorstellung, sie sei eine angehende Künstlerin, und weckte in ihr den Wunsch, das kleinstädtische Wellington zu verlassen, nach England zu gehen und dort Musik zu studieren. Katherines Vater hatte ohnehin die Absicht gehabt, seine drei ältesten Töchter zwecks weiterer Ausbildung nach London zu bringen.
Im Januar 1903 schifften sich die Eltern mit Tante Belle, der Großmutter und den drei Schwestern auf der ›Niwaru‹ ein.

Die Beauchamp Familie, 1903: Oben links Katherine, neben ihr der Vater. Mitte: von links Charlotte Mary, Annie Burnell, Kapitän Niwaru, Belle Dyer, Sitzend vorn die Kinder Leslie und Jeanne

Sie fuhren ums Kap Hoorn und waren 42 Tage unterwegs. In Montevideo, dem ersten Hafen, den sie anliefen, schickte Katherine glühende Liebesbriefe an den zurückgebliebenen ›Cäsar‹, der erst sechs Monate später zur weiteren Ausbildung nach Europa fuhr. Ein in Las Palmas aufgenommenes Gruppenbild zeigt die ganze Familie Beauchamp mit den Schiffsoffizieren.

Katherine war fast fünfzehn Jahre alt, als sie nach London kam, wo die drei Schwestern das Queen's College besuchen sollten, um dort — fast wie an einer Universität — Vorlesungen zu hören und Musik zu studieren. Sie wohnten in einem angegliederten Heim in einem großen Zimmer im obersten Stock, durch zwei Vorhänge unterteilt, auf die sie bald verzichteten. Bei ihrer Ankunft war eine Schülerin, Ida Baker, beauftragt worden, Katherine und ihre beiden älteren Schwestern Vera und Chaddie in ihr Zimmer zu führen. Sie sah, wie Katherine mit ihren tiefen dunklen Augen und dem nußbraunen, gewellten Haar zielbewußt auf das Bett am Erkerfenster zusteuerte, das sie die folgenden Jahre behielt.

Ida war neun Monate älter als Katherine. Beide studierten Musik, Ida Violine. Sie war zwar in England geboren, hatte aber dann bis zu ihrem siebenten Jahr in Birma gelebt, wo ihr Vater, Colonel Doktor Baker, Militärarzt gewesen war. Nach der Rückkehr besuchten Ida und ihre durch Polio verkrüppelte Schwester May die mit dem Queen's College verbundene Schule als Tagesschüler. Ida hatte ihrer sterbenden Mutter versprochen, für May zu sorgen; nach dem Tode der Mutter zog Idas Vater mit May und seinem Sohn aufs Land, während Ida intern wurde.

Katherine schrieb unterdessen weiter an Cäsar, dessen Bild auf ihrer Frisierkommode stand; eines Tages schlug sie Ida vor, sie solle ihre Freundin sein. Ida erklärte ihr, daß eine Freundschaft nicht kommandiert werden könne, sondern wachsen und dann unerschütterlich sein müsse. Sie wurde Katherines treueste, stets fügsame und ergebene Freundin, deren Aufopferung Katherine viele Monate ihres Lebens zu verdanken hatte. Damals schilderte Katherine als noch Vierzehnjährige ihrer Freundin, wie sie sich zutiefst versenken und erfahren könne, was Wahrheit sei: die Wahrheit warte dort im Grunde ihres Wesens auf sie. Es mag sein, daß Ida sie verstand. Beide Mädchen schrieben Gedichte, beide studierten Musik, beide beschlossen, Künstlerinnen zu werden. Katherine legte sich nach einigen Versuchen den Künstlernamen Katherine Mansfield zu (bis dahin war sie noch Kass Beauchamp gewesen); Mansfield war der Name ihrer geliebten Großmutter. Ida wollte sich ihrer Mutter zuliebe Katherine Moore nennen, doch eine Mansfield konnte nicht dulden, daß es zwei Katherines gab. Sie taufte Ida ihrem Bruder zuliebe Leslie, und als Leslie Moore oder LM ging Ida in die Literaturgeschichte ein, denn so wurde sie von Katherine in Hunderten von Briefen angeredet, und so nannte sie sich als dreiundachtzigjährige Verfasserin ihrer Erinnerungen an Katherine.

Katherine hatte bald noch andere Freundinnen, übte ständig und arbeitete unermüdlich an ihren Geschichten; das Schreiben wurde ihr immer wichtiger als die Musik. Für die Schulzeitung schrieb sie im Laufe der nächsten drei Jahre fünf Stories, blieb aber doch die Kleine aus den Kolonien. Als ihre Klasse einmal gefragt wurde, wer schon von einem wilden Bullen verfolgt worden sei, meldete sich Katherine schließlich, weil sonst niemand die Hand hob, doch die Lehrerin sagte: ›Sie zählen nicht, Sie sind eine kleine Wilde aus den Kolonien.‹

Ab 1904 war Ida nicht länger intern, weil ihr Vater das einsame Landleben nicht ertragen konnte. Katherine besuchte Ida zu Hause und lernte den grimmigen Vater kennen, dem sie später in der großartigen Geschichte *Die Töchter des jüngst verstorbenen Colonel Pinner* ein unvergeßliches Denkmal setzte.

Der wichtigste Einfluß auf Katherine ging von ihrem damaligen Deutschlehrer, einem Professor Rippmann, aus, der selbst künstlerisch veranlagt war und diejenigen seiner Schülerinnen, bei denen er wegen ihrer skeptischen Einstellung ein Echo fand, in seine geschmackvolle Wohnung zu literari-

Ida Baker, genannt L.M.

schen Abenden einlud: er machte sie mit den Dekadenten bekannt, mit Oscar Wilde, Paul Verlaine, Arthur Symons und anderen. Oscar Wildes Aphorismen trug Katherine – neben einigen selbstverfaßten – in ihr Tagebuch ein. Daß ›Oscar‹ auf das temperamentvolle und erlebnishungrige Mädchen eine tiefe und unheilvolle Wirkung ausübte, kann nicht geleugnet werden, wenn man die notierten Leitgedanken nachliest, etwa: ›Die einzige Möglichkeit, eine Versuchung loszuwerden, ist, ihr nachzugeben.‹
Charakteristisch für die Freundschaft mit Ida ist ein Gespräch, in dem Katherine die Freundin auf die Probe stellen wollte und sie fragte, was Ida tun würde, wenn Katherine ein Verbrechen begangen, zum Beispiel jemanden mit einer Hutnadel erstochen hätte. ›Etwas Positives tun, nicht kritisieren oder wegrennen‹, war Idas Antwort. Von Katherines andern Freundinnen sind eine Sylvia und eine Evelyn zu nennen – Evelyn als das Mädchen mit der *Nelke* in der gleichnamigen Geschichte, und Sylvia, weil sie in einer andern Story als die ältere Tochter des *Colonel Pinner* auftritt. Deren Spitzname ›Jug‹ rührte von einem seltsamen Laut her, den sie jedesmal ausstieß, wenn sie sich frustriert fühlte, also etwa ›dschak-dschack‹ machte.
Die Maori-Prinzessin Maata besuchte nach Schulabschluß in Wellington ein Pariser Institut und traf Katherine in London – eine Zeit, die beide sehr genossen. – Katherine suchte auch ihre englischen Verwandten auf, den Großonkel Beauchamp, der in New Zealand sein Vermögen gemacht und sich dann in London zur Ruhe gesetzt hatte. Seine Tochter war Elizabeth, Gräfin Arnim, die Verfasserin des damals bewunderten Buches *Elizabeth und ihr deutscher Garten*, die in 43 Jahren 21 Romane schreiben sollte und für die Katherine auch nur das kleine Ding aus den Kolonien war. Die Beauchamps waren es jedenfalls, in deren Familienkreis Katherine als Außenseiter galt – wohl auf Grund von Tante Belles Klagen, die hart und selbstgerecht war.
Katherines Liebesbriefe an ihren Cäsar hatte sie schon seit längerer Zeit nach Brüssel gerichtet, denn Arnold und sein Zwillingsbruder Garnet waren dank eines Stipendiums zum

Weiterstudium nach Belgien geschickt worden. Zu Ostern 1906 wurde den drei Schwestern unter Aufsicht von Tante Belle eine Reise nach Brüssel bewilligt, und das Leben dort, die Ausfahrten mit den berühmten Brüdern Trowell, die Konzerte und das Baden im Meer, gefiel ihnen sehr, weil es so viel ungezwungener als das Leben im College war, obwohl Katherine sich nicht sehr um die Vorschriften gekümmert hatte. Auch wenn die Trowells zu den Ferien nach London gekommen waren, hatte sie sich mit ihnen amüsiert — und einen Besuch bei Ida vorgetäuscht.
Katherine wollte auf keinen Fall in das spießige Wellington zurückkehren und sprach sich mit Ida darüber aus, denn sie war die einzige, die sie verstand und an sie glaubte. Im ersten Kapitel ihres Romanbruchstücks *Juliet* beschreibt Katherine sich selbst, die breite Stirn, die schmale Nase, die sinnlich geschwungenen Lippen, nachdenklich, aber voller Vitalität, eine Träumerin, deren Träume nicht in Erfüllung gingen, da sie ›nur durch Lektüre das Leben kennengelernt‹ habe.
Tiefenttäuscht mußte sie sich von London trennen. Auf der *Corinthic* kehrte sie im Herbst 1906 mit den Eltern zurück, die sie abgeholt hatten. An Bord war eine Cricketmannschaft, so daß Katherine genug Aufmunterung fand. Aber sie war maßlos empört und gekränkt, weil ihr Vater gegen einen längeren Aufenthalt war, und nannte ihre Eltern neugierig und falsch, weil sie sie beobachteten. Im Dezember 1906 lebten sie am Meer, denn dort war ja Hochsommer, und nach der Rückkehr bezogen sie ein noch größeres Haus an der Fitzherbert Terrace, in welchem Katherine die nächsten anderthalb Jahre verleben sollte, falls sie sich nicht an der geliebten Meeresbucht aufhielt.
Katherines Enttäuschung wegen der Rückkehr nach Wellington war so groß, daß sie sich in den ersten Wochen nicht um ihre Grandma kümmerte, die nicht mehr bei ihnen wohnte, sondern zu ihrer ältesten Tochter gezogen war. Als Katherine von ihrem Tod hörte, war sie tief betroffen. An Ida schrieb sie regelmäßig jede Woche ausführliche Berichte über Erlebnisse, die auch in ihren Stories wiederkehren, so *Wenn der Wind weht* mit dem Weg auf der Esplanade mit ihrem Bru-

der Leslie, auch Bogey genannt (diesen Namen übertrug sie später auf Murry).
Die Tage im Bungalow am Meer beglücken sie. Von der Bucht schaut sie auf die Kaikouras-Berge: in Nebel gehüllt erscheinen sie ihr wie ein Geisterland. Noch 1917 schrieb sie über jene Jugendtage am Meer: ›Frühmorgens hatte ich immer den Eindruck, die kleine Insel sei über Nacht in die dunkelblaue See versunken, um erst beim Glanz des Tages wieder aufzutauchen — geschmückt mit glitzernden Tautropfen.‹
Im Elternhaus ist sie unglücklich und ungeduldig, schildert die Eltern als reiche Spießer, die nur Interesse für Golf und Bridge hätten. *Eine ideale Familie* erinnert vielleicht an das Haus an der Fitzherbert Terrace, und die Story *Neue Kleider* mit der unliebsamen Wochenabrechnung stützt sich ebenfalls auf Tatsachen. In dieser Langeweile entdeckte sie in Edith Bendall eine Freundin und erlebt ihre zweite lesbische Liebe. Edith ist künstlerisch veranlagt, sie zeichnet und malt kleine Kinder und dunkelhäutige Maori-Babies und illustrierte Katherines Kindergedichte mit Kinderköpfchen, die Katherine hinreißend fand. Ihre Briefe und Tagebücher sprechen — genau wie ihre Erzählungen *Sonne und Mond, Das Puppenhaus, Pearl Button, Das kleine Töchterchen, Wippwapp* und andere — von ihrer großen Liebe zu Kindern: ihr Leben lang wünschte sie sich Kinder, doch der Wunsch ging nie in Erfüllung. Ihre postum veröffentlichten Kindergedichte wurden von Walter de la Mare sehr bewundert. Gedichte und Zeichnungen wurden an Verleger geschickt, die Gedichte kamen zurück, die Zeichnungen gingen verloren. Später schrieb Katherine auch Prosa für Edith und wandte sich immer mehr dem Schreiben zu. Das Schreiben beruhigte sie, während Musik ihre Phantasie anregte.
Im Juni 1907 schreibt sie im Tagebuch ganz offen über ihr Liebeserlebnis mit Edith, vor dem selbst die Liebe zu Arnold Trowell verblaßte, obwohl sie ihn später als ›Gatten, Freund und Geliebten‹ anredete, ›der mir alles gibt und dem ich alles gebe.‹ Über ihre Cellostunden bei Arnolds Vater schreibt sie, daß er hinterher beim Tee über die Ehe mit einem Musiker gesprochen habe, für den zuerst seine Kunst

und nicht seine Frau käme. Sie dachte dabei an ›Cäsar‹, und daß sie manches selbst erproben könne, falls sie ihn heiratete. Doch am Tage darauf erhielt sie einen vernichtenden Brief von ›Aida‹ (= Adel-aida und Adela-Ida), wie sie Ida auch nannte, der ihr erklärte, weshalb sie einen Monat ohne Brief von ›Cäsar‹ geblieben sei. Dieser Brief schien ihre Traumwelt zu zerstören. Sie nennt sich jetzt alt und zornig und einsam, möchte zwar einsehen, daß Künstler so leben müssen, wie Arnold Trowell es dem Brief zufolge tat, beschloß aber, selbst nie so zu leben. Nun war ihr die Stadt erst recht verhaßt. Sie fand alles klein und ohne Lebensschwung. Erst in der Erinnerung erscheint Wellington wieder verklärt, so als das reizende Städtchen in *Daphne* mit dem putzigen Theater; auch den Klostergarten, in dem sie oft spazierenging und las, macht sie in *Den Schleier nehmen* lebendig. Als die Eltern Trowell, deren Haus seit Jahren Katherines eigentliches Zuhause gewesen war, wo sie Musik und Freundschaft und ein unkonventionelles Leben kennengelernt hatte, dann auch nach Europa zogen, um ihren Söhnen näher zu sein, kannte Katherines Niedergeschlagenheit keine Grenzen mehr.

Ein Brief aus dem Jahre 1907, der handschriftlich erhalten geblieben ist, kündet von ihrer Entschlossenheit, Wellington zu verlassen. Die damals erst Neunzehnjährige hat eine sehr energische Schrift, und die Worte I GO (ICH GEHE) schreibt sie sogar in Blockschrift. Auch wenn eine Story nicht wachsen wollte, war sie verzweifelt. Sie schrieb kleine Skizzen, die sie Vignetten nannte und dem *Native Companion* in Melbourne anbot; der Redakteur nahm sie an, doch kamen ihm Zweifel, weil Katherine ihm mitgeteilt hatte, sie sei erst neunzehn, aber ihre Prinzipien seien so leicht wie ihre Prosa. Dem Redakteur, der sie für eine reife und erfahrene Frau hielt, schrieb Katherines Vater daraufhin einen Brief und bestätigte, daß seine Tochter erst neunzehn sei. Sie erhielt einen Scheck und wurde aufgefordert, mehr zu schicken.
Im November 1907 unternahm sie eine vom Vater gestiftete langen Inlandreise; vielleicht wollte er sie mit ihrer Heimat aussöhnen und hoffte sie zu halten, vielleicht wollte er die

Aufsässige auch nur loswerden. Sie fuhr mit der Bahn an die Ostküste, und in Napier schloß sie sich einer Camping Party an. Vier Männer und vier Frauen durchquerten in zwei von Pferden gezogenen Stellwagen einen Monat lang das Landesinnere. Katherine schrieb fortlaufend darüber – in einem Tagebuch und in Briefen an ihre Mutter. Sie beklagte sich über das Schlafen im Zelt und über die Häßlichkeit der Gegend um Roturua – ein vielbesuchtes Touristenziel –, behauptete aber, sehr glücklich zu sein. Die Wildheit und die bizarre Häßlichkeit des Landes beeindruckten sie. Zum erstenmal lernte sie die Maori kennen, die sie bisher nur in Anikawa erlebt hatte. Ihr Charme und ihre Offenheit entzückten sie. Ihr natürliches Wesen schildert sie in der Erzählung von der gekidnappten *Pearl Button* – diese Frauen sind also nicht etwa Zigeuner! Die Farbe der heißen, brodelnden Schlammquellen fand sie abstoßend. Das unzivilisierte Land gibt ihr später den Anlaß zu zwei Erzählungen, zu *Millie* und zur *Frau im Laden,* letzterer eigentlich ein *whare,* also eine Maori-Heimstatt. Vieles erschien ihr grotesk und grausam und ›als wandle der wilde Geist des Landes selber umher und hohnlache über alles, was er sah‹ – womit sie wohl die Touristenscharen meinte. Verlassene Dörfer und Überreste riesiger Waldungen, die niedergebrannt wurden und nun wie Skelette phantastischer Tiere aufragten, sprachen vom Einbruch der Zivilisation. Aber auch schöne Ausblicke von der Höhe und drei Wasserfälle dicht nebeneinander regten ihre Phantasie an. Die Schlammvulkane sah sie als kochende Geschwüre; einen tiefen Eindruck hinterläßt ein schroffer Berg oberhalb des Waikato-Flusses, der das uralte Kampfgelände der Maori war.

Bei alledem konnte sie die verfeinerte Kultur Londons nicht vergessen. Sie hatte ihren Plan, nach London zurückzukehren, keineswegs aufgegeben und nur noch nicht den Mut gefunden, mit ihrem Vater zu sprechen. In den 1907 geschriebenen Briefen und Tagebucheintragungen äußert sich ihre Entschlossenheit: ›Ich könnte eine gute Autorin werden – Ehrgeiz und Ideen besitze ich.‹ Endlich erlaubt der Vater nach einem Gespräch, das ihm ihren festen Willen beweist,

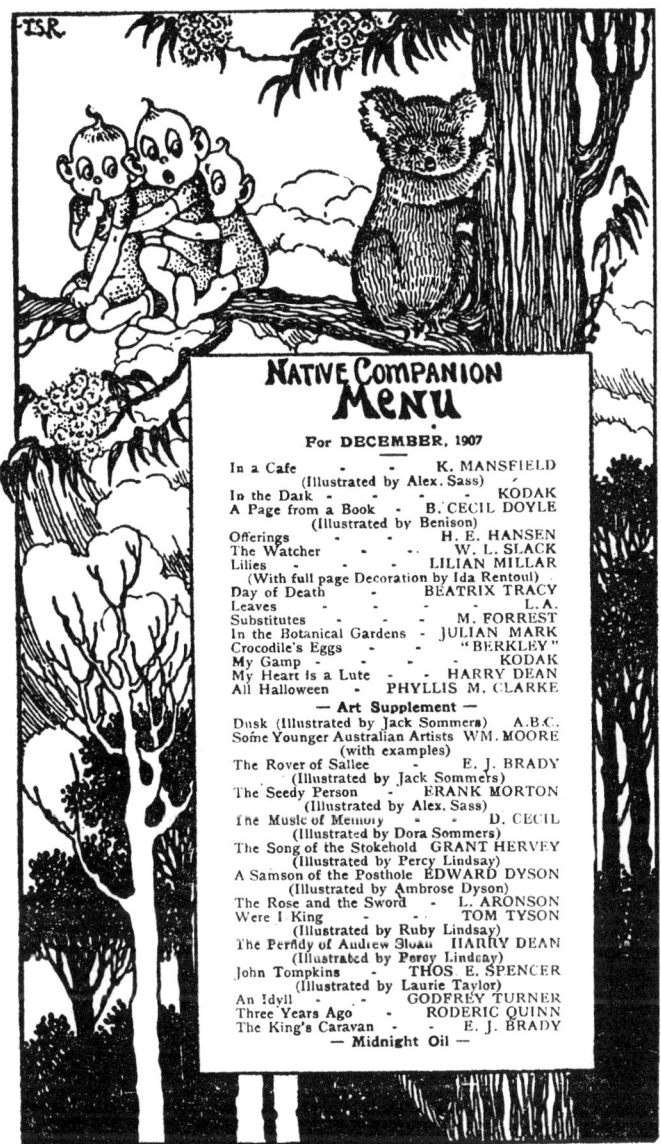

Katherines erste Vignette in ›Native Companion Menu‹, Dezember 1907

die Rückkehr nach London für den Anfang des folgenden Jahres — 1908. Doch da widerfährt ihr ein Pech: auf vielen losen Zetteln hatte sie notiert, was sie während des Weihnachtsballes in einer Tanzpause mit ihrem Tanzpartner erlebte: der stürmische Wind hatte die Zettelchen vom offenen Fenster ins Zimmer geweht, wo ihre Mutter sie aufsammelte und las. Danach schien es ungewiß, ob sie jemals die Erlaubnis für die Reise erhalten würde, und Katherine stand solche Qualen aus, daß sie in ihrem Tagebuch sogar von Selbstmord schreibt. Im Februar trägt sie mit Blockschrift ein: ›NIMM DICH ZUSAMMEN!‹
Endlich willigte ihr Vater ein.

Am 4. Juli 1908 fand im Hause des Premiers, des Vaters ihrer Freundin Eileen Ward, ihr zu Ehren das Abschiedsfest statt, wie der *New Zealand Freelance* zu berichten wußte, ›mit vielen Freundinnen und Musik und einer Wahrsagerin, an einem mit Primeln und Veilchen übersäten Teetisch. Miss Beauchamp schiffte sich in Lyttleton auf der ‚Papanui‘ ein, und ihre Eltern begleiteten sie ein kurzes Stück‹. Doch der reiche und ohnehin knauserige Vater beging einen schweren Fehler, indem er das junge, im Luxus aufgewachsene Mädchen mit einer Jahresrente abspeiste, die für eine Künstlernatur nicht ausreichen konnte. Wöchentlich standen ihr 40 Shilling zur Verfügung: 30 Shilling mußte sie für das von ihrem Vater vorgeschriebene Heim für Musikstudentinnen, die Beauchamp Lodge, ausgeben, der Rest sollte für alles übrige reichen, für Kleidung, Autobus, Papier usw. Zum Glück war die treue Ida da, die sie an der Bahn abholte — von der Verwandtschaft war niemand erschienen.
Auch Ida hatte, weil sie noch nicht mündig war, nur wenig Geld, doch fanden sie, daß Geldmangel, um sich ständig davon niederdrücken zu lassen, etwas zu Gewöhnliches sei, und wie man einen Freund um eine Tasse Tee bäte, könne man ihn auch um Geld bitten. Deshalb nannten sie Geld von da an nur ›Tee‹ oder ›T‹. Sehr zu beider Kummer mußten sie Katherines teures Cello für nur drei Pfund verkaufen. Dank ihrer Begabung für Rezitation, Musik und Imitation wurde

Katherine oft zu Gesellschaften eingeladen und erhielt ein Goldstück für den Abend. Katherines erster veröffentlichter Beitrag in London war ein Gedicht in der *Daily News*. Sie schrieb damals auch über ihre Weltanschauung und erwies sich als klar denkende, emanzipierte Frau, die der Ansicht war, daß die Frauen noch immer in selbstgeschmiedeten Sklavenketten gefangengehalten werden. Als Ziel standen ihr kritisches Denken, Unabhängigkeit und die Erkenntnis vor Augen, daß Kunst Selbstentwicklung sein müsse.
Weil sie in der Beauchamp Lodge (die nichts mit Katherines Familie zu tun hat) ständig von Mitstudenten und -studentinnen gestört wurde, siedelte sie zu den Trowells auf Carlton Hill über, die sie, weil auch in finanziellen Schwierigkeiten, gerne als zahlenden Gast aufnahmen. Sie bewohnten ein stilles Haus mit kleinem Garten, und Katherine war dort glücklich. Trowells erwarteten ihre Söhne, die von Brüssel nach London übersiedeln sollten, und Katherine holte sie an der Bahn ab, war aber sofort von Arnold enttäuscht und wandte sich dem sanfteren Zwillingsbruder Garnet zu. Die Künstleratmosphäre im Hause behagte ihr sehr. Sie verliebte sich in Garnet, und er sich in sie. Beide planten zu heiraten, er neunzehn-, sie zwanzigjährig. Damals schrieb sie ihre erste eigentliche Erzählung, *Rosabels Müdigkeit*, die erst 1924 postum veröffentlicht wurde. Wie Rosabel sehnte sich auch Katherine nach Sicherheit — aber die fand sie bei Garnet nicht. Er nahm eine Stelle als Geiger bei einer herumreisenden Operntruppe an, und weil Katherine nicht wochenlang ohne ihn leben mochte, reiste sie zu ihm, lebte als seine Frau bei ihm und verdiente Geld als Statistin. Über diese Zeiten und die folgenden Geschehnisse liegen nur widersprüchliche Daten vor — jedenfalls ertrug Katherine das Leben bei der Truppe nicht lange, weil sie keine Ruhe zum Schreiben fand. Die Eltern Garnets waren gegen eine Heirat, und Katherine mußte wieder in die Beauchamp Lodge ziehen. Sie sandte flehende Briefe an Garnet und wartete verzweifelt auf eine Antwort. Ostern war sie in einem Abgrund der Verzweiflung und nahm Veronal, um schlafen zu können. Garnet wurde von seinen Eltern daran gehindert, sie

wiederzusehen. In ihrem Tagebuch klagt sie, daß sie nirgends Schutz fände und nirgends hingehöre. Später vernichtete sie die ›Jeremiaden‹.
In den Jahren von 1909 bis 1916 zeigte sie eine unersättliche Gier nach ›Erfahrungen‹. Sie wollte nicht länger leiden, sondern berechnend und kühl jemand heiraten, der ihr gutes Recht achtete, als Künstlerin zu leben. Diesen Mann glaubte sie in dem Sänger und Gesangslehrer gefunden zu haben, der in Cambridge studiert hatte und George Bowden hieß, ihre Begabung respektierte und sie anbetete. Garnet liebte sie noch immer inständig, aber er konnte ihr nicht die notwendige Sicherheit bieten. Im März 1909 heiratete sie Bowden, und zwar in überstürzter Eile. Einer ihrer Verwandten hatte nämlich von der geplanten Heirat gehört und ihre Eltern benachrichtigt. Sein Brief würde fünf Wochen unterwegs sein. Katherine kaufte sich einen teuren schwarzen Hut (der sehr häßlich gewesen sein muß, denn die Mutter empfahl Katherine schon bei der Ankunft, ihn dem Zimmermädchen zu schenken), zog ein schwarzes Kleid an und wurde von ihrer Trauzeugin, Ida Baker, abgeholt.
Die Trauung im März 1909 fand in einer deprimierend trostlosen Amtsstube statt. Sie verbrachte den Tag und die Nacht mit ihrem Mann und verließ ihn am nächsten Morgen. Einen Grund gab sie nicht an, er erfuhr ihn auch erst Jahrzehnte später: Katherine erwartete ein Kind von Garnet Trowell, den sie noch immer liebte, und das Kind wollte sie unbedingt haben. Als ihre Mutter im Mai eintraf, begrüßt von der ganzen vornehmen Verwandtschaft, mußte Katherine sofort zur Mutter in deren Hotel ziehen, obwohl sie und Ida eine kleine Wohnung gemietet hatten (denn in der Lodge durften nur Unverheiratete wohnen). Katherines Mutter, die nicht zornig, sondern voller Verachtung für eine Tochter war, die sich Freiheit für ihre Selbstentwicklung gewünscht und in acht Monaten in eine törichte Ehe gestürzt hatte, wußte nur, daß sie ihrem Mann davongelaufen war, und ahnte nichts von der Schwangerschaft. Sie wollte Katherine möglichst rasch von der Bildfläche verschwinden lassen und schickte sie ›zur Erholung‹ in ein Kloster in Bayern, dann reiste sie wieder ab.

Katherine unternahm die Reise vielleicht mit ähnlichen Gefühlen wie die *Kleine Gouvernante*, doch sie ließ sich, mutig und tapfer wie sie war, nicht lange unterkriegen, verzichtete auf das eintönige Klosterleben und zog nach dem damals noch billigen Bad Wörishofen, dem Schauplatz des Buches *In einer deutschen Pension*. Allmählich überwand sie die ausgestandenen Ängste, zwang sich, nicht mehr Veronal zu nehmen, unterzog sich der Kaltwasserkur des Pfarrers Kneipp — nicht ohne sich zu erkälten und krank zu werden. Die Spaziergänge in den schönen Wäldern genoß sie sehr. Als sie einen schweren Koffer auf einen Schrank heben wollte, erlitt sie eine Fehlgeburt und war todunglücklich, weil sie sich auf das Kind so gefreut hatte. Ihre Gedichte aus jener Zeit deuten die Stürme in ihrer Seele an. Die treue Ida kam auf den Gedanken, ihr ein Kind zu verschaffen: es gelang ihr, einen unterernährten Jungen aufzutreiben, der gerade eine Brustfellentzündung hinter sich hatte, und ihn mit Fahrkarte und Anschrift nach Wörishofen zu schicken. Er war ein schmächtiges achtjähriges Kerlchen, das später einmal der kleine Lennie in der Story von der alten *Ma Parker* wurde. Katherine fütterte ihn auf und schickte ihn gesund wieder heim.
Unterdessen hatte sie nette Freunde kennengelernt, so die österreichische Familie, die sie später in Genf wiedersah, und einige Polen, die ihr slawische Lieder vorsangen und sie mit der polnischen und russischen Literatur bekannt machten. Sie schlugen ihr auch vor, ihre Erzählungen für polnische Zeitungen zu übersetzen, denn Katherine hatte schon begonnen, Satiren und Karikaturen zu schreiben, die später unter dem Titel *In einer deutschen Pension* erschienen. Die erste dieser Geschichten hieß DAS-KIND-DAS-MÜDE-WAR — sicher ein Symbol ihres eigenen müden Daseins und nicht etwa eine Schilderung der bayerischen Bauern, die alle freundlich zu ihr waren. Diese Geschichte als Plagiat einer Tschechowschen Erzählung zu bezeichnen, haben die Kritiker aufgegeben, weil es vom künstlerischen Standpunkt aus nicht stichhaltig ist.
Im Januar 1910 kehrte sie nach London zurück. Ida hatte ihr ein Zimmer in einem Hotel besorgt, wo sie sich eine Weile

ausruhen konnte. Im Februar beschloß sie, zu Bowden zurückzukehren. Sie hatte ihm von Bayern aus geschrieben und von London aus telegraphiert, unterzeichnet ›deine Frau‹. Sie zeigte ihm ihre Erzählungen. Er hielt Ida für Katherines lesbische Freundin, um derentwillen Katherine ihn verlassen hatte, doch Ida wußte laut ihrer eigenen Beteuerung damals überhaupt nicht, was das Wort bedeutete. Vorsichtshalber kamen die beiden Freundinnen überein, Bowden nicht zu sagen, daß Ida in London war. Katherine lebte in Bowdens Wohnung, und Ida besuchte sie nur in Bowdens Abwesenheit. Glücklich war Katherine auch dort nicht, weil sie aus verschiedenen Gründen nicht zum Schreiben kam.
Im März 1910 mußte sie ihren Mann dann doch bitten, Ida zu holen, denn sie war plötzlich an Bauchfellentzündung operiert worden und lag in einem Pflegeheim, in dem sie es wegen der Zudringlichkeit des Arztes nicht aushalten konnte. Ida schaffte sie in ihre eigene Wohnung, die ihr Vater ihr vor seinem Wegzug nach Rhodesien gemietet hatte, und pflegte sie.
Auf Bowdens Vorschlag hin hatte Katherine die Verbindung mit A. R. Orage, dem Redakteur der Zeitschrift *The New Age*, aufgenommen. Sie hatte ein Manuskript — nicht etwa *Rosabel*, sondern *DAS-KIND-DAS-MÜDE-WAR* — persönlich in die Redaktion gebracht, und ihr Mann wartete draußen auf die Entscheidung. Die Geschichte wurde angenommen, und sie sollte noch mehr senden. Dadurch war sie, wie Bowden feststellte, ›unabhängig geworden, und unsre Ehe wurde zur Episode.‹ Vom Mai bis Oktober 1910 veröffentlichte Orage die in Wörishofen entstandenen Geschichten. Er und seine Mitarbeiterin und Freundin Beatrice Hastings hatten Katherines satirische Begabung erkannt und wollten die erst Einundzwanzigjährige auf diese Kunstform festlegen. Bedeutendere Mitarbeiter waren damals George Bernard Shaw, Gilbert Keith Chesterton, Herbert George Wells, Arnold Bennett und Joseph Hilaire Pierre Belloc. Katherine dachte immer voller Bewunderung an Orage; sie war ihm für seine Anregungen dankbar und wurde oft in sein Cottage nach Sussex eingeladen. Sie befreundete sich mit Bea-

trice, die ihr auf den ersten Blick sehr ähnlich sah, doch Bilder aus der gleichen Zeit zeigen einen gänzlich anderen Gesichtsausdruck. Katherine und Beatrice spornten einander zu kleinen Bosheiten an, die unter einem angenommenen Namen in Orages Zeitschrift erschienen. Allmählich war Katherine der Zwang verhaßt, sich so einseitig in ihrer Kunst festgelegt zu sehen. Als sie ihren zweiten Mann, John Middleton Murry, kennenlernte und für dessen Zeitschrift *Rhythm* zu schreiben begann, entzweite sie sich mit Orage, und erst gegen Ende ihres Lebens spielte er wieder eine bedeutsame Rolle.

Im Sommer 1910 erkrankte sie an Gelenkrheumatismus, und Ida mietete ihr ein Cottage in Rottingdean, wo sie sich erholen sollte. Sie genoß diese Ruhepause, den Sonnenschein, die Wiesen und die Seeluft. George Bowden besuchte sie zweimal, dann brach Katherine die Beziehung ab und sah ihn erst Jahre später im Zusammenhang mit der Scheidungsfrage wieder. Ida besorgte ihr Bücher aus der Bibliothek in Brighton, und häufig kamen befreundete Schriftsteller zu Besuch. Als es Katherine besserging, stellte ihr der Maler Bishop, der für mehrere Monate zum Malen nach Marokko gehen wollte, seine Wohnung am Cheyne Walk in Chelsea zur Verfügung. Dort wohnte Katherine sehr gern und schrieb Gedichte und Geschichten. In der Nähe entdeckte sie eine kleine Schneiderin, die ihr die für sie so charakteristischen und originellen Samtjäckchen und Kleider nähte.
Im November 1910 besuchte sie in der Grafton Gallery die vom Publikum belächelte Ausstellung der Nachimpressionisten Cézanne, van Gogh, Gauguin und Matisse, die auf ihre Art zu schreiben einen merkwürdig befreienden Einfluß ausübten. Sie wollte in Worten nachvollziehen, was die jungen Maler in Farbe ausdrückten. In der Wohnung über ihr hörte eine Dame Katherines Gesang: sie versuchte sie zu überreden, sich ausbilden zu lassen. Katherine ging nicht darauf ein, weil sie sich in ihrer Unabhängigkeit bedroht fühlte. Doch mit Idas Hilfe und in Teilzahlungen kaufte sie den Flügel der Dame, um darauf zu üben.

Den ganzen Winter über kamen viele Freunde zu Besuch, auch William Orton, ein junger Lehrer und Schriftsteller, der in seinem autobiographischen Roman *Romantics* ein Bild seines Zusammenlebens mit Katherine beschreibt. Wie er es in seinem Buch erwähnt, schenkte ihm Katherine ihren Ring mit dem großen schwarzen Opal, den sie von den Maori bekommen hatte. Die einundzwanzigjährige Katherine, die wie immer auf das Sammeln von ›Stoff‹, das heißt von Erfahrungen, erpicht war, hatte nach Aussage ihrer Freundin Ida noch eine andere Liebesaffäre mit einem jungen Unbekannten. Er war gegen eine Heirat, und als Katherine ihn mehrere Jahre später in einem Café wiedersah und ihn vulgär fand, sagte sie zu Ida: ›Da sieh mal, was mir erspart blieb!‹
Nachdem der Maler Bishop Anfang 1911 zurückgekehrt war, hatte Katherine eine eigene Wohnung suchen müssen und in Clovelly Mansions drei leere Dachzimmer mit Küche und Blick auf die Dächer Londons gefunden. Ida half ihr beim Einrichten. Da sie kein Geld hatten, wurde der Boden mit japanischen Matten bedeckt und mit Sitzkissen möbliert. In einem der beiden Vorderzimmer standen zwei Ruhebetten und ein von Ida gestifteter steinerner Buddha aus Birma, in dem andern Zimmer nahm der große, noch nicht abbezahlte Flügel allen Platz ein, und dank Katherines Geschmack und Farbensinn wurde die Wohnung sehr originell.
Ida glaubte, sie könne unbesorgt zu einem längeren Besuch bei ihrem Vater und ihrer Schwester in Rhodesien aufbrechen, denn Katherine war voller Vorfreude auf das Kind, das sie erwartete (vermutlich von dem jungen Unbekannten, der weiterhin ahnungslos blieb). Für das bevorstehende Ereignis hinterließ Ida sechzig Pfund. Doch als sie Katherine nach sechs Monaten wiedersah, war kein Kind zur Welt gekommen, und das Geld war verbraucht. Katherine war durch die Nachricht überrascht worden, daß ihre Eltern im Sommer 1911 zur Krönung kommen wollten. Wahrscheinlich mußte sie den endgültigen Bruch mit ihren Eltern vermeiden — jedenfalls wandte sie sich hilfesuchend an Beatrice Hastings, die einen Eingriff veranlaßte. Damit war Katherine ihr und der Zeitschrift *New Age* verpflichtet und überließ

Ida Baker (Leslie Moore) in Rhodesien, 1914 bis 1916 (ganz rechts)

Orage die Geschichte *Ein Geburtstag*, die zwar im Band *In einer deutschen Pension* erscheint, deutsch sind jedoch nur die Namen: das Ehepaar ist zweifellos ein Porträt von Harold und Annie Beauchamp in der Tinakori Road in Wellington mitsamt Hängebrücke und Schlucht.
Die Eltern brachten ihre Kinder Chaddie, Jeanne und Leslie mit, und letzterer schloß sich, jetzt siebzehnjährig, voller Begeisterung an seine berühmte Schwester an. Sie genossen London gemeinsam, aber im Juli erkrankte Katherine an Brustfellentzündung. Ihre Mutter riet ihr, zur Nachkur in den Süden zu fahren, Katherine reiste aber nach Brügge, wovon ihre Erzählungen *Die Reise nach Brügge* und *Ein wahres Abenteuer* zeugen; schließlich nach Genf, wo sie in der Pension wohnte, die den Anstoß zu *Pension Séguin* und zu *Violet* gab. Diese Erzählungen weisen einen Fortschritt gegenüber den ›bayrischen‹ Skizzen auf: die Ich-Erzählerin kann jetzt auch über sich selbst lachen. Sie hatte erkannt, daß die Menschen alle ziemlich komisch und ziemlich liebenswert sind. Auch *Bains Turcs* spielt in Genf. Ida war froh, als sie

auf der Rückreise Katherine in Genf auftreiben konnte. Es war nötig, daß sie sich ihrer annahm, denn Katherines Mutter hatte sie ohne finanzielle Unterstützung und unbekümmert um ihre Probleme abreisen lassen.

Als sie wieder in Clovelly Mansions war, schrieb sie in ihr Tagebuch, daß sie mit Orton zusammen schaffen und arbeiten wolle: ›Ich will ein neues Leben anfangen, das bisherige ist bis auf den letzten Faden abgenützt.‹ Sie konnte ihr erstes Buch vorbereiten, auf das ihr der Verleger Swift eine Vorauszahlung von fünfzehn Pfund gab. *In einer deutschen Pension* erhielt gute Kritiken und wurde bei der damals in England herrschenden antideutschen Stimmung vom Lesepublikum beifällig aufgenommen. Damit stand Katherine vor der Familie Beauchamp endlich gerechtfertigt da, denn jetzt war sie ›eine Autorin mit außergewöhnlichem Talent‹. Die folgenden elf Lebensjahre Katherines bis zu ihrem Tode stehen ganz unter dem Zeichen ihrer wechselvollen Beziehung zu ihrem zweiten Mann, John Middleton Murry, der damals, noch als Oxfordstudent, eine kleine, aber wichtige Zeitschrift *Rhythm* herausgab und Katherine um Beiträge bat. *Rhythm* war die erste Vierteljahresschrift für Literatur und Kunst in England, die Reproduktionen moderner Maler, so auch von Zeichnungen Picassos, brachte. Katherine konnte wegen ihrer Abwesenheit nicht sofort auf Murrys

John Middleton Murry, ca. 1909

Bitte eingehen. Sie sandte ihm zwei Erzählungen, von denen die zweite, *Die Frau im Laden,* mit der größten Bewunderung angenommen wurde. Ende Dezember 1911 waren Katherine und Murry gemeinsam zu einem Abendessen eingeladen, und Katherine sah zum erstenmal den schüchternen, zehn Monate jüngeren Murry. Sie lud ihn zu sich ein — zu Tee mit Braunbrot und Honig —, und nach einigem Hin und Her kam es auch dazu. Murry staunte über die fast unmöblierte Wohnung, in der er auf einem Schaukelstuhl thronen durfte, während Katherine auf dem Fußboden kauerte und ihm den Tee in einer Schale einschenkte. Verlegen erzählte er ihr von seinen Schwierigkeiten: er hatte keine Lust mehr, sich auf weitere Examen in Oxford vorzubereiten (was seine Eltern von ihm erwarteten), sondern er wollte selbständig arbeiten. Katherine riet ihm, Oxford zu verlassen. Damit war bereits ein Gewicht von seinen Schultern genommen — das WIE würde sich auch noch lösen lassen. Er durfte als Untermieter in Katherines Musikzimmer einziehen, obwohl Katherine die Wohnung gerade hatte aufgeben wollen, um sich ein Häuschen auf dem Lande zu suchen. Beide genossen die gegenseitige Anregung für ihre Arbeiten. Die Auseinandersetzung mit Murrys Eltern war weniger angenehm: eines Tages erschienen Murrys Mutter und seine Tante in Katherines Wohnung, um ›der Verführerin‹ den begabten Sohn zu entreißen, Murry ließ sich indessen nicht wegholen. Die Redaktion des *Rhythm* wurde nach London verlegt. Katherine wurde Mitarbeiterin, verließ also zeitweilig den Mitarbeiterstab des *New Age,* wodurch sich beide den Zorn und den ätzenden Spott jenes Blattes zuzogen. Die ›Überläuferin‹ wurde in jeder Nummer angegriffen und verunglimpft. Ende 1911 hatte Katherine den irischen Anwalt Gordon Campbell — den späteren Lord Glenavy und Präsident der Bank of Ireland — kennengelernt, der bald auch Murrys Freund wurde und allabendlich lange (für Katherines Geschmack zu lange) Gespräche über metaphysische Probleme führte. Sie fand sie nicht immer interessant, ihr Ziel war einzig das Schreiben. Gordon stand ihnen auch manchmal in finanziellen Nöten bei, und die treue Ida fand, der gütige

und verständnisvolle junge Ire sei wirklich ein menschliches Wesen und nicht so wie die andern Literaten und Ästheten, die immer häufiger Katherines Wohnung heimsuchten.
Als sie einmal von Katherines Ehemann, George Bowden, Besuch erhielten, konnte er sich keine klare Antwort holen, ob Katherine eine Scheidung wünsche und Murry heiraten wolle. (Es gehört auch zur ›Legende‹, daß die bedauernswerte Katherine nicht Murry heiraten konnte, weil sie an Bowden ›gebunden‹ war.) Er wurde aufgefordert, ein paar Schumann-Lieder zu singen, und auf die Scheidungsfrage kam er erst ein paar Jahre später zurück, als er selbst eine andere Frau heiraten wollte.
Obwohl die Murrys nicht verheiratet waren, hatten sie doch nichts gegen eine Hochzeitsreise. Sie fuhren im Mai 1912 nach Paris, wo Katherine die Freunde Murrys kennenlernte, den Maler Fergusson, die Malerin Anne Estelle Rice (die später Katherines Freundin wurde und sie in ihrer letzten Lebenszeit porträtierte), den Schriftsteller Cannan und dessen Frau Mary, die vorher mit dem Dramatiker Sir James Barrie verheiratet war, sowie den Dichter und Bohemien Francis Carco, der in Katherines Story *Je ne parle pas Français* als der Gigolo und Zuhälter Raoul auftritt.
Im Juni machten sie die Bekanntschaft Henri Gaudier-Brzeskas, der dem *Rhythm* seine Tierzeichnungen anbot und bald nebst seiner Freundin Sophie ein intimer Freund – und dann ein erbitterter Feind der Murrys wurde. Sie hatten im August 1912 ihre Wohnung verlassen müssen, weil der Hauswirt erfuhr, daß sie nicht verheiratet waren, und sich ein Cottage in Runcton gesucht, an dem auch die Gaudier-Brzeskas teilhaben wollten. Leider überhörte der Maler eine Bemerkung Katherines, daß ihr die Anwesenheit Sophies verhaßt und gänzlich unerwünscht sei. Über ähnliche Situationen in Katherines Leben hatte sich die amerikanische Schriftstellerin Willa Cather, die Katherines Erzählungen sehr bewunderte, mit viel Verständnis geäußert: ›Man begreift, daß menschliche Beziehungen eine tragische Notwendigkeit im Leben sind und daß sie nie gänzlich befriedigend sein können, weil jedes Ego sie einerseits inbrünstig begehrt und andrerseits vor ih-

nen zurückschreckt.‹ Sie fand, daß Katherine in ihrem Werk solche Situationen sehr einfühlsam dargestellt hatte.

Im Sommer 1912 hatte Katherine den scheinbar sehr gescheiten Einfall, ihrem Verleger Swift die Übernahme des *Rhythm* anzubieten, weil ihnen die Zeitschrift Ärger mit den Druckern verursachte. Swift war einverstanden, falls die beiden Murrys als Herausgeber für monatlich zehn Pfund weiterarbeiten wollten, und zahlte ihnen sofort vier Monate im voraus. Damit schienen sie mancher Schwierigkeit enthoben.

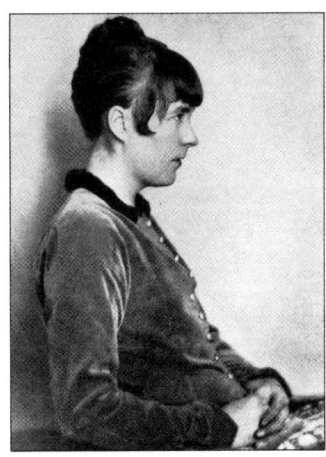

Katherine Mansfield, 1917   John Middleton Murry, 1912

Mit Katherines Jahresrente und Murrys Einnahmen als Rezensent für die *Westminster Gazette* glaubten sie sich in Runcton zu einem Mietvertrag auf drei Jahre berechtigt. Aber im Herbst erklärte sich Swift für bankrott, floh und hinterließ Murry eine Schuldenlast von 400,- Pfund. Sie mußten das Cottage wieder aufgeben und in eine trübselige Wohnung in der Chancery Lane ziehen, die gleichzeitig auch ihr Büro war. Katherine opferte ihre Einnahmen und verpfändete auf vier Jahre hinaus ihre Jahresrente an die Drucker, die ihre Gläubiger waren. Das Erscheinen des *Rhythm* wollten sie nicht einstellen, obwohl man ihnen dazu geraten hatte.

Inzwischen hatte Gordon Campbell geheiratet und führte

Gordon Campbell mit dem Ehepaar G. B. Shaw, Co. Kerry

seine Frau Beatrice zu den Murrys. Über die Freundschaft der beiden jungen Paare hat Beatrice in ihrem Buch *To-day we will only gossip* (Heute wollen wir bloß schwatzen) sehr anschaulich und heiter geschrieben. Bei ihrem ersten Besuch sah sie Katherine auf dem Treppenabsatz auf einem Wäschekorb hocken, in eine Unterhaltung mit dem Waschmann vertieft. Dann setzten sich alle auf den Fußboden und sprachen von Dostojewskij, über den Murry ein Buch schreiben wollte. Weihnachten 1912 fuhren sie zu sechst mit den Cannans nach Paris. Beatrice hatte den Eindruck, daß Katherine damals sehr glücklich war. Übermütig stürmte sie in die Cafés, riß ihren großen Hut vom Kopf und hängte ihn zwischen die Herrenhüte, was natürlich Ausrufe wie: ›Oh lala!‹ herausforderte. Cannan nannte die Murrys die beiden ›Tiger‹ (nach einem Pseudonym für den *Rhythm*), woraus Katherines Spitzname ›Ti‹ und später ›Wig‹ entstand. Katherine hatte sich mit der Zeit sehr verändert; wie ihr Schwager Richard und die Malerin Brett bestätigten, war aus dem eher fülligen jungen Mädchen eine knabenhaft junge Frau geworden, die man begehrte. Die großen dunklen Augen und die ungewöhnliche, originelle Kleidung mochten auch dazu beigetragen haben.

424

Im Januar 1913 erschien Katherines Story *Ole Underwood* im *Rhythm*. Sie forderte den damals in Gargnano lebenden D. H. Lawrence auf, Beiträge zu schicken. Da sie sich die Mitarbeit von Lawrence und andern bedeutenden Schriftstellern gesichert hatten, ließen sie das Blatt, nachdem es im März eingegangen war, noch ein paar Monate unter dem Namen *The Blue Review* erscheinen. Im Juni traf Lawrence aus Italien ein, wo er mit Frieda, der Frau seines ehemaligen Professors Weekley, zusammenlebte. Die geborene Freiin von Richthofen hatte ihren Mann und drei Kinder im Stich gelassen und war dem jungen Lawrence gefolgt. In London machten sie sofort die Bekanntschaft der Murrys. Die beiden Liebespaare verstanden sich außerordentlich gut: Lawrence fand in Katherine eine kongeniale Künstlernatur und in Murry einen anregenden und hochintelligenten Gesprächspartner. In ihrem Buch *Nicht ich, sondern der Wind* beschreibt Frieda die erste Begegnung: ›Wir waren in Katherines Wohnung zum Tee. Mit ihrem starken braunen Haar, der zarten Haut und den großen Augen, die wir später ihre Gu-gu-Augen nannten, erschien sie mir auserlesen und vollkommen.‹ Katherine übernahm sofort die Botengänge

Katherine Mansfield und John Middleton Murry, ca. 1912

zwischen Frieda und ihren Kindern. Der ersten Einladung der Lawrences nach Kingsgate konnten die Murrys wegen Geldmangels nicht folgen. Lawrence schalt Murry deswegen und lieh ihm ein Pfund, damit sie am nächsten Wochenende kommen konnten. Sie verbrachten einen übersprudelnd fröhlichen Tag mit Schwimmen und guten Gesprächen. — Lawrence hatte seinen dritten erfolgreichen Roman *Sons and Lovers* beendet und gab Lawrence ein Exemplar mit.
Als die Campbells im Sommer ein Haus in Howth bei Dublin gemietet hatten, luden sie die Murrys ein. Murry gefielen die Sommerwochen mit Fischen und Drachensteigenlassen so gut, daß er gern noch länger geblieben wäre, aber für Katherine war zuviel Betrieb in dem kleinen Haus, und sie flüchtete manchmal zu Ida, die sie in der Nähe untergebracht hatte.
Im September redete Lawrence den Murrys zu, mit ihnen nach Italien zu gehen, da die Einsamkeit in der schönen Natur herrlich sei. Murry wagte es jedoch nicht, längere Zeit ohne feste Einnahmen ins Ausland zu gehen. Lawrence tadelte ihn: damit zeige er nur, daß er der Liebe seiner Frau nicht traue, wenn er ihr nicht zumute, auch einmal in Armut zu leben. Murry hielt es für etwas sicherer, in Paris für die *Times* als Rezensent zu arbeiten. Die Übersiedelung war nicht ohne Unkosten zu bewerkstelligen, und Katherine versuchte, etwas Geld als Filmstatistin zu verdienen. Ida gab den Rest ihrer Familienmöbel her und hoffte, bald nach Rhodesien zu fahren, wo ihre Schwester sich verheiraten wollte. Aus Paris erhielt sie zufriedene Briefe: die Murrys hatten sich in der Rue de Tournon angenehm eingerichtet. Doch kurz vor Idas Abreise traf eine dringende Bitte um Geld ein, weil Murry keinerlei Einnahmen hatte, denn seine Rezensionen wurden zurückgeschickt. Mit Carcos Hilfe lösten sie die Wohnung auf — er verkaufte die Möbel an Bordellwirtinnen — und konnten gerade eben die Miete zahlen. Ida konnte nur noch fünf Pfund erübrigen, und weil sie nicht wußte, wie sie in der Eile das Geld nach Paris befördern sollte, schnitt sie die Scheine halb durch und steckte sie in verschiedene Umschläge. Katherine hielt sie für wahnsinnig — bis

Katherine Mansfield in Rottingdean, Juni 1910

die ›anderen Hälften‹ eintrafen. — In Paris schrieb sie ihre schöne Erzählung *Etwas Kindliches, aber sehr Natürliches*. Für den Anfang verschafften ihnen Freunde in London eine Wohnung, aber darauf folgten noch zahlreiche Umzüge. Durch Katherines Briefe blieb Ida über ihr Schicksal auf dem laufenden; sie kehrte erst nach zwei Jahren aus Rhodesien zurück.

Im Juli 1914 konnten Frieda und Lawrence endlich heiraten, worauf Lawrence großen Wert gelegt hatte. Gordon und Beatrice Campbell und Katherine und Murry waren ihre Trauzeugen: auf dem Weg zum Standesamt gab Frieda Katherine ihren Trauring aus erster Ehe. In jenem Sommer waren die beiden Murrys unglücklich und empfindlich: sie hatten jeder eine Brustfellentzündung durchgemacht, ihre Wohnungen waren ihnen verhaßt, und Katherine hatte nie Gelegenheit zum Schreiben.

Kurz vor Kriegsausbruch unternahm Lawrence einen Ausflug mit Freunden, unter ihnen war ein Mann, der später Katherines treuester Freund werden sollte. Es war ein russischer Jude namens Koteliansky, der auf dem Ausflug hebräische Lieder sang. Nach den Worten *Ranané Sadikim* prägte Lawrence dann die Bezeichnung ›Rananim‹ für seinen geplanten Idealstaat, in dem er nach dem Krieg mit gleichgesinnten

Freund ›Kot‹,
der Russe
Koteliansky

Freunden leben wollte. Alle litten unter dem Krieg, und daß der engere Freundeskreis durch Koteliansky erweitert wurde, empfanden sie als Lichtblick. Die Murrys wohnten damals vorübergehend bei den Lawrences in Buckinghamshire, bis ihr Häuschen bezugsbereit war, und dort lernte Katherine Koteliansky kennen. Frieda und Lawrence stritten sich nach dem Essen, und Frieda rannte in den strömenden Regen hinaus. Plötzlich erschien eine für Koteliansky noch unbekannte junge Frau und rief: »Lorenzo, Frieda läßt dir sagen, sie käme nicht wieder.« — »Hol sie der Teufel! Ich will sie nie wiedersehen!« antwortete Lawrence.

›Kot‹, wie ihn alle nannten, war mit einem Stipendium von der Universität Kiew nach London gekommen, blieb aber nicht die vorgesehenen drei Monate, sondern sein Leben lang. Mit seiner Hilfe begann Katherine, aus dem Russischen zu übersetzen. Für sie war er ›der starke Turm‹, auf den sie sich verlassen konnte. Während der ersten Kriegsmonate wohnten die Murrys im Rose Tree Cottage, einem feuchten, häßlichen Haus. Katherines Rheuma verschlimmerte sich wieder, sie mußte den Haushalt besorgen. Ein Arbeitszimmer hatte sie nicht, weil Murry das einzige geeignete Zimmer für sich genommen hatte.

Kot brachte Katherine öfters Zigaretten und trieb auch schwer erhältliche Lebensmittel auf.

Doch ihre trübe Stimmung hielt an.

Um Weihnachten beschlossen Murry und Katherine, sich zu trennen. Murrys Gleichgültigkeit und seine langen Gespräche mit Gordon Campbell und Lawrence verdrossen Katherine mehr und mehr. Sie erhielt glühende Liebesbriefe von Francis Carco, Murrys Pariser Freund, der damals im französischen Heer bei Besançon stand und Katherine seine leerstehende Wohnung in Paris anbot.
Im Februar 1915 erschien in London der Bruder Katherines, Leslie, um sich zum Offizier ausbilden zu lassen. Er lieh Katherine das Geld für die Reise nach Frankreich, und nahe dem Quai des Fleurs, mit dem Blick auf den Blumenmarkt, richtete Katherine sich ein — wie es so reizvoll im *Feuille d'Album* beschrieben ist. Sie genoß die Pariser Luft und Sonne, und mit Carcos Hilfe unternahm sie die *Unbesonnene Reise*, die sie an die Front führte. In ihrem Tagebuch ist das Erlebnis anders als in der Erzählung geschildert — das Grauen vor den Folgen des Krieges tritt noch stärker hervor. Die paar Tage Beisammensein mit Carco erwiesen sich als Enttäuschung für Katherine, da sie ihn als ebenso egoistisch wie Murry erkannte. Im März kehrte sie nach England zurück, jedoch nicht zu Murry, und bald darauf fuhr sie noch zweimal nach Paris, um in Carcos Wohnung zu schreiben. Sie überarbeitete die Geschichte *Wenn der Wind weht*, beendete die *Frühlingsbilder* und begann ein langes Prosastück, eigentlich eine Novelle, die zunächst den Titel *Aloe* erhielt und später als *Prélude* umgearbeitet und auf der Handpresse von Leonard und Virginia Woolf gedruckt wurde.
In einer hübschen Wohnung in der Acacia Road wohnte Katherine wieder mit Murry zusammen. Hier erhielt sie fast täglich Besuch von ihrem Bruder Leslie und plauderte mit ihm über die Kindheit in New Zealand. Lawrence hatte inzwischen angeregt, eine Gruppe zu bilden und ein neues Blatt, *Signature*, herauszugeben, das ihre Ansichten verkünden sollte. Lawrence wollte über seine Philosophie schreiben, Murry über die Freiheit des Individuums und seine pazifistischen Ideen, und Katherine sollte Kurzgeschichten beisteuern. Nach drei Monaten ging das Blatt aus Mangel an Abonnenten ein. Katherine aber verlebte mit ihrem Bruder die fünf glücklich-

sten Monate ihres Lebens. Der Birnbaum im Garten der Acacia Road erinnerte sie so an ihre Kindheit, daß Katherine ihn später als wichtigstes Symbol in ihre Erzählung *Glück* aufnahm.

Als Beatrice Campbell eines Morgens Katherine in der kleinen Mansarde besuchte, in der sie immer schrieb, sah sie auf dem Schreibtisch das Foto von Leslie in Uniform — er war vor zwei Wochen an die Front gefahren. Beatrice erkundigte sich, ob sie gute Nachrichten von ihm habe, und Katherine sah sie verzweifelt an und antwortete seltsam hart: ›In Stücke zerrissen!‹ Ihr Bruder war bei einer Vorführung mit Handgranaten verunglückt, und Katherines Kummer war unermeßlich. Sie konnte es nicht ertragen, in der Acacia Road

Katherines Bruder,
Leslie Heron Beauchamp

wohnen zu bleiben, wo sie so glücklich mit ihm gewesen war, und überließ das Haus Kots Freunden (später zog er selbst dort ein und blieb bis an sein Lebensende darin wohnen). Sie wollte nach Südfrankreich reisen, und Murry begleitete sie. Nach einigem Suchen fanden sie im Hotel Beau Rivage in Bandol Unterkunft, aber Katherines Trauer war unbesiegbar. Murry wurde so eifersüchtig, daß er sie voller Zorn verließ. In ihr Tagebuch schrieb sie: ›Ich bin bei dir ... Dir schenke ich meine tiefste Liebe. J. hat nur meine überschüssige Liebe.‹

Von Lawrence erhielt sie aus Hampstead einen Brief, der sie trösten sollte: ›*Ein* Leben ist's, das uns verläßt, ein Ich, das daß Murry sich abwandte, wenn sie hustete. Im Herbst wurde Katherine so schwer krank, daß zwei Spezialisten dringend zu einem Sanatoriumsaufenthalt rieten. Sie widersetzte sich, und Murry war zu schwach, um ihr — was er sich sein Leben lang nicht verzeihen konnte — das Sanatorium aufzuzwingen. Unbegreiflicherweise überwinterte Katherine in England, umsorgt von Ida, der die Oberaufsicht über den Elephant anvertraut war. Eines Tages mußte sie im Garten einen riesigen Stoß Briefe verbrennen, die Katherine ihr geschrieben hatte. Zu Weihnachten wurde eine Party veranstaltet, auch sonst kamen viel Freunde ins Haus, vor allem ›die Brett‹ und Murrys jüngerer Bruder Richard, dem Katherine in mütterlicher Liebe zugetan war. Auch ihre Kusine, damals schon Countess Russell, und die Schriftstellerin Virginia Woolf kamen, deren anfänglicher Neid sich mehr und mehr in Bewunderung und Mitleid verwandelte. Murry [tat] es den Woolfs nach, kaufte ebenfalls eine Handpresse [un]d druckte im Gartenzimmer Katherines Erzählung *Je ne [parle] pas Français*. Einmal kamen auch Tante Belle und [Sch]wester Chaddie in einer Kutsche zu Besuch, sie dachten [aber] nicht daran, eine Ausfahrt vorzuschlagen.

[Im H]erbst 1919 rät der Arzt Katherine, England zu ver[lassen]. Das war ein furchtbarer Schlag, und in einem Brief [an sein]en Sohn aus zweiter Ehe, Colin, erinnert sich Murry [...] ›Als ich so alt war wie du — das wäre 1919 gewesen — [...] da war mein Bedarf gedeckt: nämlich mit dem Wis[sen, daß] Katherine, wenn sie nicht in ein Sanatorium ginge [und dort] bliebe, nur noch drei Jahre zu leben hätte. Der ein[zige Hoff]nungspunkt war es für mich, daß mir die Stelle als Re[dakteur d]es *Athenaeums* angetragen wurde und daß ich also [einkom]men hatte.‹ Murry erhielt für seine Arbeit am [Athenaeum] jährlich tausend Pfund; er zahlte Katherine mo[natlich ...] Pfund für ihre Rezensionen. Sie beklagte sich [daß sie] nur uninteressante oder schlechte Bücher zur Be[sprechung] erhielte. Bis zum Dezember 1920 schrieb sie auch [fürs] Athenaeum und drei neue Stories, *Wipp-wapp*, [Si]cherheit und *Vorstadtmärchen*, die jedoch erst [posthum] veröffentlicht wurden.

stirbt — aber ein anderes wird geboren, und das ist dein glückliches, schöpferisches Ich. Daß du mit deinem Bruder sterben mußtest, wußte ich ... doch für uns gibt es ein Auferstehen, um ein beständiges Leben zu beginnen, neu und glücklich.‹

Dann vergleicht er sie mit Murry, der nicht in diesen Tod hineinzugehen wagt, sondern davonläuft ... Eines Tages müsse auch er sich fügen — ›dann wird er ein Mann werden — er ist noch kein Mann‹.

Diese Zeilen deuten bereits auf den Zwiespalt zwischen Lawrence und Murry hin, der bald in einem unüberbrückbaren Zerwürfnis, ja in Feindschaft von Murrys Seite enden wird. Murry war also kein Trost für Katherine gewesen, trotzdem riefen ihn ihre flehenden Briefe zurück. Sie hatte ein kleines Häuschen, die Villa Pauline, in Bandol gefunden, wo sie beinah drei harmonische Monate zusammen verlebten, da jeder für sich schrieb, Murry an einem Buch über Dostojewskij und Katherine an der Überarbeitung von *Aloe*. Gegen Katherines Wunsch verließen sie im Frühling Bandol, weil die Lawrences sie aufgefordert hatten, in ein altes Haus zu ziehen, das er gleich neben dem ihren in Higher Tregerthen in Cornwall gefunden habe. Allerdings warnte er Katherine, nicht zu früh zu kommen. Lawrence war damals so gereizt, daß er dauernd Szenen mit Frieda hatte, die Katherine äußerst abstoßend fand. Auch die wilde, einsame Gegend gefiel ihr nicht, und sie zogen ins südliche Cornwall. Von dort aus fuhr Katherine oft nach London und nach Garsington, wo Lady Ottoline Morrell, die reiche und exzentrische Gönnerin von Künstlern, ein schönes Herrenhaus besaß. Als Katherine eines Tages mit Beatrice Campbell verregnet und zerzaust in Garsington eintraf und bewundernd durch die prachtvollen, mit kostbaren Bildern und Möbeln ausgestatteten Räume ging, wollte sie sich übermütig in einer Rolle zeigen und fragte Beatrice leise: »Ist dir auch so zumute, als wären wir zwei Prostituierte, die zum erstenmal in einem anständigen Haus sind?«

Ihr Humor hatte sie nicht verlassen.

Durch Freunde erhielt Murry einen Posten als Übersetzer im

Kriegsministerium, und beide zogen im September nach London. Sie wohnten im ersten Stock eines Hauses an der Gower Street, dessen zweiten Stock die Malerin Dorothy Brett bewohnte, die emanzipierte Tochter des Viscount Esher, eine Freundin der Lawrences, die später auch mit ihnen nach New Mexico ging — als einzige, die sich für Lawrences Rananim-Pläne begeisterte. Sie wurde auch Katherines Freundin. Damals kehrte Ida aus Rhodesien zurück, konnte aber nicht bei den Murrys wohnen und nahm einen Posten in einer Flugzeugfabrik an. Katherine konnte das Leben in der Gower Street mit all den dort verkehrenden Literaten bald nicht mehr ertragen. Sie mietete sich ein Atelier in Chelsea, ein sonderbares Zimmer, das Ida an einen Brunnenschacht erinnerte. Es hatte eine Empore, auf der Ida schlafen durfte, wenn sie den letzten Bus verpaßt hatte. Dort war Katherine auch wieder von Angstvorstellungen geplagt. Oft lief sie nachts allein durch die Straßen. Allmählich begann sie wieder Freunde zu empfangen, schließlich auch Murry, der so unterernährt war, daß sie ihm täglich ein warmes Essen gab. Einige ihrer Erzählungen konnte sie ans *New Age* einsenden, unter anderem *Im Autobus, Spät abends, Die schwarze Mütze* und *Mr. Reginald Peacocks großer Tag*. Im Oktober wurde Murry nach Garsington eingeladen und erkältete sich, und Lady Ottoline rief Katherine, damit sie ihn pflege, aber sie erkältete sich ebenfalls, mußte in ihr Atelier zurückkehren und bekam Brustfellentzündung. Sie blieb nicht im Bett, wie sie es Ida versprochen hatte. Sie wurde so schwer krank, daß ihr Arzt, ein Doktor Ainger, ihr riet, England sofort zu verlassen, sonst bekäme sie Schwindsucht. Einen Aufenthalt in der Schweiz hätte Katherine nicht bezahlen können, deshalb dachte sie an Bandol, das ihr schon einmal so gutgetan hatte, ohne zu bedenken, daß jetzt Krieg war und die Verhältnisse sich grundlegend geändert hatten. Ida und Murry konnten sie nicht begleiten, weil beide einen kriegswichtigen Posten bekleideten. Schwankend vor Schwäche reiste Katherine im Januar 1918 drei Tage lang durch Frankreich. Sie erkrankte, und Ida setzte es durch, daß sie Erlaubnis bekam, zu Katherine zu fahren. Sie war allerdings nicht beglückt

Katherine mit John Middleton Murry und Bruder Richard, Portland Villas, 1920

Murry brachte Katherine und Ida nach San Remo in das Hotel eines Engländers. Es wurde abgemacht, daß er sie nach acht Monaten wieder abholen würde. Den andern Gästen fiel Katherines Husten auf, und sie mußte das Hotel verlassen und sogar noch die Desinfektion ihres Zimmers bezahlen. Der Hoteldirektor verschaffte ihr ein kleines Chalet in Ospedaletti, die Casetta Deerholm, schön am Hang gelegen, mit Blick aufs Meer und reizendem Garten, aber kleinen Zimmern. Katherine wurde ständig von Schmerzen und Husten geplagt. Sie erhielt weder Briefe noch Zeitungen von Murry, und eine Buchhandlung gab es nicht, also las sie Shakespeare. Ida mußte in Katherines Zimmer auf dem Sofa schlafen, weil das Haus so isoliert lag und Katherine sich fürchtete. Da Katherine auch noch Ida ernähren mußte, die ihr ja alles geopfert hatte, schrieb sie an den Bankverwalter in London und schilderte ihm ihre bedrängte Lage. Ihr Vater erhöhte daraufhin — vorübergehend — ihre Jahresrente. Im November kam der Vater mit zwei Damen — Katherines Kusine Connie Beauchamp und deren Freundin Jinnie Fullerton — zum Mittagessen. Sie wohnten in Mentone in einer luxuriösen Villa und schlugen vor, daß Katherine sich bei ihnen erholen solle. Sie hatte gehofft, Murry würde Weihnachten zu ihr kommen, und als er absagte, war die Enttäuschung so groß, daß sie ihm einen bitteren Brief mit einem anklagenden Gedicht schickte. Das Gedicht ging auf die Äußerung eines alten Arztes zurück, den sie vor vier Jahren in Bandol kennengelernt hatte und der es nicht begreifen konnte, daß Katherine ohne ihren Mann ganz allein dort unten leben mußte. ›Warum hat er Sie geheiratet, wenn nicht, um Sie zu betreuen?‹ In seinem Aufsatz *Portrait of a Pa-Man* hat Murry viele Jahre später über den Vorfall geschrieben, wie er ihm von Katherine berichtet worden war. Als Gesunde wäre sie einem schwachen Mann wie Murry durchaus gewachsen gewesen, aber als Kranke hätte sie einen fürsorglichen ›Pa-Mann‹ gebraucht (ein Ausdruck, der in der Familie Beauchamp für einen älteren Mann gebräuchlich war). Am meisten trafen ihn diese vier Zeilen ihres Gedichts:

Katherine in der Villa Isola Bella, Menton, 1920

›Wer ist der Mann, der dich verbannt
Wer ist der Eh'mann, wer der Stein,
krank und kalt in ein fernes Land,
der ein Kind wie dich läßt so allein?‹

So quälten sie einander gegenseitig mit einem nur zu begreiflichen Gemisch aus Liebe und Stolz, Zorn und Verzweiflung.
Nun unterbrach Murry seine Arbeit als Redakteur am *Athenaeum* für zwei Wochen und besuchte Katherine zu Weihnachten in Ospedaletti, erschien aber mit einer Neuralgie, die an Katherines Mitgefühl appellierte. Selbst in der knappen Zeit seines Dortseins ging es ihr gleich viel besser, doch nach seiner Abreise fühlte sie sich wieder elend und schrieb in ihr Tagebuch: ›Schwarz! Ein Tag in der Hölle...Unfähig, etwas zu tun...Trank Kognak...Fest entschlossen, nicht zu weinen...Weinte... Gefühl der Verlassenheit schrecklich. Werde sterben, wenn ich nicht entkomme. Übelkeit, Schwäche, fror vor lauter Kummer. Oh, irgendwie *muß* ich es ertragen!‹ Und ein paar Tage drauf: ›Ich liebe ihn, aber er verschmäht meine *lebendige* Liebe. Die schlimmsten Tage meines ganzen Lebens.‹
Nach einem seiner Briefe, der sie tief verletzt hatte, schrieb sie ihm: ›Ich will in keiner Weise von dir abhängig sein, noch kannst du mich unsicher machen. Das kann niemand!‹ Als er ein paar Tage darauf erschien, war sie ernstlich erkrankt, und auch ihr Seelenfrieden war zerstört.
Sie verurteilte auch seinen Geiz. Als sie ihn telegraphisch um zehn Pfund gebeten hatte, weil sie wieder krank war, antwortete er: ›Ich werde dir morgen einen Scheck über zwanzig Pfund schicken, *falls* du sie mir zurückzahlst, wenn du das Geld für dein Buch bekommst.‹ Katherine konnte darauf nur zornig reagieren, doch an Ida schrieb sie ein andermal, die Situation ins Lächerliche ziehend: ›Bei der wöchentlichen Abrechnung verlangte er von mir elf Francs plus zwei Francs Trinkgeld (die Hälfte also!) für den Wagen, mit dem wir zu meinem Arzt fuhren!... Das übertrifft sogar noch meinen Vater!‹
Im Januar schrieb sie ihre Erzählung *Der Mann ohne Temperament*, eine schlimme Betrachtung, wie Murry gehandelt hätte, wäre er gegen seinen Willen gezwungen worden, bei seiner Frau zu bleiben. In einem Brief an Murry erklärte sie, wie dankbar sie jetzt Idas Treue anerkenne, auf die sie sich verlassen könne. Im gleichen Monat kamen ihr endlich die

Kusine Connie und deren Freundin zu Hilfe und luden sie nach Mentone ein – leider nicht in ihre Villa Flora, wo sich gerade eine Bekannte von ihnen aufhielt, die sich vor der Ansteckung fürchtete, sondern in die Klinik L'Hermitage. Die nach unsäglichen Mühen vollzogene Übersiedelung bedeutete für Katherine zunächst Erleichterung, doch die Mitpatienten stießen sie ab. Erst als sie ein ärztliches Attest vorwies, daß ihre Krankheit nicht ansteckend sei, durfte sie in die Villa Flora ziehen, wo sie nun allen Luxus genoß, den ihr die reichen alten Damen bieten konnten, so auch die Ausfahrten – einmal nach Monte Carlo, das sie korrupt fand (was aus ihrer Erzählung *Das junge Mädchen* nicht unmittelbar hervorgeht).
Unterdessen arbeitete Ida in einer Privatklinik in Mentone, wo sie einen vertraulichen Brief Katherines empfing, daß die beiden Damen, katholische Konvertiten, sie gern bekehrt sähen und daß sie fast zum Übertritt bereit sei, es aber nicht an Murry schreiben wolle. Sie fühle sich noch immer sehr leidend. ›Aber ich werde darüber hinwegkommen. Doch ich brauche dich und verlasse mich auf dich – verlasse mich ganz fest auf dich, kann dir jedoch nicht danken, dir nichts geben, nur meine Liebe. Die hast du immer.‹

Im Frühling 1920 erhielt sie Besuch vom Schriftsteller Sydney Schiff und seiner Frau Violet, woraus sich eine anregende Freundschaft entwickelte. Katherine hatte seinen Roman *Richard Kurt* in einer Rezension beifällig beurteilt. In seiner Zeitschrift *Art and Letters* waren zwei Stories von Katherine erschienen *(Der Mann ohne Temperament* und *Frühlingsbilder).* Er lud sie auch in seine Villa ein und zeigte ihr seine Sammlung von Gauguin und Picasso. In ihren Briefen an Murry betonte sie das Verständnis, die Güte und die Anregung, die sie bei den Schiffs fand.
Im April 1920 kehrte sie für fünf Monate nach England zurück und wohnte im Elephant. Dort schrieb sie jeden Monat eine Story für das *Athenaeum: Enthüllungen, Die Rettung, Bankfeiertag* und *Sonne und Mond.* Auch ihre Übersetzung von Tschechows Tagebuch, die sie mit Kots Hilfe gemacht

Die Villa Isola Bella in Menton

hatte, erschien im *Athenaeum*. Ihre zweite Storysammlung, englischer Titel *Bliss* (nach der Geschichte *Glück*) wurde vom Verlag Constable in London 1920 herausgebracht und sehr gut kritisiert.

Im September 1920 fuhren Katherine und Ida, um dem englischen Winter zu entgehen, wieder nach Mentone, wo sie in der Villa Isola Bella wohnten, die Connie und Jinnie gehörte — ein Haus mit Terrasse an einem Steilhang, mit Büschen und Blumen im Garten und mit einer Köchin. Dort lag Katherine auf einem Liegestuhl unter einem Schirm und las, oder sie schrieb noch mehr Stories. Bis Dezember hatte sie verfaßt: *Das Leben der Ma Parker, Miss Brill, Das junge Mädchen, Der Fremde, Gift* und *Die Töchter des jüngst verstorbenen Colonel Pinner*. Die letztere Geschichte — eine ihrer großartigsten — wurde eines Nachts um drei Uhr beendet, und vor Freude darüber mußte sofort mit Tee gefeiert werden, wofür Ida in diesem Fall ganz besonderes Verständnis hatte, da der alte Colonel ja ein Abbild ihres Vaters

Das Ehepaar Katherine und John Middleton Murry in Menton, 1920

war. Katherine schickte fortlaufend Kritiken von Büchern, die sie langweilten, an Murry und erhielt vom Athenaeum monatlich zehn Pfund — bis plötzlich überhaupt kein Geld mehr kam. Ihre Erschöpfung hatte ohnehin so zugenommen, daß sie das Rezensieren aufgeben mußte. Murry hatte ihr einen Roman von Richard Prowse geschickt *A Gift of the Dusk*, das Tagebuch eines in der Schweiz lebenden Schwindsüchtigen, das sie entsetzlich fand.

Zu Weihnachten besuchte Murry die Villa Isola Bella, was Katherine etwas Auftrieb gab — meistens fühlte sie sich elend, hatte unerträgliche Schmerzen und keinen guten Arzt. Wegen des hohen Fiebers mußte sie wieder im Bett bleiben, hatte auch eine Lungenentzündung zu überstehen und litt unter der Einsamkeit und unter Herzschwäche. Kurz vor Murrys Ankunft hatte Katherine einen Brief von der in Murry verliebten Prinzessin Bibesco erhalten, die sie tadelte, weil sie,

eine hoffnungslos Kranke, Murry an sich fessele. Katherine verhielt sich zuerst sehr würdevoll und schrieb Murry: ›Ich weiß, wie sehr du auf Frauen wirkst... solange sie sich nicht einmischen, bist du sicher gern mit ihnen zusammen... Du hast ja sogar etwas von einem Ladykiller an dir... ich kann dir nicht *alles* geben, was du brauchst... Ich bin in erster Linie eine Schriftstellerin, und dann erst eine Frau... ich war blind, daß ich deinen Flirt mit Brett damals nicht begriff...‹ Doch als sie noch wiederholt angegriffen wurde, wehrte sie die Prinzessin hochmütig mit einem der vielen unveröffentlichten Briefe ab, die Jeffrey Meyers in der Universität Texas zugänglich gemacht wurden und die er in seinem mit Überraschungen gespickten Buch *Katherine Mansfield* verwerten konnte.
Während Murry nochmals in Mentone war, fuhr Ida nach London, um den Haushalt im Elephant aufzulösen. Der Arzt hatte Katherine empfohlen, nicht länger an der Riviera zu bleiben. Katherine entschied sich für die Schweiz, und Ida brachte sie zunächst nach Baugy ob Montreux und dann nach Clarens. Murry blieb in Oxford, wo er Vorträge über Stilprobleme hielt, die seinen Ruf als Literaturkritiker begründeten. In Clarens war gerade das Frühlings-Narzissenfest; Katherine konnte nicht auf die Straße hinuntergehen, aber Ida brachte ihr die duftenden weißen Blüten ins Zimmer. Der nächste Schritt war das von Ida vorher erforschte Sierre im Rhônetal, wo im alten Schloßhotel Belle Vue die Geschichte *Vater und die Mädchen* spielt: der Leser kann sich gut vorstellen, daß die kleine Familie in den schönen Räumen vielleicht doch endlich zur Ruhe kommt. — Aber Katherine mußte weiter: der englische Arzt empfahl ihr Montana und dort das Chalet des Sapins, wo Katherine im oberen Stock ein Zimmer mit Balkon und herrlichem Ausblick hatte. In einem Brief an Lady Ottoline schrieb sie: ›Das Chalet liegt ganz abseits in einer Waldlichtung. Die Fenster schauen über die Baumwipfel zu den schneebedeckten Bergspitzen jenseits des Tals. Die Luft fühlt sich herrlich an und riecht noch herrlicher. Ich habe vorher nie in einem Wald gewohnt: ein Schritt aus dem Haus, und man ist versteckt in Tannen.

Und kleine Lichtungen gibt es und Dickichte voller Blumen, durch die eiskalte Bächlein rieseln.‹
Im Juni hatte Murry seine Vorlesungen in Oxford beendet. Er besaß in England kein Haus mehr und blieb den ganzen Sommer und Winter bis zum Januar 1922 in Montana. Katherine schrieb dort eine ganze Reihe von Erzählungen: *An der Bucht, Das Gartenfest, Das Puppenhaus, Eine Tasse Tee, Marriage à la mode, Ihr erster Ball, Eine ideale Familie, Herr Tauber und Frau Taube, Die Seereise* und *Sixpence*. Sie begann mehrere andere, so *Ein schwaches Herz*. Ida konnte einen Posten in einer Klinik in Montana annehmen, am Ende vom Dorf, wo sie auch wohnte. Zwischendurch fuhr sie nach London, besorgte Winterkleidung für Katherine und holte die Katze Wingley. Katherine und Murry arbeiteten beide in schönster Harmonie, wie stets, wenn Katherine sich nicht verlassen fühlte. Nach der Arbeit sprachen sie über literarische Probleme, über Keats und Proust: Murry wurde als Keatsforscher bekannt. Die kräftige Luft tat Katherine wohl, sie nahm noch mehr Arbeiten an. Als sie Enteritis und Dysenterie mit hohem Fieber hatte, konnte sie sich wieder auf Idas Beistand verlassen, da Murry ihr nicht helfen und nützen konnte.
Im Januar 1922 begann sie die Erzählung — eigentlich eine längere Novelle — *Das Taubennest* und die New Zealand-Erinnerung *Den Schleier nehmen*. Jetzt setzte sich schon der Gedanke in ihr fest, daß sie, um besser schreiben zu können, ihr Selbst heilen müsse, denn die Lunge sei nicht das primäre Leiden. Inspiriert dazu war sie wohl durch das Buch des Theosophen Doktor Wallace *Cosmic Anotomy*, der auch für die Zeitschrift *New Age* geschrieben und sie unterstützt hatte. Damit näherte sich Katherine wieder ihrem ersten Gönner, dem Redakteur Orage, dem sie für ihre Kunst zu Dank verpflichtet war. Von dem Buch war sie fasziniert, während Murry diese Gedanken ablehnte. Ende November berichtet sie in ihrem Tagebuch, daß sie zwei Erzählungen begonnen habe, und daß die eine, *Ein schwaches Herz*, sie besonders interessiere — wegen des Wechsels der Zeitformen. Es war auch eine New Zealand-Geschichte; dort war ihr der ›Stoff‹

S. Koteliansky mit Katherine, Portland Villas, 1920

noch lange nicht ausgegangen. Wie sie es ihrem toten Bruder Leslie versprochen hatte, wollte sie immer mehr über New Zealand schreiben, das heißt, über die dort verlebte Jugendzeit. Als der Schnee einsetzte, streute sie den Vögeln Futter, las Shakespeare, die Bibel und die *Cosmic Anotomy*. Murry trieb Wintersport, abends ging er, wie Katherine annahm, nach Randogne zu ihrer Kusine; sie war die einzige Frau, die Katherine in jenen Monaten sah. Die Ergiebigkeit jener stillen Zeit manifestierte sich in einer dritten Sammlung von Erzählungen *Das Gartenfest*, die im Februar 1922 bei Constable in London herauskam. Die Kritiken klangen noch überzeugter als bei Erscheinen des zweiten Buches. Ihr Genie wurde jetzt allgemein anerkannt, man glaubte sogar eine neue Seite zu erkennen: mehr Mitgefühl, mehr Erbarmen. Sie half einem andern Schriftsteller, dem jungen William Gerhardi, las seinen Roman *Futility* (deutsch *Vergeblichkeit*) und fand einen Verlag dafür.
Der getreue Freund Kot berichtete Katherine von der Bestrahlungskur des Doktor Manoukhin, die bei Tuberkulose wirksam sein sollte. Katherine griff die Anregung sofort auf und fuhr mit Ida, die ihre Stelle in der Klinik aufgab, nach

Paris, weil Murry sich noch nicht von Montana trennen wollte. Der Arzt empfing sie und fand, es sei am besten, wenn Katherine gleich in Paris bliebe und sofort mit der Kur begänne. Sie sollte bis zum 31. Mai behandelt werden, dann wollte er eine längere Pause einschalten, bevor man mit dem zweiten Teil der Kur beginnen könne. Die Bestrahlungskur war sehr anstrengend, und vermutlich schadete sie ihr. Sie fand, die innere Hitze gliche den Qualen, die ein Märtyrer beim Feuertod erduldet. Murry merkte inzwischen, daß ihn das Leben im Chalet langweile, und er fuhr nach Paris. Katherine beendete die Geschichte *Die Fliege*, die als eine ihrer besten gilt. Die sich gegen den Untergang auflehnende Fliege ist natürlich ein Sinnbild für Katherines eigenes Ringen. Da es Katherine zeitweilig besser ging — sie hatte sogar etwas zugenommen —, konnte sie das Leben in Paris genießen. Durch Manoukhin lernte sie russische Emigranten kennen, sie traf die beiden Schiffs und wurde durch sie auch mit James Joyce bekannt, dessen *Ulysses* sie mit großem Respekt erfüllte. Dann bereitete sie eine vierte Sammlung mit Geschichten vor, die den Titel *Das Taubennest* erhalten sollte, aber erst nach ihrem Tode von ihrem Nachlaßverwalter Murry herausgegeben wurde. Sie selbst hätte die Sammlung wahrscheinlich anders gestaltet, wie Murry selber zugab, doch er wollte das Buch so schnell wie möglich herausbringen.

Das Chalet des Sapins war noch für fünf Monate gemietet, und Katherine wollte es gern an Untermieter abgeben, da sie nicht wußte, wie sie das Geld für die Miete aufbringen sollte. Das Leben in der Großstadt war ihr verhaßt: ›Es ist eine Sünde, zwischen Mauern und Schornsteinen zu leben‹, schrieb sie. Sie sehnte sich nach Gras und Blumen und danach, unter einem Baum zu liegen — ›lebendig, nicht tot‹. Für den Herbst plante sie eine Reise mit Murry nach New Zealand, um den *dortigen* Sommer zu erleben. ›Ich muß wieder arbeiten — werde nie eine wohlhabende Frau sein‹, erklärte sie in einem Brief — und machte weitere Pläne — Deutschland, Österreich, alles war verlockend.

Ida hatte Pensionärinnen für das Chalet gefunden (nach Murrys Ankunft in Paris hatte sie ihr Pariser Hotelzimmer geräumt und Murry überlassen, um in Montana nach dem Rechten zu sehen). Die Sammlung *Das Gartenfest* erlebte unterdessen die dritte Auflage, die ausländischen Rechte wurden nach Skandinavien und Nordafrika verkauft. Murry war so in seine eigene Arbeit vertieft, daß er Katherine nicht störte, und im Juni beschlossen sie, ins Wallis zurückzukehren. Ida war also wieder einmal überzählig und hoffte, eine Teestube in Südengland aufzumachen. Bei der Durchreise sah sie Katherine in Paris, und beiden war das Herz schwer; sie hatten ein schlimmes Vorgefühl, das sich auch als richtig bestätigte. Nachdem Katherine in noch verhältnismäßig gutem Zustand den Louvre besucht hatte, begab sie sich mit Murry auf die Reise nach Sierre – und durchlebte einen Alptraum. Murry war gänzlich unfähig, für eine Kranke als Reisebegleiter zu sorgen. Alles ging schief, da er weder umsichtig noch praktisch war; Katherine traf geschwächt und verkühlt in Randogne ein und bekam eine Brustfellentzündung. Murry konnte nicht begreifen, weshalb Katherine litt und schlecht aussah. Deshalb mußte der Hilferuf an Ida heimlich ergehen, um Murry nicht zu kränken. Ein diplomatisch abgefaßter Briefentwurf ging nach England, und Ida kam und bemühte sich, Murry nicht auf die Nerven zu fallen und seinen verstauchten Knöchel zu pflegen.

Katherine ging spazieren, oder sie saß unter einem Baum und genoß den Alpensommer, versuchte zu arbeiten und schrieb die Story vom *Kanarienvogel*. Da sie und Murry sich auseinanderlebten, zog sie mit Ida in das alte Schloßhotel in Sierre, wo sie *Vater und die Mädchen* begann. Dort entstand auch ein erschütterndes Gedicht *Der verwundete Vogel*. Sie genoß die Stille des Hotelgartens, der sogar eine Aloe aufwies. Im August setzte sie dort ihren Letzten Willen auf, den sie mit Ida durchsprach. Über den aus Perlen gebildeten Margeritenring, den Murry ihr geschenkt hatte, als ›sie jung waren‹, schrieb sie am 7. August 1922 an Murry (der ins Haus der Kusine Elizabeth nach Randogne gezogen war): ›Meinen kleinen Perlring, den Margeritenring, möchte ich gern tragen – den andern gib Richards Schatz, wenn du einverstanden bist.‹ Aber wie Murrys Biograph F. A. Lea schreibt, war Murry Ostern 1924 offiziell mit Violet le Maistre verlobt und sandte Violet mit der Post den kleinen Margeritenring, ehe er zu einem Osterausflug mit seinem Bruder Richard aufbrach, sich in ein Haus am Meer verliebte und es ersteigerte, obwohl er nicht wußte, wie er es bezahlen sollte. Zum Glück erhielt er einen Scheck über tausend Pfund für Katherines Bücher. ›Ein Scheck, der zehnmal so groß ist als jeder Scheck, den Katherine je erhalten hat‹, schrieb Murry. ›Es kam mir zuerst wie Ironie vor — dann, auf meine abergläubische Art, fand ich, daß Katherines Segen auf unsrer Ehe und dem Haus am Meer ruhte.‹

John Middleton Murry, 1923 und Violet le Maistre, seine zweite Frau

Doch noch lebte Katherine! Wie Murry in seiner Einführung zu Katherines viertem Buch erklärt, hatte sie im Herbst 1922 auf alles Schreiben verzichtet, nicht aus Schwäche, sondern weil sie fand, ihre ganze Einstellung und Weltanschauung müsse geändert werden und sie wolle erst wieder weiterschreiben, wenn ihr das gelungen sei. Die Unzufriedenheit mit ihrer Arbeit hatte bereits im Sommer 1921 eingesetzt. Ihr Tagebuch gibt aufschlußreiche Eintragungen über Ziel und Absichten für ihre Kunst, denn es ist ihr wahrer Vertrauter, den sie anredete: ›Komm, mein Nicht-Gesehener, mein Unbekannter, laß uns zusammen plaudern!‹ Sie war nicht in der Stimmung für Bücher, obwohl sie weiß, daß sie in Zukunft wieder schreiben will — mehr als alles sonst. ›Aber andere Bücher!‹ Sie ruhte sich weiterhin im Hotel aus und machte sogar kleine Ausflüge zu den Dörfern in der Umgebung, wenn dort ein Volksfest stattfand. Ida ließ sie in Ruhe. Brett kam zu Besuch und malte, plauderte aber auch halbe Nächte hindurch, so daß Katherine Ida bat, für eine Unterbrechung zu sorgen (was Brett als Eifersucht Idas deutete). Ende August kam Murry, und Katherine beschloß, nach England zu reisen, ehe sie sich der zweiten Strahlenbehandlung in Paris unterzog. Sie wollte sich in London von Doktor Sorapure untersuchen lassen, freute sich aber vor allem auf die Wiederbegegnung mit Kot und Orage. Sie wohnte in Bretts Häuschen an der Pond Street, während Murry nebenan untergekommen war. Ida erschien täglich, um für Katherine zu sorgen. Gegen Bretts Überfälle verteidigte sie sich mit Schildern an der Tür: AUS oder ARBEITE! Katherines alter Verleger Orage führte sie zu den Vorlesungen Ouspenskys, der ein Schüler Gurdjieffs war, eines Kaukasiers griechischer Abstammung. Er lehrte, wie die Menschen zur wahren Bewußtheit erwachen können. In den folgenden Monaten war Murry nicht in London, weil ihm der ganze Mystizismus verhaßt war, und auch die harmonische Entwicklung des Menschen und Gurdjieffs Buch mit dem Titel *Schulung des Willens* interessierten ihn nicht. Da Katherine immer mehr zu der Überzeugung gelangte, sie könne ihren Körper heilen, wenn sie ihre Seele rettete, fühlte sie sich geradezu unwiderstehlich von den Lehren der beiden Russen angezogen. Murry aber entfernte sich auch innerlich immer weiter von Katherine, denn er hielt Gurdjieff für einen Scharlatan. Die nächsten sechs Monate lebten sie nicht mehr zusammen. Ihr Freund Kot war ihre Stütze.

Anfang Oktober fuhr Katherine in Idas Begleitung nach Paris, angeblich, um die zweite Kur bei Manoukhin zu beginnen, sie hoffte aber, durch Orage Zugang zu Gurdjieff und seinem Institut zu finden, das er in Avon bei Fontainebleau in einer alten Prieuré gegründet hatte. Etwa dreißig Russen und einige Engländer hatte er um sich versammelt. Manoukhin beschrieb ihm Katherines Krankheit und bat ihn, sie einstweilen nicht aufzunehmen, denn sie sei der anstrengenden ›Willensschulung‹ nicht gewachsen. Murry war erst recht dagegen, war aber zu unentschlossen, um seinen Willen durchzusetzen und Katherine vor dem raschen Untergang zu bewahren. Am 17. Oktober trat Katherine — zunächst probeweise — in das Institut ein. Hier gewann sie eine Freundin in einer Litauerin, Adèle Kafian, und erhielt ein sehr schönes Zimmer zugewiesen. Über die Aufgaben, die ihr aufgetragen wurden, berichtete sie an Kot und an Ida, erklärte, sie sei glücklich, und ließ sich Wäsche und warme Kleidung schikken. Dann verabschiedete sie sich schriftlich auf unbestimmte Zeit von der trostlos unglücklichen Ida, der sie geschildert hatte, was für schwere Arbeiten sie in der Küche und bei den Kühen erledigen mußte, um ›den Willen zu besiegen‹. Sie schaffte die Arbeit, wenn auch mühsam, solange sie noch ihr gutes Zimmer hatte, doch dann mußte sie in eine primitive Kammer übersiedeln, die feucht und eiskalt und zugig war. Dort träumte sie vom warmen Süden und schlug Ida vor, im Spätfrühling mit ihr in ein Haus im Süden zu ziehen, sobald sie in Fontainebleau ›geheilt‹ sei. Ida war überzeugt, daß sie Katherine nie wiedersehen würde und nahm eine Stellung in einer Bauernfamilie in Lisieux an. Katherine hatte ihr zwar zu Mentone oder Montana geraten, aber jene Orte hätten zu schmerzliche Erinnerungen wachgerufen, und außerdem weilte Ida gern bei einfachen Menschen und bei Tieren.

Mitte Dezember fühlte sich Katherine in ihrer eisigen Zelle so elend, daß sie Murry schrieb, sie sei im Begriff, das Institut zu verlassen, denn das Zimmer sei ihr eine hinreichende Lehre gewesen. Gurdjieff erfuhr von ihrem Zustand, wies ihr wieder das bessere Zimmer an und verwöhnte sie mit einer wunderlichen Heilmethode, die auf einem Aberglauben in seiner kaukasischen Heimat fußte: daß nämlich die Luft im Kuhstall heilkräftig für die kranke Lunge sei. Er ließ im Kuhstall eine Empore errichten, stattete sie mit einem Diwan und Perserteppichen aus und verordnete Katherine dort eine Liegekur.

Am 13. Januar sollte Weihnachten in russischem Stil gefeiert und ein von den Patienten gebautes Theater eingeweiht werden. Katherine lud Murry dazu ein und berichtete von den sagenhaften Mengen Fleisch und anderer Lebensmittel, die dafür angeschafft worden waren. Als Murry eintraf, war er erstaunt, sie so strahlend glücklich und wie verwandelt und verklärt zu sehen. Sie zeigte ihm die Empore im Kuhstall und führte ihn herum. Am Abend lernte er die Insassen des Instituts kennen. Als sie um zehn Uhr die Treppe zu Katherines Zimmer hinaufstiegen, überfiel sie ein starker Hustenreiz — sie mußte sich aufs Bett legen, erlitt einen Blutsturz und starb innerhalb von zwanzig Minuten unter den Händen der von Murry herbeigerufenen Ärzte. Auf Murrys Telegramm hin eilte Ida herbei. In ihrem Erinnerungsbuch schilderte sie, wie sie Katherine am nächsten Morgen in ihrem kahlen Sarg sah und die Freundin mit dem Stickereischal bedeckte, den Katherine so gern gehabt hatte.
Freunde aus London kamen, Kot erhielt zu seinem Kummer keine Erlaubnis. Beim Essen erhob sich die sonst so scheue Ida und tadelte die Anwesenden, weil sie die Tote kritisierten, die sich nicht mehr verteidigen konnte. Dann fand die Beerdigung statt, von Murry erwartete man, daß er Erde ins Grab werfen sollte, aber er unterließ es. Ida warf ihrer Freundin die gelben Ringelblumen nach, die sie immer geliebt hatte. Am Abend fand das Fest ohne Katherine statt, und Murry sprach und lachte so hysterisch, daß Ida sich seiner erbarmte und ihn auf sein Zimmer führte.

Am 2. Februar sandte Lawrence aus Taos in New Mexico seinem alten Feind Murry einen Kondolenzbrief. ›Ja, etwas ist für immer aus unserm Leben gegangen!‹ Auf der Durchreise durch Wellington hätten er und Frieda mit einer Postkarte an Katherine gedacht. Ob sie sie erhalten habe? — Sein tief empfundenes Beileid muß aussöhnen mit der bösartigen Verwünschung, die er einst aus seiner eigenen Ohnmacht heraus von Capri an Katherine geschickt hatte. Das Buch *Son of Woman*, das Murry dann über Lawrence schrieb, wurde von seinen Zeitgenossen als abscheulich und von Huxley treffend als Beispiel einer rachsüchtigen Hagiographie bezeichnet.

Auf Katherines Grabstein ließ Murry eine Inschrift einmeißeln:

Katherine Mansfield
Frau des John Middleton Murry

Sie war allerdings noch weit mehr als nur das gewesen, im Leben und nach ihrem Tode. Als Grabspruch wählte er die Worte aus Henry IV., die Katherine ihrer Erzählung *Die Blume Sicherheit* vorangestellt hatte: ›Aber ich sage Euch, Mylord Narr, aus dem Nesselbusch Gefahr holen wir uns die Blume Sicherheit.‹ Diesen Spruch hielt Murry für prophetisch, wie er in seiner Einführung zu Katherines viertem Buch erklärt. Es scheint uns keine Prophezeihung, sondern die Devise eines unerschrockenen, wagemutigen Lebens zu sein. In der Erzählung bezieht es sich auf die Heldin, die genau weiß, daß sie die Gefahr — ihre Krankheit — nicht überleben wird und diese Tatsache vor ihrem törichten Mann verbirgt.

Über Murrys weiteres Leben ist nur die allgemein bekannte Tatsache zu erwähnen, daß er, um sein Schuldgefühl zu beschwichtigen, einen Mansfield-Kult und eine Legende ins Leben gerufen hat, was Katherines Absichten völlig widersprach. In ihrem Augustbrief aus Sierre hatte sie ihn gebeten, so wenig wie möglich zu veröffentlichen und soviel wie möglich von ihren Manuskripten, Tagebüchern und Briefen zu vernichten. Zu ihren Lebzeiten erschienen drei Bücher mit Erzählungen, von denen sie noch einigen Nutzen hatte. Die Flut von Veröffentlichungen, die Murry nach ihrem Tode vornahm, sieht so aus:

1923 *The Doves' Nest.* Constable
1924 *Poems.*
1924 *Something Childish but very natural.* Constable
1924 *The Little girl and other stories.* (Amerik. Titel) Knopf, New York
1927 *The Journal of Katherine Mansfield*, edited by JMM. Constable.
1928 *The Letters of Katherine Mansfield*, edited by JMM. Constable
1930 *The Aloe* (Erstfassung von Prélude) Constable.
1930 *Novels and Novelists.* (Rezensionen) Constable.
1939 *The Scrapbook of Katherine Mansfield*, edited by JMM. Constable.
1945 *The Collected Stories of Katherine Mansfield*, edited by JMM. Constable.
1951 *Katherine Mansfield's Letters to JMM* (erweitert und ungekürzt). Constable.
1954 *Journal of Katherine Mansfield*, edited by JMM, definitive Ausgabe, Constable.
Außerdem die *Ausgaben in Übersetzungen* und *Bücher über Katherine Mansfield.*

In seinem gemeinsam mit Ruth Mantz verfaßten Buch *The Life of Katherine Mansfield* (New Zealand, 1933), das nur Katherines Leben in New Zealand behandelt und mit der Begegnung in London endet, erklärt Murry am Schluß, der Rest von Katherines Leben — ›kurze elf Jahre‹ — sei von ihrer eigenen Hand in ihren *Tagebüchern* und *Briefen* beschrieben. ›Was sie war und was sie wurde, ist in ihnen mit viel größerer Wahrheit erzählt, als sie ein Biograph jemals zu erreichen hoffen könnte.‹ Vieles sei nur teilweise oder gar nicht veröffentlicht worden, und es würde wahrscheinlich noch viele Jahre dauern, bevor es veröffentlicht würde, doch könne dadurch nichts Wesentliches hinzugefügt werden. Es sei bereits vorhanden — ein Bild ihres Lebens.

Diese eigenartige Überschätzung der Tagebücher und Briefe hat natürlich auch zur Legendenbildung beigetragen. Soviel Schönes in ihnen enthalten ist, soviel Unwesentliches und Ungestaltetes wurde leider nicht ausgemerzt, wie es Katherines Wunsch entsprochen hätte. Gerade diese ›kurzen elf Jahre‹ stehen unter dem Zeichen ihrer übergroßen und verhängnisvollen Liebe zu Murry, der ihr Leben, wenn es not tat, nicht in die Hände nehmen konnte, sondern jemanden brauchte, der sein Leben in die Hand nahm, damit er unbehindert seine bedeutende Begabung als hochintelligenter Kritiker und Biograph entwickeln und pflegen konnte. Einen solchen Menschen hat er in seiner vierten Frau Mary gefunden, mit der er eine Community-Farm bewirtschaftete. In unserem Nachwort ging es bisher nur um die unzähligen Stationen des *Lebenswegs* unserer Autorin und um den Einfluß, den der *Schauplatz* jeweils auf ihr Werk hatte. Über die *Qualität* ihrer Erzählungen ist so unendlich viel und auch Widersprüchliches geschrieben worden, daß wir uns hier nur mit einigen Hinweisen begnügen.

I.

Die oft wie Karikaturen wirkenden Skizzen und Geschichten ihres ersten Buches *In einer deutschen Pension* scheinen bereits hinlänglich durch die obige Lebensschilderung beleuchtet. Daß sie während des ersten Weltkrieges gegen eine Neuauflage war, obwohl sie ihr bei der damals herrschenden deutschfeindlichen Stimmung das gar so nötige Geld eingebracht hätte, spricht für ihren Charakter, der vorbildlich und integer war. Sie empfand das Buch überdies als unreif und wehrte eine Neuauflage mit der lachenden Antwort ab: ›Nicht jetzt — noch nicht — erst wenn ich etwas Substantielles geschaffen habe und mein erstes Buch in der richtigen Perspektive gesehen werden kann... Wenn die Zeit für eine Gesamtausgabe kommt...‹ Von der jugendlichen Bitterkeit hatte sie sich längst abgewandt und verabscheute den Zynismus, zu dem sie durch die Richtlinien der Zeitschrift *New Age* fast gezwungen worden war. Sie war mit immer neuer Selbstkritik an die Weiterentwicklung ihrer Kunst herangegangen. In ihrem ersten Buch fallen einige Geschichten aus dem Rahmen: die an Tschechow angelehnte Erzählung vom KIND-DAS-MÜDE-WAR und sodann die zwei Erzählungen *Frau Brechenmacher* und *Der Geburtstag*, die in ihrem krassen Realismus schon eine Weiterentwicklung zeigen. Daß der Geburtstag sich auf Katherines Eltern bezieht und gar nicht auf ein bayerisches Erlebnis, wurde erwähnt – daß aber ihre Eltern dessen inne wurden, ist kaum anzunehmen.

II.

Glück. Dieser Band weist unendliche Fortschritte in ihrer Kunst auf, da sie die Haupterfordernisse eines Kunstwerks, Vision und Technik, erfüllen. An der Vervollkommnung ihrer Technik arbeitete die Autorin unablässig, und ihre Vision, das Erfassen und Hinter-die-Dinge-Schauen, vertiefte sich noch. Von den folgenden 74 Erzählungen spielen 24 in New Zealand und sind ein in den verklärenden Schleier der Erinnerung gehülltes Nacherleben der Kindheit. Doch sind sie auch eine Schilderung New Zealand und vermitteln die magische Atmosphäre, die bedrohliche, geheimnisvolle Leere des uralten Landes, das von den Siedlern noch nicht ganz zerstört wurde. Im zweiten Band spielen nur drei Geschichten in New Zealand, nämlich *Prélude*, *Der Wind weht* und *Sonne und Mond*. In *Prélude* fällt auf, daß Kezia (= Katherine) von den gleichen geheimen Ängsten wie ihre Mutter Linda verfolgt wird. Bei der Story *Der Wind weht* muß an Katherines ständige Angst vor starkem Wind erinnert werden, ebenso an das innige Verhältnis zum Bruder Leslie, mit dem sie auf Traumreisen geht. – In einem Brief an Murry schrieb Katherine einmal, daß sie den Anstoß zum Schreiben entweder von der Freude an der Schönheit der Natur oder durch das Entsetzen über die Korruptheit der Welt empfängt. Dafür sind die beiden Pariser Geschichten ein Beispiel: die Freude des jungen Malers in *Feuille d'Album* am Blick aus seinem Fenster ist ebenso echt wie das Entsetzen über die Verderbtheit Raouls (der eine Karikatur Carcos ist) in *Je ne parle pas Français*. — In der Story *Die kleine Gouvernante* wird nicht nur die Korruptheit gegeißelt, sondern auch die tragikomische Folge übergroßer Ängstlichkeit. Daß die Gouvernante nicht die Uhr erblickt und damit ihrer Verspätung inne würde, ist wenig wahrscheinlich. — Die beiden Stories *Beim Film* und *Glück* spiegeln den Ekel wider, den die Dichterin in ihrer Londoner Zeit häufig empfand. *Glück* wurde von Virginia Woolf und ihren Nachbetern verurteilt: ›Jetzt ist sie erledigt‹, schrieb sie über Katherine in ihr Tagebuch. Die Erzählung enthält in konzentriertester Form Katherines Abscheu vor dem Society-Getue und der albernen Geschraubtheit der Bloomsbury-Gruppe. Ihre Biographin Saralyn R. Daly kam auf den Gedanken, daß Berthas etwas unsympathische Exaltiertheit vielleicht damit zu erklären sei, sie habe von Anfang an um die Treulosigkeit ihres Mannes gewußt. Die Geschichte *Gewürzgurke* mag auch auf eine Londoner Enttäuschung zurückgehen: der ›Held‹ war ein polnischer Erpresser. — *Mr. Reginald Peacock* wird einstimmig als Katherines erster Mann, der Sänger Bowden, angesehen. — Liest man *Psychologie*, dann wird man in Katherines Wohnung versetzt, und am Schluß taucht die demütige Ida auf. (Ida Baker = Leslie Moore = L. M.) Zu der Erzählung *Mann ohne Temperament* fühlte Katherine sich gedrängt, als sie Murry schildern wollte, wie er gehandelt hätte, wenn er bei ihr geblieben wäre. Die Einschiebsel erinnern an Murrys Entsetzen, als er hörte, daß seine Frau zwei Jahre in einem andern Klima verbringen müßte. — Großartig ist die *Rettung* des unter einer Xanthippe leidenden Ehemannes durch einen Baum und eine Stimme dargestellt.

III.

Das Gartenfest: Mit der berühmten Titelgeschichte versetzt dieser Band den Leser wieder in die ihrer Stellung bewußte Wellingtoner Familie, in der nur Laura (= Katherine) ein ›fühlendes Herz‹ unter den andern fröhlichen Masken hat. — Die zwölf Episoden in *An der Bucht* berichten kein chronologisch fortlaufendes Geschehen, sondern entwickeln im Laufe eines Tages den Gemütszustand jedes einzelnen Familienmitgliedes und werden durch ein versteckt mitschwingendes Thema zusammengehalten, das Lied vom Leben und vom Tod. — Auch *Die ideale Familie* tritt in New Zealand auf: das prunkvolle Haus könnte an der Fitzherbert's Terrace liegen. — *Die Seereise* evoziert ein häufig wiederkehrendes Erlebnis der Beauchampschen Kinder. — *Der Fremde* schildert nicht nur einen neuseeländischen Hafen, sondern auch den Charakter von Katherines Eltern — vom egoistischen Vater und der distanziert lebenden Mutter. — *Die Singstunde* porträtiert mit sichtlichem Vergnügen eine Lehrerin in Katherines Privatschule. — *Herr Tauber und Frau Taube* können sehr wohl in einem der schönen Gärten an der Tinakori Road auftreten, und ebenso findet *Ihr erster Ball* in New Zealand statt und schildert meisterhaft den Zusammenprall von Unschuld und Erfahrung, der aber der jungen Eulen-Freundin noch nichts Ernstliches anhaben kann. — Die restlichen Erzählungen dieses dritten Bandes versetzen den Leser wieder nach Europa, teils nach Monaco, teils nach Paris und teils nach London — eine jede meisterhaft: *Das junge Mädchen, Miss Brill* und *Die Töchter des jüngst verstorbenen Colonel Pinner.* — *Marriage à la mode* spielt an der Südküste Englands und verurteilt eine Frau, die ihren Mann seelisch verrät. In kaum deutlich ausgesprochener Weise ergreift die Autorin Partei für die Unterdrückten. — Die Skizze vom *Bankfeiertag* beweist, wie die Autorin ihre Umwelt mit allen Sinnen aufnahm, und wie ihr auch die komischen Seiten des Alltags nicht entgingen.

IV.

Der erste nach ihrem Tode veröffentlichte Band *Das Taubennest* beginnt mit der entzückenden Erzählung *Das Puppenhaus* abermals in der Umgebung der jungen Katherine (hier Kezia genannt) und erschüttert durch den perfekten Schluß, die unbeholfenen Worte der kleinen Lil: ›*I seen the little lamp!*‹ —*Flitterwochen* rührt an das alte Problem: die Bitternis des Lebens in der Herrlichkeit dieser Welt. — *Eine Tasse Tee* prangert wieder eine oberflächliche englische Dame an. — Die drei folgenden Stories spielen in New Zealand; in den Gärten des Klosters hat Katherine als Backfisch oft selber mit einem Buch gesessen: (Den Schleier nehmen). — Weit wichtiger wurde die Geschichte vom *Kanarienvogel* genommen, die manche als ausgezeichnet und andere als sentimental empfinden, die aber vor allem wegen ihrer gekonnten Erzähltechnik — mit nur einer sprechenden und einer angesprochenen, stummen Person — gerühmt werden muß. — Über die Erzählung *Die Fliege* sind Abhandlungen in allen Sprachen geschrieben worden: spiegelt sie Katharines verborgene Grausamkeit wider — oder will der seines Sohnes beraubte Vater die Fliege überhaupt nicht töten, sondern ihren Lebensmut herausfordern? — Von den übrigen Erzählungen des Bandes erklärt Murry, der Herausgeber, er wisse nicht, welche von ihnen Katherine aufgenommen und welche sie zurückgestellt hätte, wäre ihr die Entscheidung gewährt worden. Mancher Kritiker glaubt, Murry habe mit seinem Drang, nicht die kleinste Zeile von Katherines Werk wegzulassen, der Autorin einen schlechten Dienst erwiesen. Doch niemand möchte die Anfänge vom *Taubenhaus*, von der *Geschichte eines verheirateten Mannes* und von *Vater und die Mädchen* missen.

V.

Im Band *Etwas Kindliches, aber sehr Natürliches* finden sich mindestens sieben Erzählungen, die wieder auf Jugenderinnerungen zurückgehen und von denen drei die unerbitt-

lich grausame Natur im Landesinnern heraufbeschwören. —
Die Geschichte *Die Blume Sicherheit* führt aus, was in der
Erzählung vom *Mann ohne Temperament* nur angedeutet
wurde: die Feigheit des Mannes, der Mut oder vielmehr die
Tapferkeit der Frau. Drei Geschichten spielen in Genf: alle
drei kennzeichnet ein sanfter Humor: *Pension Séguin*, *Violet* und *Bains Turcs*. — In etwa fünf Erzählungen kommt ein
neues Element zur Geltung — der Krieg und seine Sinnlosigkeit —, nur zwischen den Zeilen zu lesen in den *Frühlingsbildern*, wo eine Frau zaudert, sich in den Kanal zu stürzen,
deutlicher im *Vorstadtmärchen* mit den verhungerten Kindern, ganz kraß und empört in dem einseitigen Gespräch im
Autobus, und wieder meisterhaft durch Symbole in der *Unbesonnenen Reise* dargestellt. Denn *das* hat Katherine Mansfield der Gruppe um Virginia Woolf vor allem vorgeworfen: daß der Krieg so wenig Eindruck auf sie gemacht hat.
Aber schließlich haben sie ja auch nicht wegen Geldmangel
hungern müssen.
Die Titelgeschichte *Etwas Kindliches, aber sehr Natürliches*
mag viel zu rätseln aufgeben. Wer dem Helden grollt oder
den Schuß für unbefriedigend hält, muß bedenken, daß dieser junge Mensch nicht aus seiner Traumwelt erwachen *darf.* —
Der erstaunliche Fund ist die letzte vollständige Erzählung
Katherine Mansfields. Sie wurde zum erstenmal in den *Complete Stories* der Golden Press, Avondale, Auckland 1974,
veröffentlicht und von dem Transkript einer Fotokopie eines Manuskriptes abgedruckt, das Katherine Mansfield ihrer
Freundin Ida Baker geschenkt hatte. Diese Manuskript wurde 1950 verkauft und ist seither verschwunden, doch vor
dem Verkauf hat Ida Baker eine Fotokopie anfertigen lassen.
Nach dieser Fotokopie wurde das Transkript hergestellt, was
wegen Katherine Mansfield schwer leserlicher Schrift nicht
leicht war, daher einige *) im Text bei unsicheren Stellen.
Die Umschrift wurde von Margaret Scott vorgenomm, die
Katherine Mansfields Briefe gesammelt und herausgegeben
hat, als sie Ida Baker kennenlernte. In Katherines Tagebuch
vom 12. Januar 1915 finden sich diese Zeilen: ›Gestern las ich
Gordon *Mutige Liebe* vor. Er machte mich sehr stolz auf

meine Arbeit...‹ Dann ging das Manuskript verloren. Die Charaktere sind so typisch, sie sind so unausweichlich in ihrer Umgebung plaziert, daß man nicht begreift, wieso die Autorin nicht gleich wußte, ›was sie davon halten solle‹ — eine Bemerkung, die übrigens ein Beweis dafür ist, wie sehr Katherine Mansfield aus einer zwingenden Eingebung heraus schrieb. Das Manuskript hatte Ida Baker gehört, und Mary Scott in Wellington gelang es, eine Fotokopie zu entziffern.

Immer wieder ringt die Autorin um den Aufbau, spielt sie mit der ›Zeit‹. Neben ihrer anfangs noch karikierenden Ironie behauptet sich schon sehr früh ihr starker Sinn für Humor, entwickelt sich bald auch ihr Mitgefühl, das sich besonders den Kindern und den alten Leuten zuwendet. Zuletzt triumphiert ihre durch Leid und Qualen errungene Erkenntnis von der Unzulänglichkeit des Menschen über ihre eigenen Schmerzen.

In ihrem Tagebuch trug sie eine Art ›Bekenntnis‹ ein:

›*Dem menschlichen Leiden sind keine Grenzen gesetzt. Wenn man glaubt: ,Jetzt bin ich auf dem Grunde des Meeres angelangt, tiefer kann es nicht gehen' — dann geht es noch tiefer. Und so ist es immer wieder. Man muß sich fügen. Man muß nicht Widerstand leisten. Nimm es hin! Laß dich überwältigen! Nimm es gänzlich an! Mache es zu einem Teil deines Daseins!*

Alles im Leben, das wir wirklich hinnehmen, wird umgewandelt. So muß das Leiden zu Liebe werden. Das ist das Geheimnis. Das ist's, was ich tun muß. Ich muß von der persönlichen Liebe zur größeren Liebe fortschreiten. Was ich dem Einen gegeben habe, muß ich dem Leben in seiner Ganzheit geben.‹

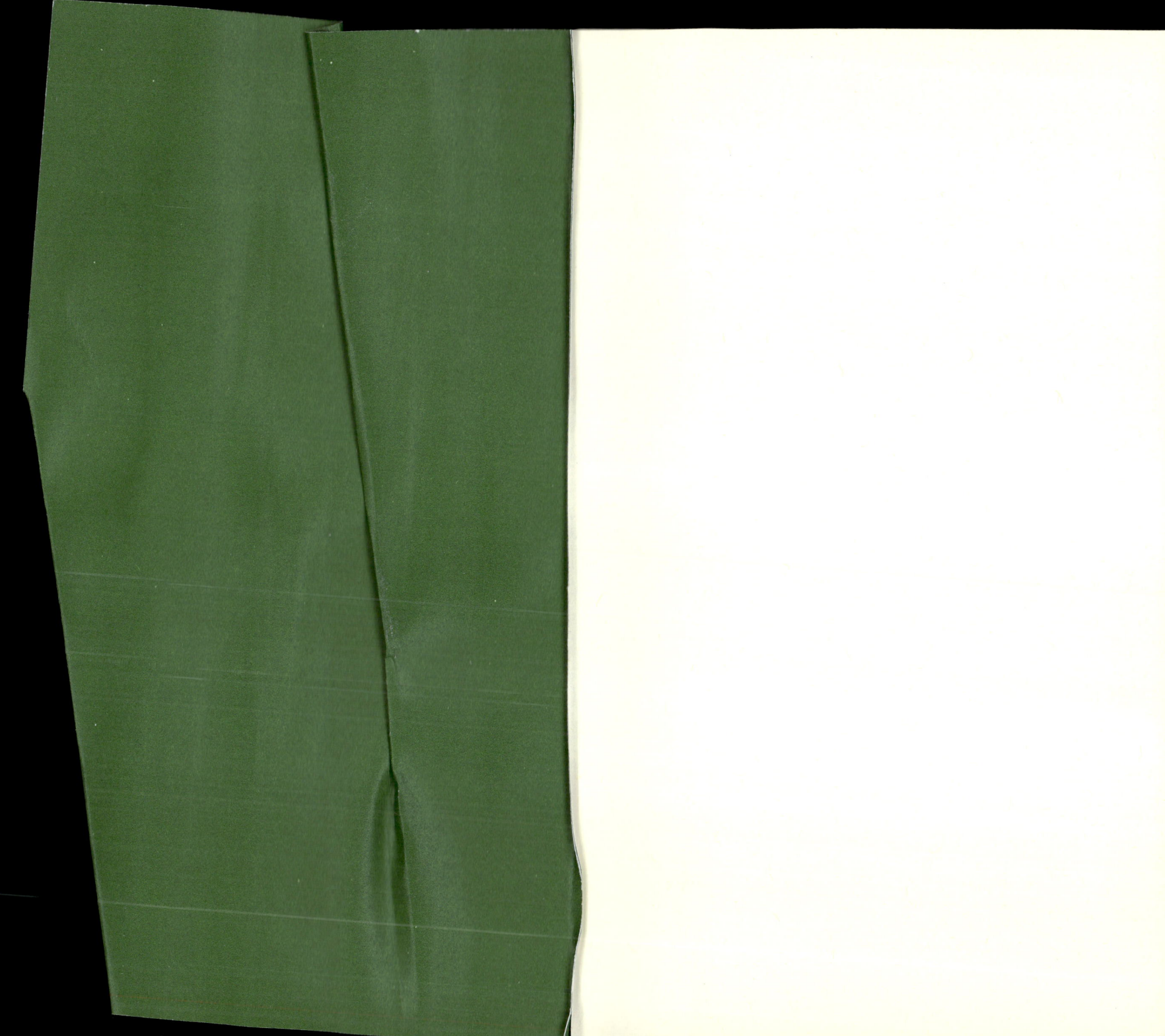

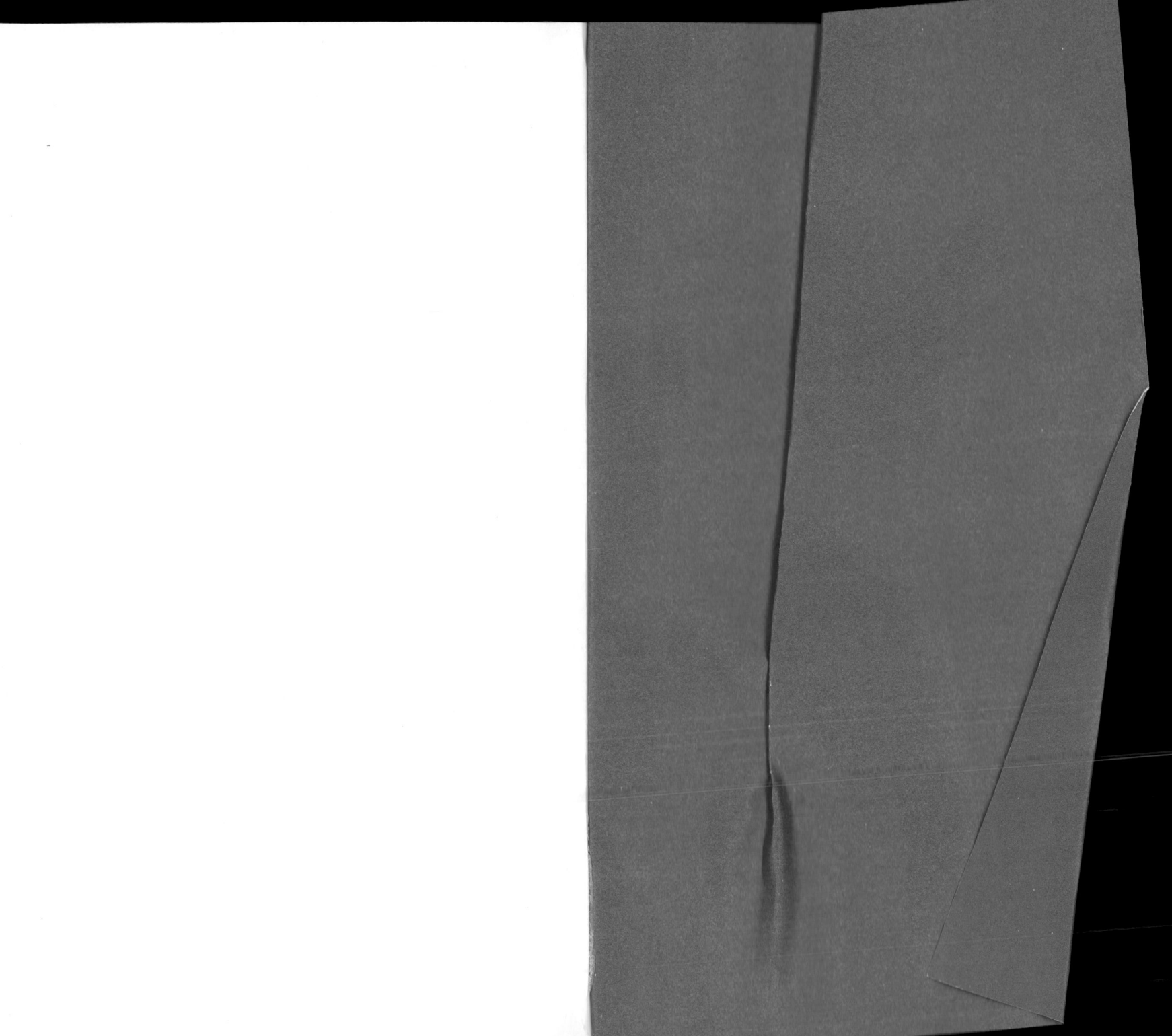